Джейн Остен

ЭММА

Перевод с английского
Марии Кан

Москва
МИФ
2024

КНИГА 1

Глава 1

Эмма Вудхаус, красавица, умница, богачка, счастливого нрава, наследница прекрасного имения, казалось, соединяла в себе завиднейшие дары земного существования и прожила на свете двадцать один год, почти не ведая горестей и невзгод.

Младшая из двух дочерей самого нежного потатчика-отца, она, когда сестра ее вышла замуж, с юных лет сделалась хозяйкою в его доме. Ее матушка умерла так давно, что оставила ей лишь неясную память о своих ласках; место ее заступила гувернантка, превосходная женщина, дарившая своих воспитанниц поистине материнскою любовью.

Шестнадцать лет прожила мисс Тейлор в доме мистера Вудхауса, более другом, нежели гувернанткой, горячо любя обеих дочерей, но в особенности Эмму. С нею у нее завязалась близость, какая чаще бывает у сестер. Мисс Тейлор, даже до того, как формально сложить с себя должность гувернантки, неспособна была по мягкости характера принуждать и обуздывать; от всякого намека на ее власть давно уже не осталось и следа, они жили вместе, как подруга с подругой, храня горячую обоюдную привязанность; Эмма делала, что ей вздумается, высоко ценя суждения мисс Тейлор, но руководствуясь преимущественно своими собственными.

Здесь, правду сказать, и таился изъян в положении Эммы; излишняя свобода поступать своевольно, склонность излишне лестно думать о себе — таково было зло, грозившее омрачить многие ее удовольствия. Покамест, впрочем, опасность была столь неприметна, что Эмма ни в коей мере не усматривала в этом ничего дурного.

Явилась скорбь — нежная скорбь — однако вовсе не в образе горького прозрения. Мисс Тейлор вышла замуж. Утрата мисс Тейлор и сделалась для Эммы причиной первого горя. В день свадьбы милого друга Эмма впервые долго сидела, погруженная в унылое раздумье. Свадьба кончилась, собравшиеся разошлись, и они с отцом сели обедать вдвоем, уже не чая, что присутствие третьей скрасит им долгий вечер. После обеда родитель Эммы расположился, по обыкновению, соснуть, а ей оставалось теперь только сидеть и думать о том, чего она лишилась.

Сегодняшнее событие, судя по всему, обещало стать счастливым для ее друга. Мистер Уэстон был человек безупречной репутации, состоятельный, подходящего возраста и с приятными манерами; к тому же некоторое удовлетворение заключала в себе мысль о том, с каким великодушным дружеским бескорыстием она всегда сама желала этого брака и способствовала ему; но мрак в душе ее не рассеивался. Всякий день и час ощутительно будет отсутствие мисс Тейлор. Ей припомнилась неизменная доброта — доброта и ласка целых шестнадцать лет, — то, как ее с пятилетнего возраста учили, как играли с нею, как, не жалея сил, привечали ее и забавляли, когда она была здорова, как ухаживали за ней, когда она болела разными детскими болезнями. Уже это обязывало ее к великой благодарности, но еще дороже, светлее, была память об их отношениях в последние семь лет, на равной ноге и совершенно откровенных, которые установились меж ними вскоре после того, как Изабелла вышла замуж и они оказались предоставлены самим себе. Немногие могли бы похвалиться такою подругой и наперсницей; разумная, образованная, умелая, она до тонкости знала весь обычай семейства, принимала к сердцу все его заботы, а особенно — все, что касалось до Эммы, малейшее ее удовольствие, малейшую затею; ей можно было поверить всякую мысль, какая бы ни зародилась в голове, ее любовь все оправдывала и все прощала.

Как снести эту перемену? Правда? Ее друга будет отделять от них всего полмили, но Эмма понимала, сколь велика должна быть разница меж миссис Уэстон, хотя бы и в полумиле от них, и мисс Тейлор у них в доме; при всех преимуществах, природных и благоприобретенных, ей теперь угрожала прямая опасность страдать от духовного одиночества. Она всем сердцем любила отца, но его общества ей было мало. Он не мог быть для нее достойным собеседником в серьезном или шутливом разговоре.

Такая досадная помеха, как различие в возрасте (а мистер Вудхаус женился немолодым), весьма усугублялась состоянием его здоровья и привычками; будучи всю жизнь рыхлым, болезненным, не упражняя достаточно ум и тело, он был по всей повадке своей много старше своих лет и, любимый повсюду за сердечность и добродушный характер, не блистал никакими талантами.

Сестра ее, оторванная от них замужеством, жила сравнительно недалеко, в Лондоне, в каких-нибудь шестнадцати милях, но была все же недосягаема для повседневного общения; не один тягостно долгий вечер предстояло Эмме скоротать в октябре и ноябре, прежде чем Рождество опять приведет в их опустелый дом Изабеллу с мужем и малыми детьми и вновь подарит ей приятное общество.

Хайбери — обширное и многолюдное селение, только что не город, коего часть, несмотря на отдельную лужайку возле дома, живую изгородь и название, составлял Хартфилд, — не мог ей предложить равных. Вудхаусы были тут первыми по положению. На них взирали с почтительностью. Со многими в здешних местах Эмма водила знакомство, ибо учтивость отца ее не допускала исключений, но ни один и на полдня не заменил бы ей мисс Тейлор. Печальная то была перемена, и Эмма невольно вздыхала, думая о ней и давая волю несбыточным мечтам, покуда отец своим пробуждением не напомнил ей о необходимости сохранять беспечный вид. Дух его нуждался в поддержке. Человек он был слабонервный, легко впадал в хандру, благоволил ко всем тем, к которым привык, терпеть не мог с ними разлучаться и вообще не терпел никаких перемен. Супружество, как изначальная причина перемен, всегда внушало ему неприязнь; он далеко еще не смирился с замужеством родной дочери, отзывался о ней не иначе как с состраданием, хотя та вышла замуж единственно по любви, и вот его уже принуждали расстаться также с мисс Тейлор; по привычке к безобидному эгоизму, не в состоянии предположить, что другие могут иметь чувства, отличные от его собственных, он предпочитал держаться того взгляда, что мисс Тейлор повредила своим поступком не только им, но ничуть не меньше самой себе и была бы не в пример счастливее, когда бы до конца дней своих оставалась в Хартфилде. Эмма улыбалась и как могла весело болтала, силясь отвлечь его от подобных мыслей, однако когда подали чай, у него вырвались опять те же слова, которые были им сказаны за обедом:

— Бедная мисс Тейлор! Желал бы я видеть ее теперь с нами. Какая жалость, что мистеру Уэстону вздумалось взять ее на примету!

— С этим нельзя согласиться, папа, вы знаете, что нельзя. Мистер Уэстон такой прекрасный, милый человек, такая добрая душа, что, без сомненья, достоин иметь хорошую жену, и признайтесь, разве лучше было бы мисс Тейлор век жить у нас, терпеть мои странности и причуды, имея возможность жить собственным домом?

— Собственным домом! Что пользы в собственном доме. Наш в три раза больше, а странностей и причуд, душа моя, за тобой никогда не водилось.

— Подумайте, как часто мы будем навещать их, а они — нас! Мы будем видеться постоянно! И начать надлежит нам. В самом скором времени нам следует нанести новобрачным первый визит.

— Куда мне, душенька, пускаться в эдакую даль? До Рэндалса путь неблизкий. Мне и половины не одолеть.

— Да, папа. Никто и не помышляет о том, чтобы вам идти пешком. Разумеется, нам нужно ехать в карете.

— В карете! Но Джеймс будет не слишком рад гонять лошадей взад и вперед из-за столь ничтожного расстояния, да и куда им, бедняжкам, деваться, покуда мы будем сидеть в гостях?

— Их отведут в конюшню мистера Уэстона, папа. Все это мы уже уладили, вы знаете. Обо всем вчера вечером договорились с мистером Уэстоном. А что до Джеймса, то можете быть совершенно уверены, он будет всегда рад случаю съездить в Рэндалс, где его дочь служит в горничных. Более того, я сомневаюсь, захочет ли он возить нас куда-либо еще. А ведь это ваших рук дело, папа. Это вы пристроили Ханну на такое хорошее место. До вас никому не приходило в голову назвать Ханну, вы догадались первым — Джеймс так вам обязан!

— Я и сам доволен, что вспомнил о ней. Очень получилось удачно, иначе бедный Джеймс, пожалуй, вообразил бы, будто им пренебрегают, чего я не мог допустить ни под каким видом, — а из нее, я верю, выйдет славная горничная, девушка она обходительная, услужливая — я о ней самого лучшего мнения. Когда бы ни повстречался с нею, непременно присядет, осведомится о здоровье, да так приветливо, а когда ты зовешь ее к нам рукодельничать, то она, я заметил, ни за что не хлопнет дверью, а повернет ручку и закроет дверь как следует. Уверен, что из нее получится отличная служанка, и для бедной мисс Тейлор будет большим утешением видеть подле себя привычное лицо. Знаешь ли, всякий раз, как Джеймс будет ездить к дочери, она получит известие о нас. Он может рассказывать ей, как мы здесь поживаем.

Эмма не жалела усилий, стараясь удерживать ход его мыслей в этом, более отрадном направлении, и надеялась, что сумеет с помощью триктрака благополучно провести отца через подводные камни этого вечера, не осаждаемая ничьими сожалениями, помимо своих собственных. Уже и столик был вынесен для триктрака, но он оказался не нужен, ибо сразу же вслед за тем в дверь вошел посетитель.

Мистер Найтли, рассудительный господин тридцати семи или восьми лет, был не только старинный и близкий друг семейства Вудхаусов, но даже состоял с ними в свойстве, приводясь старшим братом Изабеллину мужу. Жил он в миле от Хайбери и был у них частым гостем, неизменно желанным, а тем более желанным сегодня, когда он приехал прямо от общей их родни в Лондоне. Пробыв в отъезде несколько дней, он вернулся к позднему обеду, а потом отправился пешком в Хартфилд сообщить, что на Бранзуик-сквер* все живы и здоровы. Эта весть пришлась как нельзя более кстати и на некоторое время привела мистера Вудхауса в оживление. Бодрое обращение, отличавшее мистера Найтли, всегда действовало на него благотворно; на многочисленные расспросы о «бедняжке Изабелле» и ее детях он получил ответы самые обнадеживающие. Когда с этим было покончено, мистер Вудхаус с благодарностью заметил:

— Как это мило с вашей стороны, мистер Найтли, что вы решились покинуть дом в столь поздний час и навестить нас. Боюсь, что вы нашли дорогу прескверной.

— Отнюдь, сэр. Вечер нынче выдался ясный, лунный, а теплынь такая, что мне лучше будет отодвинуться от вашего жаркого камина.

— Но на дворе, должно быть, сырость и слякоть. Как бы вам не простудиться.

— Слякоть, сэр? Взгляните на мои башмаки. На них ни пятнышка.

---

* Бранзуик-сквер — фешенебельный район Лондона. *Здесь и далее примечания переводчика.*

— Гм, это, право же, удивительно, ведь у нас тут прошел сильный дождь. Полчаса лил как из ведра, когда мы завтракали. Я уж было хотел, чтобы отложили свадьбу.

— К слову сказать, я не поздравил вас с радостным событием. Живо представляю себе, какого сорта радость вы оба должны испытывать, и оттого не торопился с поздравлениями, но надеюсь, все сошло более или менее гладко. Хорошо ли вы все держались! Кто плакал горше всех? — Ах! Бедная мисс Тейлор! Как это все прискорбно.

— Бедные мистер и мисс Вудхаус, если угодно, но назвать «бедною» мисс Тейлор я никак не могу. Как ни высоко ценю я вас и Эмму, но когда стоит вопрос о зависимом положении или независимости... Во всяком случае, вероятно, лучше, когда приходится угождать одному, а не двоим.

— Особенно если в числе этих двоих имеется столь своенравное, докучливое существо, — игриво подхватила Эмма. — Вот что у вас на уме, я знаю, и что вы непременно сказали бы, не будь здесь моего батюшки.

— Что ж, это справедливо, душа моя, — со вздохом проговорил мистер Вудхаус. — Боюсь, что я и точно бываю по временам несносно своенравен и докучлив.

— Голубчик папа! Ужели вы могли подумать, будто я подразумеваю вас или предполагаю, что это о вас так отозвался бы мистер Найтли? Что за чудовищная мысль! Нет, нет! Я подразумевала только себя. Вы знаете, мистер Найтли любит находить во мне недостатки — шутки ради, — все это шутка, не более того. Мы всегда говорим друг другу все что вздумается.

Мистер Найтли действительно был из тех немногих, кто умел видеть в Эмме Вудхаус недостатки, и единственный, кто отваживался говорить ей о них; это было не слишком приятно для самой Эммы, но во много раз неприятнее было бы для отца ее, и она, зная это, не давала ему повода заподозрить, что кто-то не считает ее совершенством.

— Эмма знает, я никогда ей не льщу, — сказал мистер Найтли, — впрочем, я не имел намерения никого порицать. Мисс Тейлор привыкла угождать двум людям — теперь у нее будет один. Скорее всего, она останется в выигрыше.

— Итак, — сказала Эмма, предпочитая уклониться от этой темы, — вы желали слышать о свадьбе. Извольте, я расскажу вам с большим удовольствием, ибо все мы вели себя примерно. Каждый был точен, каждый выглядел как нельзя лучше — ни единой слезинки, почти ни одной вытянутой физиономии. О нет — мы помнили, что между нами пролягут всего лишь полмили, и укрепляли себя уверенностью, что будем видеться каждый день.

— Милая Эмма всегда так прекрасно держится, — молвил ее отец. — На самом деле, мистер Найтли, она ужасно огорчена утратою мисс Тейлор и будет, я убежден, ощущать ее отсутствие гораздо более, нежели ей кажется.

Эмма отвернулась, улыбаясь сквозь слезы.

— Невозможно, чтобы Эмма не ощущала отсутствие такого друга, — сказал мистер Найтли. — Этого нельзя предположить, сэр, иначе мы бы ее не любили так, но ей известно, как много значит этот брак для блага мисс Тейлор, сколь отрадно в ее лета зажить собственным домом, сколь важно быть покойной за свою будущность, обеспеченную достатком, — и, зная это, она не дозволит печали возобладать над радостью. Всякий друг мисс Тейлор должен радоваться, что она так удачно вышла замуж.

— Вы позабыли, что у меня есть еще одна причина быть довольной, — сказала Эмма, — и немаловажная, — то, что я сосватала их сама. Я их прочила друг за друга еще четыре года назад, и то, что я оказалась права и этот брак состоялся, когда все кругом твердили, что мистер Уэстон ни за что больше не женится, может служить мне достаточным утешением.

Мистер Найтли покачал головой.

— Ах, душа моя, — любовно возразил дочери мистер Вудхаус, — хорошо бы ты не занималась сватовством да пророчеством, а то прямо беда: что ни напророчишь, то все сбывается. Сделай милость, не устраивай больше браков.

— Для себя не буду, папа, обещаю вам, но для других, право, обязана. Нет в мире занятия веселее! И посмотрите, каков успех! Все говорили, что мистер Уэстон никогда не женится вторично. Ни в коем случае! Мистер Уэстон, который так долго прожил вдовцом и великолепно обходился без жены, постоянно занятый либо делами в городе, либо здесь, в кругу друзей, радушно принимаемый всюду, куда бы он ни пожаловал, всегда в прекрасном расположении духа — мистер Уэстон, которому нет ни малейшей нужды проводить в одиночестве хоть единый вечер в году? Помилуйте, конечно нет! Мистер Уэстон ни за что не женится снова. Поговаривали даже о некоем обещании, данном им жене, когда та лежала на смертном одре, а другие говорили, что ему не дадут жениться сын и его дядя. Какого только не болтали напыщенного вздора об этом предмете — но я ничему не верила. С того дня — тому будет года четыре, — как он повстречался нам с мисс Тейлор на Бродвей-лейн и, когда стал накрапывать дождь, с такой галантностью устремился к фермеру

Митчеллу раздобыть для нас зонтики, все было для меня решено. С того самого часа я замыслила устроить этот брак, и можно ли полагать, милый папа, что я откажусь заниматься сватовством, если мне в этом случае сопутствовал такой успех!

— Успех? — сказал мистер Найтли. — Не понимаю, отчего вы выбрали это слово. Успех предполагает усилия. Ежели вы и вправду отдали последние четыре года усилиям по устройству этого брака, то это было проделано до чрезвычайности осторожно и тонко. Достойное занятие уму молодой девицы! Но ежели, как я склонен подозревать, устройство этого брака, прибегая к вашему выражению, состояло лишь в том, что вы его замыслили, что в минуту праздности сказали себе: «А славно было бы, я думаю, для мисс Тейлор, если бы мистер Уэстон женился на ней» — и после повторяли это себе время от времени, — тогда зачем вы толкуете об успехе? В чем ваша заслуга? Чем вам тщеславиться? Вас осенила удачная догадка, и больше тут говорить не о чем.

— А вам ни разу не доводилось изведать сладость и торжество удачной догадки? Мне жаль вас. Я полагала, что вы более проницательны, ибо, поверьте, для удачной догадки одной лишь удачи мало. Для этого всегда потребна доля таланта. Что же до злосчастного слова «успех», на которое вы нападаете, то я не уверена, что вовсе не имею права употреблять его. Вы живописно изобразили две картинки: «все» и «ничего», но, по-моему, возможна и третья: «нечто среднее». Когда бы я не приглашала сюда мистера Уэстона с таким усердием, не выказывала ему так часто маленьких знаков поощрения, не сглаживала маленьких шероховатостей, то, быть может, ничего бы и не вышло. Вам, который досконально изучил Хартфилд, это должно быть ясно, я думаю.

— Когда речь идет о столь прямодушном, искреннем мужчине, как Уэстон, и здравомыслящей, далекой от жеманства женщине, как мисс Тейлор, им можно со спокойной совестью предоставить самим устраивать свои дела. Вашим вмешательством вы, по всей вероятности, принесли более вреда себе, нежели пользы им.

— Эмма никогда не подумает о себе, если видит возможность принести пользу другому, — вставил словечко мистер Вудхаус, лишь отчасти улавливая смысл разговора. — Но, милочка, заклинаю тебя, не занимайся ты больше сватовством, эти браки — пустое дело, а для семейного круга они сплошной урон.

— Еще один только раз, папа, — только для мистера Элтона. Бедный мистер Элтон! Он вам нравится, правда, папа? И я должна подыскать для него жену. В Хайбери нет такой, которая была бы его достойна, — между тем он здесь уже целый год и отделал свой дом с таким удобством, что грех оставлять его долее в холостяцком положении, — нынче, когда он соединял руки молодых, очень было похоже, что он не прочь, чтоб и ему самому оказали подобную услугу! Я очень хорошо отношусь к мистеру Элтону и не имею иного способа сослужить ему.

— Мистер Элтон очень милый молодой человек, правда твоя, весьма достойный молодой человек, и я душевно к нему расположен. Но если ты желаешь оказать ему внимание, душа моя, то лучше попроси его когда-нибудь к нам отобедать. Так-то оно будет много лучше. Смею надеяться, что и мистер Найтли любезно согласится составить ему компанию.

— Охотно, сэр, в любое время и с превеликим удовольствием, — отозвался, смеясь, мистер Найтли. — Совершенно с вами согласен, так будет много лучше. Приглашайте его обедать, Эмма, потчуйте отборною рыбой и птицей, но предоставьте ему самому выбрать себе жену. Будьте покойны, мужчина в двадцать шесть или двадцать семь лет от роду умеет позаботиться о себе сам.

Глава 2

Мистер Уэстон был уроженец Хайбери и происходил из почтенного семейства, которое за последние сто лет понемногу возвысилось из низов до благородного и имущего сословия. Он получил хорошее образование, но, унаследовав смолоду небольшие деньги, проникся нерасположением к более обыденным занятиям, коим посвятили себя его братья, и, влекомый живым, деятельным умом и общительною натурой, вступил в ряды сформированной в ту пору милиции своего графства*.

Капитан Уэстон был всеобщий любимец, и, когда превратности военной жизни свели его с мисс Черчилл, принадлежавшей к одной из знатнейших фамилий Йоркшира, и мисс Черчилл в него влюбилась, это никого не удивило, кроме ее брата с женою, которые никогда его не видели, но исполнены были гордыни и сознания своей значительности, каковые не могло не оскорбить подобное родство.

* Милиция — территориальные войска Англии, которые не выводились за пределы страны и формировались во время войн или внутренних волнений.

Мисс Черчилл, однако, будучи в совершенных годах и полновластно распоряжаясь своим состоянием — никоим образом, правда, не соизмеримым с фамильными богатствами, которыми владело ее семейство, — упрямо не поддавалась на уговоры, и замужество состоялось, к безмерному унижению мистера и миссис Черчилл, которые, соблюдая для видимости должное благоприличие, порвали всякие отношения с нею. То был неудачный союз, он никому не принес счастья. Миссис Уэстон следовало бы найти в нем для себя больше хорошего, так как ей достался муж, который, по чистоте сердечной и щедрости натуры, рад был отдать ей что угодно за великую милость быть ею любимым; но она хотя и обладала характером, однако не самым лучшим. Ей хватило духу настоять на своем вопреки воле брата, но недоставало решимости удержаться от безрассудных сожалений о безрассудном братнем гневе и от тоски по роскоши, окружавшей ее дома. Они жили не по средствам, и все-таки в сравнении с Энскумом это было ничто; она не разлюбила мужа, но ей хотелось быть в одно и то же время и женою капитана Уэстона, и мисс Черчилл из имения Энскум.

Капитан Уэстон, который, как считали все, а в особенности Черчиллы, составил столь бесподобную партию, понес от нее в конечном счете наибольший урон, ибо, когда жена его, после трех лет замужества, умерла, он оказался заметно беднее, чем вначале, и к тому же с ребенком на руках. Впрочем, от расходов по содержанию ребенка он в скором времени был избавлен. Мальчик сделался причиною худого ли, доброго ли, но примирения, коему, в качестве обстоятельства, смягчающего сердца, способствовала и долгая болезнь его матери:

мистер и миссис Черчилл, не имея своих детей, ни другого юного существа, равно близкого им по родству, вызвались вскоре после ее кончины полностью взять на себя заботу о маленьком Фрэнке. Можно предположить, что вдовый отец его испытал сомнения и неохоту, однако соображения иного порядка взяли верх, и он вручил дитя попечениям богачей Черчиллов; сам же отныне должен был тревожиться только о собственном благополучии и думать о том, как поправить свое состояние.

Ему настала пора круто переменить свою жизнь. Он решился покинуть милицию и заняться торговлей, благо его братья успели хорошо зарекомендовать себя на этом поприще в Лондоне и ему не замедлила представиться удачная возможность начать. Дела по службе обременяли его как раз в меру. Он по-прежнему владел маленьким домиком в Хайбери, где и проводил большею частью дни досуга, и, деля свое время меж полезной работой и приятным обществом, беспечально прожил следующие восемнадцать или двадцать лет. За этот срок он обеспечил себя изрядным достатком — таким, что мог позволить себе приобрести примыкающее к Хайбери именьице, давний предмет его вожделений, позволить себе взять в жены такую невесту, как мисс Тейлор, без гроша за душою — одним словом, жить сообразно влечениям своей дружелюбной и общительной натуры.

Влияние мисс Тейлор на его планы начало ощущаться довольно давно, но не то тираническое влияние, которое молодость оказывает на молодость, — оно не ослабило в нем решимости зажить семейной жизнью не ранее, нежели он сможет приобрести Рэндалс, хотя до продажи Рэндалса оставалось далеко; он твердо следовал своим путем, не теряя из виду этой цели, и наконец достиг ее. Он нажил себе такое состояние, купил такой дом, завел такую жену, которых желал, и новый период существования обещал ему больше счастья, чем любой из пережитых дотоле. Он никогда не бывал несчастлив: от этого, даже во времена первого брака, его уберегал склад характера, однако теперь, во втором браке, ему предстояло изведать, сколь усладительно общество женщины благомыслящей, неподдельно добросердечной, обрести приятнейшее свидетельство тому, насколько лучше, когда вы выбираете, а не вас выбирают; когда вы не испытываете чувство благодарности, а сами внушаете его другим.

Ему не было нужды угождать своим выбором никому, кроме себя, он один был хозяин своему состоянию, — что до Фрэнка, то его не просто воспитывали, молчаливо подразумевая, что готовят в наследники дядюшке, но усыновили открыто и гласно: ему предстояло, достигнув совершеннолетия, взять себе фамилию Черчилл, а потому представлялось более чем сомнительным, чтобы ему когда-либо могла потребоваться отцовская помощь. Отец его не имел подобных опасений. Тетка Фрэнка была особа с прихотями и безраздельно управляла супругом, но мистер Уэстон по природе своей был не способен вообразить, чтобы из прихоти, пусть даже самой сильной, можно было причинить ущерб тому, кто столь дорог — и дорог, полагал он, столь заслуженно. Он каждый год виделся с сыном в Лондоне, гордился им и неизменно отзывался о нем с похвалою, как о превосходном молодом человеке, вследствие чего своеобразная гордость за него сообщилась также и обитателям Хайбери. К нему относились как к одному из своих, что делало его достоинства и виды на будущее отчасти предметом общей заботы.

Мистер Фрэнк Черчилл был для Хайбери своего рода местной достопримечательностью; все сгорали от нетерпения поглядеть на него, хотя он сам, как видно, вовсе не думал отвечать тем же, ибо ни разу за всю жизнь не побывал здесь. Нередко возникали толки, что он приедет навестить отца, однако этого до сих пор так и не произошло.

Теперь, когда отец его женился, все сходились на том, что такой визит был бы как нельзя более уместным изъявлением сыновнего внимания. Сидела ли миссис Перри за чаем у миссис и мисс Бейтс, приходили ли эти последние, в свой черед, почаевничать к миссис Перри, ни единый голос не раздавался в противоречие этому. Мистеру Фрэнку Черчиллу было самое время появиться среди них, и надежда на это окрепла, когда прошел слух, что он написал к своей новоявленной матушке по случаю ее свадьбы. Несколько дней кряду, кто бы в Хайбери к кому ни пришел, в разговоре непременно упоминалось милое письмо, полученное миссис Уэстон. «Вы, верно, слышали, какое милое письмо написал миссис Уэстон мистер Фрэнк Черчилл? В самом деле премилое письмо, сколько я понимаю. Мне сказывал о нем мистер Вудхаус. Он читал его и говорит, что такого милого письма в жизни не читывал».

Письмо и вправду было дорогим подарком. У миссис Уэстон, разумеется, и без того составилось о молодом человеке наилучшее представление, а этот красивый знак внимания был несомненным доказательством его недюжинного здравомыслия и счастливо дополнял собою добрые пожелания и поздравления, которые она получила к свадьбе. Она считала себя редкостною счастливицей и, имея за плечами довольно лет, понимала, какою счастливицей может по справедливости казаться другим, а если о чем и сожалела, то о том лишь, что частично разлучена с дорогими друзьями, чье дружество к ней не охладевало никогда и которым тяжко было расстаться с нею.

Она знала, что по временам ее должно недоставать в их доме, и не могла без сердечной боли подумать, что своим отсутствием отняла у Эммы хотя бы одно удовольствие, прибавила хотя бы единый час тоскливой скуки, — а впрочем, ее милая Эмма была не из слабодушных, ей по плечу было справиться с трудностями, перед которыми иная на ее месте спасовала бы; можно было смело рассчитывать, что ум, энергия и сила духа помогут ей благополучно перенести маленькие тяготы и утраты нового ее положения. И потом, какая удача, что от Рэндалса до Хартфилда рукой подать — ей или Эмме ничего не стоит прогуляться туда и обратно даже без провожатых, — какая удача, что у мистера Уэстона столь покладистый нрав и отменные обстоятельства и даже наступление зимы не помешает им проводить вместе каждый второй вечер.

Вообще говоря, только изредка часы довольства и благодарности судьбе перемежались у миссис Уэстон минутами сожалений; ее довольство, более того, откровенная радость были столь уместны, столь очевидны, что Эмма, хотя и хорошо знала своего батюшку, подчас диву давалась, видя, что он по-прежнему может с жалостью отзываться о «бедной мисс Тейлор», когда они покидали Рэндалс, оставляя ее окруженной всяческим уютом и комфортом, либо она сама покидала их ввечеру, удаляясь в сопровождении своего приятного мужа к собственной карете. Не было случая, чтобы мистер Вудхаус при этом не молвил с тихим вздохом:

— Ах, бедная мисс Тейлор! Она так рада была бы остаться!

Мисс Тейлор уж не воротить было назад — а значит, по всей видимости, не устранить и причину жалеть ее, но все же по прошествии нескольких недель мистер Вудхаус испытал некоторое облегчение. Поток поздравлений иссяк, соседи не донимали его более изъявлениями радости в связи с событием столь горестным, а свадебный торт, стоивший ему таких огорчений, съеден был до крошки. Собственный его желудок не принимал сладкого и жирного, а допустить, что у других что-то может обстоять иначе, нежели у него, он не умел. То, что было нездорово для него, представлялось ему непригодным и для всех прочих, и потому он горячо уговаривал жениха и невесту вовсе отказаться от свадебного торта, а когда это ни к чему не привело, с такою же горячностью старался воспрепятствовать тому, чтобы кто-либо отведал его. Он даже взял на себя труд испросить мнения о сем предмете у аптекаря*, мистера Перри. Мистер Перри, человек понимающий, благовоспитанный, чьи

---

* Аптекарь — так во времена Джейн Остен называли любого медика средней руки, практикующего в сельской местности. В медицинской иерархии аптекарь занимал вторую ступень после врачей, т. е. членов Колледжа врачей; порой случалось, что аптекарь вообще не имел специального образования. Лишь немногие из аптекарей были лиценциатами Общества аптекарей. На низшей ступени медицинской иерархии стояли хирурги, которые вплоть до 1745 г. объединялись в одну гильдию с цирюльниками.

постоянные визиты очень скрашивали мистеру Вудхаусу существование, будучи призван высказаться, не мог не признать (хотя и казался не весьма к тому расположен), что свадебный торт может в некоторых случаях — пожалуй, в большинстве случаев — действительно повредить здоровью, если, угощаясь им, не соблюдать меры. Заручась таковым мнением в поддержку своему собственному, мистер Вудхаус надеялся оказать влияние на всякого, кто посетит новобрачных, но торт, невзирая на это, продолжали все-таки поедать, и не было доброй душе его успокоения, покуда его не доели до последней крошки.

Бродили по Хайбери злостные слухи, что будто бы каждого из малолетних отпрысков мистера Перри видели с куском пресловутого торта в руках, но мистер Вудхаус решительно отказывался этому верить.

Глава 3

Мистер Вудхаус на свой лад не чуждался общества. Он очень любил, когда к нему приходили друзья и, по совокупности разных причин — таких как старожительство в Хартфилде и прирожденное радушие, как богатство, и дом, и дочь, — мог большей частью регулировать дружественные визиты в пределах своего тесного кружка, как ему нравилось. Ни с одним семейством за пределами этого кружка он не поддерживал особых сношений; беседы допоздна и многолюдные званые обеды внушали ему ужас, он мог водить близкое знакомство лишь с теми, кто соглашался навещать его на его собственных условиях. К счастью для него, в Хайбери — считая Рэндалс в том же церковном приходе и Денуэллское аббатство, имение мистера Найтли в соседнем, — таковые имелись во множестве. Частенько, уступая настояниям Эммы, он звал кого-нибудь из самых достойных, избранных, к обеду, но предпочитал собирать у себя друзей по вечерам, и редко выпадал такой вечер — разве что сам он, по недомоганию, мнил себя неспособным принять гостей, — чтобы ему недоставало партнеров за ломберным столом.

Неподдельная, испытанная привязанность приводила к нему в дом чету Уэстонов и мистера Найтли, что же до мистера Элтона, то можно было не сомневаться, что сей молодой человек, живя один и наскуча этим, не упустит лестную возможность променять в свободный вечерок пустое одиночество в своем доме на общество в изысканной гостиной мистера Вудхауса и на улыбки его прелестной дочери.

За этой компанией следовала другая, и в ней наиболее легки на подъем были миссис и мисс Бейтс, а также миссис Годдард — три дамы, почти всегда готовые откликнуться на приглашение в Хартфилд, — их привозили и отвозили столь часто, что мистер Вудхаус не усматривал в том ни малейшей тягости ни для Джеймса, ни для лошадей. Когда бы такое случалось всего раз в году, то сетованиям его не было бы конца.

Миссис Бейтс, вдова прежнего хайберийского викария, была глубокой старушкой и мало на что годилась, помимо чашки чая да партии в кадриль. Она жила с единственной дочерью крайне скромно, и все относились к ней с почтением и заботливостью, какие внушает безобидная старость в стесненных обстоятельствах. Дочь ее пользовалась популярностью чрезвычайно необычной для женщины, не обладающей ни молодостью, ни красотой, ни богатством, и притом незамужней. Дабы снискать себе всеобщее расположение, ничего худшего нельзя придумать, и добро бы недостающее возмещалось у мисс Бейтс умственным превосходством, понуждающим тех, кто невзлюбил ее, выказывать ей из робости внешнее уважение, — но нет. Она никогда не могла похвастаться ни женскою привлекательностью, ни большим умом. Молодые годы ее прошли не отмеченные ничем примечательным; зрелые посвящены были заботам о дряхлеющей матери и стараниям как-то сводить концы с концами при более чем скудных доходах. А между тем она была счастливою женщиной — женщиной, которую никто не поминал иначе, как добром. Творило эти чудеса ее собственное доброе расположение к людям, ее умение довольствоваться малым — она всех любила, принимала к сердцу благо каждого, в каждом умела разглядеть хорошее, себя считала истинной избранницей судьбы, которая осыпала ее своими дарами, дав прекрасную мать, столько добрых друзей и соседей и дом, в котором есть все, что нужно. Простодушие и непритязательность, добрый нрав и благодарная натура располагали к ней всякого и не давали унывать ей самой. Она была изрядная любительница посудачить о разных пустяках, чем как нельзя более соответствовала вкусу мистера Вудхауса, для которого постоянно служила источником незначащих новостей и невинных сплетен.

Миссис Годдард содержала школу — не гимназию, не институт или иное высокоученое заведение, где, не жалея пустых и вычурных фраз, превозносят обучение, построенное на самоновейших принципах и новомодных системах, в коем гуманитарные познания сочетаются с правилами высокой нравственности и где учениц, за непомерную плату, корежат на все лады, отнимая у них здоровье и награждая взамен тщеславием, — но настоящую, без обмана, старомодную школу-пансион, где за умеренную плату можно приобрести умеренные знания, куда можно отослать с рук долой юную девицу понабраться кой-какого образования, не опасаясь, что она вернется назад кладезем учености. Пансион миссис Годдард пользовался доброю славой, и справедливо: климат Хайбери почитался целебным, миссис Годдард держала просторный дом и большой сад, кормила детей обильной и здоровой едою, летом не мешала им резвиться в саду, а зимой собственноручно оттирала им обмороженные щеки. Неудивительно, что в церковь ее сопровождали парами сорок юных воспитанниц. Это была женщина с простым лицом, по-матерински степенная, которая в молодые годы трудилась, не зная устали, и считала, что ей не грех теперь изредка побаловать себя чаепитием в гостях; многим обязанная в прошлом доброте мистера Вудхауса, она признавала за ним исключительное право вытребовать ее к себе из опрятной гостиной, увешанной вышивками пансионерок, и при случае не отказывалась выиграть или проиграть несколько шестипенсовых монет, сидя у его камина.

Таковы были дамы, которых Эмма могла очень часто собирать у себя и счастлива была, что может, хоть ей самой это ни в коей мере не возмещало отсутствия миссис Уэстон. Она радовалась, видя, что отец ее ублаготворен, и не могла не хвалить себя, что столь славно всем распоряжается, однако под усыпительно размеренную беседу, которую вели ее достопочтенные гости, невольно ловила себя на мысли, что не зря со страхом рисовала себе долгие вечера без миссис Уэстон.

Однажды утром, когда она сидела в предвидении того, что и нынешний день завершится так же, ей принесли записку от миссис Годдард, в которой та со всевозможной почтительностью испрашивала позволенья привести с собою мисс Смит, и ее просьба пришлась очень вовремя — эту мисс Смит, девицу семнадцати лет, Эмма хорошо знала в лицо и давно к ней приглядывалась с интересом, привлеченная ее красотою. В ответ последовало любезное приглашение, и мысль о предстоящем вечере уж не страшила более очаровательную хозяйку Хартфилда. Гарриет Смит была побочною дочерью, но чьей? Кто-то несколько лет назад поместил ее в школу миссис Годдард; кто-то возвысил ее недавно до положения пансионерки, живущей одним домом с хозяйкою пансиона. Вот и все, что было общеизвестно об ее истории. Она, кажется, не имела друзей, кроме тех, которыми обзавелась в Хайбери, и теперь только что вернулась из деревни, где продолжительное время гостила у прежних своих подруг по пансиону.

Она была очень недурна собой и обладала того рода красотою, которой в особенности восхищалась Эмма, — невысокого роста, пухленькая и белокурая, с ярким румянцем, молочно-белой кожей, голубенькими глазками и правильными чертами лица, хранящего удивительно ясное выражение. Ее манеры пленили Эмму не менее, чем ее наружность, и задолго до окончания вечера она исполнилась решимости продолжить это знакомство.

Не сказать чтобы мисс Смит хоть единожды поразила ее в разговоре блеском ума, однако это не помешало Эмме найти ее чрезвычайно располагающей к себе — ни обременительной застенчивости, ни привычки отмалчиваться, — а между тем она была столь далека от навязчивости, столь прилично держалась на должном расстоянии, дышала такою признательностью за то, что допущена в Хартфилд, столь безыскусственно показывала, какое впечатление производит на нее обстановка, несравненно превосходящая своею изысканностью ту, к которой она привыкла, что все это изобличало в ней здравый смысл и заслуживало поощрения. А если так, то следовало оказать ей это поощрение. Нельзя, чтобы эти томные голубые взоры, чтобы все эти природные прелести расточались напрасно в низком обществе Хайбери и его окрестностей. Знакомства, которые у нее завязались здесь, не достойны ее. Те друзья, от которых она только что приехала, хотя и неплохие люди, но дружба с ними не может не быть для нее вредна. То было семейство по имени Мартин, хорошо известное Эмме по отзывам; они арендовали большую ферму у мистера Найтли и жили в Донуэллском приходе очень достойно — по всей видимости, мистер Найтли был о них высокого мнения, — но наверняка оставались при этом людьми грубыми, неотесанными и никак не годились в близкие друзья девушке, которой для полного совершенства недоставало лишь немного искушенности и лоска. Она сама обратит на нее внимание, разовьет ее способности, отвратит от дурного общества и введет в хорошее, образует ее суждения и манеры. Это будет увлекательное и, конечно же, доброе дело, в высшей степени подобающее ее положению, досугу и способностям.

Она была так занята своею гостьей, любуясь ее томными голубыми глазками, расспрашивая и слушая ее, а в промежутках вынашивая свои планы, что вечер, против обыкновения, пролетел, как одна минута, — стол уже накрыт был для ужина, которым всегда завершались подобные встречи, и придвинут к огню, и кушанья готовы, а она и не заметила, хотя прежде, бывало, томилась в ожидании, когда для него настанет время. С готовностью, вызванной не одною только всегдашней слабостью к хвале, которой награждают умелую и заботливую хозяйку, — с неподдельным радушием и в восторге от мысли, которая посетила ее, Эмма принялась хлопотать за столом и, зная привычку своих гостей рано ложиться спать, а также их благовоспитанную сдержанность в обществе, с особым усердием потчевала их фрикасе из цыплят и устрицами, запеченными в раковинах.

Бедный мистер Вудхаус, как обычно в подобных случаях, раздираем был противоречивыми чувствами. Он любил угощать друзей за своим столом, ибо таков был обычай его молодости, но уверенность, что ужинать не полезно, заставляла его морщиться при виде каждого нового блюда; из хлебосольства он счастлив был бы накормить гостей до отвала — из тревоги за их здоровье огорчался, видя, как они отдают должное его угощенью.

Единственное, что он мог бы рекомендовать им со спокойной совестью, — это мисочку жидкой овсяной каши, вроде той, которая стояла перед ним самим, однако, глядя, как его гостьи преспокойно уплетают более лакомые яства, он довольствовался замечаниями, вроде:

— Мисс Бейтс, я рекомендовал бы вам отведать яичко. От яйца всмятку не может быть большого вреда. Никто так не умеет сварить яйцо, как наш Сэрли, я никогда не предложил бы вам яйцо, сваренное не им... Да вы не бойтесь — видите, какие они мелкие, — одно маленькое яичко, это не беда. Мисс Бейтс, если позволите, Эмма отрежет вам кусочек сладкого пирожка — совсем крошечный. У нас пекут пироги только со свежими яблоками, можете не опасаться. Все, что заготовлено впрок, нездорово. Крем? Не советую. Миссис Годдард, полрюмочки вина — что вы скажете? Меньше половины, а остальное дольем водой? Я полагаю, от такой малости здоровье ваше не пострадает.

Эмма не мешала отцу говорить, а сама тем временем подкладывала и подливала гостям щедрой рукою; в этот вечер ей было как никогда приятно доставить им удовольствие. В отношении мисс Смит это вполне ей удалось. Мисс Вудхаус была в Хайбери такою важной персоной, что перспектива быть представленной ей вызвала в душе мисс Смит столько же смятения, сколько радости, — но, покидая ее дом, маленькая смиренница была наверху блаженства, исполненная благодарности к мисс Вудхаус, которая так обласкала ее в этот вечер и даже пожала ей руку на прощанье!

Глава 4

В скором времени Гарриет Смит сделалась в Хартфилде своим человеком. Эмма, быстрая и решительная по природе, без отлагательства начала приглашать ее и приваживать, поощряя ее приходить чаще, и, по мере того как укреплялось их знакомство, возрастала и обоюдная приязнь. Сколь полезной может оказаться мисс Смит как спутница во время прогулок, Эмма предвидела с самого начала. В этом отношении утрата миссис Уэстон весьма была заметна. Родитель Эммы никогда не захаживал далее аллеи парка, которого ближняя или дальняя половина, смотря по времени года, служила ему границею прогулки, и Эмме после замужества мисс Тейлор очень недоставало моциона. Она отважилась как-то предпринять одну вылазку в Рэндалс, но нашла это неприятным, и в такой подруге, как Гарриет Смит, которую в любое время можно позвать на прогулку, видела ценное для себя приобретение. Впрочем, и во всех других отношениях чем ближе она узнавала ее, тем более одобряла и тем прочнее утверждалась в своих добродетельных замыслах.

Гарриет определенно не отличалась большим умом, но зато обладала легким, покладистым, благодарным нравом, не знала, что такое тщеславие, и с готовностью подчинялась руководительству того, которого почитала выше себя. Привязанность ее к Эмме с первых же дней внушала умиление, а ее склонность к хорошему обществу, уменье достойно оценить изящество и изощренность в других выдавали хороший вкус, хотя напрасно было бы ждать глубины и тонкости от нее самой. Словом, Эмма не сомневалась, что Гарриет Смит и есть та наперсница, которая ей надобна, — то самое, чего недостает ей в доме. Не миссис Уэстон, разумеется, — об этом не могло быть и речи. Второй такой было не найти. Второй такой Эмма и не желала. То стояло особняком — то было чувство неповторимое, единственное. Миссис Уэстон была предметом любви, взращенной благодарностью и уважением. Гарриет будет дорога тем, что ей можно принести пользу. Для миссис Уэстон ничего нельзя было сделать; для Гарриет можно было сделать все.

Первые усилия Эммы принести пользу состояли в попытке установить, кто родители Гарриет, однако ей не удалось добиться толку. Гарриет рада была бы сообщить все, что может, но расспросы в этом случае оказались тщетны. Эмме оставалось воображать что угодно — она только не могла не думать, что сама в подобных обстоятельствах непременно выведала бы правду. Гарриет не отличалась пытливостью. Она довольствовалась тем, что почитала нужным сказать ей миссис Годдард, — она слушала, верила и не задавалась вопросами.

Миссис Годдард, учительницы, пансионерки, вообще школьные дела занимали, естественно, большое место в ее разговоре — и заполнили бы его без остатка, когда бы не знакомое ей семейство Мартинов с фермы Эбби-Милл. К Мартинам мысли ее обращались постоянно; она провела у них два безоблачных месяца и любила рассказывать, какие удовольствия получила за это время и каких прелестей и чудес насмотрелась на ферме. Эмма поощряла ее словоохотливость — ее развлекали эти картинки иной жизни и занимала юная простота, способная с таким жаром рассказывать, что у миссис Мартин в доме «две залы, отличнейшие залы — одна, право же, не уступает величиною гостиной миссис Годдард, и она держит экономку, которая живет у нее целых двадцать пять лет, а коров у них восемь, среди них две олдернейской породы и одна валлийской, прехорошенькая коровка, и миссис Мартин сказала, что раз ей так приглянулась эта коровушка, то ее следует называть отныне ее коровушкою, а в саду у них красивая беседка, и в будущем году все они как-нибудь пойдут туда пить чай, ужасно красивенькая беседка, и в ней без труда могут поместиться десять человек».

Некоторое время Эмма предавалась своему развлечению, не задумываясь о том, что стоит за каждою фразой, то, получая все более полное представление о семействе Мартинов, мало-помалу прониклась новым чувством. Ей казалось, что на ферме живут мать с дочерью, сын и его жена, но, когда выяснилось, что мистер Мартин, который непременно присутствовал в рассказах и упоминался всякий раз с похвалою за добродетель, явленную в том или ином поступке, — что этот мистер Мартин холост и что молодой миссис Мартин, жены его, не существует, тогда заподозрила Эмма, чем угрожает бедняжке Гарриет все это гостеприимство и радушие, — и поняла, что если не взять ее под свою защиту, то ей не миновать уронить себя невозвратно.

Одушевленная этою мыслью, она умножила число своих вопросов и углубила их, с умыслом побуждая Гарриет больше говорить о мистере Мартине, что явно не вызвало сопротивления. Гарриет с великой охотою рассказывала о том, как он участвовал в прогулках при луне и веселых играх по вечерам, не забывая отмечать, сколь он приветлив и любезен. Однажды изъездил три мили вокруг, чтобы добыть ей грецких орехов, потому что она обмолвилась, как любит их, — да и во всем прочем он неизменно так был услужлив! Как-то вечером он позвал в залу сына своего пастуха затем лишь, чтобы мальчик пел для нее. Она ужасно как любит пение. Он и сам недурно поет. Вообще он, кажется, умеет и понимает все на свете. Овцы у него отборные — в бытность ее на ферме никому в округе не предлагали такую высокую цену за шерсть, как ему. Ни от кого не слыхала она о нем ничего, кроме хорошего. Мать и сестры души в нем не чают. Миссис Мартин однажды сказала ей — говоря это, Гарриет зарделась, — что лучшего сына и вообразить невозможно и она уверена, что он станет примерным супругом, когда женится. Она, впрочем, вовсе не жаждет, чтобы он женился. Торопиться незачем.

«Ловко, миссис Мартин! — подумала Эмма. — Вы свое дело знаете».

А когда она уезжала, то миссис Мартин была столь добра, что послала миссис Годдард отменного гуся — миссис Годдард в жизни не видывала такого славного гуся! Она изжарила его в воскресенье и пригласила к ужину всех трех учительниц — мисс Нэш, мисс Принс и мисс Ричардсон.

— Мистер Мартин, я полагаю, человек, не слишком сведущий в тех предметах, кои не входят в круг его занятий. Он не привержен к чтению?

— Ах, напротив! А впрочем, нет... не знаю... но, помоему, он изрядно начитан — только в ваших глазах такого рода чтение мало что значит. Он читает «Земледельческие ведомости» и другие книжки, сложенные на диванчике у окна, — эти он читает про себя. А по вечерам, прежде нежели нам садиться за карты, читает и вслух «Извлечения из изящной словесности» — чудо, как интересно. «Векфилдского священника» он читал, я знаю, а такие книжки, как «Лесной роман» и «Дети аббатства», — нет*. Про эти книги он и не слыхивал,

* Круг чтения мистера Мартина красноречиво говорит о его литературных симпатиях и вкусах. Явно, что в своем выборе он ориентировался на то, что было принято в приличном обществе, поэтому высоко ставил «Извлечения из изящной словесности», книгу, составленную неким Гарриком и пользующуюся в конце XVIII и начале XIX в. большой популярностью в Англии. Конечно, он, человек серьезный и обстоятельный, выше ценил поучительный роман Оливера Голдсмита «Векфильдский священник» (1766), чем «готическое» сочинение Анны Радклифф «Лесной роман» (1791) и довольно слащавое произведение ирландской писательницы Регины Марии Рош «Дети аббатства» (1798).

покуда я не помянула их, но теперь непременно постарается раздобыть их как можно скорее.

Следующий вопрос был:

— А каков он собою, этот мистер Мартин?

— Ах, не красавец — ничуть не бывало! Вначале он показался мне страх как неказист, но теперь таковым не кажется. Это, вы знаете, со временем проходит. Но разве вы не видели его? Он то и дело наведывается в Хайбери, а каждую неделю непременно проезжает мимо по дороге в Кингстон. Вы много раз ему встречались по пути.

— Да, возможно, — и может статься, сама видела его сто раз, не имея понятия, как его зовут. Молодой фермер, будь он конный или пеший, — не тот человек, который способен возбудить во мне любопытство. Крестьяне средней руки — это сословие, с которым у меня не может быть ничего общего. Почтенный селянин ступенькой-другою ниже мог бы еще привлечь мой интерес, его семейству можно было бы надеяться принести ту или иную пользу. Фермер же нисколько не нуждается в моей помощи и потому стоит в одном смысле чересчур высоко, а во всяком ином — слишком низко для моего внимания.

— Это верно. Да, вы едва ли могли его заметить, но он-то знает вас прекрасно — со стороны, я хочу сказать.

— Не сомневаюсь, что он весьма порядочный молодой человек. Более того, я доподлинно знаю это и потому желаю ему добра. Как вы думаете, сколько ему лет?

— Восьмого июня минуло двадцать четыре, а день моего рождения двадцать третьего — ровно две недели и один день разницы! Не удивительно ли!

— Только двадцать четыре года. В такие лета рано обзаводиться семьею. Его мать совершенно права, что не торопится. Им и без этого хорошо, мне кажется, и если бы она теперь постаралась женить его, то после, верно, пожалела бы. Вот если бы лет через шесть нашлась для него подходящая девушка того же круга, и с деньгами, тогда это было бы вполне уместно.

— Лет через шесть! Помилуйте, мисс Вудхаус, ему будет тридцать!

— Ну что ж, ранее этого мужчина чаще всего и не может позволить себе жениться, если не рожден с независимым состоянием. Мистеру Мартину, как я понимаю, только еще предстоит нажить капитал — он, должно быть, совсем не богат. Те деньги, которые достались ему после смерти отца, та доля семейного имущества, которая принадлежит ему, — все это, вероятно, пущено в дело, вложено в скот и так далее, и, хотя со временем, при должном усердии и удаче, он может разбогатеть, весьма сомнительно, чтобы он уже теперь получал чистый доход.

— Наверное, правда ваша. Но живут они в полном довольстве. Разве что не держат в доме мужской прислуги, да и то миссис Мартин подумывает взять мальчика на будущий год, — а так они ни в чем не ведают нужды.

— Как бы вам, Гарриет, не попасть в неловкое положение, когда он все-таки женится, — я говорю о знакомстве с его женою; сестры еще куда ни шло, они хотя бы изрядно образованны, но отсюда не следует, что он непременно женится на особе, достойной вашего внимания. Досадные обстоятельства рождения вашего обязывают вас к сугубой щепетильности в выборе знакомых. Вы — дочь человека высшего круга, в этом нет сомнений, и должны всеми способами, доступными вам, подтверждать свою принадлежность к этому кругу, иначе всегда сыщутся люди, которые рады будут принизить вас.

— Да, конечно, — как им не сыскаться. Но покуда я вхожа в Хартфилд и вы так ко мне добры, мисс Вудхаус, меня никто и ничто не страшит.

— Вы, я вижу, понимаете, Гарриет, какую силу имеет покровительство влиятельного лица, однако я желала бы для вас столь прочного положения в хорошем обществе, чтобы вам не зависеть даже от Хартфилда и мисс Вудхаус. Я хочу постоянно видеть вас в подобающем окружении — а для этого разумно было бы по возможности избегать ненужных связей, и потому я говорю, что если вы все еще будете в здешних краях, когда мистер Мартин женится, то не хотелось бы, чтобы дружба ваша с его сестрами вынудила вас к знакомству с его женою, которой станет скорее всего необразованная дочка простого фермера.

— Да. Разумеется. Правда, я думаю, что если мистер Мартин женится, то не иначе как на девушке с образованием — и очень хорошо воспитанной. А впрочем, я не собираюсь оспаривать ваше мнение и вовсе не намерена искать знакомства с его женой. Я всегда буду высоко ценить барышень Мартин, в особенности Элизабет, и мне очень было бы жаль расстаться с ними, тем более что они нисколько не уступают мне в образованности. И все же, если он женится на какой-нибудь неученой простушке, мне лучше будет не посещать ее без крайней надобности.

Эмма следила за переходами этой речи и не усматривала в ней тревожных признаков любовного недуга. Молодой фермер, как подозревала Эмма, был первый поклонник, и только, не значил ничего большего, и она не предвидела серьезных трудностей — Гарриет не станет противиться тому, чтобы она по дружбе устроила ее судьбу.

На другой же день, прогуливаясь по Донуэллской дороге, они встретили мистера Мартина. Он шел пешком и, почтительно поглядев на нее, с нескрываемым удовольствием перевел взгляд на ее спутницу. Эмма была только рада возможности рассмотреть его, и, покуда они разговаривали, она, пройдя несколько шагов вперед, острым глазом учинила мистеру Роберту Мартину осмотр. Он был опрятно одет и вид имел смышленый, однако сверх этого не был отмечен ни единым личным преимуществом и при сравнении с настоящим джентльменом, решила она, должен был без остатка утратить завоеванную им благосклонность Гарриет. Гарриет не была бесчувственна к манерам, недаром она не только с изумлением, но и с восхищением отмечала учтивость ее отца. Мистер Мартин, похоже было, понятия не имел о том, что такое хорошие манеры.

Они постояли вдвоем лишь несколько минут, ибо негоже было задерживать мисс Вудхаус; затем Гарриет подбежала к ней с улыбкой на лице и в смятении чувств, которое мисс Вудхаус надеялась унять в самом скором времени.

— Подумать только, что нам привелось с ним встретиться! Удивительно! Он говорит, что по чистой случайности не пошел через Рэндалс! Он и не знал, что мы ходим гулять по этой дороге. Он думал, мы обыкновенно ходим по направлению к Рэндалсу. А книжку «Лесной роман» он покамест еще не раздобыл. Когда ездил в Кингстон последний раз, то был так занят, что совсем позабыл о ней, но завтра едет опять. Нет, это, право же, удивительно, что мы повстречали его! Ну что, мисс Вудхаус, таков ли он, как вы ожидали? Что вы думаете о нем? Так ли уж он невзрачен, на ваш взгляд?

— Без сомненья, невзрачен — чрезвычайно, — но это бы еще не беда, когда б не полное отсутствие в нем хорошего тона. Я не имела причины ожидать многого — я многого и не ожидала, но я не могла сообразить, что он столь неотесан, столь безнадежно непрезентабелен. Признаться, я рассчитывала увидеть в нем хоть немного больше породы.

— Да, конечно, — возразила Гарриет, уязвленная, — по сравнению с природным джентльменом, породы в нем меньше.

— Мне думается, Гарриет, с тех пор, как вы сблизились с нами, вам не единожды случалось бывать в обществе природных джентльменов, и вам самой должно было броситься в глаза отличие от них мистера Мартина. В Хартфилде вы имели возможность составить себе представление о том, каков должен быть образованный, благовоспитанный мужчина. Странно, если бы после этого вы, находясь в обществе мистера Мартина, не распознали бы в нем существо низшего порядка и не спросили себя с недоумением, как могли когда-то счесть его привлекательным. Разве вы уже не почувствовали это? И вас ничто в нем не поразило? Вас, я уверена, должны были поразить и нескладная фигура его, и угловатые движения, и этот резкий голос, который достигал даже до меня, ибо его не потрудились понизить.

— Разумеется, до такого, как мистер Найтли, ему далеко. Нет у него ни благородной осанки мистера Найтли, ни его походки. Я хорошо вижу разницу. Но ведь с мистером Найтли трудно равняться!

— У мистера Найтли весь облик исполнен такого благородства, что равнять мистера Мартина с ним было бы несправедливо. Такой, как мистер Найтли, сыщется, может быть, один из ста, столь явственно на нем написано: «джентльмен». Но вы не только с ним одним встречались последнее время. Что скажете вы о мистере Уэстоне и мистере Элтоне? Попробуйте-ка сравнить мистера Мартина с ними. Сравните манеру держаться, ходить, разговаривать, молчать. Различие должно быть очевидно для вас.

— О да! Различие есть, и немалое. Но мистер Уэстон уже почти старик. Мистеру Уэстону, вероятно, за сорок, около пятидесяти.

— Тем более ценно, что у него хорошие манеры. Чем человек старше, Гарриет, тем в нем важнее умение вести себя — тем заметнее и отвратительнее становятся несдержанность, грубость, неловкость. То, что сходит человеку в молодости, отталкивает от него под старость. Мистер Мартин и теперь неловок и резок, каков же будет он в возрасте мистера Уэстона?

— В самом деле, как знать! — отозвалась с серьезным видом Гарриет.

— Знать нельзя, но можно догадываться. Окончательно огрубеет, опростится, станет мужик мужиком — пренебрежет благоприличием и будет держать в голове одни лишь барыши да убытки.

— Неужели? Это и впрямь будет скверно.

— Он и теперь уже в такой мере поглощен заботами о своей ферме, что забыл спросить себе книжку, которую вы хвалили. Помыслы о купле-продаже вытеснили из памяти его все остальное — как и пристало человеку, который стремится преуспеть в делах. Что такому до книг?

И он непременно преуспеет в делах, не сомневаюсь, и разбогатеет со временем, — а что останется при этом невежествен и груб, так нас это не должно тревожить.

— Не понимаю, как он мог не вспомнить про книгу, — только и молвила в ответ Гарриет с важностью и неудовольствием, которым, решила Эмма, можно спокойно было предоставить вызревать и давать плоды. Поэтому она какое-то время хранила молчание. Затем нарушила его:

— В одном отношении, пожалуй, как мистер Найтли, так и мистер Уэстон уступают манерою держаться мистеру Элтону. Он любезнее их. Его манеры скорее можно поставить в пример другим. Мистера Уэстона отличает откровенность, непосредственность, порой граничащая с бесцеремонностью, и в нем эти качества всем нравятся, ибо им сопутствует бесконечное добродушие, — однако они не могут служить образцом для подражания. Точно так же, как и манеры, свойственные мистеру Найтли, прямолинейному, решительному, властному, — хотя к нему они подходят как нельзя лучше — при его фигуре, осанке, при том положении, которое он занимает, они позволительны, но вздумай их перенять человек помоложе, и он сделался бы несносен. И напротив, всякому молодому человеку можно смело посоветовать взять себе за образец мистера Элтона. Мистер Элтон незлобив, покладист, обязателен и любезен. А в последнее время, мне кажется, стал вдвойне любезен. Не знаю, Гарриет, кроется ли здесь умысел произвести впечатление на одну из нас, но только я примечаю, что никогда еще манеры его не были столь умильны. И если это делается с умыслом, то, значит, в угоду вам. Я вам не говорила, как отозвался он об вас на днях?

И она, не скупясь на краски, пересказала слова похвалы, которую вынудила от мистера Элтона; Гарриет зарделась, улыбнулась и сказала, что всегда отдавала должное его любезности.

Мистер Элтон и был тот, которому, по выбору Эммы, назначалось изгнать из головы Гарриет мысли о молодом фермере. Она решила, что это будет отличная пара — союз, столь несомненно желательный, естественный, возможный, что не так уж велика заслуга устроить его. Может статься, опасалась она, о нем думают, его предрекают все вокруг. Едва ли, впрочем, кто-либо мог оспаривать у нее первенство во времени, ибо она вынашивала этот план еще с того вечера, когда Гарриет впервые появилась в Хартфилде. Чем долее она его обдумывала, тем глубже проникалась ощущением его целесообразности. Положение мистера Элтона было самое подходящее — истый джентльмен, не отягощенный низким родством, но в то же время и не столь родовитый, чтобы сомнительное происхождение Гарриет могло вызвать нарекания со стороны его семейства. Он мог предложить ей прекрасный дом и, как полагала Эмма, полный достаток, ибо хотя доходы викария в Хайбери были невелики, но все знали, что он, помимо того, владеет порядочным состоянием; о нем самом она составила себе весьма лестное мнение как о благожелательном, добропорядочном, достойном молодом человеке, не лишенном должной сметливости и знания света.

Она уже удостоверилась, что красота Гарриет не осталась им не замеченной, и видела в этом для него — при возможности часто встречаться с Гарриет в Хартфилде — многообещающее начало; что же до Гарриет, то на нее, без сомненья, произведет свое обычное безотказное действие та мысль, что ее предпочли другим. И потом, он был в самом деле очень милый молодой человек — молодой человек, способный понравиться любой женщине, если только она не чересчур привередлива. Его считали интересным, его наружность приводила в восхищение многих — правда, не ее, ибо чертам его недоставало утонченности, без которой она не мыслила себе красоты, — но девочка, которая радовалась тому, что какой-то Роберт Мартин изъездил округу, добывая для нее орехи, вряд ли могла устоять перед поклонением такого человека, как мистер Элтон.

Глава 5

— Не знаю, миссис Уэстон, какого мнения вы об этой задушевной близости между Эммой и Гарриет Смит, — сказал мистер Найтли, — но я о ней думаю дурно.

— Дурно? Вы в самом деле видите в ней дурное? Отчего же?

— По-моему, ни той, ни другой не будет от нее пользы.

— Вы меня удивляете! Общество Эммы безусловно полезно для Гарриет, а Гарриет по-своему полезна для Эммы, вносит в жизнь ее нечто новое и интересное. Я наблюдаю за дружбою между ними с величайшим удовольствием. Как мы по-разному смотрим на вещи! Думать, что им не будет друг от друга пользы! Определенно, мистер Найтли, нам с вами не миновать опять поссориться из-за Эммы.

— Вы, чего доброго, вообразили, что я затем и пожаловал сюда, чтобы затеять ссору с вами, зная, что Уэстона нет дома и вам придется самой постоять за себя.

— Мистер Уэстон непременно поддержал бы меня, будь он дома, потому что его мнение в точности совпадает с моим. Мы вчера только говорили, как это удачно, что в Хайбери живет девица, которая может составить общество для Эммы. Вас, мистер Найтли, я не назову в этом случае беспристрастным судьею. Вы так приучились жить один, что не знаете, сколь дорог может быть товарищ — да и потом, пожалуй, мужчине вообще не дано судить, сколько для женщины отрады в обществе другой женщины, ежели она сызмальства привыкла иметь его. Я представляю себе, каковы ваши возражения против Гарриет Смит. Она не обладает духовным совершенством, которое естественно предположить в подруге Эммы. Но с другой стороны, поскольку Эмма желала бы видеть ее более осведомленной, это может послужить для нее самой побуждением больше читать. Они станут читать вдвоем. Я знаю, Эмма намерена серьезно заняться чтением.

— Эмма намерена серьезно заняться чтением с тех пор, как ей сровнялось двенадцать. Много я повидал списков книг для систематического чтения, составленных Эммою в разное время, — и каких списков, один лучше другого, — что выбор, что расположение — тут в алфавитном порядке, там сообразно иному! Запомнился мне один список, составленный ею в совсем еще нежном возрасте, на пятнадцатом году, — я даже хранил его какое-то время — какую честь делал он ее суждению и вкусу! Так что теперь, надо полагать, она составила и подавно отменный список. Да только я теперь разуверился, что Эмма способна осилить курс основательного чтения. Ей никогда не подчинить себя ничему, что требует усидчивости и терпения, в чем надобно смирять фантазию перед рассудком. Там, где тщетны оказались усилия мисс Тейлор, Гарриет Смит не преуспеть. Ведь как вы с нею ни бились, она читала по крайней мере вдвое меньше, нежели вы хотели. Признайтесь, что это правда.

— Тогда я, возможно, и считала так, но, с тех пор как мы разлучились, не могу вспомнить ни одного случая, когда бы Эмма не исполнила того, что я хотела.

— Ну что ж, такого рода память освежать грешно. — Мистер Найтли помолчал. — Но я, — прибавил он через минуту, — которого чувства не подвластны подобным чарам, вижу, слышу и помню все так, как есть. Эмму испортило то, что она самая смышленая в своем семействе. В десять лет она, к несчастью, легко отвечала на вопросы, которые сестру ее в семнадцать ставили в тупик. Она всегда была сметлива и бойка, а Изабелла — туговата на понятие и несмела. И притом, с двенадцати лет Эмма сделалась хозяйкою в доме и госпожой над всеми вами. Единое существо, могущее справиться с нею, она потеряла, лишившись матери. Это от матери унаследовала она свои способности и ее, по-видимому, слушалась.

— Хороша бы я была, мистер Найтли, когда бы, покинув семейство мистера Вудхауса, искала себе другое место и вынуждена была полагаться на вашу рекомендацию — думаю, у вас не нашлось бы для меня доброго слова. Я уверена, вы всегда считали, что я не подхожу для своей должности.

— Верно, — сказал он улыбаясь. — Вам более подходит быть здесь, быть женою, не гувернанткой. Впрочем, время, проведенное в Хартфилде, было для вас приготовлением к тому, чтобы стать превосходной женой. Эмме вы, быть может, не дали столь полного образования, которое в силах были дать, зато сами получили весьма недурное образование от нее, научась, что так существенно в супружестве, подавлять собственную волю и делать то, что велят, — а потому, если бы Уэстон спросил у меня совета, кого взять в жены, я не колеблясь назвал бы ему мисс Тейлор.

— Благодарю. Невелика заслуга быть хорошей женою такому мужу, как мистер Уэстон.

— Хм, правду сказать, боюсь, что вы, отчасти, и впрямь пропадаете даром — видна полная готовность все вытерпеть, а терпеть-то и нечего. Однако погодим отчаиваться. Уэстон от избытка благополучия еще может сделаться злобным ворчуном, а нет, так его доведет сынок.

— Только не это, будемте надеяться! Да и непохоже... Нет уж, мистер Найтли, не пророчьте вы нам эдаких страстей.

— Что вы, ни в коем случае. Я называю возможности, и только. Я, в отличие от Эммы, не притязаю на обладание даром прорицать и предугадывать. От души надеюсь, что молодой человек будет не только богат, как Черчилл, но и достохвален, как Уэстон. Однако ж вернемся к Гарриет Смит. Я отнюдь еще не покончил с Гарриет Смит. Так вот, худшего общества для Эммы, по-моему, нельзя и придумать. Сама ничего не знает и оттого мнит, что Эмма знает все. Она воплощенная лесть, и тем более опасна, что о том не подозревает. Своим неведением она льстит ежечасно. Где уж Эмме задумываться о том, что в ее собственных познаниях есть пробелы, когда рядом — столь восхитительный образчик несовершенства? Да и Гарриет тоже, осмелюсь утверждать, не может выиграть от такого знакомства. Хартфилд лишь отобьет у нее охоту быть там, где ей место. Она наберется хорошего тона ровно настолько, чтобы чувствовать себя чужой в среде, которая волею обстоятельств назначена ей от рождения. Очень сомневаюсь, чтобы наставления, полученные от Эммы, могли сообщить молодой девушке твердость духа или помочь разумно применяться к превратностям судьбы. Они способны разве что сообщить ей лишь некоторый лоск.

— Я либо более вас полагаюсь на здравый смысл Эммы, либо более озабочена тем, чтобы ей хорошо жилось, так как все же не вижу причин сожалеть об этом знакомстве. Как чудесно выглядела Эмма вчера вечером!

— А, так вам предпочтительнее толковать об ее внешности, не о существе! Ну что ж, не буду спорить, она и точно мила.

— Мила! Скажите лучше — красива! Лицо, фигура — можно ли вообразить себе более совершенную красоту?

— Что можно вообразить себе — разговор особый, но я готов признать, что редко кто лицом или фигурой нравился мне больше Эммы. Впрочем, я — старинный друг и оттого небеспристрастен.

— Что за глаза! Чистейший карий цвет — и что за блеск в них! Правильные черты, открытое выражение, а румянец! Какое цветение безупречного здоровья! Какой хороший рост, какая соразмерность сложения, какая крепкая, прямая фигура! Не только цвет лица выдает в Эмме здоровье, но и осанка, взгляд, посадка головы. Порою слышишь, как о ребенке говорят, что он «пышет здоровьем», — так вот она, по-моему, именно пышет вся молодым здоровьем. Прелесть что такое! Не правда ли, мистер Найтли?

— О внешности ее я могу отозваться только с похвалою, — отвечал он. — Все ваши описания справедливы.

Люблю смотреть на нее и, к чести ее, хочу прибавить, что она, по-моему, не тщеславится своей наружностью. Она так красива, а между тем это очень мало занимает ее, тщеславие ее иного свойства. При всем том, миссис Уэстон, я продолжаю настаивать, что мне не нравится ее близость с Гарриет Смит, и я боюсь, как бы она не наделала им обеим вреда.

— А я, мистер Найтли, не менее вас тверда в убеждении, что никакого вреда от нее не будет. Милая Эмма, при всех своих маленьких недостатках, — прекрасный человек. Где еще видели вы такую преданную дочь, нежную сестру, такого верного друга? Нет-нет, у ней есть качества, на которые можно положиться, — она никого не подтолкнет к тому, что в самом деле дурно, не совершит непоправимой оплошности. Эмма ошибется единожды, а права будет сто раз.

— Ну хорошо, не стану более вас мучить. Пусть Эмма остается ангелом, а я буду держать свою брюзгливость при себе, покуда не настанет Рождество и не приедут Джон и Изабелла. Джон любит Эмму рассудочной и потому не слепою любовью, а Изабелла всегда и на все смотрит так же, как он, хотя подчас ей кажется, что он недостаточно дрожит над детьми. Уверен, что они разделят мое мнение.

— Я знаю, все вы так любите ее, что не допустите по отношению к ней малейшей несправедливости или жестокости, и все же — простите, мистер Найтли, позволю себе заметить, ибо считаю, что, отчасти заменив ей мать, я вправе изъясняться с некоторой свободой, — что, если вы сделаете ее близкие отношения с Гарриет Смит предметом обсуждения, то от этого вряд ли будет большая польза. Не сердитесь, но, даже предполагая, что от этих отношений может и правда произойти какая-то неловкость, нельзя рассчитывать, что Эмма, для которой никто не указ, кроме ее батюшки — а он вполне одобряет это знакомство, — положит им конец, пока они ей доставляют удовольствие. Моею обязанностью, мистер Найтли, столько лет было давать советы, что не удивляйтесь, если я сохранила привычку, порожденную моею должностью.

— Отнюдь! — воскликнул мистер Найтли. — Я вам весьма за него обязан. Это отличный совет, и его ждет лучшая участь, чем та, которая часто постигала ваши советы в прошлом, — ему последуют!

— Супругу мистера Джона Найтли легко встревожить, она может огорчиться за нее.

— Не беспокойтесь, — сказал он. — Я не буду смущать ничей покой. Не покажу виду, что недоволен. Мне глубоко небезразлична судьба Эммы. Она внушает мне чувство столь же братское, как Изабелла, столь же — если не более — горячее участие. Все, что относится к Эмме, трогает, возбуждает любопытство. Что-то станется с нею в жизни, интересно мне знать!

— Мне тоже, — мягко сказала миссис Уэстон, — и очень.

— Она постоянно твердит, что не пойдет замуж, — это, понятно, одни разговоры. Но я не помню, чтобы из всех мужчин, которых она встречала, ей хоть один пришелся по душе. А ей недурно было бы без памяти влюбиться в подходящего человека. Хотелось бы мне увидеть Эмму влюбленной и не очень уверенной, что ей отвечают тем же, — это пошло бы ей на пользу. Но только здесь поблизости ей увлечься некем, а из дому она отлучается так редко.

— Да, ей покамест и правда некем прельститься и некому поколебать ее решимость, — сказала миссис Уэстон, — впрочем, до поры до времени оно и к лучшему. Ей теперь так славно живется в Хартфилде, а привязанность подобного рода неизбежно создала бы массу трудностей из-за бедного мистера Вудхауса. Я не спешила бы рекомендовать Эмме супружество, хотя вообще, поверьте, далека от намерения хулить институт брака.

Отчасти эти ее слова были попыткой скрыть известные соображения на сей счет, втайне взлелеянные ею и мистером Уэстоном. В Рэндалсе питали свои особые надежды на устройство Эмминой судьбы, однако выдавать их не следовало, но по тому, с каким спокойствием мистер Найтли сразу же перешел к вопросу: «Ну, а что думает Уэстон о погоде — будет ли у нас дождь?» — она поняла, что ему нечего более сказать или заключить о положении дел в Хартфилде.

Глава 6

Эмма не сомневалась, что поступила правильно, дав помыслам Гарриет иное направление, и не напрасно пробудила в юной душе ее благодарное тщеславие, ибо в последнее время Гарриет сделалась определенно чувствительнее к тому, сколь привлекательна наружность мистера Элтона и сколь любезно обхождение его; она не замедлила подкрепить рассказы о том, что он пленен, лестными намеками и вскоре окончательно уверилась, что сумела внушить Гарриет должное к нему расположение. Мистер же Элтон, по ее убеждению, если еще и не влюбился, то готов был влюбиться со дня на день.

В отношении его совесть ее была спокойна. Говоря о Гарриет, он расхваливал ее с таким жаром, что остальное, полагала она, было лишь делом времени, и самого скорого. Одним из приятнейших свидетельств его возрастающей привязанности было то, что от него не укрылась разительная перемена в манерах Гарриет, происшедшая с тех пор, как она стала вхожа в Хартфилд.

— Вы дали мисс Смит все, чего ей недоставало, — говорил он Эмме, — дали изящество, непринужденность. Она тогда уже была прелестное создание, когда впервые явилась к вам, но достоинства, коими одарили ее вы, неизмеримо превосходят, на мой взгляд, все, чем наградила ее природа.

— Рада слышать от вас, что была ей небесполезна, но достоинства Гарриет лишь требовалось выявить, лишь подсказать ей кое-что, и весьма немногое. Милый нрав, безыскусственность — это все уже в ней было. Мне мало что оставалось довершить.

— Какая жалость, что прекословить даме недозволительно... — галантно вставил мистер Элтон.

— Я ей прибавила, быть может, твердости характера, научила задумываться над тонкостями, которые прежде для нее не существовали.

— Вот именно, это первое, что бросается в глаза. Сколь много прибавилось в ней твердости характера! Великое искусство — произвесть подобную перемену.

— Великое удовольствие, поверьте. Никогда еще не встречала я столь покладистой, незлобивой натуры.

— Охотно верю. — Это сказано было с горячностью и сопровождалось тем подавленным вздохом, по которому легко распознать влюбленного. Не меньше порадовал он ее и в другой раз, когда с воодушевлением поддержал ее внезапное желание написать портрет Гарриет.

— Вас пробовали писать, Гарриет? — спросила Эмма. — Приводилось ли вам позировать для портрета? Гарриет, которая в это время выходила из комнаты, приостановилась и отвечала с подкупающей наивностью:

— Ах, что вы, нет! Никогда!

Едва она скрылась за дверью, как Эмма воскликнула:

— Каким сокровищем был бы хороший портрет Гарриет! Я отдала бы за него любые деньги. Меня даже берет соблазн самой попытать свои силы. Вы, верно, о том не знаете, но года три назад я не на шутку увлекалась портретами и пробовала изобразить иных своих знакомых — находили, что у меня довольно верный глаз. Потом по разным причинам я охладела и забросила это занятие. Но, право же, отважилась бы вновь, если б Гарриет согласилась мне позировать. Как восхитительно было бы иметь ее портрет!

— Поистине восхитительно, — подхватил мистер Элтон. — Отважьтесь, умоляю вас. Умоляю, мисс Вудхаус, употребите ваш чудесный дар и запечатлейте образ вашего друга. Мне знакомы ваши рисунки. Как могли вы подумать, что мне о них неизвестно? Разве стены этой комнаты не украшены вашими пейзажами и цветами? Разве не висят в гостиной миссис Уэстон ваши неподражаемые фигуры?

«Так-то оно так, любезный друг! — подумала Эмма. — Но какое отношение все это имеет к портретам? Ничего-то вы не смыслите в рисовании. Не прикидывайтесь, будто вы в восторге от моих рисунков. Приберегите свои восторги для личика Гарриет».

— Что ж, мистер Элтон, если вы поощряете меня столь добрым напутствием, то я, пожалуй, дерзну. У Гарриет такие нежные черты лица, что передать сходство трудно, однако форме глаз ее и очерку рта присуща особенность, которую я надеюсь уловить.

— Форме глаз и очерку рта — вот именно. Я более чем уверен, что вас ждет успех. Непременно дерзните, непременно. В вашем исполнении это, говоря вашими словами, подлинно будет сокровище.

— Боюсь только, мистер Элтон, что Гарриет не захочет позировать. Она так мало ценит свою красоту. Вы заметили, каким голосом она мне отвечала? В нем так и слышалось: «С какой стати кому-либо писать мой портрет?»

— О да, как не заметить. Уверяю вас, от меня это не ускользнуло. И все-таки я не могу представить себе, чтобы ее нельзя было уговорить.

Вскоре вернулась Гарриет, и ей почти сразу же предложено было позировать; Эмма и мистер Элтон насели на нее с таким усердием, что рассеять ее сомнение оказалось делом нескольких минут. Желая приняться за работу без отлагательств, Эмма достала портфель, в котором хранились — все, как один, неоконченные — ее портретные наброски, чтобы сообща решить, какой размер более всего подойдет для портрета. Одна за другою извлечены были ее зарисовки. Миниатюры, поясные портреты, портреты во весь рост: карандашные, пастели, акварели — все испробовано было по очереди. Ей всегда хотелось заниматься всем сразу, и, если говорить о рисовании и музыке, немногие преуспели бы, как она, затратив столь мало труда. Она играла и пела, она рисовала в самых различных стилях, однако во всем и всегда ей не хватало упорства, ни в чем не достигла она той степени совершенства, которой рада была бы и, казалось, непременно должна была бы достигнуть. Сама она не слишком обманывалась в оценке своего искусства как художницы или музыкантши, но ничего не имела против, когда обманывались другие, и не терзалась сознанием, что зачастую ей незаслуженно приписывают качества, которыми она не обладает.

В каждом рисунке были свои достоинства — и более всего, пожалуй, в наименее завершенных; стиль художницы отличался живостью, а впрочем, будь ее творения гораздо хуже или, например, в десять раз лучше, все равно они приняты были бы двумя поклонниками ее таланта с бурным восторгом. Оба пришли в неописуемое восхищение. Сходство в портрете всегда нравится, а мисс Вудхаус умела его передать.

— Не ждите большого разнообразия, — говорила Эмма. — У меня не было иной натуры, кроме моих близких. Вот это батюшка — это тоже он, — однако мысль о том, что нужно сидеть и позировать, повергала его в такое волнение, что я могла рисовать его лишь украдкой, — оттого оба раза получилось не очень похоже. Вот миссис Уэстон, и снова она, и снова — видите? Милая миссис Уэстон! Что за добрый друг всегда и во всем! Попросишь ее позировать — никогда не откажет. А это моя сестра — ее изящная фигурка! По-моему, схвачено верно, и в лице тоже ощущается сходство. Можно было бы сделать лучше, если бы она подольше позировала, но ей так не терпелось, чтобы я нарисовала четырех ее деток, что она не в силах была усидеть на месте. Дальше — мои попытки изобразить трех старших, вот они, слева направо — Генри, Джон и Белла, и каждый мог бы с легкостью сойти за другого. Ей так хотелось, чтобы их нарисовали, и я не могла отказать, но, знаете, ребенка трех-четырех лет не заставишь стоять спокойно, да и сходство уловить не так-то просто, разве что общее выражение и краски — резкие черты лица редко встретишь у маменькиных баловней. А вот и четвертый, он тут совсем младенец. Я делала набросок, когда он уснул на диване, — видите, хохолок на головке прямо как настоящий. Очень удобно подставил мне свою макушечку. По-моему, маленький Джордж вышел удачно. Я им довольна. Угол дивана особенно хорош. И наконец, последнее... — вынимая прелестный небольшой мужской портрет во весь рост, — последняя и лучшая моя работа — мой братец, мистер Джон Найтли. Еще немного, и он был бы готов, но тут меня обидели, я убрала его прочь и дала себе слово, что никогда больше не стану писать портретов. Нельзя было не обидеться — я так старалась, добилась такого сходства, — миссис Уэстон находила, что сходство разительное, — чуточку приукрашено, быть может, излишняя красивость, но такой недостаток простителен, — и после всего этого услышать, как моя милая сестрица холодно роняет: «Да, отдаленное сходство есть — но в жизни он, конечно, гораздо лучше». Мало того что мы измучились, уговаривая его позировать! Мне сделали большое одолжение... Одним словом, все это было просто нестерпимо, и я решила, что не стану его заканчивать ни за что, — недоставало еще, чтобы всякому гостю на Бранзуик-сквер объясняли, какой это неудачный портрет... В общем, повторяю, я поклялась себе не писать больше портретов. Но теперь, ради Гарриет, а вернее ради собственного удовольствия, и поскольку здесь покамест ни жены, ни мужья не замешаны, я нарушу свой зарок.

На мистера Элтона это последнее соображение произвело, казалось, весьма сильное и приятное действие; он подхватил его, повторяя: «Покамест не замешаны — как справедливо! Вот именно. Покамест!» — с такою подчеркнутой многозначительностью, что Эмма подумала было, не лучше ли ей теперь же уйти, оставив их наедине. Но ей хотелось тотчас взяться за работу, а объяснение могло и подождать.

Решить, какого рода и размера писать портрет, было для нее делом недолгим. Он будет, как и портрет мистера Джона Найтли, писан акварелью, во весь рост, и предназначен, если она им останется довольна, занять почетное место над каминною доской. Сеанс начался; Гарриет улыбалась и краснела, боясь нарушить свою позу и выражение лица и являя пристальному взгляду художницы премилое смешение юных чувств. Но как было Эмме работать, когда за спиною у ней топтался мистер Элтон, следя за каждым штрихом карандаша? Нужно отдать ему справедливость, он расположился так, чтобы пожирать ее глазами, не мешая ей, но этому все же следовало положить конец, попросив его отойти на другое место. Ей пришло в голову занять его чтением.

Не хочет ли он оказать им добрую услугу и почитать вслух? Под чтение и работа лучше спорится, и мисс Смит не так утомительно будет позировать.

Мистер Элтон с готовностью согласился. Гарриет слушала, а Эмма спокойно занималась своим делом. Ей приходилось мириться с тем, что он поминутно вскакивал и подходил посмотреть, но что взять с влюбленного? Стоило ей на мгновение отнять карандаш от бумаги, и он уже порывался взглянуть, как подвигается работа, и рассыпаться в похвалах. Трудно было бы сердиться на такого, как он, ценителя, который от полноты чувств ухитряется обнаружить сходство, когда его еще быть не может. Верность его суждений была, пожалуй, сомнительна, но его любовь и желание сделать приятное не вызывали сомнений.

Сеанс прошел во всех отношениях успешно; Эмма осталась очень довольна первоначальным наброском и полна была желания продолжать. Сходство было схвачено, поза выбрана удачно — она хотела лишь подправить кое в чем фигуру, слегка прибавив ей росту и изрядно прибавив грации, и твердо верила, что рисунок получится очаровательный и с честью займет предназначенное ему место, служа непреходящим свидетельством красоты одной из них, искусства другой и их обоюдной дружбы — и, возможно, навевая также приятные воспоминания иного свойства, которые сулит оставить нежная привязанность мистера Элтона.

На другой день Гарриет предстояло позировать снова, и мистер Элтон, как того и следовало ожидать, умолял, чтобы ему опять дозволили при сем присутствовать и читать им вслух.

— Сделайте одолжение. Мы только рады будем принять вас в свою компанию.

Назавтра работа над картиною сопровождалась теми же изъявлениями учтивости и любезности и, ко всеобщему удовольствию, подвигалась успешно и споро. Портрет нравился всем, кто б ни увидел его; что же до мистера Элтона, он пребывал от него в совершенном упоении и, заслышав хоть слово критики, тотчас вставал на его защиту.

— Мисс Вудхаус наделила свою приятельницу тем единственным, чего не хватало красоте ее, — заметила ему миссис Уэстон, нимало не подозревая, что обращается к влюбленному. — Выражение глаз передано очень верно, а вот таких бровей и ресниц у мисс Смит нет. И это портит ей лицо.

— Вы находите? — возразил он. — Я не согласен. По-моему, портрет верен до малейших подробностей. В жизни не видывал такого сходства! Тут, знаете ли, надобно брать в расчет игру света и тени.

— Вы сделали ее выше ростом, Эмма, — сказал мистер Найтли.

Эмма и сама знала, что это правда, ей только не хотелось в том сознаться, мистер же Элтон с горячностью вступился:

— Выше ростом? Помилуйте, нисколько, то есть ничуть не бывало! Посудите сами, ведь она сидит — что, естественно, представляет ее нам в ином... что, короче, именно и создает впечатление... нельзя же, знаете ли, не соблюдать пропорции! Пропорции, перспектива, а как же... Нет, помилуйте, он создает впечатление именно такого роста, как у мисс Смит. Именно, уверяю вас!

— Красиво, — сказал мистер Вудхаус. — Прехорошенький рисунок! Впрочем, они у тебя все красивые, душенька. Не знаю, кто еще так нарисует. Одно только не слишком мне нравится — она сидит, как видно, на открытом воздухе, а на плечах — ничего, кроме легкой шали, так и простудиться недолго.

— Но, папенька, предполагается, что дело происходит летом, в жаркий летний день. Взгляните на это дерево.

— Сидеть под открытым небом, душенька, всегда небезопасно.

— Вы вольны говорить что угодно, сэр, — воскликнул мистер Элтон, — но, должен признаться, я считаю, что поместить мисс Смит на открытый воздух — замечательно счастливая мысль, дерево написано с такой душой! Неподражаемо! Всякий иной фон был бы не в пример менее сообразен. Безыскусственность, отличающая мисс Смит, — и вообще... — нет, это дивно! Глаз не оторвать. Никогда не видывал такого сходства.

Теперь нужно было вставить картину в раму, но здесь имелись свои трудности. Это следовало сделать без промедлений, и сделать в Лондоне, и через понимающего человека, на вкус которого можно положиться, а обратиться к Изабелле, обычной исполнительнице всяческих поручений, было на сей раз нельзя, ибо стоял декабрь месяц, и мистеру Вудхаусу подумать страшно было о том, чтобы дочь его ступила за порог дома в пору декабрьских туманов. Однако стоило прослышать об этих затруднениях мистеру Элтону, как они тотчас были устранены. В своей готовности оказать любезность он не ведал устали. Когда бы это дело доверили ему, с каким бесконечным удовольствием он бы его исполнил! Он готов отправиться в Лондон в любую минуту. Невозможно передать, какую радость ему доставит такое поручение.

Он слишком добр! Она и мысли не может допустить — ни за что не решится она утруждать его такими хлопотами!.. Ответом, как и предполагалось, были новые мольбы и уверения, и через несколько минут дело было улажено.

Мистер Элтон должен отвезти рисунок в Лондон, выбрать раму и отдать надлежащие распоряжения; она знает, как упаковать картину, чтобы она не пострадала дорогою и в то же время не слишком обременяла собой мистера Элтона — а мистер Элтон меж тем, казалось, только того и опасался, что его недостаточно обременят.

— Что за бесценная ноша! — молвил он с нежным вздохом, принимая от нее рисунок.

«Не слишком ли он для влюбленного любезничает со мной, — думала Эмма. — Я бы сказала, слишком, но, вероятно, есть сотни способов вести себя, когда вы влюблены. Он превосходный молодой человек и очень подходит Гарриет — "именно то", говоря его же словами, — и все-таки он столь усердно вздыхает, и томится, и расточает комплименты, что, будь я его предметом, я бы этого не вынесла. Мне и как приближенной перепадает с лихвою. Но это лишь в благодарность за Гарриет».

Глава 7

В тот самый день, как мистер Элтон отбыл в Лондон, Эмме представился случай оказать своей приятельнице новую услугу. Гарриет, по обыкновению, вскоре после завтрака уж была в Хартфилде, а спустя некоторое время ушла домой, с тем чтобы вновь воротиться к обеду; вернулась, однако же, ранее условленного часа, разгоряченная, в большом волнении, и объявила, что произошло нечто чрезвычайное, о чем она жаждет рассказать. Все разъяснилось за полминуты. Придя в дом миссис Годдард, она узнала, что час назад туда заезжал мистер Мартин и, услышав, что ее нет дома и неизвестно в точности, когда ее ждать, оставил для нее небольшой пакет от своей сестры, а сам уехал; вскрыв пакет, она обнаружила две песни, которые давала Элизабет переписать, а также письмо, адресованное ей, а написанное им, мистером Мартином, и содержащее прямое и недвусмысленное предложение руки и сердца. Подумать только! Она в такой растерянности, что не знает, как и быть. Да, предложение по всей форме, и прекрасно написано — по крайней мере, ей так кажется. Написано, словно он ее в самом деле очень любит, — она прямо растерялась и поспешила к мисс Вудхаус спросить у нее, как ей быть... Эмме немножко стыдно сделалось за свою подопечную, за ее обрадованный и нерешительный лепет.

— Каков хват! — вскричала она. — Этот молодой человек своего не упустит. Отчего бы не составить себе хорошую партию, раз подвернулась возможность?

— Вы, может быть, прочтете письмо? — воскликнула Гарриет. — Прошу вас. Пожалуйста.

Эмма не заставила себя упрашивать. Она прочла и удивилась. Стиль письма превосходил все ее ожидания. Мало сказать, что в нем не было ошибок, — оно и манерою изложения сделало бы честь любому джентльмену: слог, хотя и незатейливый, был упруг и ясен; чувства, им выражаемые, рекомендовали автора наилучшим образом. Письмо было кратким, но в нем виделся трезвый ум, пылкое, щедрое сердце, благопристойность и даже утонченность чувств. Эмма медлила, склонясь над ним, а Гарриет, стоя в нетерпеливом ожидании, повторяла: «Ну?», «Ну что?» — и наконец не выдержала:

— Ну как, хорошее письмо? Или оно вам кажется чересчур коротким?

— Нет, письмо точно очень хорошее, — с расстановкою отвечала Эмма. — Такое хорошее письмо, Гарриет, что, принимая во внимание все обстоятельства, невольно ловишь себя на мысли, что ему, должно быть, помогала одна из его сестер. Не верится, чтобы молодой человек, которого я видела на днях, когда он разговаривал с вами, способен был сам так прекрасно изъясняться на бумаге, хоть, впрочем, оно по стилю определенно не женское — писано слишком упругим, сжатым слогом, чересчур немногословно для женщины. Он, бесспорно, неглуп и, вероятно, от природы одарен талантом... мыслит ясно и четко и когда берет в руку перо, то без усилий находит нужные слова для выражения своих мыслей. У мужчин это случается. Да, мне понятен подобный склад ума. Деятельная натура, решителен, не лишен чувствительности, душа не огрублена. Письмо, Гарриет, — возвращая его, — написано лучше, чем я ожидала.

— Ну! — с тою же нетерпеливой надеждой сказала Гарриет. — И что же?.. Что мне делать?

— Что делать? В каком смысле? В отношении письма, вы хотите сказать?

— Да.

— Но какие тут могут быть сомнения? Ответить, разумеется, — и поскорее.

— Ну да. Но что сказать? Дорогая мисс Вудхаус, посоветуйте мне, пожалуйста.

— Ах, нет, нет! Гораздо лучше, если письмо будет написано одною вами, от начала до конца. Я уверена, вам не составит труда надлежащим образом высказать все, что вы думаете. Вам не грозит опасность дать невразумительный ответ, это главное, — а уж в каких выражениях изъявить, как того требуют приличия, свою благодарность и свое сожаление, что вы причиняете ему боль, вас наставлять нет нужды — они, я убеждена, придут вам на ум сами. Вам незачем притворяться, будто вы опечалены тем, что он обманулся в своих надеждах.

— Так вы полагаете, ему следует отказать, — сказала Гарриет, потупляя глаза.

— Следует? Гарриет, моя милая, что это значит? У вас есть сомнения на этот счет? Я думала... но, впрочем, простите, я, возможно, заблуждалась. Я понимала вас неверно, раз вы сомневаетесь, каков должен быть смысл ответа. Мне казалось, вы спрашиваете лишь, какие выбрать слова.

Гарриет промолчала. Эмма с некоторою сдержанностью продолжала:

— Итак, я заключаю, что вы намерены дать ему благоприятный ответ.

— Да нет — то есть не то чтобы намерена... Ну, как мне быть? Как вы советуете? Мисс Вудхаус, миленькая, умоляю вас, скажите, что мне делать?

— Я вам не стану давать советы, Гарриет. Я не желаю быть к этому причастна. Советчиком в подобном деле вам должно служить ваше сердце.

— Я и понятия не имела, что так нравлюсь ему, — молвила Гарриет, устремляя задумчивый взгляд на письмо. Эмма хранила молчание, но через несколько минут, начиная сознавать, сколь сильны могут оказаться прельстительные чары письма, сочла нужным нарушить их:

— Я полагаю за общее правило, Гарриет, что, ежели женщина сомневается, принять ли ей предложение, ей следует, конечно же, ответить отказом. Коль скоро она не решается сказать «да», ей следует напрямик сказать «нет». Замужество — это шаг, который опасно совершать с противоречивыми чувствами, скрепя сердце. Как друг ваш, как старшая, я считаю долгом сказать вам об этом. Но не подумайте, будто я пытаюсь навязать вам свое решение.

— О нет! Я знаю, вы слишком добры, чтобы... но если б вы только посоветовали, как будет лучше, — нет-нет, не то я говорю — вы правы, надобно самой твердо знать, чего хочешь, — в таком деле нельзя колебаться — это очень серьезный шаг. — Пожалуй, вернее будет сказать «нет»! Как вы думаете, лучше сказать «нет»?

— Ни за что вам не стану советовать ни того ни другого, — сказала, ласково улыбаясь, Эмма. — Кому, как не вам самой, судить, что лучше для вашего счастья? Ежели мистер Мартин любезнее вам всякого другого мужчины, ежели никогда и ни с кем не было вам так приятно, как в его обществе, тогда зачем колебаться? Вы краснеете, Гарриет? Может быть, перед вашим мысленным взором встает при этих словах кто-то другой! Гарриет, Гарриет, не обманывайте себя, не позволяйте благодарности и состраданию увлечь вас на ложный путь. О ком подумали вы в эту минуту?

Внешние приметы обнадеживали. Гарриет в ответ на это отворотилась, пряча смущение, и в задумчивости стала у огня; она по-прежнему держала письмо, но теперь машинально, не глядя, вертела его в руках. Эмма нетерпеливо ждала, что будет дальше, с каждой минутою все более укрепляясь в своих надеждах. Наконец Гарриет не совсем уверенно проговорила:

— Мисс Вудхаус, раз вы не хотите сказать ваше мнение, я должна, как умею, распорядиться собою сама, и теперь твердо — почти окончательно — решилась... отказать мистеру Мартину. Как по-вашему, я права?

— Совершенно правы, Гарриет, милочка вы моя, — совершенно! Именно так вам и следует поступить. Покуда у вас еще оставались сомнения, я не желала выдавать свои чувства, но теперь, когда вы решились бесповоротно, я без всяких раздумий вас одобряю. Дорогая Гарриет, для меня это радость. Мне тяжело было бы лишиться знакомства с вами, а таково было бы неизбежное следствие брака вашего с мистером Мартином. Покамест вы еще хоть немного колебались, я ничего не говорила, ибо это могло повлиять на ваше решение, но знайте, я тогда потеряла бы друга. Я бы не могла бывать у жены мистера Роберта Мартина с фермы Эбби-Милл.

Гарриет в голову не приходило, что ей может грозить такая опасность, и эта мысль глубоко поразила ее.

— Не могли бы у меня бывать! — воскликнула она, переменясь в лице. — Да, это правда, не могли бы — как же я раньше не подумала! Это было бы просто ужасно. Какое счастье, что эта участь миновала меня!.. Дорогая мисс Вудхаус, ни на что на свете не променяла бы я высокую честь и удовольствие быть вашим близким другом.

— Поверьте, Гарриет, что и мне мучительно было бы потерять вас, но это было бы необходимо. Вы невозвратно отторгли бы себя от хорошего общества. Я должна была бы отказаться от вас.

— Ах, что вы!.. Разве могла бы я это перенесть! Я умерла бы, если бы двери Хартфилда закрылись для меня навеки!

— Милое, нежное создание! Заточить вас на ферме в Эбби-Милл! Вас обречь на всю жизнь обществу невежд и простолюдья! Удивительно, как мистеру Мартину хватило духу предложить вам это. Недурного же мнения должен быть о себе этот молодой человек.

— Вообще-то говоря, он, по-моему, не отличается самомнением, — сказала Гарриет, которой совесть не позволяла согласиться с этой хулою. — Во всяком случае, сердце у него предоброе, и я всегда буду испытывать благодарность к нему и большое уважение — но это совсем другое, чем... И хотя я ему, может быть, нравлюсь, из этого еще не следует, что я непременно... И разумеется, надобно признать, что, с тех пор как я стала бывать в вашем доме, я встречаю людей... словом, если их сопоставить, по внешнему виду, по манерам, то какое же может быть сравнение — один так необыкновенно хорош собой, так обходителен. При всем том мистер Мартин, мне кажется, очень милый молодой человек, я высоко его ставлю, и он так ко мне привязан — и такое письмо написал, — но покинуть вас... нет, ни за что, никогда!

— Благодарю, благодарю вас, милый мой дружок. Мы не разлучимся. Нельзя, чтобы женщина выходила замуж оттого лишь, что кто-то питает к ней привязанность и умеет сносно писать письма.

— Ну да! И притом, письмо такое коротенькое...

Эмма не преминула отметить про себя, что другу ее не хватает вкуса, но вслух лишь сказала, что это «совершенно справедливо, слабым было бы ей утешением знать, что муж, который ежедневно и ежечасно оскорбляет ее своею неотесанностью, хорошо пишет письма».

— Ах, это очень верно. Что проку в письмах, главное — постоянно быть в обществе, где вам легко и приятно. Да, я решилась твердо, отвечу ему отказом. Только как это сделать? Что сказать?

Эмма заверила ее, что написать ответ не составит труда, и посоветовала сделать это немедля — совет был принят с надеждой, что его помогут исполнить, и, сколько ни твердила Эмма, что в этом нет ни малейшей надобности, на деле без ее помощи не написана была ни единая фраза. Сочиняя ответ, поневоле приходилось вновь и вновь заглядывать в письмо, и это оказывало на Гарриет столь размягчающее действие, что не раз потребовалось в самых энергических выражениях призвать ее к твердости; она так терзалась сознанием, что причинит ему горе, так тревожилась о том, что подумают и скажут мать его и сестры, так боялась, что ее могут счесть неблагодарной, — что, окажись молодой фермер в эти минуты поблизости, его предложение, полагала Эмма, в конце концов было бы все-таки принято.

Ответ тем не менее был написан, запечатан и отослан. Дело было сделано, и Гарриет спасена. Весь вечер она была подавлена, и Эмма, понимая, какими угрызениями томится это жалостливое сердце, старалась облегчить их то ласковым словом, то напоминанием о мистере Элтоне.

— Никогда уж не пригласят меня больше в Эбби-Милл, — говорилось с оттенком грусти в голосе.

— Даже если б и пригласили, моя Гарриет, разве могла бы я разлучиться с вами? Вы слишком необходимы в Хартфилде, чтобы отпускать вас в Эбби-Милл.

— А мне и самой туда не захочется, для меня нет большего счастья, чем быть в Хартфилде.

И немного спустя:

— Воображаю, как удивилась бы миссис Годдард, когда бы узнала, что случилось. А мисс Нэш тем более — ведь мисс Нэш полагает, будто ее сестра очень удачно вышла замуж, хоть муж сестры всего-то навсего торговец полотном.

— Наставнице из пансиона, Гарриет, и не пристало выказывать большую гордость и взыскательность. Мисс Нэш, вероятнее всего, позавидовала бы, узнав, что у вас есть такой случай выйти замуж. В ее глазах даже такая партия имела бы цену. Об участи более для вас завидной она, по-видимому, и не подозревает. Едва ли знаки внимания со стороны известной вам особы уже успели сделаться в Хайбери предметом пересудов. Я полагаю, вы да я покамест единственные, кому разъяснился истинный смысл его взглядов и вздохов.

Гарриет зарделась, улыбнулась и что-то пролепетала о том, как странно ей, что она так нравится некоторым людям. Мысль о мистере Элтоне заметно оживила ее, но вскоре ее сердце вновь исполнилось состраданием к отвергнутому мистеру Мартину.

— Он теперь получил мое письмо, — тихо говорила она. — Желала бы я знать, что там у них делается — знают ли уже его сестры... Ежели он страдает, то и они, конечно, страдают за него. Хорошо бы он не слишком огорчился.

— Будемте лучше думать о тех, кто вдали от нас нашел себе более веселое занятие, — воскликнула Эмма. — В эту минуту, может статься, мистер Элтон показывает ваш портрет своей матушке и сестрам, оговорясь, что оригинал во сто крат прекраснее, и, после настоятельных расспросов, решается назвать им его имя — ваше заветное имя.

— Портрет? Да ведь он оставил портрет на Бонд-стрит*.

— В самом деле? Если так, я совсем не знаю мистера Элтона. Нет, дружок мой, моя милая скромница, ваш портрет попадет на Бонд-стрит не ранее завтрашнего

* Бонд-стрит — одна из главных торговых улиц Лондона, известна фешенебельными магазинами, особенно ювелирными, и частными картинными галереями.

дня, перед тем как мистеру Элтону настанет пора садиться на коня и ехать назад. Сегодня же он весь вечер будет при нем, будет его утехою, его усладой. Он открывает семье мистера Элтона его намерения, вводит вас в ее круг, возбуждая в каждом из них приятнейшие чувства, свойственные нашей натуре, — живое любопытство и доброе предрасположение. Какую сладостную, дразнящую, живительную пищу дает он деятельному их воображению!

Гарриет снова улыбнулась и повеселела окончательно.

Глава 8

В этот день Гарриет ночевала в Хартфилде. В последние недели она проводила здесь бóльшую часть времени, и ей в конце концов отвели особую спальню; Эмма рассудила, что до поры до времени — для верности, да и для блага самой Гарриет — во всех отношениях разумней будет держать ее поближе к себе. Наутро она должна была на часок-другой отлучиться к миссис Годдард, но с условием, что, воротясь, останется погостить в Хартфилде уже на несколько дней.

В ее отсутствие явился мистер Найтли и посидел немного с мистером Вудхаусом и Эммой, покуда Эмма не принялась уговаривать отца, который собирался перед тем выйти прогуляться, чтобы он не откладывал прогулку, и мистер Вудхаус, уступая настояниям в два голоса, не согласился, вопреки собственным понятиям о приличиях, уйти из дома, покинув гостя. Мистер Найтли не любил разводить церемонии и своими скупыми, четкими репликами являл забавную противоположность витиеватым извинениям и учтивым отступлениям мистера Вудхауса.

— Итак, ежели вы не осудите меня, мистер Найтли, и не сочтете, что я совершаю по отношению к вам непростительную грубость, то я, пожалуй, послушаюсь совета Эммы и выйду на четверть часика прогуляться. Воспользуюсь тем, что светит солнце, и, покуда оно не скрылось, пройдусь три раза туда и обратно. Я обхожусь с вами запросто, мистер Найтли, без церемоний. Мы, болящие, привыкли считать себя на особом положении.

— Полноте, сэр, я свой человек.

— Оставляю вас на дочь, она отлично меня заменит, Эмма счастлива будет вас занять. А уж я, знаете ли, с вашего разрешения, совершу свой зимний моцион — три раза туда и обратно.

— И прекрасно, сэр.

— Я с удовольствием предложил бы вам составить мне компанию, мистер Найтли, да боюсь, вам это скучно будет, я хожу очень медленно и к тому же вам еще предстоит дальняя дорога назад в Донуэлл.

— Спасибо, сэр, спасибо — я сам ухожу сию минуту, так что на вашем месте не стал бы терять времени. Позвольте, я подам вам шубу и открою дверь в сад.

Наконец мистер Вудхаус ушел, но мистер Найтли, вместо того чтобы тотчас последовать его примеру, снова сел, располагаясь, по всей видимости, продолжить беседу. Он завел речь о Гарриет и впервые на памяти Эммы по собственному почину отметил ее достоинства.

— Я не столь высокого, как вы, мнения об ее наружности, — сказал он, — но она довольно миловидное создание, и притом, я склонен полагать, самого приятного нрава. Характер ее зависит от того, с кем она находится, и, попади она в хорошие руки, из нее выйдет очень достойная женщина.

— Я рада, что вы так думаете, — ну, за хорошими руками, надеюсь, дело не станет.

— Вот как, — сказал он, — вы напрашиваетесь на комплименты. Что ж, извольте — да, в ваших руках она стала лучше. Вы избавили ее от пансионской привычки хихикать, это можно поставить вам в заслугу.

— Благодарю. Обидно было бы думать, что от меня уж вовсе нет проку, — хоть, правда, не всякий любит признавать чужие заслуги. Вашими похвалами я не избалована.

— Так вы говорите, что скоро ждете ее назад?

— С минуты на минуту. Что-то долго она не идет, ей бы уже пора быть здесь.

— Что-нибудь задержало — гости, может статься.

— Противные хайберийские сплетники! Что за скука!

— Возможно, Гарриет не скучно с теми, которых находите скучными вы.

Эмма, зная, что это вполне справедливо и возражать было бы глупо, промолчала. Немного погодя он прибавил с улыбкой:

— Не берусь точно назвать время и место, но, должен заметить вам, есть все основания полагать, что вскоре подружка ваша услышит интересную для себя новость.

— В самом деле? Какую же? Какого рода?

— Очень серьезную, — продолжая улыбаться, — смею вас уверить.

— Серьезную? Тогда мне одно лишь приходит в голову... И кто же в нее влюбился? Кто вам поверил свою тайну?

Эмма почти не сомневалась, что это мистер Элтон проговорился ему о своих чувствах. Мистеру Найтли свойственно было выступать в роли всеобщего друга и советчика, и она знала, как чтит его мистер Элтон.

— Есть причины полагать, — отвечал он, — что Гарриет Смит скоро сделают предложение, и притом такой претендент, что лучше и желать невозможно, — имя его Роберт Мартин. Приехала она этим летом погостить в Эбби-Милл, и кончено дело. Влюблен до безумия и намерен жениться.

— Весьма любезно с его стороны, — сказала Эмма, — так он уверен, что Гарриет собирается за него замуж?

— Ну, хорошо, хорошо — намерен сделать ей предложение, если угодно. Довольны вы теперь? Два дня назад приезжал ко мне в аббатство посоветоваться. Он знает, какого я высокого мнения об нем и о его семействе, и считает меня, я думаю, одним из лучших своих друзей. Спрашивал, не кажется ли мне опрометчивым, когда женятся так рано, не чересчур ли она, на мой взгляд, молода — короче, одобряю ли я вообще его выбор, ибо ему, вероятно, внушает опасение то, что ее — особливо с тех пор, как она столь обласкана вами, — ставят выше его. Все, что он говорил, очень мне понравилось. Редко от кого услышишь речи столь разумные, как от Роберта Мартина. Этот всегда говорит дело — прямо, без обиняков и с недюжинною здравостью суждений. Он поведал мне все — свои обстоятельства, свои планы и как они все устроятся в случае его женитьбы. Превосходный молодой человек, примерный сын и брат. Я, не колеблясь, советовал ему жениться. Он меня убедил, что средств для этого ему достанет, а ежели так, то можно было лишь приветствовать его намерения.

Я не забыл похвалить его избранницу, и он ушел от меня окрыленный. Если б раньше слово мое ничего для него не значило, он за один этот вечер исполнился бы ко мне уважения и, смею утверждать, покинул мой дом, убежденный, что лучшего друга и наставителя не сыскать в целом свете. Было это позавчера. Ну, а так как резонно предположить, что он не станет надолго откладывать разговор со своею любезной, и так как вчера, сколько можно судить, он подобного разговора не заводил, то, стало быть, есть вероятность, что он явится к миссис Годдард нынче, а значит, возможно, Гарриет задержал гость, которого она отнюдь не находит ни противным, ни скучным.

— Позвольте, мистер Найтли, — сказала Эмма, которая на протяжении этой речи большею частью улыбалась про себя, — но откуда вы знаете, что вчера мистер Мартин не заводил такого разговора?

— Наверное не знаю, разумеется, — отвечал он удивленно, — но это нетрудно заключить. Разве не провела она весь вчерашний день у вас?

— Ладно. В ответ на то, что вы мне сказали, скажу и я вам кое-что. Нет, он завел этот разговор вчера — вернее, написал письмо и получил отказ. Это понадобилось повторить, ибо мистер Найтли не верил своим ушам; от удивления и досады лицо его покрылось багровым румянцем, он встал и гневно выпрямился во весь рост.

— В таком случае она глупее даже, чем я предполагал. О чем только она думает, дурочка?

— Ну да, конечно! — воскликнула Эмма. — Мужчине никогда не понять, как это женщина может отказаться выйти замуж. Мужчина всегда воображает, что женщина готова пойти за всякого, кто ей сделает предложение.

— Вздор! Ничего подобного мужчина не воображает. Но как это понимать? Чтобы Гарриет Смит отказала Роберту Мартину? Ежели так, это чистое безумие, и я только надеюсь, что вы ошибаетесь.

— Я читала ее ответ — яснее не скажешь.

— Читали! Вы же сами и написали ответ! Эмма, это ваших рук дело. Это вы убедили ее отказать ему.

— Что же, будь это и так — не подумайте, впрочем, будто я подтверждаю это, — я не считала бы, что поступила неправильно. Мистер Мартин весьма порядочный молодой человек, однако его никак не назовешь ровнею Гарриет, и меня немало удивляет, что он посмел ухаживать за ней. Судя по вашему рассказу, у него таки были кой-какие сомнения. Очень жаль, что он их отбросил.

— Ровнею? — в запальчивости вскричал мистер Найтли громким голосом и, помолчав минуту и немного успокоясь, жестко продолжал: — Да, он ей точно неровня, ибо как по уму, так и по положению во много раз ее выше. Эмма, ваше непомерное увлечение этой девицей ослепляет вас. Какие могут быть притязания у Гарриет Смит на лучшую партию, нежели Роберт Мартин? Происхождение, природные качества, образование? Неведомо чья побочная дочь, вероятно, без сколько-нибудь надежного обеспечения, определенно без приличной родни! Известно лишь, что она делит кров с хозяйкою обычного пансиона. Особа, которая не может похвалиться ни разумом, ни изрядными познаниями. Ничему полезному ее не научили, а выучиться сама она по молодости лет и по простоте своей не удосужилась. В ее лета ей негде было приобрести опыт, с ее скудным умишком она едва ли что-либо путное приобретет и в дальнейшем. У ней есть миленькая мордочка и добрый нрав, и только. Меня одно лишь смущало, когда я советовал ему жениться, и то были опасения за него — что она его недостойна, что для него она незавидная партия. Ежели говорить о состоянии, то он с легкостью мог бы найти себе что-нибудь получше, ежели о разумной подруге жизни и дельной помощнице, то не мог найти ничего худшего. Но рассуждать подобным образом с влюбленным невозможно, и я положился на то, что она, по крайней мере, существо безобидное, такого склада, что в хороших руках, как у него, легко может исправиться, и в конце концов из нее выйдет толк. Я понимал, что для нее, во всяком случае, преимущества этого брака бесспорны, и не сомневался, да и теперь не сомневаюсь, что все в один голос твердили бы о том, как ей необыкновенно посчастливилось. Даже вы, полагал я, останетесь довольны. Мне сразу же пришло на ум, что вам не жаль будет, если подруга ваша покинет Хайбери ради того, чтобы столь счастливо устроить свою судьбу. Я, помню, сказал себе: «Даже Эмма, с ее пристрастным отношением к Гарриет, решит, что это прекрасная партия».

— Не могу не удивиться тому, что вы так плохо знаете Эмму. Как! Решить, что фермер — а мистер Мартин, при всем своем уме и прочих достоинствах, простой фермер, и не более того — прекрасная партия для близкой моей подруги? Не сожалеть, что она покинет Хайбери, дабы связать судьбу свою с человеком, которого я ни при каких обстоятельствах не назову даже своим знакомым? И вы могли допустить, что я на это способна? Уверяю вас, вы судите о моих чувствах весьма превратно. Я решительно не могу согласиться с вашими утверждениями. Вы несправедливы, объявляя притязания Гарриет неосновательными. Другие, в том числе и я, судят об этом совсем иначе. Мистер Мартин, быть может, богаче ее, но, несомненно, уступает ей по положению в обществе. Тот круг, в котором она вращается, недосягаем для него. Она уронила бы себя, ответив ему согласием.

— Безродное невежество уронило бы себя, заключив брак с достойным, умным молодым фермером из хорошей фамилии!

— Что до обстоятельств ее рождения, то пусть согласно закону она никто, но здравый смысл согласиться с этим не может. Несправедливо наказывать ее за чужие прегрешения и ставить ниже тех, среди кого она росла и воспитывалась. Вряд ли есть причины сомневаться, что отец ее — дворянин, и дворянин с состоянием. Ей назначено щедрое содержание, она никогда не знала отказа в том, что способствовало бы ее развитию и довольству. Что она благородного происхождения, для меня неоспоримо, что общество ее составляют особы благородного происхождения, никто, я полагаю, оспаривать не станет. Мистер Роберт Мартин ей не пара.

— Кто бы ни были ее родители, — сказал мистер Найтли, — на ком бы ни лежала обязанность заботиться о ее судьбе, непохоже, чтобы они ставили себе целью ввести ее в так называемое хорошее общество. Получив довольно-таки посредственное образование, она остается у миссис Годдард, предоставленная самой себе, — короче говоря, среди людей того же уровня, что и миссис Годдард, в кругу ее знакомых. Очевидно, ее попечители считали такое общество вполне для нее подходящим — оно и было подходящим. До тех пор, покуда вам не вздумалось произвести ее в свои подруги, в душе ее не было и следа неприязни к тем, кто окружает ее, — лучшего она для себя и не желала. Гостя летом у Мартинов, она была совершенно счастлива в их доме. Тогда у нее не было чувства собственного превосходства. Ежели оно есть теперь, то это вы его внушили. Вы были плохим другом Гарриет Смит, Эмма. Роберт Мартин никогда не зашел бы так далеко, не будь у него уверенности, что и она к нему неравнодушна. Я хорошо его знаю. В нем слишком много природной чуткости, чтобы навязываться женщине, не имея более надежных на то оснований, нежели собственные чувства. Что же до самомнения, то я не знаю другого мужчины, который был бы столь его чужд. Можете не сомневаться, ему дали повод надеяться.

Эмме удобнее было уклониться от прямого ответа, и она предпочла развивать прежнюю свою мысль.

— Вы, я вижу, горячий сторонник мистера Мартина, но, как я уже говорила, несправедливы к Гарриет. Причины Гарриет претендовать на хорошую партию не столь ничтожны, как вы их изобразили. Да, она не отличается умом, и все же она разумнее, чем вы думаете, и не заслуживает того, чтобы о ее умственных способностях отзывались с таким пренебрежением. Впрочем, если даже отбросить этот довод и согласиться, что у нее, как вы заключили, нет ничего, кроме миленькой мордочки и доброго нрава, то и это, позвольте вам заметить, не пустое в глазах людей, когда девица мила и добронравна в такой мере, как Гарриет, которую девяносто девять из ста назовут красавицей, — и доколе мужчины не научатся более философически относиться к красоте, доколе не начнут они влюбляться в умных и образованных, пренебрегая миловидностью, такая красотка, как Гарриет, будет пленять и восхищать и обладать возможностью выбирать из многих, а следовательно, и правом быть придирчивой. Не стоит также умалять и такую причину для претензий, как добрый нрав, ибо в ее случае он означает мягкость характера и манер, самое скромное мнение о себе и невзыскательность к другим. Я не ошибусь, если скажу, что редкий мужчина не сочтет подобную внешность и подобный нрав у женщины более чем достаточным основанием для самых высоких притязаний.

— Честное слово, Эмма, ежели вы, с вашим умом, несете такую чепуху, то я готов согласиться. Уж лучше вообще не иметь мозгов, нежели находить им столь дурное применение.

— Вот-вот! — шаловливо подхватила Эмма. — Все вы так думаете, я знаю. Я знаю, предел мечтаний для всякого мужчины — именно такая, как Гарриет, которая будет услаждать чувства, не слишком при этом обременяя рассудок. Да! Гарриет имеет все основания быть разборчивой и привередливой. Вот и для вас, вздумай вы жениться, она была бы как раз то, что нужно. Удивительно ли, если семнадцати лет от роду, едва успев вступить в жизнь, едва начав приобретать знакомства, она не соглашается выйти за первого, кто предложит ей руку? Нет уж — сделайте милость, дайте ей время оглядеться.

— Я всегда полагал, что ваша тесная дружба — большая глупость, — сказал, помолчав, мистер Найтли, — хотя и держал свои мысли при себе. Теперь же мне очевидно, что для Гарриет она еще и большое несчастье. Вы так напичкаете ее этими сказками о ее красоте да о том, чего она вправе ждать от жизни, что очень скоро никто поблизости не будет для нее хорош. Тщеславие, зароненное в хилые мозги, дает пагубные всходы. Нет ничего легче, как внушить юной девице непомерные упования. Мисс Гарриет Смит, возможно, обнаружит, что хоть она и прехорошенькая, но предложения выйти замуж не посыплются на нее дождем. Умный мужчина не пожелает взять в жены дурочку. Родовитый не поспешит связать судьбу свою с девицей без роду, без племени, а осмотрительный убоится позора и затруднений, в которые может оказаться вовлечен, когда откроется тайна ее происхождения. Дайте ей выйти замуж за Роберта Мартина, и ей на всю жизнь обеспечен надежный кров, прочное положение и семейное счастье — а будете поддерживать в ней надежду на блистательную партию, твердить, что ей подходит в мужья лишь человек влиятельный и с большим состоянием, а все другие не пара — и она останется жить у миссис Годдард до конца своих дней, или — ибо такая девушка, как Гарриет Смит, непременно должна хоть за кого-нибудь да выйти замуж — по крайней мере, до тех пор, покуда с отчаяния не ухватится обеими руками за сына старичка учителя чистописания.

— Мы с вами так расходимся во взглядах, мистер Найтли, что я не вижу смысла обсуждать далее этот предмет. Мы только будем все больше сердиться друг на друга. Что до того, чтобы дать ей выйти за Роберта Мартина, то это невозможно — она отказала ему, и столь решительно, что о вторичном предложении с его стороны, по-моему, не может быть и речи. Велико ли зло, нет ли, его уж не поправишь — отказала, и на том должна стоять. Что же касается до самого отказа, не скрою, возможно, я и оказала на нее некоторое влияние, но уверяю вас, здесь мало что зависело от меня или кого-нибудь другого. Против мистера Мартина все — и внешность его, и дурные манеры. Ежели она когда и была расположена к нему, то теперь это не так. Допускаю, что она относилась к нему сносно, покуда не видала ничего лучшего. Он брат ее приятельниц, он всячески старался угождать ей, да и вообще, отчего было ей, гостя в Эбби-Милл, не находить его довольно приятным, если никого лучше она дотоле не встречала — что, очевидно, главным образом и сыграло ему на руку? Теперь другое дело. Теперь она знает, что такое джентльмен, и только человек с образованием и манерами истинного джентльмена может иметь надежду понравиться Гарриет.

— Вздор, сущий вздор, просто уши вянут! — вскричал мистер Найтли. — У Роберта Мартина отличные манеры, в них виден ум, искренность, доброжелательность. Душе его свойственно подлинное благородство, которое Гарриет Смит оценить не способна.

Эмма не отвечала, пытаясь сохранить напускную беззаботность, а между тем ей было очень не по себе и не терпелось, чтобы он ушел. Она не жалела о сделанном, по-прежнему полагая себя лучшим, чем он, судьею в таком вопросе, как право выбора и тонкости женского вкуса, — но в то же время слишком привыкла уважать его мнение, и ей не нравилось, что он открыто осуждает ее, и не очень было приятно видеть его лицом к лицу в таком гневе. Минуты тянулись в тягостном молчании, Эмма попробовала было завести речь о погоде, но не дождалась ответа. Мистер Найтли погружен был в раздумье. Но вот наконец думы его нашли исход в словах:

— Роберт Мартин потерял не много. Хорошо бы ему понять это — надеюсь, в скором времени так оно и будет. О ваших видах в отношении Гарриет вам лучше знать, но, так как вы не делаете тайны из вашей страсти заниматься сватовством, естественно предположить, что таковые виды, планы и прожекты у вас есть, — а посему, на правах друга, хочу только остеречь вас, что, ежели вы имеете в предмете мистера Элтона, — это, боюсь, будет напрасный труд.

Эмма рассмеялась и покачала головой. Он продолжал:

— Будьте уверены, с Элтоном ничего не выйдет. Элтон славный малый и достойный пастырь хайберийского прихода, однако он не из тех, кто может заключить опрометчивый брак. Он не хуже других знает цену хорошему доходу. Элтон может быть чувствителен на словах, но всегда будет рассудочен в поступках. Он столь же ясно, как вы в отношении Гарриет, отдает себе отчет, чего он вправе ждать от жизни. Он обладает весьма приятной наружностью и знает это — знает, что повсюду, где бы ни появился, найдет самый ласковый прием. Судя по его разговорам в минуты откровенности, когда кругом одни мужчины, я составил впечатление, что он отнюдь не намерен продешевить, распоряжаясь своей судьбою. Слыхал я, с каким он пылом рассказывает про обширный кружок девиц, с которыми водят задушевную дружбу его сестры и из коих каждая владеет состоянием в двадцать тысяч фунтов.

— Премного вам благодарна, — вновь рассмеявшись, сказала Эмма. — Куда как было бы мило с вашей стороны открыть мне глаза, ежели б я и в самом деле вознамерилась женить мистера Элтона на Гарриет, однако у меня покамест нет иной цели, как держать Гарриет подле себя. Я не занимаюсь более сватовством. Все равно у меня нет надежды устроить второй такой союз, как в Рэндалсе. Отойду от этих дел, покуда не посрамила самое себя.

— Тогда прощайте, — сказал мистер Найтли и, порывисто встав, вышел. Он был вне себя от досады. Он живо представлял себе, каким ударом для молодого фермера должен быть отказ Гарриет, и уязвлен был сознанием, что сам тому способствовал, высказав ему свое одобрение; он до крайности раздражен был тою ролью, которую, как он не сомневался, играла в этой истории Эмма.

Раздосадована была, в свою очередь, и Эмма, однако причины ее досады отличались большей неопределенностью. Она, в отличие от мистера Найтли, не всегда была совершенно собою довольна, не всегда вполне уверена, что права в своих суждениях, а тот, кто не согласен с ними, заблуждается. Он ушел, оставив ее полной сомнений в своей правоте. Не столь серьезных, впрочем, чтобы надолго повергнуть ее в уныние, — вскоре вернулась Гарриет и с нею вместе к Эмме вернулось обычное расположение духа. Она уже начинала беспокоиться, что Гарриет так долго нет. Ее тревожила мысль, как бы молодой фермер не зашел сегодня к миссис Годдард и, повстречав там Гарриет, не вымолил у нее согласие. Страх потерпеть, после всего, что было, такое поражение был главной причиной ее беспокойства, и, когда Гарриет вернулась, в прекрасном настроении и не имея, по всей видимости, подобных причин для своего долгого отсутствия, у Эммы отлегло от сердца и сомнения, точившие ее, сменились уверенностью, что она не совершила ничего такого, чему женская дружба и женские чувства не послужили бы оправданием, — что бы там ни думал и ни говорил мистер Найтли.

Он слегка напугал ее насчет мистера Элтона, но, рассудив, что мистер Найтли не имел возможности наблюдать за ним, как это делала она — с пристрастным вниманием, с тонким (что не грех было отметить, вопреки придиркам мистера Найтли) знанием дела и умением разбираться в подобных вопросах, — Эмма убедила себя, что мистер Найтли наговорил это все второпях и в сердцах, движимый скорее обидою и стремлением выдать желаемое за действительное, нежели подлинной осведомленностью. Он мог, конечно, слышать, как мистер Элтон высказывается с большею свободой, чем в ее присутствии, и вполне вероятно было, что мистер Элтон в самом деле не столь уж опрометчив и неосмотрителен в денежных делах, а напротив, склонен придавать им большое значение; однако мистер Найтли не подумал, что сильное чувство способно опрокинуть любые корыстные побуждения. У мистера Найтли не было случая увидеть воочию проявления этого чувства, и он, естественно, не принял его в расчет — она, напротив, видела их предостаточно и не сомневалась, что такая страсть сметет прочь любые колебания, подсказанные на первых порах разумною осмотрительностью; разумная же осмотрительность только красит мужчину, и мистер Элтон, полагала она, обладал ею в самую меру, не более.

Ей быстро передалось веселое оживление Гарриет, которая вернулась вовсе не с тем, чтобы вновь предаться мыслям о мистере Мартине, а сразу же завела речь о мистере Элтоне. Мисс Нэш поведала ей новость, которую она поспешила с восторгом сообщить Эмме. Одна из воспитанниц миссис Годдард заболела и ее приходил осмотреть мистер Перри — мисс Нэш видела его, — и он рассказал, что, возвращаясь вчера из Клейтон-парка, повстречал мистера Элтона и, к большому удивлению своему, узнал, что мистер Элтон направляется в Лондон, причем вернется только на следующий день, хотя вечером, по заведенному обычаю, собирался вист-клуб, которого мистер Элтон, как известно, ни разу до сих пор не пропускал, — и мистер Перри принялся увещевать его и говорить, как нехорошо с его стороны, что он не придет, ведь он у них лучший игрок, и всячески старался убедить его отложить поездку на один-единственный денек, но все было напрасно: мистер Элтон остался непреклонен в решимости продолжать свой путь и объявил, до чрезвычайности многозначительно, что едет по делу, которое его не заставят отложить никакие уговоры на свете, прибавив что-то насчет крайне лестного поручения, и что он якобы везет с собой такое, чему нет цены. Мистер Перри не слишком хорошо его понял, однако проникся уверенностью, что в этом деле явно замешана дама, о чем и сказал ему, — в ответ мистер Элтон только смешался, заулыбался и, пришпорив коня, лихо поскакал дальше. Все это рассказала ей мисс Нэш и еще много что говорила про мистера Элтона, а потом, выразительно на нее поглядев, заключила, что «не берется разгадать, в чем состоит дело, призвавшее мистера Элтона в Лондон, но, во всяком случае, та, которой мистер Элтон окажет предпочтение, будет счастливейшей из женщин, ибо мистер Элтон, как ей кажется, по красоте и обаянию не знает себе равных».

Глава 9

Итак, хотя мистер Найтли не поладил с Эммой, сама она не видела причин быть с собою не в ладу. Он был так сердит, что минуло более обычного времени, пока он вновь появился в Хартфилде, и, когда они встретились, по строгому виду его было ясно, что он ее не простил. Это огорчило ее, но она не раскаивалась. Напротив, все, что происходило в ближайшие дни, только оправдывало замыслы ее и действия, делало их лишь милее ее сердцу.

Портрет, вставленный в изящную раму, был вскоре по приезде мистера Элтона благополучно ей вручен, повешен над каминною доской в общей гостиной, и мистер Элтон, вскочив полюбоваться им, должным образом рассыпался в бессвязных изъявлениях восторга, а что касается Гарриет, то чувства ее буквально на глазах перерастали в привязанность, столь сильную и прочную, сколь позволяли ее молодость и склад натуры. Эмма в самом скором времени убедилась, что, если она и вспоминает мистера Мартина, то не иначе как для сравнения с мистером Элтоном — сравнения, целиком в пользу последнего.

Ее мечты образовать и развить ум юной своей подруги систематическим серьезным чтением и обсуждением прочитанного не принесли покамест иных плодов, помимо знакомства с несколькими начальными главами да намерения завтра пойти дальше. Куда легче было не заниматься, а болтать, куда приятнее не трудиться, упражняя ум Гарриет и обогащая его точными фактами, а давать волю воображению, рисуя себе картины ее будущего и строя планы, — и пока единственным литературным занятием Гарриет, единственною духовной пищей, которой запасалась она про черный день на склоне лет, было собирать разного рода загадки, которые ей попадались, и переписывать их на четвертки лощеной бумаги, приготовленные Эммой и украшенные вензелями и орнаментом в виде воинских доспехов.

В наш просвещенный век подобные собрания, порой весьма обширные, не редкость. У мисс Нэш, старшей наставницы в пансионе миссис Годдард, загадок набралось по крайней мере триста, а Гарриет, которая начала их переписывать, подражая ей, надеялась, при содействии мисс Вудхаус, далеко ее превзойти. Эмма призывала на помощь свою изобретательность, память и вкус, а так как Гарриет обладала красивым почерком, то собрание обещало быть первоклассным как по форме, так и по величине.

Мистер Вудхаус обнаружил к этому занятию не меньше интереса, чем обе девицы, и частенько напрягал свою память, силясь найти что-нибудь подходящее. Столько было прехитрых загадок в дни его юности — да вот беда, ни одна не идет на ум! Но дайте срок, он еще вспомнит! И всякий раз дело кончалось строкою: «Китти-печурка была холодна».

Добрый друг его мистер Перри, посвященный в эту затею, тоже не мог вспомнить ничего стоящего из области загадок, но мистер Вудхаус призывал его держать ушки на макушке, ибо, бывая повсюду, мистер Перри мог услышать что-нибудь достойное внимания.

В расчеты его дочери никак не входило призывать на помощь лучшие умы Хайбери. Единственным, к кому она обратилась, был мистер Элтон. Ему одному предложили внести свою лепту, припомнить занимательные загадки, шарады и головоломки, и Эмме приятно было видеть, с каким усердием он роется в памяти, добросовестно следя в то же время, чтобы не обронить с языка что-нибудь не слишком любезное, в чем не таился бы тонкий комплимент прекрасному полу. Ему обязаны были они двумя-тремя изящнейшими загадками, а когда он наконец вспомнил и с некоторой слащавостью продекламировал нехитрую шараду:

Решительно я соглашусь в начале
Что нет важнее женщин, чем она
Ну а когда два слога вместе, поневоле
Я восхищен тем, как она стройна*, —

то радовался и торжествовал столь бурно, что Эмме просто жаль было признаться, что она уже переписана на одной из предыдущих страниц.

— Отчего бы вам самому не сочинить для нас шараду, мистер Элтон? — сказала она. — Вот верная порука тому, что это будет свежо и ново, притом же для вас ничего нет легче.

— Ах, нет! Он никогда не пробовал — можно сказать, ни разу в жизни. Куда ему! Он боится, что даже мисс Вудхаус... — заминка на мгновенье, — или мисс Смит не могли бы вдохновить его на это.

Однако свидетельство такового вдохновения не замедлило появиться на другой же день. Мистер Элтон на минутку заглянул в Хартфилд и положил на стол листок бумаги, объяснив, что принес шараду, которую посвятил одной молодой особе, предмету своих воздыханий, его приятель, — но по виду, с которым это было сказано, Эмма тотчас догадалась, что он говорит о себе.

— Она не предназначается для собрания мисс Смит, — прибавил он. — Я не вправе выставлять ее на всеобщее обозрение, ибо она принадлежит моему другу, — но вам, может статься, любопытно будет взглянуть на нее.

Слова эти обращены были не столько к Гарриет, сколько к Эмме, и Эмма понимала почему. Он изнывал от смущения и, боясь поднять глаза на Гарриет,

---

* Здесь и далее стихотворный перевод редактора.

предпочитал адресоваться к ней. Через минуту он ушел, помедлив перед тем один короткий миг.

— Возьмите, — с улыбкою сказала Эмма, подвигая листок к Гарриет, — это написано для вас. Берите же, это ваше.

Однако Гарриет, вся охваченная трепетом, не дотрагивалась до бумаги, и Эмма, которой никогда не претило быть первой, принуждена оказалась ознакомиться с нею сама.

К мисс...

ШАРАДА

Мой первый слог — он рыцарь, близкий к королю,
Почти как сын, что дал обет служения,
Учился, по крупицам собирая эрудицию свою,
Накапливая слово, что составит продолжение.

Увы и ах! Когда нашел он правильный ответ,
Сыграла шутку с ним владычица земли,
Взяла в плен сердце, разум; очарованный поэт
Отдал трон женщине, что стала править им.

Ваш острый ум разгадку сыщет вскоре.
На одобрение надеюсь в томном взоре!

Эмма пробежала ее глазами, задумалась на минуту, нашла разгадку, перечла шараду для верности, вникая в каждую строчку, и, передав листок Гарриет, сидела с довольною усмешкой, говоря себе, покуда Гарриет, в сумбуре надежд и несообразительности, ломала над ним голову: «Недурно, мистер Элтон, совсем недурно.

Я читывала шарады похуже. Признание — намек изрядный. Отдаю вам должное. Это первый осторожный шаг. Это явственная мольба: "Умоляю; мисс Смит, позвольте мне открыть вам мои чувства. Отгадайте мою шараду, и вам откроется смысл моих намерений".

На одобрение надеюсь в томном взоре.

Живая Гарриет, "томные" — очень точное слово, наивернейший из эпитетов, коими можно наградить ее глазки.

Ваш острый ум разгадку сыщет вскоре...

Хм-м, острый ум, — и это у Гарриет! Что ж, тем лучше. Нужно и впрямь влюбиться по уши, чтобы приписывать ей такие свойства. Ах, мистер Найтли, какая жалость, что вас здесь нет, — я думаю, это бы вас убедило. Раз в жизни вам пришлось бы признать, что вы не правы. В самом деле, отличная шарада! И очень кстати. Теперь дело быстро пойдет к развязке».

От сих отрадных размышлений, кои могли бы при иных обстоятельствах занять ее надолго, ее оторвали нетерпеливые вопросы озадаченной Гарриет.

— Что же это, мисс Вудхаус? Что бы это могло быть?.. Не представляю — мне ни за что не догадаться. Что это может значить? Попробуйте разгадать вы, мисс Вудхаус. Пожалуйста, помогите мне. Я такой трудной не видывала. Это не королевство? Интересно, кто этот его приятель — и эта молодая особа! А хороша, по-вашему, шарада? Может быть, это опять дама!

Отдал трон женщине, что стала править им.

Или Афина, может быть?

Взяла в плен сердце, разум; очарованный поэт.

Или нимфа? Или художник? Или власть? Хотя нет, «власть» — это только один слог. Должно быть, страх как мудрено, иначе бы он не принес ее. Ой, мисс Вудхаус, вы думаете, мы найдем ответ?

— Художники, нимфы! Вздор! Гарриет, голубушка, о чем это вы? С какой ему стати приносить нам шараду, которую его приятель составил о художнике или нимфах? Дайте-ка мне ее сюда и слушайте: «К мисс...» — следует читать: «К мисс Смит».

Мой первый слог — он рыцарь, близкий к королю,
Почти как сын, что дал обет служения...

Это — «при».

Учился, по крупицам собирая эрудицию свою,
Накапливая слово, что составит продолжение.

Это — «знание», — ясно как день. А теперь главная изюминка:

Увы и ах! Когда нашел он правильный ответ,
Сыграла шутку с ним владычица земли...

Видите, получается «признание»:

Взяла в плен сердце, разум; очарованный поэт
Отдал трон женщине, что стала править им.

Очень к месту сказано! И далее следует заключение, понять которое, милая Гарриет, вам, думаю, не составит большого труда. Прочтите его и утешьтесь. Это, бесспорно, написано к вам и для вас.

Долго противиться столь заманчивым увещаньям Гарриет была не в силах. Она прочла заключительные строчки и вся просияла, затрепетала. Она не могла выговорить ни слова. Но это и не требовалось от нее. Ей довольно было чувствовать. Говорила за нее Эмма.

— Этот мадригал исполнен столь очевидного, столь точного смысла, — сказала она, — что не оставляет места сомнениям насчет намерений мистера Элтона. Вы — предмет его чувств и в скором времени получите полнейшее тому доказательство. Я так и думала. Я и раньше думала, что не могу обманываться, — теперь это подтвердилось, теперь в душе его та же ясность и определенность, какая, с тех пор как я узнала вас, была и в моих пожеланиях на этот счет. Да, Гарриет, с тех самых пор хотела я, чтобы случилось именно так, — и вот это случилось. Между вами и мистером Элтоном непременно должна была возникнуть взаимная склонность — это было так желательно, естественно, что не скажешь даже, чего тут больше. Это было и вероятно, и уместно в равной мере. Вот привязанность, которою вправе гордиться женщина. Вот узы, которые не сулят ничего, кроме хорошего. Они дадут вам все, что надобно — положение, независимость, дом, достойный вас, — дадут остаться среди всех подлинных друзей ваших, поблизости от Хартфилда и от меня, и навсегда скрепят нашу дружбу. Вот, Гарриет, союз, за который никогда не придется краснеть ни вам, ни мне.

— Мисс Вудхаус... дорогая мисс Вудхаус... — только и способна была лепетать Гарриет в первые минуты, вновь и вновь нежно обнимая своего друга, — и когда между ними все-таки возобновилась наконец более или менее связная беседа, Эмма ясно увидела, что Гарриет смотрит на вещи, чувствует, предается надеждам и воспоминаниям именно так, как ей надлежит. Преимущества мистера Элтона получили полное признание.

— Что бы вы ни сказали, всегда выходит по-вашему, — воскликнула Гарриет, — и оттого лишь я полагаю, верю и надеюсь, что все это в самом деле так. Иначе мне бы и в голову не пришло. Я не заслуживаю ничего подобного. Мистер Элтон, который мог бы жениться на ком угодно! Уж о нем-то двух мнений быть не может. Все достоинства при нем. Взять хотя бы эти стихи — прелесть! «К мисс...» Надо же так уметь... Неужели он и впрямь разумеет меня?

— Конечно. Для меня тут вопроса нет и для вас не должно быть. Положитесь на мое суждение. Это своего рода пролог к пьесе, эпиграф, предпосланный главе, — за ним не замедлит последовать проза, излагающая существо дела.

— Но кто бы мог предположить... Мне бы месяц назад, право же, и во сне не приснилось!.. Чудеса, да и только!

— Ну как не чудеса, когда мистер Элтон знакомится с мисс Смит, — поистине чудеса, поистине странно, когда вдруг сбывается то, что столь очевидно, столь явно отвечает разумным пожеланиям — отвечает также заветным планам других людей. Вы с мистером Элтоном назначены друг другу самим положением дел, по всем домашним обстоятельствам, его и вашим, вам суждено быть вместе. Брак ваш ничем не уступит тому, который свершился в Рэндалсе. Как видно, в хартфилдском воздухе витает нечто, ведущее любовь по верному пути, направляющее течение ее в нужное русло.

Гладким не бывает путь истинной любви*, —

в хартфилдском издании эта Шекспирова строка была бы снабжена пространным примечанием.

— Чтобы мистер Элтон влюбился не в кого-нибудь, а в меня — хотя я до Михайлова дня** ни разу словечком с ним не перемолвилась и знала его только в лицо! И кто влюбился — красавец, каких на свете нет, который к тому же у всех в почете, совсем как мистер Найтли! Повсюду-то он нарасхват — говорят, ему никогда нет надобности садиться за стол в одиночку, разве что по доброй воле, а так и дня не проходит, чтобы не пригласили куда-нибудь. А как прекрасно говорит он в церкви! У мисс Нэш записаны все тексты, на которые он составлял проповеди с тех пор, как приехал в Хайбери. Подумать только! Как вспомню день, когда увидела его в первый раз!.. Могла ли я вообразить! Мы с девицами Эббот как услышали, что он идет мимо, так сразу бегом в ту комнату, где окна на улицу, и ну глядеть в щелку между шторами — а тут вошла мисс Нэш, забранилась, прогнала нас, а сама осталась поглядеть, но, правда, по доброте сердечной тотчас сжалилась, позвала меня назад и тоже дала

* Шекспир, «Сон в летнюю ночь», акт 1, сц. 1.

** По церковному календарю, Михайлов день, иными словами день архангела Михаила, приходится на 29 сентября. В Англии он начинает один из кварталов года, с чем обычно связаны сроки платежей и пр.

посмотреть. И каким же он показался нам красавчиком! Он шел рука об руку с мистером Коулом.

— Это союз, который непременно придется по душе друзьям вашим — кем бы и чем они ни были, — если только они способны мыслить здраво, — ну, а соразмеряться в поступках с мнением глупцов нам незачем. Если они желают видеть вас счастливою в браке — вот человек, которого легкий нрав служит верным тому залогом! Если надеются, что вы будете жить в той местности и в том кругу, который сами избрали бы для вас, — вот случай, когда это сбудется! Если единая их цель — знать, что вы, как принято выражаться, удачно вышли замуж, — вот партия, которая обеспечит вам порядочное состояние, прочное положение, поднимет вас на ту ступень общества, которая их удовлетворит!

— Да, правда. Как вы хорошо говорите, заслушаться можно. Все-то вы понимаете. Все умеете — вы и мистер Элтон. Что за шарада!.. Я бы, кажется, год ломала голову, а такого не придумала.

— По тому, как он отнекивался вчера, понятно было, что он не преминет испробовать свое искусство.

— Я только могу сказать, что из всех шарад, какие мне приводилось читать, эта лучшая.

— Во всяком случае, несомненно, как нельзя лучше служит своему назначению.

— И длинная, каких у нас было мало.

— Как раз длина, я считаю, не слишком большое достоинство. Такие шутки, вообще говоря, чем короче, тем лучше.

Гарриет, вновь поглощенная шарадой, не слышала ее. Сравнения самого благоприятного свойства приходили ей на ум.

— Одно дело, — говорила она, а щечки у самой так и пылали, — когда у человека голова как у всякого другого, — понадобилось сказать что-то, он садится и пишет письмо, в котором сказано самое необходимое, и вкратце, — и другое дело сочинять стихи и шарады, вроде этой.

Более решительного неприятия мистера Мартина с его скучною прозой и желать было нельзя.

— Прелесть что за строки! — продолжала Гарриет. — В особенности две последние... Но как вернуть ему листок, сказать, что я нашла разгадку?.. Ах, мисс Вудхаус, как нам теперь быть? — Предоставьте это мне: Вам делать ничего не надо. Нынче же вечером, я полагаю, он будет здесь, и я верну ему шараду — мы обменяемся незначащими фразами, а вы будете ни при чем. Пускай ваш томный взгляд вспыхнет для него во благовременье.

— Ах, какая жалость, мисс Вудхаус, что эту прекрасную шараду нельзя переписать в мой альбом! Там ни одна не сравнится с нею.

— А что вам мешает? Опустите две последние строки и переписывайте на здоровье.

— Да, но эти две строки...

— Самые лучшие. Согласна — чтобы наслаждаться ими наедине. Вот вы наедине и наслаждайтесь ими. Они не станут хуже оттого, что их отделили от целого. Двустишие не распадется, и смысл его не изменится. Вы только уберите его, и исчезнет всякий намек на то, кому посвящаются стихи, — останется изящная и галантная шарада, способная украсить собою любое собрание. Уверяю вас, небрежение к его шараде понравится ему не более, чем небрежение к его чувствам. Влюбленного поэта, если уж поощрять, то непременно и как влюбленного, и как поэта, не иначе. Дайте альбом, я запишу ее сама, и уж тогда никто не усмотрит в ней ни малейшей связи с вами.

Гарриет повиновалась, хотя в ее сознании части шарады оставались неразделимы и ей не верилось до конца, что не объяснение в любви записывает в альбом ее подруга. Слишком сокровенными казались ей эти строки, чтобы предавать их гласности.

— Я этот альбом теперь из рук не выпущу, — сказала она.

— Очень хорошо, — возразила Эмма, — вполне естественное побуждение, и чем долее оно не покинет вас, тем мне будет приятней. Однако сюда идет мой батюшка, и вы не станете противиться тому, чтобы я прочла ему шараду. Она доставит ему такое удовольствие! Он обожает подобные вещи, в особенности когда в них сказано что-нибудь лестное о женщинах. Его нежнейшая душа исполнена самой рыцарской галантности! Позвольте же прочитать ее ему.

Лицо Гарриет изобразило серьезность.

— Гарриет, голубушка, негоже так носиться с этой шарадой... Вы рискуете, в нарушение всех приличий, выдать свои чувства, ежели обнаружите чрезмерную понятливость и готовность и покажете, что придаете шараде большее, чем следует, значение — что вы вообще придаете ей значение. Пусть столь скромная дань восхищения не обезоруживает вас. Если бы он желал строгой тайны, то не оставил бы листок, покамест рядом была я, но ведь он и подвинул его скорее не к вам, а ко мне. Не будемте же впадать в излишнюю торжественность по этому поводу. Он обнадежен довольно, и незачем томиться и вздыхать над этой шарадою, дабы подвигнуть его на дальнейшие шаги.

— О да! Меньше всего я хотела бы выставить себя из-за нее в нелепом свете. Поступайте, как считаете нужным.

Вошел мистер Вудхаус и вскоре вновь навел разговор на этот предмет, осведомясь, как обычно:

— Ну, мои милочки, как идут дела с альбомом? Есть ли что-нибудь новенькое?

— Да, папа, у нас есть, что почитать вам, кое-что свеженькое. Сегодня утром на столе был найден листок бумаги — оброненный, надобно полагать, некой феей, — а на нем премилая шарада, которую мы только что записали в альбом.

И Эмма прочла ему шараду так, как он любил: медленно, внятно, два или три раза подряд, объясняя по ходу чтения, что означает каждая часть, и мистер Вудхаус остался очень доволен; в особенности, как она и предвидела, приятно пораженный галантными словами в адрес дамы.

— Да, очень уместно сказано, очень кстати. И справедливо. «В томном взоре». Шарада так хороша, душенька, что я без труда угадаю, какая фея принесла ее... Никто не мог бы написать так красиво, кроме тебя, Эмма.

Эмма только кивнула головою и усмехнулась. После минутного раздумья он с нежным вздохом прибавил:

— Ах, сразу видно, в кого ты пошла. Твоя дорогая матушка великая была искусница по этой части! Мне бы такую память! Но я ничего не помню — даже загадку, которую называл тебе. Ничего не удержалось в голове, кроме первой строфы, а их несколько.

Прекрасна Китти, только холодна,
Разжечь в ней пламя я намерен твердо,
Парнишка в саже ладил с ней; призвал

Его на помощь я. И, как дурак, переживал,

Что положение мое совсем не столь надежно, —

вот и все, что мне запомнилось, — а только знаю, что ловко там в конце закручено. Но ты, кажется, говорила, душенька, что она у тебя есть.

— Да, папа, — на второй странице. Мы списали ее из «Изящных извлечений». Она, как вы знаете, принадлежит перу Гаррика.

— Совершенно верно... Жаль, не помню, как там дальше:

Прекрасна Китти, только холодна...

При этом имени мне думается невольно о бедной Изабелле — ее едва было не окрестили Кэтрин, в честь бабушки. Надеюсь, мы увидим ее у себя на будущей неделе. Ты не подумала, душенька, куда ее поместить и какую комнату отвести детям?

— О да! Она, конечно, займет свою комнату, ту, что и всегда, — а для детей есть детская... Все как обычно. Для чего что-то менять?

— Не знаю, душа моя, — но ее так давно не было, — с самой Пасхи, да и тогда она приезжала всего на несколько дней. Какое неудобство, что мистер Джон Найтли — адвокат!.. Изабелла, бедняжка, совсем от нас оторвана! Воображаю, как опечалится она по приезде, не застав в Хартфилде мисс Тейлор!

— Для нее это вовсе не будет неожиданностью, папа.

— Как сказать, душенька. Для меня, по крайней мере, было большою неожиданностью, когда я впервые услышал, что она выходит замуж.

— Мы непременно должны позвать мистера и миссис Уэстон обедать, когда Изабелла будет здесь.

— Конечно, милая, если успеем... Ведь она, — удрученным голосом, — приезжает всего лишь на неделю. У нас ни на что не хватит времени.

— Да, обидно, что они не могут остаться дольше, — однако же так диктует необходимость. Двадцать восьмого мистер Джон Найтли должен снова быть в городе, и нужно за то сказать спасибо, папочка, что все их время здесь будет отдано нам, из него не выпадут два-три дня на посещение аббатства. Мистер Найтли обещает на сей раз не предъявлять свои права — хотя у него, как вы знаете, они не были даже дольше, чем у нас.

— Душа моя, просто ужасно было бы, если б Изабелле, бедняжке, пришлось жить не в Хартфилде, а где-то еще.

Мистер Вудхаус никогда не признавал, что у мистера Найтли могут быть права на брата, а у кого-либо, кроме него самого, — права на Изабеллу. Минуты две он посидел в задумчивости, затем продолжал:

— Только не понимаю, отчего Изабелла тоже обязана ехать так скоро назад, если должен он. Постараюсь-ка я, пожалуй, уговорить ее задержаться. Она и дети могли бы прекрасно побыть у нас еще.

— Ах, папа, это вам никогда не удавалось и, думаю, не удастся. Для Изабеллы немыслимо остаться, когда муж уезжает.

То была неоспоримая правда. Сколь она ни казалась горька, мистеру Вудхаусу оставалось лишь покорно вздохнуть, и Эмма, видя, как он приуныл при мысли, что дочь его привязана к мужу, тотчас перевела разговор на тему, которая не могла не рассеять его грусть.

— Пока мои сестра и брат будут здесь, Гарриет должна проводить у нас как можно больше времени. Я уверена, ей понравятся дети. Детки — наша гордость, верно, папа? Любопытно, кто ей покажется красивее, Генри или Джон?

— Да, любопытно. Бедные крошки, то-то будет им радость приехать сюда. Они так любят бывать в Хартфилде, Гарриет!

— Еще бы, сэр! Кто же не любит здесь бывать!

— Генри — славный мальчуган, настоящий мужчина, а Джон — вылитая мать. Генри — старший, его назвали в честь меня, а не отца. В честь отца назвали второго, Джона. Кому-то, я думаю, может показаться странным, что не старшего, но Изабелла настояла, чтобы его назвали Генри, чем я был очень тронут. Удивительно смышленый мальчуган. Впрочем, все они на удивление понятливы, и такие милашки! Подойдут, станут подле моего кресла и скажут: «Дедушка, не дадите ли мне веревочку?» — а Генри однажды попросил у меня ножик, но я сказал, что ножи делают только для дедушек. Их отец, по-моему, зачастую бывает с ними крутенек.

— Вам так кажется, — сказала Эмма, — потому что сами вы — воплощенная мягкость. Ежели бы вы могли сравнить его с другими папеньками, то не подумали бы, что он крут. Он хочет вырастить сыновей деятельными, крепкими и, когда они расшалятся, может изредка осадить их резким словом, но он любящий отец — мистер Джон Найтли определенно любящий, заботливый отец. И дети платят ему любовью.

— А потом приходит их дядюшка и подкидывает их до потолка, так, что смотреть страшно.

— Но им это нравится, папа, они это обожают! Для них это первое удовольствие, и если бы дядя не завел для них строгий порядок, то самый первый ни за что не уступил бы очередь другому.

— Не знаю, мне это непонятно.

— Но так всегда бывает, папочка. Одной половине человечества всегда непонятно, почему что-то нравится другой.

В четвертом часу, когда девицы, в преддверии обеда, готовились уединится каждая у себя, вновь пожаловал герой неподражаемой шарады. Гарриет отворотилась, — но Эмма встретила его с улыбкой, как ни в чем не бывало, и зоркий взгляд ее быстро прочел в его глазах сознание того, что жребий брошен — что послан вызов Судьбе. По-видимому, он явился посмотреть, чем это может для него обернуться. Нашелся, кстати, и удобный повод: спросить, составится ли нынче вечером без него партия у мистера Вудхауса. Если его присутствие хоть в малой степени необходимо, все прочее отступает; если же нет — его друг Коул давно уже с таким упорством зазывает его отобедать — придает этому такое значение, что он условно обещался прийти.

Эмма поблагодарила его, прибавив, что не допустит, чтобы он из-за них обманул надежды друга; партия у ее батюшки, конечно, составится и без него. Он вновь изъявил готовность — она вновь отказалась, и он уже было собрался откланяться, когда она взяла со стола листок бумаги и протянула ему со словами:

— Ах, да! Вот та шарада, которую вы столь любезно оставили, — спасибо, что вы показали нам ее. Она нас привела в такой восторг, что я позволила себе переписать ее в альбом мисс Смит. Надеюсь, ваш приятель не рассердится. Понятно, я не пошла далее первых шести строк.

Мистер Элтон явно не знал, что сказать. На лице его изобразилась неуверенность, изобразилось замешательство;

он пробормотал что-то о «высокой чести», покосился на Эмму, потом на Гарриет, увидел на столе раскрытый альбом и, взяв его, принялся внимательно читать. Эмма, желая замять неловкость этой минуты, сказала с улыбкою:

— Вы должны принести за меня извинения вашему другу, но шарада его так хороша, что грех ограничивать число ее ценителей одним или двумя. Он может быть уверен, что, покуда будет писать столь галантно, снищет одобрение всякой женщины.

— Скажу без колебаний, — ответствовал мистер Элтон, хоть в каждом слове его угадывалось колебание, — скажу без колебаний, что... во всяком случае, если чувства приятеля моего совпадают с моими... ежели б он видел, подобно мне, какой чести удостоились его скромные вирши... — вновь обращая свой взгляд на альбом и кладя его обратно, — то, несомненно, счел бы эту минуту счастливейшею в своей жизни.

С этими словами он поспешил удалиться. И очень вовремя, невольно подумалось Эмме, ибо, при всех его отменных и похвальных качествах, речам его присуща была напыщенность, от которой ее разбирал неудержимый смех. Не в силах более противиться ему, она убежала к себе, оставив радости более нежного и возвышенного свойства на долю Гарриет.

Глава 10

Шла середина декабря, но погода по-прежнему не препятствовала девицам более или менее регулярно совершать моцион; и Эмме предстояло поутру навестить с благотворительною целью семью недужных бедняков, живущую неподалеку от Хайбери.

Путь к уединенной хижине пролегал по Пастырской дороге, которая под прямым углом отходила от широкой, хотя и беспорядочной, главной улицы и на которой, как нетрудно заключить, находилась благословенная обитель мистера Элтона. Сперва нужно было с четверть мили пройти вдоль плохоньких домишек, а там, почти вплотную к дороге, возвышался и дом викария — старый и не ахти какой удобный. Место выбрано было неудачно, однако дом, благодаря стараниям нынешнего своего хозяина, за последнее время сильно похорошел — как бы то ни было, обе путницы, проходя мимо, не преминули замедлить шаг и обратить к нему любопытные взоры. Эмма при этом заметила:

— Вот он. Вот где вам в скором времени не миновать водвориться вместе с вашим альбомом.

А Гарриет:

— Ах, что за дом, — чудо! Как хорош!.. Вот они, желтенькие занавески, которыми восхищается мисс Нэш.

— Теперь я захаживаю сюда нечасто, — сказала Эмма, когда они пошли дальше, — но тогда у меня появится стимул и мало-помалу я сведу близкое знакомство с каждым кустиком и деревцем в этой части Хайбери, с каждым прудиком и каждою калиткой.

В самом доме, как выяснилось, Гарриет ни разу не бывала, и ее так снедало любопытство, что Эмма, по всем явным и скрытым приметам, не могла не усмотреть в нем такое же свидетельство любви, как склонность мистера Элтона приписывать ей живость ума.

— Как бы нам изловчиться зайти туда, — сказала она. — Ни одного благовидного предлога — ни прислуги, о которой я желала бы навести справки у его экономки, ни поручения к нему от моего батюшки.

Она поразмыслила еще, но так ничего и не придумала. Несколько минут минуло в обоюдном молчании, и прервала его Гарриет:

— Мне, право же, удивительно, мисс Вудхаус, что вы не замужем и в ближайшее время не собираетесь замуж! Такая очаровательная...

Эмма рассмеялась.

— Если я и очаровательна, Гарриет, это еще не причина выйти замуж, — отвечала она, — тут надобно счесть очаровательными других — по крайней мере, одного. И мало сказать, что я не собираюсь замуж в ближайшее время, — я вообще не намерена идти замуж.

— Ах, это лишь слова, им нельзя верить.

— Чтобы соблазниться замужеством, мне еще надо встретить человека, превосходящего достоинствами всех, кто встречался мне доныне... О мистере Элтоне, — спохватясь, — как вам известно, речь идти не может... Да я и не желаю такой встречи. Я предпочла бы не подвергаться соблазну. Перемена в жизни не принесет мне лучшего, чем то, что я имею. Заранее знаю, что, выйдя замуж, раскаялась бы в этом.

— Возможно ли!.. Как странно слышать от женщины такие рассуждения!

— У меня нет причин, обыкновенно побуждающих женщин к замужеству. Ежели б я полюбила — тогда, конечно, другое дело! Но я никогда не любила и уже вряд ли полюблю, это не в моем обычае и не в моем характере. А без любви менять такую жизнь, как моя, было бы просто глупо. Богатства я не ищу, занятия себе не ищу, положения в обществе тоже — все это есть у меня. Редкая женщина, я полагаю, чувствует себя в доме мужа столь полновластной хозяйкой, как я — в Хартфилде, и никогда, никогда ни один мужчина не любил бы меня так преданно, как мой отец, ни для кого я не была бы так важна, как для него, всегда права и всегда на первом месте.

— Да, но сделаться старой девой наподобие мисс Бейтс!

— Страшней картинки не придумаешь, Гарриет, и если б я хоть на миг допустила, что стану когда-нибудь похожей на мисс Бейтс — такою же глупенькой, довольной малым, улыбчивой и нудной, такой же неразборчивой и невзыскательной, с тою же склонностью все выбалтывать про всех вокруг, — я бы завтра же вышла замуж. Но между нами, я уверена, сходства быть не может, кроме того, что обе мы не замужем.

— Но вы все-таки будете старой девой! А это так ужасно!

— Не беспокойтесь, Гарриет, бедной старой девой я не буду, а лишь при бедности презренно безбрачие в глазах света. Незамужняя женщина, стесненная в средствах, нелепа, противна — она-то и есть старая дева, извечная мишень для насмешек детворы! Но незамужняя дама с состоянием внушает уважение, ничто не мешает ей быть наравне с другими не только приемлемым, но и приятным членом общества. Такое разграничение не столь несправедливо и вздорно, как может показаться на первый взгляд, ибо от скудости средств нередко оскудевает душа и портится нрав. Люди, которые еле сводят концы с концами и поневоле проводят жизнь в очень замкнутом и, большею частью, низком обществе, отличаются, по преимуществу, скупостью и озлобленностью. Это, впрочем, никак не относится к мисс Бейтс: она лишь на мой вкус чересчур благодушна и глупа, всем другим она очень по нраву, хоть и не замужем, и бедна. Ее душа ничуть не оскудела от бедности — будь у нее один-единственный шиллинг в кармане, она охотно поделилась бы с кем-нибудь половиной, злиться же она просто не умеет, и это очень привлекательная черта.

— Вот как! Но что вы будете делать? Чем займете себя в старости?

— Сколько я могу судить о себе самой, Гарриет, я обладаю умом живым, деятельным, чрезвычайно изобретательным и не понимаю, отчего в сорок или пятьдесят лет мне должно быть труднее занять себя, свои глаза, руки, голову, нежели в двадцать один год. Обычные женские занятия будут тогда столь же доступны мне, как и теперь, — может быть, с самою незначительной разницей. Если я меньше буду рисовать, значит, больше читать, если заброшу музыку, значит, возьмусь плести коврики. Если же речь о том, что одинокой женщине некого любить, дарить вниманием, — да, в этом, и точно, уязвимое место незамужнего положения, главное зло, которого следует опасаться. Однако мне оно не угрожает, раз у любимой сестры моей столько детей — мне будет о ком заботиться. Со временем их, по всей видимости, будет довольно, чтобы ответить на всякое движение стареющей души. С ними у меня достанет и надежд и страхов, и, хотя моя привязанность никогда не сравнится с родительской, мне так покойнее, меня она больше устраивает, чем горячая и слепая родительская любовь. Племянники и племянницы! Частыми гостьями будут племянницы в моем доме!

— А знаете ли вы племянницу мисс Бейтс? То есть видели вы ее, должно быть, сто раз, это понятно, — но знакомы ли вы с ней?

— О да! Нам с нею волей-неволей приходится поддерживать знакомство всякий раз, когда она приезжает в Хайбери. Вот, кстати, пример, способный отбить охоту слишком пылко восторгаться племянницами. Чтобы я, во всяком случае, имея целый выводок юных Найтли, так докучала людям, как она со своею Джейн Фэрфакс? Боже сохрани! При одном имени Джейн Фэрфакс уж берет скука. Каждое письмо ее надобно непременно прочесть всем сорок раз, без конца передавать поклоны всем друзьям — а уж если она удосужится хотя бы прислать своей тетушке фасон корсажа или свяжет для бабушки подвязки, то разговоров хватит на целый месяц. Я желаю Джейн Фэрфакс всяческих благ, но слушать о ней мне надоело до смерти.

Они уже подходили к лачуге, и на этом досужая их беседа оборвалась. Несчастья бедняков всегда внушали Эмме глубокое сострадание, она почитала своим долгом облегчать их как личным вниманием и советами, добротою и терпеливостью, так и щедрыми даяниями. Она знала их нравы, многое им прощала за их невежество и за искушения, коим их подвергает судьба, — не тешила себя романтическою надеждой встретить необычайные добродетели у тех, кому столь мало дано было вкусить от просвещения; с живым участием вникала в их невзгоды и оказывала им помощь столь же охотно, сколь и умело. У тех, которых она пришла навестить нынче, нищета отягощалась болезнями, и, пробыв у них сколько требуется, чтобы утешить и дать добрый совет, она покинула хижину под таким впечатлением от виденного, что, выйдя наружу, сказала:

— Вот зрелище, Гарриет, которое полезно запомнить. Каким пустячным выглядит в сравнении с ним все иное!.. Теперь у меня такое чувство, будто я весь день ни о чем не смогу думать, кроме этих несчастных, а между тем, как знать, не вылетит ли все это очень скоро у меня из головы?

— Вы правы, — отвечала Гарриет. — Несчастные! Невозможно думать ни о чем другом.

— Я полагаю все-таки, впечатление такого рода сотрется не скоро, — говорила Эмма, выходя за низенькую живую изгородь и спускаясь опять на дорогу по расшатанному приступку, к которому вела через сад узкая, скользкая дорожка. — Да, полагаю, не скоро, — повторила она, озираясь на запущенное жилье и вызывая в памяти картину еще большего запустения внутри него.

— Да, конечно! — отозвалась ее спутница.

Они пошли назад. В одном месте дорога плавно поворачивала в сторону, и сразу же за поворотом взорам их предстал мистер Элтон, да так близко, что Эмме едва хватило времени произнести:

— А вот нам, Гарриет, судьба нежданно-негаданно посылает испытание постоянства в благих помыслах. Ну что ж, — с улыбкой, — надеюсь, если наше сочувствие прибавило страдальцам сил и принесло облегчение, то можно считать, что главное сделано. Важно, чтобы сострадание побуждало нас всеми силами помогать несчастным, а прочее — пустая жалостливость, без всякой пользы растравляющая душу.

Гарриет не успела пролепетать в ответ: «О да, конечно!» — как они поравнялись с молодым викарием. Разговор, впрочем, первым делом зашел о страданиях и нуждах бедствующей семьи. Мистер Элтон как раз направлялся проведать их. Он сказал, что немного отложит свой визит, и они обменялись покамест ценными соображениями о том, что можно и должно предпринять. После чего он пошел назад проводить их.

«Так сойтись в добрых побуждениях, — размышляла Эмма, — такая встреча на благотворительной стезе! От этого любовь с обеих сторон должна разгореться еще пуще. Не удивлюсь, если она послужит толчком к объяснению — и непременно послужила бы, не будь здесь меня. Как жаль, что я тут оказалась».

Стремясь отделиться от них, она вскоре оставила их вдвоем на дороге, а сама перешла на тропинку, которая тянулась чуть повыше по обочине. Однако буквально через две минуты обнаружилось, что Гарриет, из привычки подчиняться и подражать, сворачивает туда же и что, короче говоря, скоро они будут шагать за нею по пятам. Это никуда не годилось — Эмма тотчас остановилась, нагнулась, загораживая собою тропинку, и сделала вид, будто хочет туже зашнуровать свой полусапожок, а их просила не останавливаться — она через полминуты пойдет следом. Они так и сделали; когда же время, нужное, по ее подсчетам, на шнуровку, истекло, ей представился удобный повод задержаться еще немного: к ней подошла, с кувшином в руке, девочка из семьи тех самых бедняков — ей было приказано сходить и принести из Хартфилда крепкого бульона. Пойти рядом с ребенком, расспрашивая его и болтая с ним, было более чем естественно — вернее, было бы естественно, когда бы Эмма не имела при этом задней мысли. Таким образом, другие двое могли по-прежнему спокойно идти на отдалении, не видя надобности дожидаться своей спутницы. И все-таки она невольно догоняла их, потому что девочка шла быстро, а они — довольно медленно, и это было совсем некстати, тем более что оба явно увлечены были разговором. Мистер Элтон с воодушевлением что-то рассказывал, Гарриет с довольным видом внимательно слушала, и Эмма, велев девочке идти вперед, уже подумывала о том, как бы ей снова отстать немного, — но тут оба они разом оглянулись, и ей пришлось догнать их.

Мистер Элтон еще не договорил, еще описывал что-то интереснос, и Эмма с чувством легкого разочарования поняла, что он всего лишь посвящает свою прекрасную спутницу в подробности вчерашнего обеда у своего друга Коула, и она как раз подоспела к сырам — стилтону и уилтширу, к маслу, сельдерею, свекле и сладкому.

«За этим скоро последовало бы, конечно, нечто более серьезное, — мысленно утешала она себя, — для любящих всякая малость полна значения и всякая малость способна послужить предисловием к тому, что хранится в сердце. Как жаль, что мне удалось лишь ненадолго оставить их вдвоем!»

Они мирно шли втроем, покуда впереди не показалась ограда дома, в котором жил викарий; тогда, повинуясь внезапной решимости хотя бы предоставить Гарриет случай побывать внутри, Эмма вновь обнаружила непорядок с сапожком и опять замешкалась, затягивая шнурок. Она проворно оборвала его, выкинула в канаву и, окликнув спутников, призналась, что у нее ничего не получается, а идти так дальше невозможно.

— Шнурок оборвался, — сказала она, — не знаю, как теперь дойти до дому. Я оказалась плохой попутчицей, но скажу себе в оправдание, что не всегда со мною столько хлопот. Мистер Элтон, я вынуждена просить позволения зайти к вам в дом и раздобыть у вашей экономки веревочку, тесемку или что-нибудь еще, чтобы ботинок не спадал с ноги.

Мистеру Элтону, казалось, ничто не могло доставить большей радости — никто другой не мог бы с такою заботливостью и предупредительностью ввести их в дом и постараться представить им все в наилучшем виде. Комната, куда он привел их, находилась в передней части дома, в ней он проводил бо́льшую часть времени; с нею сообщалась другая, задняя, — дверь между ними была открыта, и Эмма прошла туда вместе с экономкой, чтобы там, без помех, воспользоваться ее помощью. Дверь пришлось оставить в том же положении, то есть незакрытой, но она не сомневалась, что мистер Элтон закроет ее. Однако дверь как была приоткрытой, так и осталась, и тогда Эмма принялась занимать экономку несмолкаемым разговором в надежде, что он под шумок изберет для беседы в соседней комнате милый его сердцу предмет. Целых десять минут слышала она лишь звуки собственного голоса. Затягивать далее свое отсутствие было невозможно. Ей оставалось только закончить разговоры и появиться в комнате.

Влюбленные стояли рядышком у окна. Зрелище было самое обнадеживающее, и Эмма на мгновение вкусила сладость торжества, полагая, что ее планы увенчались успехом. Но она обманулась; оказывается, он так и не заговорил о главном. Вел себя как нельзя более приветливо и мило, признался Гарриет, что видел, как они идут мимо и умышленно последовал за ними; отпускал любезности и галантные намеки, но не сказал ничего серьезного.

«Осторожен, очень осторожен, — думала Эмма, — подвигается вперед шажок за шажком и ничего не предпримет без полной уверенности в успехе».

И хотя ее ухищрения пока ни к чему не привели, ей все же лестно было сознавать, что это маленькое происшествие доставило двум другим немало приятных минут и не могло не приблизить их к решающему событию.

Глава 11

Теперь мистера Элтона следовало предоставить самому себе. Руководить и дальше устройством его счастья и торопить ход событий было уже не в ее силах. Вот-вот должна была приехать сестра с семейством, и отныне первою заботой Эммы сделались сначала приготовления, а затем прием дорогих гостей; в течение тех десяти дней, которые им предстояло провести в Хартфилде, ей невозможно, да и не нужно было бы оказывать влюбленным помощь, разве что при случае, невзначай. Впрочем, будь на то их желание, дело могло бы разрешиться очень быстро; а разрешиться так или иначе оно должно было независимо от их желания. Эмма не слишком сожалела, что не сможет уделять им много времени. Бывают люди, которым вредно помогать: чем больше для них делают, тем менее они склонны делать для себя сами.

Приезд мистера Джона Найтли и его супруги в Суррей вызывал на сей раз необычный интерес по той понятной причине, что их не было в здешних местах необычно долго. До этого года они, с тех пор как поженились, неизменно проводили большие праздники частью в Хартфилде, частью в Донуэллском аббатстве — нынешнею же осенью вывозили детей на морские купанья, и их родственники в Суррее уже много месяцев виделись с ними лишь урывками, а мистер Вудхаус, которого даже ради бедняжки Изабеллы невозможно было выманить в Лондон, не виделся вовсе, вследствие чего пребывал теперь в счастливом и тревожном возбуждении, предвкушая это чрезмерно краткое свидание.

Его очень волновала мысль о том, как перенесет его дочь дорожные тяготы, а также, хотя и меньше, — не устанут ли его лошади и кучер, которым предстояло везти всю компанию по крайней мере половину пути; но опасения его оказались напрасны: мистер Джон Найтли, его жена и пятеро детей, с соответствующим числом нянюшек и мамушек, благополучно проехали все шестнадцать миль пути и прибыли в Хартфилд целехоньки и невредимы. Радостная суета по их приезде — когда стольких сразу надобно было встретить и приветить, обласкать, препроводить и разместить одних туда, других сюда — произвела такой шум и неразбериху, что при любых других обстоятельствах нервы мистера Вудхауса не выдержали бы, да и при настоящих могли бы выдержать недолго; однако миссис Найтли так считалась с порядками, заведенными в Хартфилде, и с чувствами своего батюшки, что — сколь бы ни было велико ее материнское нетерпение ублажить своих малюток, тотчас предоставив им наилучший уход и полную свободу есть, пить, спать и играть сколько им заблагорассудится и без малейших промедлений — детям никогда не дозволялось причинять ему длительное беспокойство и взрослым — слишком рьяно их унимать.

Миссис Найтли была прехорошенькое, изящное создание с приятною, мягкой манерой держаться, приветливая и ласковая по природе, целиком поглощенная своим семейством, преданная жена и страстная мать — и столь нежно привязанная к отцу и сестре, что, когда бы не эти высшие узы, горячее любить, казалось бы, невозможно. Она не видела ни в ком из них ни единого порока. Глубиною и живостью ума она не отличалась, походя в этом на отца, и унаследовала от него также, в значительной мере, хрупкость здоровья; болезненная сама, она вечно дрожала за детей, всего боялась, от всего приходила в нервическое расстройство и была столь же привержена к своему лондонскому мистеру Уингфилду, как ее батюшка — к мистеру Перри. Помимо прочего, они были схожи по благодушию нрава и незыблемой привычке ценить старых знакомых.

Мистер Джон Найтли был высокий господин благородной наружности и недюжинного ума, восходящее светило в своей профессии, домоседливый и семейственный в частной жизни, но внешне суховатый, что мешало ему нравиться всем подряд, — и склонный подчас бывать не в духе. Он был не вздорный человек, не столь часто без причины выходил из себя, чтобы заслужить подобный упрек, и все же характер его был далек от совершенства — да и неудивительно: трудно быть ангелом при обожающей жене. Ее чудесный характер дурно сказывался на его характере. Он в полной мере обладал ясностью и остротою ума, которых недоставало ей, и способен был иной раз на бесцеремонный поступок или суровое слово. У своей прелестной свояченицы он не пользовался большим фавором. Она подмечала малейшую его слабость. В ней больно отзывалась всякая мелочь, обидная для Изабеллы, хотя самое Изабеллу она нисколько не задевала. Возможно, Эмма относилась бы к нему снисходительнее, ежели б он обнаруживал охоту к ней подольститься, но он держался с нею спокойно и просто, как добрый друг и брат, не более того, не расточая ей в ослеплении похвал, — впрочем, даже если бы он на каждом шагу рассыпался перед ней в комплиментах, это никоим образом не заслонило бы от нее величайшее, по ее меркам, прегрешение, в которое он изредка впадал: недостаток почтительной терпимости к ее отцу. Здесь умение сдерживаться порою изменяло ему. В ответ на маленькие странности и страхи мистера Вудхауса у него могло вырваться возражение, столь же разумное, сколь и резкое, и в равной мере бесполезное. Это случалось не так уж часто — ибо, вообще говоря, мистер Джон Найтли чтил тестя и вполне готов был воздать ему должное — и все-таки непозволительно часто, на взгляд Эммы, тем более что, даже когда все обходилось благополучно, она сплошь да рядом должна была проводить томительные минуты в предчувствии взрыва. Всякий раз, впрочем, по их приезде радость встречи первое время оттесняла другие чувства, и так как нынешний визит был, по необходимости, столь краток, он обещал пройти в обстановке ничем не омраченной сердечности. Едва только все расселись по местам и успокоились, как мистер Вудхаус, покачав с грустным вздохом головою, обратил внимание своей дочери на печальную перемену, которая совершилась в Хартфилде с тех пор, как она была здесь последний раз.

— Ах, душенька, — молвил он, — это прискорбная история... Бедная мисс Тейлор!

— О да, сэр, — воскликнула та с живым сочувствием, — как должны вы скучать по ней!.. И милая Эмма тоже!.. Что за ужасная потеря для вас обоих! Я так за вас огорчилась! Представить себе не могла, как вы будете обходиться без нее... Поистине печальная перемена... Но у нее, надеюсь, все обстоит благополучно?

— Благополучно, душа моя, — все благополучно, будем надеяться. Сколько я знаю, она чувствует себя сносно на новом месте.

Мистер Джон Найтли при этих словах вполголоса осведомился у Эммы, внушает ли им сомнения рэндалский климат.

— О нет, — никаких! Я никогда еще не видела миссис Уэстон в лучшем состоянии — такой цветущей. В папе всего лишь говорит сожаление.

— К великой чести для них обоих, — последовал галантный ответ.

— Но вы хотя бы достаточно часто видитесь, сэр? — спросила Изабелла жалостным голоском, попадая прямо в тон отцу.

Мистер Вудхаус замялся.

— Гораздо реже, чем хотелось бы, душенька.

— Позвольте, папа, был лишь один день с тех пор, как они поженились, когда мы их не видели. За этим единственным исключением мы виделись ежедневно, если не утром, то вечером, либо с мистером, либо с миссис Уэстон, а большею частью с ними обоими, и если не здесь, то в Рэндалсе — но чаще, как ты догадываешься, Изабелла, здесь. Они очень, очень щедры на визиты. И мистер Уэстон не менее щедр, чем она. Папа, у Изабеллы составится превратное впечатление, если вы будете говорить столь удрученно. Каждому ясно, что нам недостает мисс Тейлор, — однако должно быть ясно также, что, благодаря доброте мистера и миссис Уэстон, недостает далеко не в той степени, как мы опасались, и это истинная правда.

— Как тому и следует быть, — сказал мистер Джон Найтли, — как и следовало надеяться, судя по вашим письмам. Она, несомненно, стремится оказать вам внимание, а он человек общительный, ничем не занят, и это не составляет для них труда. Я вам все время говорил, Изабелла, друг мой, что перемена в Хартфилде, по-моему, не столь чувствительна, как вы думаете, и теперь, когда Эмма подтвердила это, вы, надеюсь, будете покойны.

— Что ж, не спорю, — сказал мистер Вудхаус, — да, конечно, не стану отрицать, что миссис Уэстон — бедняжка миссис Уэстон — в самом деле приходит к нам довольно часто — но, однако ж, всякий раз принуждена бывает снова уходить.

— Было бы очень жестоко по отношению к мистеру Уэстону, папа, если б она не уходила. Вы совсем забыли про бедного мистера Уэстона.

— Правда, — благодушно сказал Джон Найтли, — я тоже полагаю, что мистер Уэстон имеет кой-какие права. Мы с вами, Эмма, отважимся взять сторону бедного мужа. Я, будучи и сам мужем, а вы, не будучи женою, по-видимому, одинаково склонны признавать за ним определенные права. Что же до Изабеллы, она достаточно давно замужем, чтобы понимать, сколь удобно считаться со всеми мистерами Уэстонами как можно меньше.

— Я, мой ангел? — вскричала его жена, уловив эти слова и смысл их лишь отчасти. — Вы обо мне говорите? Поверьте, нет и быть не может более ревностной сторонницы брака, чем я, — и когда б не злосчастная необходимость покинуть Хартфилд, я почитала бы мисс Тейлор первою счастливицей на земле, а что до мистера Уэстона, превосходнейшего мистера Уэстона, то можно ли говорить о моем пренебрежении к нему, коль я думаю, что он заслуживает всего самого лучшего. Редкий мужчина обладает столь прекрасным характером. Не знаю, кто может с ним поспорить в этом, кроме вас и вашего брата. Мне ли забыть, как он в тот ветреный день на Пасху запустил для Генри бумажного змея. А с тех пор как в сентябре прошлого года он в полночь сел писать мне записку лишь затем, чтобы успокоить меня, что в Кобэме нет скарлатины, я знаю, что такого славного человека и доброй души не сыскать и целом свете... Ежели кто и заслуживает такого мужа, то, уж конечно, мисс Тейлор.

— Ну, а сынок? — спросил Джон Найтли. — Был он здесь ради такого случая или нет?

— Еще не был, — отвечала Эмма. — Его очень ждали вскоре после свадьбы, но он так и не приехал, а в последнее время о нем вообще не слышно.

— Ты расскажи про письмо, душенька, — сказал ее отец. — Он, как и подобало, прислал бедной миссис Уэстон письмо с поздравлением, и такое учтивое, милое письмо. Она показывала его. По-моему, это весьма похвально. Его ли была это мысль, трудно сказать. Он, знаете ли, еще молод, и, вероятно, это его дядюшка...

— Помилуйте, папа, ему двадцать три года. Вы забываете, как быстротечно время.

— Двадцать три! В самом деле?.. Хм, никогда бы не подумал — а ведь ему было всего два года, когда не стало его бедной матушки!.. Да, время и впрямь летит быстро — а память у меня никуда не годится. Однако письмо было отличнейшее и доставило мистеру и миссис Уэстон истинное удовольствие. Писано из Уэймута и помечено двадцать восьмым сентября — а начиналось так: «Сударыня!» — дальше я забыл, — и подпись: «Ф. Ч. Уэстон Черчилл»... Это я прекрасно помню.

— Как это благородно и достойно с его стороны! — воскликнула добросердечная миссис Найтли. — Не сомневаюсь, что он прекраснейший молодой человек. Но как печально, что живет не дома, не с отцом! Нельзя не содрогнуться, когда дитя забирают у родителей, из родного дома! Мне никогда не понять, как мистер Уэстон мог расстаться с ним. Отказаться от родного ребенка! Я не могла бы хорошо относиться ни к кому, кто предложил другому сделать это.

— Никто, я думаю, и не относится хорошо к Черчиллам, — холодно заметил мистер Джон Найтли. — Только не нужно думать, будто мистер Уэстон испытывал при этом те же чувства, какие испытали бы вы, отказываясь от Джона или Генри. Мистер Уэстон не берет все к сердцу, он человек легкий, веселого склада. Понимает вещи такими, каковы они есть, и умеет находить в них хорошее, скорее видя, как я подозреваю, источник утехи в том, что принято именовать «обществом» — то есть возможности пять раз в неделю есть, пить и играть в вист с соседями, — нежели в привязанности домашних и прочем, что можно обрести в кругу семьи.

Эмме не нравилось, что этот отзыв о мистере Уэстоне граничит с осуждением; ее так и подмывало дать ему отпор, однако она совладала с собою и промолчала. Важнее было сохранить мир и покой — и притом нечто возвышенное, благородное было в приверженности ее зятя семейным устоям, в самодовлеющей ценности для него домашнего очага — отсюда и проистекала его склонность с пренебрежением смотреть на более поверхностные, упрощенные отношения между людьми и на тех, кто их предпочитает... За это можно было простить ему многое.

Глава 12

К обеду ждали мистера Найтли — что не внушало большого восторга мистеру Вудхаусу, который ни с кем не желал бы делить в первый же день общество Изабеллы. Однако Эмма, движимая чувством справедливости, одержала верх; к сознанию, что каждый из братьев вправе рассчитывать на эту встречу, примешивалось у нее особое удовольствие, что ей представился случай пригласить мистера Найтли в Хартфилд после их недавней размолвки.

Она надеялась, что теперь они могут вновь стать друзьями. Ей казалось, что им пора помириться. «Помириться», впрочем, было не то слово. Она, конечно, была права, а он, хоть и был не прав, никогда бы в том не признался. Об уступке другому, таким образом, речь не шла, но наступило время сделать вид, что оба позабыли о ссоре. Возобновлению дружбы, втайне надеялась Эмма, должно было благоприятствовать то обстоятельство, что, когда он вошел в комнату, при ней находилась одна из племянниц — младшая, симпатичнейшая девица восьми месяцев от роду, которая впервые пожаловала в Хартфилд и блаженствовала теперь, кружась по комнате на руках у тетки. Ее надежда сбылась, ибо, начавши с серьезных взглядов и сухих, отрывистых вопросов, он незаметно разговорился и отобрал у нее девочку с бесцеремонностью, свидетельствовавшей о полном дружелюбии. Эмма поняла, что они снова друзья; эта уверенность в первые минуты придала ей духу, а затем и бойкости, и, пока он любовался девочкой, она не удержалась от шпильки:

— Как утешительно, что мы с вами сходимся в суждениях о наших общих племянниках и племянницах! Когда речь идет о взрослых, наши взгляды порою совершенно различны, но в отношении этих детей, я замечаю, между нами всегда царит согласие.

— Ежели бы в оценке взрослых вы более руководствовались природою и были столь же свободны в отношениях с ними от власти прихоти и каприза, как в поведении с детьми, то наши мнения сходились бы постоянно.

— Ну, разумеется, все разногласия происходят от того, что я не права.

— Да, — отвечал он с улыбкой, — и по вполне понятной причине. Когда вы появились на свет, мне уже шел семнадцатый год.

— Существенная разница для того времени, — возразила она, — в ту пору нашей жизни вы, бесспорно, могли судить обо всем гораздо лучше меня — но разве за двадцать один год, прошедший с тех пор, мы не изрядно приблизились друг к другу в способности судить и понимать?

— Да, изрядно.

— Но все же не настолько, чтобы я вдруг оказалась правой, ежели мы думаем розно?

— Я все-таки старше на шестнадцать лет и, значит, опытней, а еще имею то преимущество, что я не хорошенькая девица и не балованное дитя. Полноте, милая Эмма, оставимте это и будемте друзьями. А ты, маленькая

Эмма, скажи своей тетушке, чтобы не подавала тебе дурной пример, вороша старые обиды, и пусть знает, что, если даже она не совершила ошибку прежде, то совершает ее теперь.

— Вот это верно сказано, — воскликнула Эмма, — очень верно! Будь лучше тетки, когда вырастешь, маленькая Эмма. Постарайся стать в тысячу раз умнее ее и мнить о себе в тысячу раз меньше. А теперь, мистер Найтли, еще два слова, и кончено. В части добрых намерений мы были оба правы, и, нужно сказать, живых доказательств того, что я не права, как не было, так и нет. Я только хочу услышать, что мистер Мартин не очень... не слишком сильно горюет.

— Сильнее невозможно, — был краткий и прямой ответ.

— Вот как?.. Право, очень жаль... Ну что ж, теперь пожмемте друг другу руку.

Едва лишь рукопожатие, и притом самое сердечное, состоялось, как появился Джон Найтли и последовали скупые, в истинно английском духе: «Здравствуй, Джордж» и «Джон, как поживаешь», скрывающие под видимой невозмутимостью, едва ли не равнодушием, глубокую привязанность, которая в случае надобности побудила бы каждого из них сделать ради другого все на свете.

Вечер прошел за мирною беседой; мистер Вудхаус на сей раз изменил картам, дабы спокойно и всласть наговориться с душенькой Изабеллой, и маленькое общество само собою разделилось на две части: с одной стороны отец и дочь, с другой братья Найтли; каждая со своим предметом разговора, который лишь изредка становился общим, — а Эмма время от времени вставляла слово то там, то тут.

Братья толковали о своих делах и заботах, причем главным образом тех, которые имели касательство до старшего, гораздо более общительного по природе и большого любителя поговорить. Как мировой судья, он пользовался всякой возможностью обсудить с Джоном ту или иную тонкость закона или хотя бы поделиться с ним любопытным случаем из своей практики; как хозяин, которому приходилось заправлять фермою при фамильном имении, пользовался всякой возможностью рассказать о том, что уродит в будущем году каждое поле, и сообщить все домашние новости, зная, что они не могут не быть интересны его брату, который большую часть жизни провел, как и он, под Донуэллским кровом и имел обыкновение хранить верность своим привязанностям. План водосточной канавы, новый забор, поваленное дерево который акр земли отвести под пшеницу, а который под брюкву или яровые хлеба — во все это Джон, сколько позволяла ему его более сдержанная натура, вникал с не меньшим интересом, чем сам рассказчик, а ежели словоохотливый брат его что-нибудь оставлял недосказанным, то расспрашивал его чуть ли не с жадностью.

Покуда они заняты были разговором, счастливый мистер Вудхаус изливал душу перед дочерью в потоках приятных сожалений и нежных опасений.

— Изабелла, бедняжечка моя, — говорил он, любовно беря ее за руку и отрывая на несколько минут от усердных трудов над одежкой для кого-то из пятерых ее детей. — Как давно, как ужасающе давно тебя здесь не было! И как ты, должно быть, утомилась в дороге! Тебе надобно пораньше лечь спать, душа моя, — а перед тем я рекомендовал бы тебе съесть овсяной кашки... Мы оба с тобой съедим по мисочке. Эмма, душенька, пускай нам всем принесут овсянки, ты согласна?

Эмма была решительно не согласна, прекрасно зная, что оба мистера Найтли незыблемы в своем отвращении к пресловутому лакомству, как и она сама, — и, соответственно, велела подать только две мисочки. Распространясь еще немного в похвалах овсянке и выразив недоумение по поводу того, что почему-то не все едят ее каждый вечер, он с важным и глубокомысленным видом произнес:

— Как это нескладно получилось, душа моя, что ты не сюда поехала осенью, а в Саут-Энд*. Я был всегда невысокого мнения о морском воздухе.

— Нам это настоятельно советовал мистер Уингфилд, сэр, — иначе мы бы не поехали. И воздух, и морские купанья, — он очень их рекомендовал для всех детей, а в особенности для Беллы, у которой часто болит горло.

— Хм! А вот Перри, душенька, совсем не уверен, что ей полезно море. Я уж не говорю о себе, я давно убежден — хотя, быть может, до сих пор не имел случая сказать это тебе, — что от моря очень редко бывает польза. Меня, признаться, оно однажды чуть не погубило.

— Ну будет, будет! — вскричала Эмма, чувствуя, что разговор принимает нежелательное направление. — Сделайте милость, не говорите о море. Меня от этого берет тоска и зависть — ведь я никогда его не видела! Объявляю Саут-Энд запретною темой. Изабелла, милая, что ты не спросишь, как поживает мистер Перри? Он никогда не забывает осведомиться о тебе.

---

* Саут-Энд — морской курорт в графстве Эссекс, в 36 милях от Лондона.

— Ах! Славный мистер Перри, — как у него дела, сэр?

— Недурно, очень недурно, только не все благополучно со здоровьем. Бедный Перри страдает разлитием желчи и не имеет времени заняться собой — он мне не раз говорил, что ему недосуг собой заняться, — и это очень прискорбно, но что поделаешь, его у нас постоянно рвут на части. Я полагаю, ни один медик нигде не имеет столь обширной практики. Впрочем, такого знающего медика больше и нет нигде.

— А миссис Перри и дети, как они? Дети очень выросли? Я так люблю мистера Перри! Надеюсь, он скоро навестит нас. Ему приятно будет увидеть моих крошек.

— Я тоже надеюсь, что он придет завтра же, мне необходимо узнать у него кое-что важное насчет себя. Но когда бы он ни пришел, душа моя, пусть непременно посмотрит горлышко у Беллы.

— О, у нее с горлом теперь обстоит настолько лучше, сэр, что я почти не вижу причин тревожиться. То ли это морские купанья сослужили добрую службу, то ли подействовали превосходные припарки, которые мы, по совету мистера Уингфилда, ставили ей с августа месяца.

— Маловероятно, душенька, чтобы ей могли пойти на пользу купанья, — а ежели б я знал, что ты ищешь состав для припарок, то поговорил бы с...

— Тобою, кажется, совсем забыты миссис и мисс Бейтс, — сказала Эмма, — я не слышала, чтобы ты хоть раз о них справилась.

— Ах, да! Добрые Бейтсы — мне так стыдно, — но, впрочем, ты упоминаешь о них почти в каждом письме. Надеюсь, у них все благополучно. Милая старенькая миссис Бейтс — я непременно проведаю ее завтра, и детей возьму с собой... Они всегда так радуются, глядя на моих деток... А эта превосходная мисс Бейтс! Вот истинно достойные люди!.. Как они поживают, сэр?

— В общем, неплохо, душенька. Правда, еще месяца не прошло с тех пор, как миссис Бейтс, бедняжка, болела простудой.

— Как мне жаль ее! Но больше всего простуда свирепствовала нынешней осенью. Мистер Уингфилд говорил, что никогда на его памяти не бывало так много случаев простуды и она не протекала столь тяжело — разве что когда это был уже настоящий грипп.

— У нас было то же самое, душа моя, хотя, быть может, в меньшей степени. Перри говорит, что случаев простуды было очень много, однако не столь тяжелых, какие часто бывают в ноябре. Перри считает, что зимняя погода не так уж вредна для здоровья!

— Не очень, мистер Уингфилд, по-моему, тоже так думает, хотя...

— Ах, бедное дитя мое, беда в том, что в Лондоне всегда нездоровая погода. В Лондоне все нездоровы, иначе и быть не может. Сущее несчастье, что ты вынуждена жить там!.. В такой дали!.. И дышать этим скверным воздухом!..

— Да нет же, сэр, — у нас не скверный воздух. Наша часть Лондона не в пример лучше остальных. Лондон вообще — это одно, а мы — совсем другое, как можно смешивать. На Бранзуик-сквер и поблизости все иначе. У нас столько воздуха! Если бы речь шла о другой части Лондона, то да, мне бы, признаться, там жить не хотелось — другой, которую я нашла бы подходящей для моих детей, больше нет — но у нас воздух замечательно чист! Мистер Уингфилд положительно считает, что в рассуждении воздуха Бранзуик-сквер и его окрестности чрезвычайно благотворны.

— Ах, душа моя, а все не то, что Хартфилд. Да, вероятно, вам могло быть и хуже — и однако, пробыв неделю в Хартфилде все вы преображаетесь, вас нельзя узнать. Вот и теперь, надо сказать, у всех у вас, по-моему, далеко не лучший вид.

— Вы находите, сэр? Очень жаль... но уверяю вас, что, не считая легких приступов нервического сердцебиения и головной боли, от которых я не могу до конца избавиться, где бы ни была, я совершенно здорова, а ежели дети были бледненькие, когда их уводили спать, так оттого лишь, что несколько более обычного утомились после долгой дороги и всех радостных волнений. Надеюсь, завтра их вид понравится вам больше, ибо, поверьте, мистер Уингфилд сказал мне, что никогда еще, пожалуй, не провожал нас из Лондона в лучшем состоянии. Надеюсь, вам хотя бы не кажется, что мистер Найтли тоже плохо выглядит, — обращая нежный, заботливый взгляд к своему супругу.

— Средне, душа моя, не могу тебя обрадовать. По-моему, у мистера Джона Найтли тоже далеко не лучший вид.

— Что такое, сэр? Вы это мне? — воскликнул, услышав свое имя, мистер Джон Найтли.

— К сожалению, ангел мой, батюшка находит, что у вас неважный вид, — надеюсь, это просто от усталости. И все-таки напрасно вы не показались перед отъездом мистеру Уингфилду, как я просила.

— Дорогая Изабелла, — вскричал он, — сделайте милость, не беспокойтесь о том, какой у меня вид! Лечитесь сами, лечите и нежьте детей, и хватит с вас — мне же предоставьте выглядеть так, как я считаю нужным.

— Я не совсем поняла, — поспешно вмешалась Эмма. — Вы сейчас говорили брату, что ваш друг, мистер Грэм, намерен выписать управляющего для своего нового имения из Шотландии. Но будет ли толк от этого? Не окажется ли застарелое предубеждение слишком сильным?

Она продолжала в том же духе так долго и так успешно, что когда вновь подошла к отцу и сестре, то услышала лишь безобидный вопрос доброй Изабеллы о Джейн Фэрфакс, — и, хотя Джейн Фэрфакс, вообще говоря, не пользовалась особым ее расположением, только рада была присоединить хвалебный голос к голосу сестры.

— Любезная, милая Джейн Фэрфакс! — говорила миссис Найтли. — Я не виделась с нею так давно, не считая случайных, мимолетных встреч в городе! Как счастливы должны быть славная старушка-бабушка и добродетельная тетка ее, когда она приезжает к ним! Мне всегда так обидно за милую Эмму, что Джейн Фэрфакс не может чаще бывать в Хайбери, а теперь, когда дочь полковника Кэмпбелла вышла замуж, полковник и его жена, верно, и вовсе не будут отпускать ее от себя. А она была бы такой прелестной подругой для Эммы.

Мистер Вудхаус, заметив, что совершенно с нею согласен, счел, однако же, нужным прибавить:

— С нами здесь, впрочем, водит дружбу столь же прелестная молодая особа, по имени Гарриет Смит. Тебе понравится Гарриет. Лучшей подруги для Эммы, чем Гарриет, и желать невозможно.

— Очень отрадно слышать это — но одна Джейн Фэрфакс, сколько я знаю, соединяет столь высокие достоинства, как блестящее образование и утонченное воспитание, — и как раз подходит к Эмме по возрасту.

Предмет этот в полном единодушии подвергнут был обсуждению, его сменили другие, столь же значительные — и с тою же приятностью канули в прошлое, однако прежде, чем вечер завершился, мирное течение его опять нарушилось легким всплеском. Явилась овсянка, а с нею и повод для новых разговоров — пространных восхвалений и отступлений, — категорических утверждений о благотворном ее воздействии на всякий организм и суровых филиппик по адресу тех, которым никогда не удается сварить ее мало-мальски сносно; к несчастью, в числе этих горемык самым свежим и оттого разительным примером, названным его дочерью, оказалась ее же собственная кухарка, молодая особа, нанятая на время их пребывания в Саут-Энде, которая упрямо отказывалась понять, что госпожа ее разумеет под доброю мисочкой овсянки, сваренной без комков, не круто, но и не слишком жидко. Сколько раз Изабелла ни заказывала ее, она так и не получила вожделенного результата. Это был неожиданный и опасный поворот.

— М-да, — молвил мистер Вудхаус, покачивая головою и устремляя на дочь глаза, полные отеческой тревоги. В ушах Эммы это восклицание звучало так: «М-да! Конца не видно плачевным последствиям твоей поездки в Саут-Энд. У меня нет слов». И несколько мгновений в ней теплилась надежда, что слов и в самом деле не будет и он, помолчав в задумчивости, вновь обретет способность смаковать свою, по всем правилам сваренную овсянку. Однако через несколько мгновений слова все-таки нашлись.

— Я никогда не перестану сожалеть, что ты поехала осенью к морю, а не сюда.

— Сожалеть, сэр? Но отчего же? Уверяю вас, детям это очень пошло на пользу.

— И скажу больше: ежели так уж необходимо ехать к морю, то, во всяком случае, не в Саут-Энд. Саут-Энд нездоровое место. Перри просто поразился, услышав, что ты выбрала Саут-Энд.

— Я знаю, сэр, у многих такое представление, но, поверьте, оно ошибочно... Все мы чувствовали себя там прекрасно, грязи перенесли без малейших осложнений, да и мистер Уингфилд говорит, что считать Саут-Энд нездоровым местом — заблуждение, а ему, несомненно, можно довериться, потому что кому и судить о свойствах морского воздуха, если не ему, тем более что и родной брат его неоднократно ездил туда со своим семейством.

— Если куда и ехать, душенька, то в Кромер. Перри однажды провел в Кромере неделю и полагает, что для морских купаний лучшего места не найти. Открытое море, простор, чистейший воздух. И жить, сколько я понял из его слов, можно на порядочном отдалении от моря — за четверть мили, — что тоже составляет изрядное удобство. Тебе следовало спросить совета у Перри.

— Да, сэр, но расстояние! Вы только подумайте, какая разница — ехать за сто с лишним миль вместо сорока.

— Знаешь, душенька, говоря словами Перри, когда речь идет о здоровье, все прочее не важно, и раз уж ты пускаешься в дорогу, то сорок миль тебе ехать или сто — это не главное... лучше вовсе не трогаться с места, лучше вообще остаться в Лондоне, нежели ехать за сорок миль туда, где воздух хуже. Перри так и сказал. На его взгляд, это был опрометчивый поступок.

Эмма несколько раз пыталась остановить отца, но тщетно, и не очень удивилась, когда при этом замечании ее зять не выдержал.

— Мистеру Перри, — сказал он голосом, в котором явственно слышалось недовольство, — лучше бы держать свое мнение при себе, когда его не спрашивают. С какой стати должен он поражаться моими поступками? Какое ему дело, везу ли я свою семью в тот приморский город или в этот? Надеюсь, я точно так же, как мистер Перри, имею право полагаться на собственное суждение. Я не нуждаюсь ни в его снадобьях, ни в его указаниях. — Он замолчал и, остыв немного, прибавил уже только с суховатым сарказмом: — Ежели мистер Перри укажет мне, каким образом перевезти жену и пятерых детей за сто тридцать миль с теми же затратами и тем же удобством, как за сорок, то я, как и он, охотно предпочту Саут-Энду Кромер.

— Что верно, то верно, — с готовностью подхватил, улучив момент, мистер Найтли, — ты совершенно прав. Это немаловажное соображение... Да, так вернемся, Джон, к моей мысли о том, что тропу на Лэнгам следует передвинуть, повести правее, чтобы она не шла через наши луга, — я не предвижу здесь затруднений. И никогда не задумал бы ничего подобного, если бы это могло повлечь за собою неудобства для жителей Хайбери, но когда ты представишь себе, где именно пролегает тропа в настоящее время... А впрочем, тут мало что докажешь без карты. Надеюсь, я завтра утром увижу тебя в аббатстве. Мы справимся с картами, и ты скажешь свое мнение.

Мистер Вудхаус был не на шутку взволнован столь резким выпадом против его друга Перри, которому он, признаться, сам того не замечая, во многом приписал собственные мысли и чувства; однако внимание и ласка дочерей мало-помалу успокоили его, а так как один брат был с этой минуты постоянно начеку, а другой лучше держал себя в руках, то подобные неприятности больше не повторялись.

Глава 13

Не было в мире существа счастливее миссис Найтли во время этого краткого пребывания в Хартфилде; с утра, взяв с собою пятерых детей, она отправлялась по старым знакомым, вечером же обсуждала с отцом и сестрою то, что делала утром. Ей одного лишь недоставало: чтобы дни чуть-чуть замедлили свой бег. Это было полное, но быстротечное блаженство.

Вечера они реже отдавали друзьям, чем утра; но все же один из вечеров, притом рождественский, им неизбежно предстояло провести вне дома. Миссис Уэстон слышать ничего не хотела: один раз они должны были отобедать в Рэндалсе, и даже мистер Вудхаус, желая поддержать компанию, склонялся к мысли, что это возможная вещь.

Как добраться туда всей компанией — вот вопрос, который он, будь на то его воля, возвел бы до непреодолимой трудности, но так как карета и лошади его зятя уже находились в Хартфилде, то вопрос остался вопросом, и только, притом довольно простым; более того, Эмма сравнительно быстро убедила его, что в одной из карет найдется, вероятно, место и для Гарриет.

Гарриет, мистер Элтон и мистер Найтли, как ближайшие друзья дома, званы были тоже, съехаться предполагалось рано и малым числом, руководствуясь превыше всего вкусами и привычками мистера Вудхауса.

Вечер накануне знаменательного события (а обедать в гостях двадцать четвертого декабря было для мистера Вудхауса событием весьма знаменательным) Гарриет провела в Хартфилде и пошла домой с такою сильной простудой, что, когда бы не ее настоятельное желание вверить себя попечениям миссис Годдард, Эмма ни за что не отпустила бы ее. Назавтра Эмма пошла ее проведать и обнаружила, что ей не суждено ехать в Рэндалс. У нее была лихорадка, сильно болело горло; встревоженная миссис Годдард не отходила от ее постели и подумывала о том, чтобы призвать к ней мистера Перри, а сама Гарриет была слишком больна и слаба, чтобы противиться приговору, что ей нельзя воспользоваться заманчивым приглашением, хотя и не могла говорить об этом без горьких слез.

Эмма посидела с ней сколько могла, ухаживая за нею, когда миссис Годдард по необходимости отлучалась; старалась ободрить ее, живописуя, как удручен будет мистер Элтон, когда узнает о ее болезни, — и наконец ушла, оставив ее утешаться приятным сознанием, что без нее званый обед будет ему не в радость, да и всем будет ее недоставать. Едва только отошла она на несколько шагов от двери миссис Годдард, как, явно направляясь к упомянутой двери, ей повстречался мистер Элтон собственной персоной, а когда они медленно шли вдвоем, беседуя о больной — мистер Элтон, прослышав, что ей худо, поспешил к миссис Годдард навести справки и потом явиться в Хартфилд с последними новостями — их нагнал мистер Джон Найтли, который возвращался из Донуэлла с двумя старшими сыновьями, чей румянец во всю щеку неоспоримо свидетельствовал о том, сколь полезно пробежаться по деревенскому свежему воздуху, и не оставлял сомнений, что с жареным барашком и рисовым пудингом, к которым они теперь поспешали, расправятся в два счета. Далее все двинулись вместе. Эмма в подробностях описывала состояние болящей: «...красное, воспаленное горло, вся пышет жаром, слабый и частый пульс и так далее — она узнала от миссис Годдард, что Гарриет, к сожалению, очень подвержена подобным ангинам и часто внушает ей серьезную тревогу...» — как вдруг мистер Элтон встрепенулся и с крайне обеспокоенным видом воскликнул:

— Ангина?.. Не заразная, надеюсь? Надеюсь, без гнойных пробок? Перри еще не смотрел ее? Вам следует и о себе позаботиться, не только о вашей подруге. Заклинаю вас не рисковать. Отчего к ней не позвали Перри?

Эмма, которая, правду сказать, нисколько не разделяла сих преувеличенных опасений, умерила их, сказав, что больная находится в опытных и заботливых руках, — но предпочла тем не менее не рассеивать их до конца, а напротив, слегка поддержать, дав им новую пищу, и вскоре — как бы переводя разговор на иную тему — прибавила:

— Какой сегодня холод! В такую стужу, того и гляди, пойдет снег... Будь нынешний обед в другом доме и обществе, я бы, право, постаралась никуда больше не выходить и отговорила бы батюшку, но так как он уже настроил себя ехать и, сколько можно судить, не слишком чувствителен к холоду, то я не хочу ему мешать, зная, тем более, каким это было бы огорчением для мистера и миссис Уэстон. А вот на вашем месте, мистер Элтон, я бы определенно сочла непогоду причиной не ехать. Вы, кажется, уже немного охрипли, а подумайте, как вам предстоит напрягать голос завтра и сколь утомителен будет для вас этот день. Простая осмотрительность требует, по-моему, чтобы сегодня вечером вы остались дома и полечились.

Мистер Элтон, казалось, не знал, что ответить. Так оно и было, ибо, с одной стороны, ему необыкновенно льстило внимание прекрасной дамы к его особе и не хотелось отклонять ее советы, а с другой, он нимало не расположен был отказываться от визита в Рэндалс; однако Эмма, слишком занятая и увлеченная своими предвзятыми взглядами и замыслами, уже не могла беспристрастно слышать его или ясно видеть — она удовлетворилась его невнятным подтверждением, что сегодня и правда «холодно, очень холодно», и пошла дальше, радуясь, что избавила его от надобности ехать в Рэндалс и дала взамен возможность целый вечер ежечасно осведомляться о здоровье Гарриет.

— Вы правильно поступаете, — сказала она. — Мы принесем за вас извинения мистеру и миссис Уэстон.

Но не успела она договорить, как услышала, что ее зять любезно предлагает мистеру Элтону воспользоваться его каретою, ежели одна погода служит ему препятствием, а мистер Элтон, не раздумывая, принимает его предложение. Все решилось в одну минуту; мистер Элтон ехал с ними, и никогда еще благообразное, полное лицо его не изображало такого удовольствия, никогда не сияло оно столь широкой улыбкой, а глаза не блестели таким торжеством, как в тот миг, когда он вслед за тем взглянул на нее.

«Хм, странно! — размышляла она. — Предпочесть ехать в гости, бросив больную Гарриет, когда я нашла для него превосходную отговорку!.. Очень странно!.. По-видимому, во многих мужчинах, особенно холостых, столь сильна тяга, даже страсть к званым обедам — обед в гостях занимает столь почетное место среди их развлечений, занятий, обыкновений, едва ли не обязанностей, что все прочее перед ним отступает, — так, должно быть, обстоит и с мистером Элтоном. Превосходный молодой человек, положительный, приятный, бесспорно, и очень пылко влюбленный в Гарриет — и, однако же, не в силах отказаться от приглашения на обед, должен во что бы то ни стало ехать куда ни позовут. Странная вещь любовь! Способен обнаружить у Гарриет быстрый ум, но не может ради нее разок отобедать в одиночестве».

Вскоре мистер Элтон отстал от них, и Эмма, отдавая ему справедливость, отметила, что имя Гарриет он произнес при расставании с большим чувством, уверив ее проникновенным голосом, что ранее, чем будет иметь удовольствие вновь с нею свидеться, непременно зайдет к миссис Годдард узнать, как чувствует себя ее прелестная подруга, и надеется принести добрые вести; его прощальные вздохи и улыбки опять расположили ее в его пользу.

Первые минуты прошли в полном молчании, затем Джон Найтли начал:

— В жизни не видывал человека, который так стремился бы произвести хорошее впечатление, как мистер Элтон. Старается прямо-таки в поте лица, особенно перед дамами. С мужчинами он держится просто и естественно, но когда надобно сделать приятное даме, все лицо его от усердия ходит ходуном.

— Манеры мистера Элтона не безупречны, — возразила Эмма. — Но тому, в ком есть желание сделать приятное, многое следует прощать и многое прощается.

Человека, который усердствует, располагая скромными средствами, я предпочту равнодушному совершенству. В мистере Элтоне столько предупредительности и доброжелательства, что их невозможно не ценить.

— Это верно, — не без лукавства произнес, помолчав, мистер Джон Найтли. — По отношению к вам в нем точно достает доброжелательства.

— Ко мне? — возразила она с изумленною улыбкой. — Не воображаете ли вы, что я имею честь быть его предметом?

— Да, Эмма, должен признаться, подобная мысль посещала меня, и если вы до сих пор о том не думали, то теперь рекомендую вам задуматься.

— Мистер Элтон влюблен в меня?.. Что за нелепость!

— Я этого не утверждаю, однако вам следовало бы хорошенько подумать, так это или нет, и вести себя соответственно. Я считаю, что вы своим поведением подаете ему надежды. Я говорю с вами как друг, Эмма. Оглядитесь вокруг и проверьте, насколько ваши поступки отвечают вашим намерениям.

— Благодарю, но, поверьте, вы ошибаетесь. Мы с мистером Элтоном добрые друзья, не более того. — И она пошла дальше, втайне посмеиваясь над недоразумениями, возникающими подчас, когда кому-то известны не все обстоятельства дела; над заблуждениями, в которые вечно впадают люди, чересчур уверенные в непогрешимости своих суждений, — и не слишком довольная зятем, который мог вообразить, что она слепа, бестолкова и нуждается в чужих советах.

Мистер Вудхаус столь твердо настроил себя на поездку в гости, что, хотя холод крепчал, мысль уклониться от нее, казалось, не приходила ему в голову, и точно в назначенный час он тронулся в путь в своей карете вместе со старшей дочерью, меньше других обращая внимание на погоду, сам дивясь тому, что отважился ехать, и предвкушая, как этому обрадуются в Рэндалсе, — слишком всем этим переполненный, чтобы заметить холод и слишком тепло укутанный, чтобы чувствовать его. А между тем холод завернул нешуточный; к тому времени, как тронулась вторая карета, в воздухе закружились редкие снежинки, а небо нахмурилось так грозно, что при малейшем потеплении обещало очень скоро выбелить всю окрестность.

Эмме сразу бросилось в глаза, что ее попутчик пребывает не в лучшем расположении духа. Приготовления и вылазка из дому в такую погоду, необходимость пожертвовать обществом детей в послеобеденное время были злом или, по крайней мере, неприятностью, которая не вызывала у мистера Джона Найтли ничего, кроме досады, и всю дорогу до дома викария он изливал свое недовольство:

— Сколь же высоким мнением о собственной персоне надобно обладать, чтобы вытащить людей из дому в эдакий денек и залучить к себе в гости. Должно быть, он считает себя неотразимым — я бы не мог так поступить. Величайшая нелепица... Вот уже и снег пошел!.. Что за глупость из чистой прихоти лишать людей удовольствия спокойно сидеть дома — и что за глупость со стороны этих людей лишать себя такого удовольствия ради чьей-то прихоти! Ежели бы нам в подобный вечер пришлось покинуть теплый кров по зову долга или дела, сколь тягостной сочли бы мы такую повинность, — а тут, изволите ли видеть, влечемся куда-то по своей воле, одетые, пожалуй, легче обыкновенного, без мало-мальски серьезной причины, вопреки голосу естества, который повелевает нам, во имя верности нашим взглядам и чувствам, сидеть дома самим и не пускать наружу других — влечемся, изволите ли видеть, изнывать от скуки битых пять часов в чужом доме, где мы не скажем и не услышим ничего такого, что уже не было бы сказано вчера и не может быть вновь сказано завтра. Уезжаем в ненастную погоду, с тем чтобы, возможно, ехать назад по еще худшему ненастью! Четырех лошадей и четырех слуг гонят в дорогу, дабы пять праздных, дрожащих от стужи созданий могли сменить теплые комнаты на холодные, приятное общество — на менее приятное.

Эмма не находила в себе сил умильно поддакивать, к чему он, несомненно, был приучен; пролепетать что-либо равнозначное тому: «Вы совершенно правы, мой ангел», которое он, вероятно, слышал всегда от спутницы жизни, но ей достало твердости хотя бы удержаться от ответа. Соглашаться она не могла, ссориться не хотела; ее героических усилий хватило на то, чтобы промолчать. Она предоставила ему говорить, а сама, не размыкая губ, играла лорнеткой и плотнее куталась в накидку.

Подъехали к дому викария; карета развернулась, опустили подножку, и мистер Элтон, весь в черном, щеголеватый и улыбающийся, тотчас оказался подле них. Эмма с удовольствием предвкушала перемену в разговоре. Мистер Элтон был сама обаятельность, сама оживленность — он был, правду сказать, столь оживлен, произнося приличные случаю учтивости, что, вероятно, подумала Эмма, располагал иными сведениями о Гарриет, чем те, которые дошли до нее. Одеваясь к обеду, она послала справиться о больной, и ответ был: «Все то же — не лучше».

— Вести, которые я имею от миссис Годдарт, — сказала она, когда он сделал передышку, — не столь утешительны, как я надеялась... Мне ответили: «Не лучше».

Лицо его мгновенно вытянулось, голос исполнился чувствительности.

— Ах да! — отвечал он. — Сколь ни жаль, но... я как раз собирался сказать вам... когда я, возвращаясь переодеться, наведался по пути к миссис Годдарт, мне сообщили, что мисс Смит чувствует себя не лучше, ничуть не лучше, скорее даже хуже. Чрезвычайно опечален и встревожен — льстил себя надеждой, что, получив нынче утром известное нам целительное средство, она непременно поправится.

Эмма улыбнулась.

— В части нервов мой визит, возможно, доставил ей облегчение, — сказала она, — однако даже мне не по силам заговорить больное горло. Она в самом деле очень сильно простужена. Ее смотрел мистер Перри, как вы, очевидно, слышали.

— Да, у меня было впечатление... то есть, нет — не слышал...

— Ему хорошо знакомы ее ангины, и я надеюсь, завтрашнее утро принесет нам более добрые вести. Но все-таки за нее нельзя не тревожиться. Какая потеря для нашего сегодняшнего общества!

— Ужасающая!.. Да, именно так... Ее будет недоставать каждую минуту.

Ответ был надлежащий — вздох, которым он сопровождался, мог вызвать лишь одобрение; однако непродолжительность печали противоречила всем правилам.

Эмму неприятно поразило, что уже через полминуты он заговорил о другом, и прежнее радостное воодушевление слышалось в его голосе.

— Что за превосходная мысль, — говорил он, — пользоваться в карете овчинным пологом. Какое удобство создает подобная предусмотрительность — вовсе не чувствуется холод! Право же, современные приспособления довели карету благородного человека до совершенства. Путник огражден и защищен от капризов погоды столь надежно, что ни единое дуновение воздуха не проникает к нему без его воли. Погода просто теряет значение. Сегодня очень холодно, а мы сидим себе здесь и в ус не дуем... Ха! Смотрите, вот и снежок пошел.

— Да, — отозвался Джон Найтли, — и думаю, нас ждет обильный снегопад.

— На то и Рождество, — заметил мистер Элтон. — По времени и погода — и вы подумайте, как счастливо для нас сложилось, что снегопад не начался вчера и не помешал нашей сегодняшней поездке, — а очень мог бы, потому что мистер Вудхаус вряд ли решился бы ехать, если б накануне выпало много снегу, — ну, а нынче он нам не страшен. Теперь самое время для дружеских встреч. На Рождество всякий созывает к себе друзей, и мало кто задумывается о погоде, как бы она ни злилась. Однажды я из-за снегопада на неделю застрял в доме приятеля. Вспоминаю об этом с наслаждением. Приехал на один вечер и не мог выбраться обратно ровно семь суток.

Лицо мистера Джона Найтли изобразило неспособность постигнуть, в чем заключалось наслаждение, однако он ограничился сухим возражением:

— Не желал бы я из-за снегопада застрять на неделю в Рэндалсе.

В другое время Эмму позабавил бы этот разговор, но теперь все прочие чувства в ней заглушало недоумение. Мистер Элтон в радостном предвкушении званого обеда, казалось, и думать забыл о Гарриет.

— Нас ждет пылающий камин, уют и нега, — продолжал он. — Очаровательные люди мистер и миссис Уэстон. Миссис Уэстон поистине выше похвал, а он — воплощение всего, что мы ценим в ближнем, такой гостеприимный хозяин, любитель общества — на сей раз оно будет немногочисленно, однако, когда небольшое общество составляют избранные, ничто, пожалуй, не может быть приятнее. В столовой миссис Уэстон с удобством помещаются десять человек, не более, и, если вы спросите меня, я скажу, что предпочтительнее в подобном случае недосчитаться двух из этого числа, нежели двух к нему прибавить. Вы, думаю, поддержите меня, — оборотясь с умильным видом к Эмме, — в вашем согласии я, думается, могу быть уверен, хоть мистер Найтли, привыкший к многолюдным вечерам в столице, быть может, и не вполне разделяет наши взгляды.

— Я не имею никакого представлений, сэр, о многолюдных вечерах в столице — я никогда и ни к кому не езжу обедать.

— Вот как? — С изумлением и жалостью: — Не предполагал, что занятия юриспруденцией — столь рабский труд. Что ж, сэр, придет, должно быть, время, когда вам за все это воздастся, когда в жизни вашей будет меньше трудов и гораздо больше удовольствий.

— Для меня, — возразил Джон Найтли, когда карета въезжала в ворота, — первым удовольствием будет вновь подобру-поздорову очутиться в Хартфилде.

Глава 14

При входе в гостиную миссис Уэстон двум джентльменам потребовалось несколько изменить выражение лица: мистеру Элтону — придать спокойствие своим сияющим чертам, мистеру Джону Найтли — разгладить нахмуренное чело. Одна только Эмма могла оставаться такою, как ей подсказывала природа, и открыто предаваться своей радости. Она всегда радовалась случаю побыть с Уэстонами. Мистер Уэстон пользовался особенным ее расположением, и не было на свете человека, с которым она могла бы делиться всем столь откровенно, как с его женою, — говорить со столь твердым убеждением, что ее выслушают и поймут с полуслова, с интересом входя в подробности домашних дел, как приятных, так и затруднительных; в подробности будничных событий и недоразумений, относящихся к ней и ее батюшке. Все, что имело касательство до Хартфилда, находило живейший отклик в душе миссис Уэстон, и не было для них обеих большей отрады, чем посидеть полчасика вдвоем, толкуя о тех незначащих предметах, из коих ежедневно слагается счастье домашней жизни.

Не всякий день в гостях друг у друга дарил им это удовольствие, и уж подавно не обещали его те полчаса, которые оставались теперь до обеда, однако само присутствие миссис Уэстон, ее улыбка, прикосновение, голос были приятны Эмме, и она решила поменьше размышлять о странностях мистера Элтона и больше радоваться тому, что способно доставить радость.

Незадачу с простудою Гарриет обстоятельно обсудили еще до ее приезда. Мистер Вудхаус, благополучно водворенный в кресла, успел поведать эту историю, а заодно, и со всевозможной обстоятельностью, историю своего с Изабеллой путешествия сюда и долженствующего быть приезда Эммы им вослед, изъявил свое удовлетворение возможностью для Джеймса свидеться с дочерью — и как раз договаривал последние слова, когда явились остальные и миссис Уэстон, принужденная до той минуты всецело заниматься им одним, могла подняться навстречу своей любимице.

Положа себе на время выкинуть из головы мистера Элтона, Эмма, когда все общество расселось по местам, не без досады обнаружила, что он расположился подле нее. Как было ей не думать о его непонятной бесчувственности в отношении Гарриет, когда он мало того что поместился у ней под самым боком, но и непрестанно подставлял ей на обозрение свою сияющую физиономию, назойливо адресуясь к ней при всяком удобном случае! Он не только не давал ей забыть о нем, но всем поведением своим неизбежно внушал ей тайную мысль: «Неужели то, что вообразил мой брат, правда? Возможно ли, чтобы этот человек в самом деле начал переносить свои нежные чувства на меня, отвратясь от Гарриет?.. Нелепо, нестерпимо!» А между тем он изъявлял в своих речах столько заботы о том, довольно ли она согрелась, столько участия к отцу ее, столько восторгов, что очутился в обществе миссис Уэстон, и наконец принялся со столь великим жаром и малым разумением восхищаться ее картинами, что ужасно всем этим напоминал ретивого влюбленного, и Эмме стоило больших усилий держаться в ответ на все это в рамках, предписываемых хорошим воспитанием. Из уважения к себе она не могла отвечать грубостью; из уважения к интересам Гарриет — в надежде, что все еще образуется, — вела себя, более того, с отменной учтивостью, но это давалось ей нелегко, тем более что у других в самый разгар трескотни мистера Элтона завязался разговор, который ей в особенности любопытно было бы послушать. По тому, что все-таки долетало до нее, она поняла, что мистер Уэстон рассказывает им о сыне; слова «мой сын», «Фрэнк», и снова «сын мой» несколько раз достигали ее слуха, а по другим обрывкам слов можно было догадаться, что он извещает их о скором приезде сына, однако она еще не успела унять мистера Элтона, когда разговор неотвратимо покатился дальше и возвращать его вспять наводящим вопросом было бы неловко.

Здесь нелишне заметить, что, вопреки намерению Эммы никогда не выходить замуж, было в имени, в образе мистера Фрэнка Черчилла нечто неизменно для нее притягательное. Часто — и особенно часто с тех пор, как его отец женился на мисс Тейлор, — ей приходило на ум, что ежели все же ей привелось бы выйти замуж, то по годам, по званию, по состоянию никто не подошел бы ей более его. Казалось, самые узы между их семьями с определенностью указывали, что он назначен для нее. Нельзя было не предположить, что всякому, который знает их, сама собою напрашивается мысль об их союзе. В том, что ее лелеют мистер и миссис Уэстон, она не сомневалась ни минуты, и, хотя не собиралась, сколько бы он или кто-нибудь еще ни склонял ее к тому, отказываться от нынешнего своего положения, ибо не верила, что другое может сулить ей столь же изобильные блага, в ней велико было желание увидеть его, воочию убедиться в его достоинствах, самой произвести хорошее впечатление, а сознание, что друзья мысленно соединяют их имена, не лишено было для нее приятности.

При таковом умонаправлении Эммы галантности мистера Элтона пришлись отчаянно не ко времени; ей оставалось лишь то утешение, что хотя вся она внутри кипит от злости, но вид сохраняет самый вежливый — а прямодушный мистер Уэстон наверняка не утерпит и до скончания вечера еще раз огласит свою новость, хотя бы в общих чертах. Так и случилось — ибо, когда обед принес ей счастливое избавление от мистера Элтона и она оказалась за столом рядом с мистером Уэстоном, он воспользовался первою же передышкой от своих обязанностей хозяина, первою же минутой после того, как нарезал седло барашка, чтобы сообщить ей:

— Нам здесь недостает лишь двоих для ровного счета. Сюда бы еще вашу хорошенькую приятельницу, мисс Смит, и моего сына — и тогда я сказал бы, что все в сборе. Вы, ежели не ошибаюсь, не слышали, как я говорил в гостиной, что мы ждем Фрэнка? Я нынче утром получил от него письмо — он будет через две недели.

Эмма с подобающей долей сдержанности отвечала, что ей очень приятно слышать это, и от души подтвердила, что мистер Франк Черчилл и мисс Смит как нельзя удачнее дополнили бы собою их кружок.

— Он собирается приехать еще с сентября месяца, — продолжал мистер Уэстон, — только о том и пишет в каждом письме, но он не свободен распоряжаться своим временем. Ему приходится угождать другим, а этим другим, между нами говоря, зачастую нельзя угодить иначе, как довольно многим жертвуя. Но на сей раз у меня нет сомнений, и ко второй неделе января мы все-таки увидим его здесь.

— То-то будет вам радость! Вероятно, и миссис Уэстон рада не меньше вас, ведь ей так не терпится познакомиться с ним.

— Была бы рада, когда б не полагала, что все кончится новой отсрочкой. В ней нет такой уверенности, как во мне, что он приедет, — однако ей хуже моего известна подоплека этого дела и участвующие в нем лица. А суть, видите ли, в том, — но это уже сугубо между нами, об этом я там в гостиной даже не заикался, в каждом семействе, знаете, есть свои тайны, — так вот, суть и том, что на январь в Энскум приглашены гости, и Фрэнк может приехать лишь в том случае, ежели этих гостей отменят. Иначе ему нельзя тронуться с места. Ну, а мне доподлинно известно, что их отменят, так как именно этих знакомых терпеть не может некая особа, пользующаяся в Энскуме достаточным влиянием, и хотя раз в два-три года их почитают нужным приглашать, но всякий раз, когда доходит до дела, отменяют. Я твердо знаю наперед, чем это кончится. Голову даю на отсечение, что до середины января Фрэнк будет здесь, но добрая наперсница ваша, — указывая кивком головы на другой конец стола, — столь чужда всяческой блажи сама и не приучена была встречаться с нею в Хартфилде, что не может принимать в расчет ее последствия, как это издавна привык делать я.

— Мне жаль, если в этом деле нет полной определенности, — возразила Эмма, — однако я склонна принять вашу сторону, мистер Уэстон. Раз вы считаете, что он приедет, значит, и я буду так считать, ибо вам лучше судить, каковы порядки в Энскуме.

— Да, — полагаю, что я отчасти вправе составить себе таковое суждение, хотя ни разу в жизни там не был. Эта дама горазда на причуды!.. И все же из-за ее отношения к Фрэнку я не позволяю себе дурно о ней отзываться — по-моему, она искренне его любит. Одно время я думал, что никого, кроме себя, она любить не способна, но к нему она всегда была добра — на свой лад, то есть не без причуд, и прихотей, и желания во всем непременно поставить на своем. И ему делает, на мой взгляд, немалую честь то, что он умел возбудить в ней подобное чувство, ибо — пусть я никому больше об этом не обмолвлюсь — все прочие находят в ней каменное сердце и дьявольский норов.

Эмме предмет сей был столь любезен, что, едва только дамы перешли в гостиную, как она завела о нем речь с миссис Уэстон, поздравив ее — однако заметив при этом, что первой встречи, она знает, мы всегда ожидаем с тревогой. Миссис Уэстон согласилась, но, впрочем, прибавила, что предпочла бы знать поточнее, когда именно ей предстоит испытать волнения первой встречи, «потому что я не слишком полагаюсь на то, что он приедет. Я не столь радужно смотрю на вещи, как мистер Уэстон. Боюсь, как бы все это не кончилось ничем. Мистер Уэстон сообщил вам, вероятно, как обстоят дела».

— Да, — все зависит, кажется, единственно от капризов миссис Черчилл, а они, сколько я понимаю, отличаются редкостным постоянством.

— Эмма, дитя мое! — возразила, улыбаясь, миссис Уэстон. — Как связать постоянство с переменчивостью? — И, отнесясь к Изабелле, которая до сих пор не следила за их разговором: — Знайте, дорогая миссис Найтли, что, на мой взгляд, у нас вовсе нет оснований для той уверенности, что мистер Фрэнк Черчилл посетит нас, какую питает его отец. Это целиком зависит от воли и благорасположения его тетушки или, попросту говоря, от ее настроения. Вам — дочерям моим — я не побоюсь сказать всю правду. Миссис Черчилл единовластно царствует в Энскуме и куда как своенравна — приедет он или нет, зависит от того, пожелает ли она его отпустить.

— Ох уж эта миссис Черчилл, кто же ее не знает, — отозвалась Изабелла, — бедный юноша, не могу о нем подумать без сострадания. Что за пытка, должно быть, жить под одною крышей с человеком, у которого такой скверный нрав. Нам, к счастью, не дано было это изведать, но каждому и без того понятно, это не жизнь, а сущее наказанье. Хорошо еще, что у нее нет и не было своих детей! Как она мучила бы их, бедняжек!

Эмме жаль было, что им с миссис Уэстон нельзя остаться вдвоем. Тогда она узнала бы больше — при ней одной миссис Уэстон говорила бы с откровенностью, на которую не отваживалась в присутствии Изабеллы, и, полагала она, вряд ли старалась бы скрыть что-либо, относящееся до Черчиллов, помимо суждений о молодом Черчилле, подсказанных ей собственным чутьем и воображением. Покамест, однако, прибавить к сказанному было нечего. Вослед им вскоре перешел в гостиную и мистер Вудхаус. Надолго засиживаться в мужском обществе после обеда казалось ему нестерпимою повинностью. Ни вино, ни беседа не имели цены в его глазах, и он рад-радешенек был перебраться поближе к тем, с которыми всегда чувствовал себя легко и свободно.

Тут-то, покуда он ворковал с Изабеллой, Эмма и воспользовалась удобною минутой.

— Итак, у вас, значит, нет твердой уверенности, что сын ваш приедет. Жаль. В первом знакомстве мало приятного, когда бы оно ни совершилось, и чем скорей оно произойдет, тем лучше.

— Да, — и с каждою отсрочкой невольно нарастает предчувствие новых отсрочек. Боюсь, если даже визит этих знакомых, Брейсуэйтов, отменят, все равно отыщется какой-нибудь предлог обмануть наши ожидания. О нежелании с его стороны я не могу и мысли допустить, зато убеждена в великом желании Черчиллов держать его при себе. Они его ревнуют. Даже его уважение к отцу внушает им ревность. Короче говоря, у меня нет большой надежды, что он приедет, и лучше бы мистер Уэстон не ликовал раньше времени.

— Он обязан приехать, — сказала Эмма. — Пускай хоть на два дня — обязан, и как-то трудно себе представить, чтобы взрослый молодой человек не властен был распоряжаться собою даже в столь скромной мере. Я понимаю, молоденькую женщину, попади она в дурные руки, немудрено мелочным тиранством удерживать вдали от тех, с которыми ей хочется быть, но чтобы молодого мужчину держали в такой узде, что ему нельзя, при желании, на недельку наведаться к родному отцу, — это невероятно.

— Надобно сперва побывать в Энскуме да разобраться, каковы там порядки, а уж после решать, что ему можно, а что нельзя, — возразила миссис Уэстон. — Вероятно, подобную осторожность следует соблюдать всякий раз, когда мы беремся судить о поведении отдельного лица или же семейства, и уж тем более нельзя исходить из общих правил, составляя суждение об Энскуме, — там все подчиняется ей, а для нее законы не писаны.

— Да ведь она обожает племянника, души в нем не чает. Сколько я себе представляю, для особы вроде миссис Черчилл естественно было бы, ничем не поступаясь ради мужа, которому она обязана всем на свете — помыкая им, как ей взбредет на ум, сплошь да рядом, — идти в то же время на поводу у племянника, которому она не обязана решительно ничем.

— Голубчик Эмма, вам ли с вашим добрым нравом разгадывать чей-то вздорный иль устанавливать для него правила — пусть его следует своим правилам. Не сомневаюсь, что к голосу племянника прислушиваются подчас с большим вниманием, но очень может быть, что ему невозможно знать наперед, когда выдастся такой час.

Эмма выслушала и заметила холодно:

— Все равно, что ни говорите, а он должен приехать.

— Он может иметь огромное влияние в одних вопросах и ничтожное — в других, а вопрос, ехать ли ему к нам, скорей всего, относится как раз к числу тех, в которых миссис Черчилл недоступна его влиянию.

Глава 15

Вскоре мистер Вудхаус уже готов был пить чай, а откушав чаю, был совершенно готов ехать домой, и три его собеседницы наперебой старались отвлечь его внимание от часовой стрелки, покуда к ним не присоединятся остальные мужчины. Мистер Уэстон, человек словоохотливый, общительный, был не охотник торопить минуту расставанья, но наконец к обществу в гостиной прибыло-таки пополнение. Одним из первых, и в наилучшем расположении духа, вошел мистер Элтон. Миссис Уэстон с Эммою сидели на софе. Он сразу направился к ним и, не дожидаясь приглашения, уселся между ними.

Эмма, также в приятном настроении, освежась увлекательными спекуляциями о видах на приезд мистера Фрэнка Черчилла, не прочь была сменить гнев на милость, предав забвению недавние его оплошности, и, когда он первым делом заговорил о Гарриет, она приготовилась слушать с самою приветливой улыбкой.

Он объявил, что до крайности озабочен состоянием ее приятельницы — ее милого, доброго, прелестного друга. Что слышно? Не поступило ли новых известий за то время, покуда они в Рэндалсе? Он очень беспокоится — он должен признаться, что природа ее недуга внушает ему серьезные опасения. И так далее, в том же похвальном ключе, не слишком прислушиваясь к тому, что ему говорят в ответ, но столь уместно встревоженный зловещими свойствами тяжелой ангины, что Эмма не судила его строго.

Но вот речи его приняли несколько странное направление; не столько из-за Гарриет, почудилось вдруг, боится он, как бы ангина не оказалась тяжелой, сколько из-за нее самой; не то ему страшно, что в горло Гарриет может проникнуть инфекция, а скорее то, что инфекция может передаться ей. Он с жаром уговаривал ее до поры до времени не входить больше в комнату больной — обещать ему, что она не станет подвергать себя такому риску, пока он не повидает мистера Перри и не узнает его мнение, и, как ни старалась Эмма обратить разговор в шутку и вернуть его в должное русло, преувеличенной заботе мистера Элтона о ее персоне не видно было конца. Она начинала терять терпение. Похоже было — что греха таить, — он в самом деле тщился показать, будто влюблен в нее, а не в Гарриет; презренное, гнусное непостоянство, ежели так!.. Эмме стоило труда сохранять хладнокровие. Ища союзницы, он воззвал к миссис Уэстон: не окажет ли она ему поддержки? Не присоединит ли свой голос к его увещаниям, что мисс Вудхаус не следует бывать у миссис Годдард, покуда не подтвердится, что болезнь мисс Смит не заразительна? Мисс Вудхаус должна обещать это, иначе он не успокоится, — не употребит ли миссис Уэстон свое влияние в помощь ему?

— Столько заботы о других, — продолжал он, — и такое небрежение к себе! Желать, чтобы я нынче остался дома лечиться от простуды, а себя подвергать опасности заразиться гнилою ангиной! Где же справедливость, миссис Уэстон? Будьте нам судьею. Не вправе ли я попенять ей за это? Полагаюсь на любезную помощь вашу и поддержку.

Эмма видела, что миссис Уэстон удивлена — и весьма, должно быть, — обращением, в коем он каждым словом, всею манерою своей, присваивал право принимать в ней первостепенное участие; сама она, оскорбленная, возмущенная до глубины души, не находила слов для достойного ответа. Она лишь смерила его взглядом — но таким взглядом, который, думалось ей, должен привести его в чувство, — а затем, встав с софы, пересела к сестре и уж более не удостаивала его вниманием.

Узнать, как принял мистер Элтон этот безмолвный выговор, она не успела, ибо тотчас вслед за тем произошло новое событие: мистер Джон Найтли, выйдя проверить, какова погода, воротился и объявил во всеуслышание, что на дворе валит снег, все кругом занесло и сильно метет и, обращаясь к мистеру Вудхаусу, заключил:

— Куда как браво открываете вы зимний сезон, сэр! Для кучера и лошадей ваших будет внове прокладывать дорогу сквозь снежный буран.

Бедный мистер Вудхаус онемел, пораженный ужасом, зато все прочие дружно заговорили — одних это удивило, других не удивило; одни задавали вопросы, другие бодрились. Миссис Уэстон и Эмма изо всех сил старались успокоить мистера Вудхауса и отвлечь его внимание от зятя, который, с торжеством и изрядной бесчувственностью, продолжал:

— Я был в восхищении, сэр, — говорил он, — когда вы отважно пустились в путь по такой погоде, хотя не могли не видеть, что очень скоро пойдет снег. Всякому ясно было, что снега не миновать. Я восхищен вашею твердостью и не вижу причин сомневаться, что мы превосходно доедем до дому. Едва ли за часдругой дорогу окончательно завалит снегом, да и на то у нас две кареты — перевернет ветром одну в открытом поле, так неподалеку будет другая. Глядишь, к полуночи и доберемся до Хартфилда в полной сохранности.

Мистер Уэстон, тоже по-своему торжествуя, признался, что уже некоторое время знает про снегопад, но помалкивал из опасения, как бы мистер Вудхаус не всполошился и не заспешил домой. Но говорить, что такой снег помешает им доехать, можно разве что в шутку — увы, они могут ехать без всяких опасений. Он пожалел, что дорогу не завалило снегом — уж тогда-то он бы оставил гостей в Рэндалсе, — и изъявил простодушную уверенность, что всем им нашлось бы место, призвав жену подтвердить, что, слегка пораскинув умом, можно было бы всех их прекрасно устроить на ночь, от чего она несколько смешалась, зная, что в доме есть только две свободные комнаты.

— Что же делать, Эмма, душенька?.. Что делать?.. — только и способен был восклицать мистер Вудхаус в первые минуты. У нее искал он утешения, и, лишь когда она уверила его, что никакой опасности нет, напомнив, что у них отличные лошади, что Джеймс мастер своего дела, а вокруг так много друзей, — лишь тогда он немного ожил.

Не меньше его всполошилась и старшая дочь. Воображение рисовало ей страшную картину, как они застрянут в Рэндалсе, отрезанные от Хартфилда и от детей; убежденная, что ехать по такому снегу впору лишь людям отчаянным, но не в силах вынести промедления, она ратовала за то, чтобы отцу и Эмме остаться в Рэндалсе, а ей самой с мужем безотложно отправиться в дорогу, какие бы непроходимые сугробы ни намело за это время.

— Велите немедля закладывать, ангел мой, — сказала она, — думаю, еще есть кой-какая надежда пробраться, если выехать немедленно, — ну, а в крайнем случае, я вылезу и пойду пешком. Ничего страшного. Спокойно пройдусь пешочком, хотя бы и полдороги. Дома сразу же сменю обувь, только и всего, я от таких вещей не простужаюсь.

— Вот как! — возразил он. — Тогда, дорогая моя Изабелла, это не иначе как чудеса, потому что, вообще говоря, вы простужаетесь от всего на свете. Идти домой пешком!.. Мило вы обуты для такой прогулки, нечего сказать. Тут даже лошадям придется туго.

Изабелла, обратясь к миссис Уэстон, спросила, одобряет ли она ее план. Миссис Уэстон ничего не оставалось, как ответить утвердительно. Тогда Изабелла подошла к Эмме, но Эмма не спешила отказаться от надежды уехать всем вместе; они так и не порешили ни на чем, когда вернулся мистер Найтли, который вышел из комнаты, едва только брат его объявил о снегопаде, и сказал, что был на дворе и готов поручиться, что, когда бы им ни вздумалось выехать, сию минуту или через час, они доедут домой без малейшего труда. Он выходил за ворота — прошелся по дороге на Хайбери — снега выпало от силы на полдюйма, кое-где лишь слегка припорошило землю; сейчас еще падают редкие снежинки, однако тучи расходятся и по всему видно, что снег скоро кончится. Он заглянул и в кучерскую, и оба кучера согласились с ним, что опасаться нечего.

Изабелла приняла эту весть с превеликим облегчением, да и Эмма обрадовалась ей не меньше, из-за отца, который мгновенно успокоился, сколько позволяла ему его нервическая организация — то есть, иными словами, не мог после пережитых волнений быть совершенно покоен, покуда оставался в Рэндалсе. Он утвердился в мысли, что ехать теперь домой безопасно, но никакими силами нельзя было внушить ему ту мысль, что и остаться безопасно тоже, и между тем как другие занимались советами да уговорами, мистер Найтли с Эммою уладили дело, обменявшись короткими фразами:

— У вашего батюшки душа не на месте, отчего вы не едете?

— Остановка за другими, я готова.

— Тогда я позвоню?

— Извольте.

Сказано — сделано: он позвонил и велел подавать кареты. Пройдут считаные минуты, уповала Эмма, и ее беспокойных спутников доставят домой; одного — протрезвиться и остыть, а другого — опомниться и прийти в себя после всех бурь и треволнений этой поездки.

Кареты были поданы; хозяин дома и мистер Найтли бережно проводили к одной из них мистера Вудхауса, который всегда в подобных случаях был предметом первой заботы; но как ни пытались оба они обнадежить его, все же, при виде снега на земле и темных туч на небе, в нем снова ожила тревога. Их ждет, он боится, тяжелая дорога. Изабелле, бедняжке, придется трудно. И каково-то будет Эмме, бедняжке, ехать позади. Что бы такое придумать, он не знает. Им следует по возможности держаться всем вместе — и призван был Джеймс, и получил наставление ехать потихоньку и не отрываться от второй кареты.

Вслед за отцом в карету села Изабелла, а вслед за нею, забыв о том, что его место не здесь, очень естественно туда же сел и ее муж; таким образом, когда мистер Элтон подвел ко второй карете Эмму и сам уселся рядом, то дверцу, как и положено, захлопнули и обнаружилось, что им предстоит ехать tête-à-tête. В обычное время это не смутило бы ее ни на минуту, скорей доставило бы удовольствие: его можно было бы вызвать на разговор о Гарриет, и путь в три четверти мили сократился бы втрое. Но теперь, после его подозрительного поведения, она бы предпочла этого избежать. Вероятно, когда мистер Уэстон потчевал мужчин добрым вином, он хлебнул лишнего и настроен был болтать чепуху.

Решив по мере сил удерживать его в границах холодною учтивостью, она приготовилась сразу, с тонко рассчитанным спокойствием и важностью, повести речь о погоде, о позднем времени, однако не успела начать, не успели они выехать за ворота и догнать первую карету, как ее перебили — схватили за руку, потребовали ее внимания, и мистер Элтон очертя голову уже объяснялся ей в любви: как не воспользоваться ему счастливым случаем, как не признаться в чувствах, которые, конечно же, давно не тайна, в надежде — в страхе — с обожанием — с готовностью погибнуть, ежели его отринут, но в то же время осмеливаясь думать, что его пылкая привязанность, его беспримерная любовь и пожирающая страсть не могла не возыметь действия, а короче — с самыми серьезными намерениями и твердою решимостью добиться исполнения их как можно скорее. Да, она не ошиблась. Без всякого стыда, без оправданий, без особых церемоний мистер Элтон, влюбленный в Гарриет, признавался, что влюблен в нее. Она порывалась остановить его — напрасно: он говорил без умолку, покуда не выложил все. Как ни сердита она была, но когда наконец заговорила, то мысль, что это минутное помрачение, помогла ей сдержаться. Это, видно, хмель ударил ему в голову, а значит, есть надежда, что через час он образумится. Соответственно, и отвечала она ему полусерьезно, полушутя, в манере, наиболее понятной, по ее представлениям, полупьяному человеку:

— Вы поражаете меня, мистер Элтон. Говорить такие вещи мне! Вы забываетесь — вы меня приняли за мою приятельницу — я с удовольствием передам все это от вашего имени мисс Смит, но меня, сделайте милость, вперед увольте от признаний.

Мисс Смит?.. Передаст мисс Смит?.. Как прикажет она это понимать? И он повторил ее слова с такою развязной самоуверенностью, таким хвастливым напускным изумлением, что она не могла не вспылить:

— Мистер Элтон, ваше поведение ни на что не похоже! Я могу объяснить его единственно тем, что вы теперь сами не свой, иначе не позволили бы себе говорить со мною, ни говорить о Гарриет в подобном тоне. Будьте добры, возьмите себя в руки, и ни слова более, тогда я постараюсь забыть об этом.

Однако мистер Элтон, оказывается, выпил вина лишь в меру, для поднятия духа, но вовсе не до помутнения рассудка. Он прекрасно знал, что говорит, и, с горячностью опровергнув ее подозрение как в высшей степени для него обидное, а также засвидетельствовав мимоходом свое уважение к мисс Смит как ее приятельнице — но, впрочем, отметив, что не понимает, при чем тут вообще мисс Смит, — вновь вернулся к любовной теме, с настойчивостью намекая, что ждет благоприятного ответа.

Чем сомнительнее становилось для Эммы его опьянение, тем определеннее — его непостоянство и наглость, и тем менее принуждала она себя к вежливости, отвечая ему:

— Мне более невозможно сомневаться. Вы все сказали слишком ясно. Мистер Элтон, у меня нет слов. Вы ошеломили меня. Как! После того поведения, которому я весь этот месяц была свидетельницей, тех знаков внимания к мисс Смит, кои привыкла наблюдать изо дня в день, — обращать ко мне такие речи?.. Какая невообразимая ветреность! Могла ли я предположить! Поверьте, сударь, мне отнюдь, отнюдь не лестно быть предметом такого рода излияний.

— Небеса милосердные! — вскричал мистер Элтон. — Да с чего вы взяли? Мисс Смит!.. Никогда в жизни у меня и мысли не было ни о какой мисс Смит — никогда не оказывал я ей знаков внимания иначе, как другу вашему, никогда не существовала она для меня иначе, как ваш друг. Ежели она вообразила себе иное, то, стало быть, приняла желаемое за действительное, и я о том весьма сожалею — чрезвычайно, — но помилуйте! Мисс Смит, вот новость!.. Ах, мисс Вудхаус! Кто может думать о мисс Смит, когда рядом мисс Вудхаус! Нет, клянусь честью, меня нельзя упрекнуть в ветрености. Я думал только о вас. Я утверждаю, что ни на миг другая не была предметом моего внимания. Что бы ни говорил я, что б ни делал в последние недели, все имело единою целью изъяснить вам мое обожание. Быть не может, чтобы вы вправду, в самом деле, имели сомнения на этот счет. Нет! — С нарочитою многозначительностью: — Я уверен, вы все видели и понимали.

Нельзя сказать, что испытала, услышав это, Эмма, которое из сонма неприятных чувств овладело ею с наибольшей силой. От потрясения она не вдруг нашлась что ответить, и воспламененный мистер Элтон, тотчас приняв минутное замешательство ее за добрый знак, вновь попытался схватить ее за руку и радостно воскликнул:

— Очаровательная мисс Вудхаус! Позвольте мне истолковать ваше красноречивое молчание. Оно означает, что вы давно поняли меня.

— Нет, сударь! — вскричала Эмма. — Оно не означает ничего подобного. Я вас не только не поняла, но до последней минуты имела совершенно превратное представление о ваших видах. О чувствах ваших ко мне скажу одно: очень жаль, что вы дали им волю, — я хотела этого меньше всего. Я с удовольствием наблюдала, как отличаете вы моего друга Гарриет — преследуете ее, да, преследуете, именно так это выглядело, — но когда бы хоть на минуту заподозрила, что не она вас привлекает в Хартфилд, то, несомненно, сочла бы, что вы напрасно рассудили за благо столь часто бывать у нас. Должна ли я понимать, что вы никогда не искали особенного расположения мисс Смит — никогда не думали о ней серьезно?

— Никогда, сударыня, — вскричал он, уязвленный теперь в свою очередь, — никогда, смею вас уверить. Мне думать серьезно о мисс Смит!.. Мисс Смит очень милая девица, и я душою был бы рад, ежели б она прилично устроила свою судьбу... не сомневаюсь, что найдутся мужчины, коих не смутит... ну, словом, каждому свое, но, говоря о себе, могу заметить, что, кажется, пока еще не впал в подобную крайность. Не настолько пока еще отчаялся найти равную себе, чтобы ухаживать за мисс Смит! Нет, сударыня, ради вас одной бывал я в Хартфилде и, встречая поощрение...

— Поощрение?.. От меня?.. Сударь, вы заблуждаетесь! Как вы могли это предположить! Я видела в вас поклонника моей приятельницы, и только. Лишь в этом качестве могли вы значить для меня больше, чем простой знакомый. Я бесконечно сожалею об этом недоразумении, но хорошо, что оно разъяснилось. Если бы вы и далее вели себя так же, то мисс Смит, возможно, пребывая, подобно мне, в неведении, что между вами существует великое и столь очевидное для вас неравенство, чего доброго, ложно истолковала бы ваши намерения. Ну, а теперь муки обманутых надежд достались лишь одному из нас и, полагаю, ненадолго. Я же пока не помышляю о замужестве.

Он не мог вымолвить ни слова от бешенства; ее решительный вид говорил, что мольбы были бы бесполезны; и в оскорбленном молчании, одинаково негодуя друг на друга, они ехали вдвоем еще несколько минут, осужденные, по милости мистера Вудхауса с его страхами, тащиться черепашьим шагом. Оба изнывали бы от неловкости, когда бы их не душил гнев, прямой и откровенный, не оставляющий места для конфузливых обиняков. Они и не заметили, как карета свернула на Пастырскую дорогу, как остановилась; неожиданно для себя они очутились у дверей его дома, и он, без единого звука, выскочил наружу... Эмма почла нужным пожелать ему доброй ночи. Он высокомерно, холодно, сквозь зубы, ответил, и она, в неописуемо раздраженном состоянии духа, проследовала в Хартфилд.

Там ее с восторгом встретил отец, который трепетал за нее, рисуя себе опасности одинокой поездки от Пастырской дороги — крутой поворот, о котором подумать жутко, — карета в чужих руках — добро бы, Джеймс — а то посторонний кучер... Там, казалось, только и не хватало ее приезда, чтобы все пошло на лад; мистер Джон Найтли, устыдясь того, что поддался дурному настроению, был сама доброта и предупредительность и так старался ублаготворить тестя, что — хоть, правда, не изъявлял особой готовности выкушать с ним за компанию мисочку овсянки — охотно соглашался признать несравненные ее достоинства; день завершался в мире и благополучии для всех в их маленьком кружке, кроме нее... Небывалое смятение царило в душе ее, и ей с большим усилием удалось вести себя как ни в чем не бывало и поддерживать разговор, покуда урочный час отхода ко сну не принес с собою желанную возможность поразмыслить обо всем наедине.

Глава 16

Волосы закручены были в папильотки, горничная отпущена, и Эмма уселась думать и терзаться... Прескверная вышла история! Рухнуло все, чего она добивалась! Сбылось все, чего хотела бы избежать!.. Какой удар для Гарриет! Вот что было хуже всего. Все в этой истории было так или иначе тяжело и унизительно, но в сравнении со злом, причиненным Гарриет, остальное выглядело несерьезным; она бы согласилась теперь еще сильнее страдать от сознания, что ошибалась и упорствовала в своем ослепленье, что позорно просчиталась, — лишь бы последствия ее оплошности не коснулись никого, кроме нее самой.

— Все бы не страшно, если бы я не навязала Гарриет нежных чувств к этому господину. Я бы вытерпела его наглые притязания, пускай бы он хоть удвоил их... Но бедная Гарриет!

Как могла она так обмануться!.. Он утверждал, будто никогда серьезно не думал о Гарриет — никогда! Она напрягала память, вглядываясь в прошлое, но там все смешалось. Ею овладела единая мысль, и под эту мысль подлаживала она все остальное. Впрочем, и он, должно быть, держался неопределенно, двусмысленно, неуверенно, иначе не ввел бы ее в подобное заблуждение.

Портрет!.. Как воодушевлен был он портретом! И шарада! И сотня других примет — как ясно, кажется, указывали они на Гарриет! Правда, в шараде упоминался «быстрый ум», но ведь и «томные глаза» — тоже, строго говоря, она не подходила ни к одной из них — какая-то путаница, безвкусная и бессмысленная. Подите-ка разберитесь в этой топорной белиберде!..

Конечно, она замечала, особенно в последнее время, что он с нею преувеличенно любезен, однако принимала это лишь за манеру держаться, но неумение взять верный тон, недостаток тонкости и вкуса, лишнее свидетельство того, что ему доводилось вращаться в не лучшем обществе, что при всей галантности его обращения ему порою недостает подлинной изысканности; но ни на минуту до сего дня не приходило ей в голову, что за всем этим кроется не просто благодарное уважение к ней как к другу Гарриет, а что-то иное.

Мистеру Джону Найтли обязана она была первым проблеском света на этот счет, первою мыслью о том, что это возможно. Спору нет, братьям нельзя было отказать в проницательности. Ей вспомнилось, что говорил ей однажды про мистера Элтона мистер Найтли, как остерегал ее, как настаивал, что никогда мистер Элтон не женится опрометчиво, — и ее бросило в краску при мысли о том, сколь же верно судил он о человеческих свойствах викария и как ему уступала в этом она. Как ни обидно, выходило, что мистер Элтон вовсе не тот, за которого она его принимала, а во многих отношениях — прямая противоположность: чванливый, заносчивый, тщеславный, с непомерными претензиями и полным пренебрежением к чувствам других.

Вопреки тому, что происходит в подобных случаях обычно, мистер Элтон своими поползновениями ухаживать за нею только уронил себя в ее глазах. Его признания и домогательства сослужили ему дурную службу. Она не придавала никакой цены его приверженности, а его притязания казались ей оскорбительны.

Он подыскивал себе хорошую партию и, дерзнув в непомерном самомнении обратить свои взоры к ней, прикинулся влюбленным, но она была покойна за него — обманутые надежды не причинили ему мук. Ни в речах его, ни в манере не было и следа истинного чувства. Вздохов да красивых слов ей досталось в изобилии, но ни одно выражение лица его, ни единая нотка в голосе не имели ничего общего с искреннею любовью. Не стоило утруждать себя сочувствием мистеру Элтону. Его лишь прельщала мысль обогатиться и возвыситься, и, коли заполучить мисс Вудхаус из Хартфилда, наследницу тридцатитысячного состояния, оказалось не так-то просто, значит, он в самом скором времени посягнет на двадцать или десять тысяч какой-нибудь мисс Икс.

Но что он посмел говорить, будто встречал поощрение, намекать, будто она знала о его намерениях и благосклонно принимала от него знаки внимания или (проще говоря) собиралась за него замуж!.. Что он посмел счесть себя равным ей по рождению и уму!.. Смотрел свысока на ее приятельницу, отлично понимая, кому где место ниже его, но — в слепоте к тому, что находилось выше, — не понимал, какая наглость со стороны такого, как он, навязываться к ней в воздыхатели!.. Вот что бесило ее.

Возможно, несправедливо было бы требовать от него ясного представления о том, сколь много он уступает ей в природной одаренности и духовном совершенстве. Этого он мог не сознавать как раз по неспособности подняться до нее, но он не мог не знать, насколько превосходит она его богатством и знатностью. Не мог не знать, что поколения сменились с тех пор, как Вудхаусы, младшая ветвь старинного рода, обосновались в Хартфилде, меж тем как Элтоны были никто. Конечно, Хартфилд как земельное владение занимал довольно скромное место, врезаясь малым клином в обширные земли, принадлежащие, вместе с остальною частью Хайбери, Донуэллскому аббатству; однако богатые доходы из других источников уравнивали Вудхаусов с владельцами аббатства во всем прочем, и они издавна пользовались почетом в здешних местах, куда мистер Элтон явился впервые каких-нибудь два года назад пробивать себе дорогу на собственный страх и риск, не имея иного родства, кроме как в торговой среде, иных причин быть на примете, кроме рода занятий да учтивых манер... Впрочем, он ведь воображал, будто она влюблена в него; на том, очевидно, и строил свои расчеты — и Эмма, побушевав по поводу видимого несоответствия между вкрадчивым обхождением и тщеславною головой, вынуждена была унять свое негодование и признать, положа руку на сердце, что сама обходилась с ним столь мягко и приветливо, столь внимательна была и любезна, что — раз об истинных ее побуждениях не догадывались — заурядный человек вроде мистера Элтона, не отличающийся тонкостью и наблюдательностью, определенно имел основания вообразить себя ее избранником. Если она могла превратно толковать его чувства, то вправе ли была изумляться тому, что он, ослепленный своекорыстием, неверно понимал ее?

Первую и главную ошибку совершила она сама. Неразумно, недопустимо принимать столь деятельное участие в устройстве судьбы двух посторонних людей. Это значит заходить слишком далеко, брать на себя слишком много, легко подходить к тому, в чем требуется серьезность, мудрить там, где требуется простота.

Эмму мучили стыд и совесть, и она дала себе слово, что больше такое не повторится.

«Это я своими разговорами пробудила у бедняжки Гарриет нежные чувства к этому господину, — размышляла она. — Когда б не я, она, возможно, и не подумала бы о нем, и, уж во всяком случае, не подумала бы с надеждой, если бы я не уверила ее, что он к ней неравнодушен, ибо ей в полной мере свойственны смирение и скромность, которые я приписывала ему. Ох, что бы мне, отговорив ее выходить за молодого Мартина, тем и удовольствоваться! Тут-то я не ошиблась. Тут поступила правильно, но на этом следовало остановиться и дальше полагаться на время и счастливый случай. Ввела ее в хорошее общество, предоставила возможность снискать внимание достойного человека, и незачем было покушаться на большее. Теперь же ей, бедненькой, какое-то время не знать покоя. Неважным я оказалась ей другом, и если даже она не очень огорчится, то, право, понятия не имею, кого бы еще можно было ей подобрать... Уильям Кокс, молодой стряпчий?.. Ах, нет, не выношу этого фертика...»

Эмма осеклась, покраснела, рассмеялась, поймав себя на том, что снова принялась за старое, и вернулась к более серьезным и удручающим раздумьям о том, что было, что будет и чего не миновать. Предстоящее ей тягостное объяснение с Гарриет, страдания, которые оно доставит несчастной, неловкость встреч в будущем, трудный вопрос о том, продолжать или прервать знакомство, необходимость подавлять отныне свои чувства, скрывать неприязнь, бояться огласки — в невеселых думах обо всем этом провела она еще некоторое время, покуда наконец не легла спать, так ни к чему и не придя, кроме убеждения, что своими руками натворила ужасных бед.

Жизнерадостное молодое существо вроде Эммы, ненадолго омрачась в ночные часы, непременно воспрянет духом с наступлением дня. Оно и само сродни веселому раннему утру и живо отзывается на приход своего двойника — ежели сон, пересилив горе, все-таки смежил ему очи, то поутру они откроются без прежней печали и с новою надеждой.

Эмма встала наутро с более утешительными мыслями, чем те, с которыми ложилась накануне, с большею готовностью видеть просветы в темной туче и уповать, что ее пронесет мимо.

Во-первых, очень утешало то, что мистер Элтон понастоящему не влюблен в нее и не такого он голубиного нрава, что грех его обидеть, во-вторых — что Гарриет не принадлежит к тем возвышенным натурам, коим свойственно чувствовать глубоко и сильно; и в-третьих — что никому, кроме трех действующих лиц, а главное, батюшке ее, нет нужды знать о случившемся и ни минуты волноваться по этому поводу.

От этих мыслей на душе становилось легче, и сделалось подавно легче, когда она увидела, что за ночь выпало много снега, а значит, у них троих есть на первое время уважительная причина держаться врозь.

С погодой ей посчастливилось: нельзя было идти в церковь, хотя стоял первый день Рождества. Мистер Вудхаус был бы чрезвычайно расстроен, задумай это его дочь сама; теперь же ей не грозила опасность внушить или выслушать неприятные и крайне нелестные предположения. Снег на земле да беспогодица с перепадами от заморозков до оттепели, которой хуже нет для моциона, когда с утра моросит вперемешку со снегом, а ввечеру подмораживает, позволят ей на почетных условиях провести в затворничестве не один день. Никаких сношений с Гарриет, кроме как на письме; ни церкви для нее самой в воскресный день, на том же основании, что и нынче; ни надобности придумывать объяснения тому, что к ним не показывается больше мистер Элтон.

В такую погоду всяк имел хороший резон сидеть дома, и, хоть она надеялась и верила, что мистер Элтон не станет скучать в одиночестве, ей очень приятно было видеть, что ее батюшке одиночество в собственном доме только по душе, что ему достает благоразумия не выходить наружу, — и слышать, как он говорит мистеру Найтли, которого никакое ненастье не могло надолго удержать вдали от них:

— Ах, мистер Найтли, не лучше бы вам взять пример с бедного мистера Элтона и отсидеться под своею крышей?

Эти уединенные дни протекали в замечательной безмятежности, лишь для нее нарушаемой тайным смятением души, ибо подобное домоседство как нельзя более отвечало вкусу ее зятя, с чувствами коего окружающим всегда надобно было очень считаться; притом же он столь основательно излил всю желчь свою в Рэндалсе, что в Хартфилде ему уже до конца не изменяло благодушие. Он со всеми держался мило, ни с кем ни разу не повздорил, ни о ком не сказал дурного слова. Однако, хотя и кстати пришлась для Эммы эта отсрочка, хотя и придавали ей бодрости надежды, но мысль, что близок час объяснения с Гарриет, все же зловеще тяготела над нею и не давала покоя.

Глава 17

Мистер Джон Найтли с супругой ненадолго задержались в Хартфилде. Погода вскоре начала разгуливаться, и те, которым необходимо было ехать, могли ехать; мистеру Вудхаусу, после очередной попытки уговорить дочь побыть у него еще вместе с детьми, не оставалось ничего другого, как проводить всех гостей в дорогу и вновь приняться оплакивать участь бедняжки Изабеллы, — каковая бедняжка Изабелла, живя среди тех, в которых души не чаяла, видя в них одни лишь достоинства и не замечая пороков, ежеминутно поглощенная нехитрыми насущными делами, являла пример полного счастья, назначенного женщине.

Они уехали, а к вечеру мистеру Вудхаусу принесли записку от мистера Элтона, многословную, вежливую, по всей форме составленную записку, в которой мистер Элтон, засвидетельствовав мистеру Вудхаусу для начала совершеннейшее свое почтение, уведомлял, что завтра утром намерен отправиться из Хайбери в Бат, где, уступая настоятельным просьбам своих знакомых, предполагает провести несколько недель и весьма сожалеет, что по разным причинам, связанным с погодою и делами, лишен возможности лично проститься с мистером Вудхаусом, коего себе полагает вечным должником за дружеские о нем попечения, — а буде мистер Вудхаус имеет поручить ему что-либо, то он почтет за счастье все исполнить.

Эмму приятно поразила эта новость. Уехать именно теперь — ничего лучшего мистер Элтон и придумать не мог. Она мысленно похвалила его, отметив, впрочем, что способ оповестить об этом, избранный им, не делает ему особой чести. Учтивость к отцу ее, столь подчеркнуто исключающая ее самое, яснее всяких слов выдавала затаенную обиду. Даже почтительные расшаркивания в начале не распространялись на нее... Имя ее не упоминалось вовсе, — и была во всем этом столь разительная перемена и столь не к месту была эта прощальная напыщенность в изъявлениях благодарности, что батюшка ее, подумалось ей в первую минуту, не мог не заподозрить неладное.

И однако же — не заподозрил. Мистер Вудхаус слишком захвачен был удивлением по поводу столь внезапной поездки и опасениями, что мистеру Элтону ни за что не доехать благополучно, — и не заметил в его манере выражаться ничего необычного. Сама же записка пришлась чрезвычайно кстати, ибо на весь остаток этого одинокого вечера дала им свежую пищу для размышлений и разговоров. Мистер Вудхаус высказывал свои страхи, а Эмма с удвоенным воодушевлением спешила, как всегда, уверить его в их необоснованности.

Теперь она решилась не держать более Гарриет в неведении. Она имела причины полагать, что Гарриет уже почти излечилась от простуды, и желала дать ей возможно больше сроку, чтобы справиться и с другим недугом прежде, чем воротится назад его виновник. Соответственно, она назавтра же отправилась к миссис Годдард, дабы поведать правду и тем подвергнуть себя заслуженной каре; и каре суровой... Ей предстояло разрушить надежды, которые она сама поддерживала с таким усердием, выступить в неприглядной роли разлучницы, признать, что все ее соображения об известном предмете за последние полтора месяца, все наблюдения, все выкладки и предсказания — грубейшая ошибка и просчет.

Признание заставило ее вновь пережить минуты мучительного стыда, и при виде слез Гарриет она подумала, что никогда уже не сможет жить в ладу с собою.

Гарриет приняла известие прекрасно — никого не обвиняла и обнаружила всем поведением своим такое простодушие, такую непритязательность, что показала себя своей приятельнице в самом выгодном свете.

Эмме в эти минуты ничто столь не казалось ценно, как простота и скромность, и выходило, что всеми привлекательными свойствами, которые должны красить нас в глазах других, обладает не она, а Гарриет. Гарриет считала, что не имеет никакого права роптать. Снискать внимание такого человека, как мистер Элтон, было бы для нее чересчур большою честью... Она решительно его недостойна — никто, кроме столь снисходительного и доброго друга, как мисс Вудхаус, не мог бы вообразить, будто она способна понравиться ему.

Она заливалась слезами; однако это бесхитростное проявление горя внушало Эмме куда больше уважения, нежели любые попытки сохранить достоинство, и она от всей души старалась выслушать, понять, утешить, искренне в тот миг убежденная, что из них двоих не она, а Гарриет — более возвышенное и совершенное создание, и что для нее самой много лучше и полезней было бы походить на Гарриет, а не полагаться на собственный ум и таланты.

Переделываться на образец невежественной простушки ей было, впрочем, поздновато, и все же она покинула дом миссис Годдард, еще более утвердясь в решимости быть вперед скромнее и смиреннее и до конца жизни держать в узде свое воображение. Отныне первою обязанностью ее, после забот о родителе, было печься о благе

Гарриет, доказывая ей свою привязанность лучшим способом, чем сватовство. Она пригласила Гарриет в Хартфилд, была неизменно добра с нею, стремясь занять и развлечь ее чтением и беседой и вытеснить мысли о мистере Элтоне из ее головы.

По-настоящему, знала она, на это требовалось время, но, хоть она вообще и не могла почитать себя достойным судьею в подобных делах, а тем паче искренне сочувствовать любви к такому человеку, как мистер Элтон, — ей казалось разумным предполагать, что, принимая во внимание возраст Гарриет и полное крушение ее надежд, возможно будет к приезду мистера Элтона привести ее в относительно уравновешенное состояние, что позволит им всем встречаться на правах простых знакомых, не опасаясь выдать или усугубить при этом чувства, владеющие ими.

Правда, Гарриет чистосердечно видела в мистере Элтоне верх совершенства, как внешнего, так и внутреннего, настойчиво повторяла, что равного ему нет на свете, — и, откровенно говоря, оказалась влюблена гораздо сильнее, чем полагала Эмма, но все же была надежда, что это не надолго, столь естественно и необходимо казалось ей подавлять такого рода склонность, раз ей не отвечают взаимностью.

Вряд ли Гарриет доставит большое удовольствие по-прежнему встречаться с мистером Элтоном и мечтать о нем, ежели он, воротясь, начнет выказывать ей полное и очевидное безразличие, а в том, что именно так он и сочтет нужным поступить, Эмма не сомневалась.

Худо было для каждого из них в отдельности и для всех вместе, что они были столь прочно, столь незыблемо привязаны к Хайбери. Ни один из трех не мог уехать либо избрать для себя иное общество. Обстоятельства вынуждали их встречаться и делать хорошую мину при плохой игре.

Для Гарриет дело осложнялось еще и атмосферою в пансионе миссис Годдард, где мистер Элтон был в глазах учительниц и старших воспитанниц кумиром; ей негде было, кроме как в Хартфилде, услышать, как о нем говорят с охлаждающей сдержанностью или нелестной прямотой. Где нанесли рану, там ее, по справедливости, и следовало врачевать — и Эмма дала себе зарок, что не успокоится, покуда не увидит подругу на пути к исцелению.

Глава 18

Мистер Фрэнк Черчилл не приехал. Приблизился назначенный срок, и, подтверждая опасения миссис Уэстон, от него пришло письмо с извинениями. В настоящее время ему, «к величайшей его досаде и сожалению», нельзя отлучиться из Энскума, «однако он не теряет надежды приехать в Рэндалс в недалеком будущем».

Миссис Уэстон опечалилась чрезвычайно — опечалилась, правду сказать, куда больше, чем ее муж, хотя, с присущей ей трезвостью, куда меньше его полагалась на то, что молодой мистер Черчилл в самом деле приедет: человек сангвинического склада, постоянно надеясь на лучшее, не всегда расплачивается соответственною мерой уныния, если надежды его не сбываются. С легкостью перепархивает он от неудачи в настоящем к новой надежде на будущее. На полчасика мистер Уэстон удивился и взгрустнул, но очень быстро начал смекать, что только лучше будет, ежели Фрэнк приедет через два-три месяца, — и время года лучше, и погода, да и пробыть у них он, без сомнения, сможет много дольше, чем если бы приехал теперь.

Рассудив подобным образом, он тотчас и утешился, между тем как миссис Уэстон, более тонко понимая суть вещей, предвидела в дальнейшем лишь повторение отсрочек и отговорок, болея душою за мужа, которого ждали новые огорчения, огорчалась вдвойне.

Эмму в ее теперешнем расположении духа не слишком занимало, пожалует ли к ним мистер Фрэнк Черчилл или нет, ей только жаль было, что ее друзей в Рэндалсе постигло разочарование. В эти дни знакомство с ним более не прельщало ее. Ей хотелось теперь побольше покоя и поменьше соблазнов; но так как, с другой стороны, благоразумие требовало не показывать виду и держаться как всегда, то она старалась обнаруживать надлежащий интерес к случившемуся и разделять с мистером и миссис Уэстон их огорчение, как подобает истинному другу.

Она первой объявила эту новость мистеру Найтли, поахав сколько нужно (пожалуй, даже больше, чем нужно, из усердия хорошо сыграть свою роль) над поведением Черчиллов, которые не пожелали его отпустить. Затем, с жаром, которого в действительности не ощущала, заговорила о том, сколь неоценимым прибавлением он мог бы сделаться их замкнутому обществу в Суррее, и как приятно было бы увидеть новое лицо, и каким праздником для всех от мала до велика в Хайбери стал бы его приезд. Высказав напоследок еще раз все, что думает о Черчиллах, она тут же вовлечена оказалась в спор с мистером Найтли и с веселым изумлением поймала себя на том, что сама себе противоречит, прибегая к тем же доводам, которыми пользовалась, противореча ей, миссис Уэстон.

— Черчиллы, может статься, и виноваты, — сказал с холодностью мистер Найтли, — и все-таки, при желании, он мог приехать.

— Не знаю, почему вы так говорите. Он-то рад бы приехать, это дядюшка с теткой его не пускают.

— Я не поверю, чтобы он не властен был приехать, ежели бы задался таковою целью. Без доказательств в подобные небылицы не верится.

— Какие странные речи! Что сделал мистер Фрэнк Черчилл, чтобы вы подозревали в нем столь противоестественные свойства?

— Напротив, вполне естественно предположить, что, живя у людей, которые постоянно служили ему в том примером, он научился ставить себя выше своих близких и ни с кем не считаться, а думать только о себе. Вполне естественно, к сожалению, когда молодой человек, воспитанный спесивыми, изнеженными роскошью эгоистами, сам вырастает спесивым, изнеженным роскошью эгоистом. Ежели бы Фрэнк Черчилл действительно хотел свидеться с отцом, то за время с сентября по январь он изыскал бы способ это сделать. Чтобы мужчине в его годы — сколько там ему, двадцать три, двадцать четыре? — непосильна была такая малость? Быть того не может.

— Легко вам рассуждать, вы всю жизнь сами себе хозяин. Нет, мистер Найтли, кому другому, но не вам судить о сложностях зависимого положения. Вы не знаете, каково это — применяться к чужому своенравию.

— Уму непостижимо, чтобы мужчина в двадцать три — двадцать четыре года был до такой степени лишен свободы решать и действовать. Добро бы еще ему не хватало денег, не хватало досуга. Но мы ведь знаем обратное — того и другого у него в таком избытке, что он рад транжирить их повсюду, куда съезжаются самые отъявленные бездельники в королевстве. Вечно только о том и слышишь, что он пропадает где-нибудь на водах. Да вот хоть бы недавно взять, — был в Уэймуте. Стало быть, может он отлучаться от Черчиллов?

— Да, может, — иногда.

— То есть тогда, когда считает нужным, когда это сулит ему удовольствие.

— Несправедливо судить о поступках человека, ежели нам не все досконально известно о его положении. Можно ли говорить, что трудно, а что легко для такого-то члена семьи, не зная, какова обстановка внутри этой семьи? Надобно сперва познакомиться с порядками в Энскуме да с нравом миссис Черчилл, а уже после заключать, велика ли у ее племянника свобода действий. Весьма вероятно, что в одних случаях он может поставить на своем, а в других — нет.

— Есть один случай, Эмма, когда всякий может поставить на своем, ежели захочет — не дипломатикой да изворотливостью, но решительностью и твердостью, — тот случай, когда речь идет о долге. Оказать отцу этот знак внимания — долг Фрэнка Черчилла. Судя по его посулам и посланиям, он это знает и мог бы выполнить его, когда бы в самом деле имел такое желание. Мужчина с подлинным чувством долга сразу сказал бы миссис Черчилл прямо и твердо: «Я всегда готов ради вашего удобства поступиться любым удовольствием, но сейчас обязан безотлагательно поехать навестить отца. Я знаю, он будет огорчен, ежели я теперь не окажу ему уважение таким образом. И потому я завтра же еду...» Если бы он сразу так ей и сказал, с решимостью, приличной для мужчины, то не услышал бы никаких возражений.

— Верно, — смеясь, отвечала Эмма, — но он, возможно, услышал бы их, воротясь назад. Чтобы молодой человек, полностью зависимый, позволил себе объясняться подобным языком!.. Никому, кроме вас, мистер Найтли, такое не пришло бы в голову. Вы просто понятия не имеете, как требуется вести себя в положении, прямо противоположном вашему. Мыслимое ли дело для мистера Фрэнка Черчилла объясняться в этаком тоне с дядюшкою и теткой, которые вырастили его и намерены обеспечить его будущее!.. Да еще, чего доброго, громко, во весь голос, и стоя посреди комнаты!.. Как вы могли вообразить, что для него допустимо такое поведение?

— Будьте уверены, Эмма, человек здравомыслящий не нашел бы здесь ничего для себя затруднительного. Он сознавал бы, что прав, а открытое заявление — конечно, человек благоразумный сделает его в надлежащей манере — принесло бы ему больше пользы, дало больше выгоды, больше возвысило бы его в мнении людей, от которых он зависит, нежели поведение, основанное на хитростях и увертках. К привязанности прибавилось бы уважение. Они почувствовали бы, что могут на него положиться, что племянник, верный сыновнему долгу, верен будет и долгу перед ними; ведь им понятно — точно так же, как ему, как понятно должно быть всему свету, — что нанести визит отцу — его обязанность, и, злоупотребляя своею властью, чтобы оттянуть этот визит, они же в душе презирают его за то, что он покоряется их прихотям. Достойный поступок внушает уважение каждому. Поставил бы он себе за правило действовать таким образом последовательно, постоянно, и эти мелкие душонки подчинились бы ему.

— Я в этом склонна сомневаться. Вы хотя и большой любитель обуздывать мелкие душонки, однако когда эти душонки принадлежат богатым и могущественным, им, наблюдаю я, свойственно бывает сильно раздуваться и они становятся столь же неуправляемы, как и великие души. Я вполне допускаю, что ежели б вас, мистер Найтли, вдруг взять, как вы есть, и перенести на место мистера Фрэнка Черчилла, то вы бы говорили и делали именно так, как теперь предлагаете ему, и очень возможно, что это произвело бы прекрасное действие. Возможно, Черчиллы не стали бы перечить вам ни единым словом, но ведь вас не связывала бы привычка повиноваться, усвоенная с детства, многолетний навык к почтительному послушанию. Ему, который связан ими, не так-то легко, быть может, прорваться сквозь эти путы к совершенной независимости, отметя прочь их притязания на дань признательности и почтения. Он, может быть, не хуже вашего сознает, как надлежало бы поступить, но, при нынешних обстоятельствах, менее вас способен доказать это на деле.

— Значит, хуже сознает, ежели не способен. Значит, менее убежден, раз не может сделать усилие.

— Но различие в положении, в привычках! Отчего вы не постараетесь понять, какие чувства должен испытывать любезный молодой человек, идя наперекор людям, которых с детских и отроческих лет приучен чтить всю жизнь?

— Ваш любезный молодой человек — очень слабодушный молодой человек, если первый раз столкнулся с необходимостью настоять на своем и поступить правильно, вопреки воле других. В его лета пора бы привыкнуть руководствоваться в своих поступках долгом, а не своекорыстием. Я могу понять страхи мальчика, но не мужчины. Возмужав, он должен был расправить плечи и стряхнуть с себя все мелкое и недостойное, что навязала ему власть Черчиллов. Ему следовало воспротивиться первой же их попытке заставить его выказать неуважение к отцу. Поведи он себя надлежащим образом с самого начала, то теперь не имел бы затруднений.

— Нам никогда не прийти к согласию на его счет, — вскричала Эмма, — да и неудивительно. Мне он вовсе не представляется слабодушным молодым человеком, я уверена, что это не так. Блажь и испорченность не укрылись бы от мистера Уэстона, хотя бы и в натуре родного сына, — вероятнее, что он от природы слишком уступчив, покладист, мягок, чтобы отвечать вашим понятиям о воплощении мужского совершенства. Я смею полагать, что он таков, и пусть это лишает его одних преимуществ, но зато дает другие.

— Да, верно, — то преимущество, что он не трогается с места, когда обязан был бы ехать, что проводит жизнь в пустых развлечениях и мнит себя изрядным ловкачом, когда находит тому оправдания. Всегда ведь можно сесть и составить цветистое письмо, полное лживых уверений, и убедить себя, что найден лучший в мире способ сохранить в доме покой, а в то же время и отца лишить оснований жаловаться. Мне отвратительны его письма.

— Вы одиноки в этом. Все остальные, кажется, ими довольны.

— Подозреваю, что миссис Уэстон недовольна. Да и возможно ли удовольствоваться ими женщине, столь трезво мыслящей и тонко чувствующей, оказавшейся на положении матери, и, однако же, не ослепленной материнскою любовью! Ради нее вдвойне обязан он оказать внимание Рэндалсу — и для нее вдвойне чувствительно должно быть невнимание. Будь она сама важной персоной, он бы, я думаю, не преминул явиться, хотя как раз в этом случае не имело бы значения, явится он или нет. Вы полагаете, что доброму другу вашему не приходят на ум подобного рода соображения? Что она не говорит себе часто все это? Нет, Эмма, ваш любезный молодой человек может быть любезен лишь в том смысле, как это понимают французы, но не англичане. Может быть tres aimable, иметь прекрасные манеры, производить приятное впечатление; но он не обладает тем бережным отношением к чувствам других, которое разумеет англичанин под истинною любезностью, — она не свойственна ему.

— Вы, кажется, определенно решили думать о нем дурно.

— Я? Нисколько, — отвечал мистер Найтли с неудовольствием. — Я не хочу думать о нем дурно и первый готов был бы признать его достоинства, да что-то про них не слышно, ежели не считать чисто внешних — что он высок ростом, хорош собою, непринужден и вкрадчив в обращении.

— Что ж, если ему и нечем более похвалиться, для Хайбери он все-таки станет неоценимым приобретением. Не столь уж часто видим мы приятных молодых людей с хорошими манерами и привлекательною наружностью. Грешно нам было бы привередничать и требовать от него в придачу всяческих добродетелей. Уже ли вы не понимаете, мистер Найтли, какой переполох учинит он своим приездом? Один предмет занимать будет собою умы в Донуэллском и Хайберийском приходах — будоражить воображение, дразнить любопытство! Мистер Фрэнк Черчилл, он один — о нем одном будем мы и говорить и думать.

— Прошу исключить меня из числа тех, для коих он столь неотразим. Я буду рад с ним познакомиться, когда увижу, что с ним есть о чем поговорить, но если это всего лишь паркетный пустозвон, то он не будет занимать собою ни времени моего, ни мыслей.

— Сколько я себе представляю, он умеет подлаживаться к вкусу любого собеседника, имеет способность и желание быть приятным всем и каждому. С вами он станет толковать о сельских делах, со мною — о рисовании иль музыке, и так, соответственно, с каждым, располагая теми общими сведениями о самых разных предметах, которые позволяют следовать за ходом мысли другого либо излагать собственную мысль, как потребует того приличие, и говорить всякий раз весьма дельно — вот каковым я представляю его себе.

— А я, — сказал с сердцем мистер Найтли, — представляю себе, что если он окажется в самом деле таков, то несноснее малого свет не видывал! Как! В двадцать три года быть душою общества — важною птицей — ловким политиком, который норовит раскусить всякого другого и, в чем бы ни был у того талант, показать собственное превосходство — источать лесть, чтобы выставить всех кругом дураками в сравнении с собою!

Милая Эмма, когда дойдет до дела, вам, с вашим здравым рассудком, покажется нестерпим подобный факт.

— Я больше ничего не скажу о нем, — вскричала Эмма, — вы видите во всем только худое. Мы оба судим о нем предвзято; вы настроены против него, я — за, и нам никогда не сойтись во взглядах, покуда он не приехал.

— Предвзято! Я сужу не предвзято.

— А я — да, и очень, и вовсе этого не стыжусь. Любовь к мистеру и миссис Уэстон определенно настраивает меня в его пользу.

— Меня его персона занимает очень мало, я месяц проживу и не вспомню о нем, — отозвался мистер Найтли столь резко, что Эмма немедленно заговорила о другом, хоть и не понимала, отчего он так рассердился.

Невзлюбить юношу за то одно, что он скроен на иной образец, было недостойно человека широких взглядов, каковым она всегда его почитала, ибо, хотя и частенько укоряла его в том, что он о себе чересчур высокого мнения, но ни на минуту не предполагала дотоле, что он может из-за этого несправедливо судить о достоинствах другого.

КНИГА 2

Глава 1

Однажды утром Эмма и Гарриет прогуливались вдвоем и уже, по мнению Эммы, на целый день наговорились о мистере Элтоне. Больше было положительно некуда, ни в утешение Гарриет, ни в наказание за провинности ей самой, и на обратном пути она старалась отделаться от надоевшего предмета — но только порадовалась, что преуспела в этом, как он снова вторгся в разговор, и когда, заведя речь о том, как тяжело приходится бедным людям зимней порою, она в ответ услышала лишь жалобное: «Мистер Элтон так печется о бедных!» — то поняла, что следует прибегнуть к иному средству.

Они как раз приближались к дому, где жили миссис и мисс Бейтс, и Эмма решила зайти к ним, уповая найти спасение в численности. Оказать им подобное внимание были все причины: миссис и мисс Бейтс обожали принимать гостей, и Эмма знала, что те немногие, кто осмеливается видеть в ней несовершенства, укоряют ее в небрежении, полагая, что она вносит неподобающе малую лепту в их скромные радости.

Много раз намекал ей на это упущение мистер Найтли, а порою и собственная совесть, но пересиливало убеждение, что это чересчур неприятно — пустая трата времени — две скучные гусыни, а ужасней всего — опасность встретиться с местной публикой второго и третьего сорта, которая вечно у них толчется; и Эмма предпочитала держаться подальше от их дома. Теперь же в одну минуту решила не проходить мимо, о чем и объявила Гарриет, заметив, что нынче, по ее расчетам, их не должны потчевать письмом от Джейн Фэрфакс.

Миссис и мисс Бейтс занимали гостиный этаж в доме, принадлежащем купцу; здесь в тесной квартирке, составляющей все их владения, посетительниц приняли с распростертыми объятьями, даже с благодарностью; опрятная, тихонькая старушка, сидящая с вязаньем в самом теплом углу, порывалась уступить мисс Вудхаус свое место; суетливая, говорливая дочь ее готова была уморить их добротою и вниманием, бессчетно благодаря за визит, тревожась, не промочили ли они ноги, участливо осведомляясь, здоров ли мистер Вудхаус, радостно сообщая о добром здравии своей матушки и доставая из буфета сладкий пирог. Только сию секунду от них ушла миссис Коул, заглянула на десять минут и была столь добра, что просидела целый час, — так вот она отведала пирожка и любезно сказала, что очень вкусно, а потому, она надеется, мисс Вудхаус и мисс Смит доставят им удовольствие и тоже скушают по кусочку.

Упоминание о Коулах означало, что неизбежно упомянут будет и мистер Элтон. Они были приятели, и мистер Коул имел от мистера Элтона известия после его отъезда. Эмма знала, что сейчас последует: в который раз придется разбирать по косточкам письмо и поддакивать, что он долгонько не едет — верно, отбоя нет от приглашений, ведь он повсюду и всегда любимец общества, и какой пышный бал открыл церемониймейстер... Она проделала это достойно, показывая вид, как и требовалось, будто все это интересно и похвально, и не давая Гарриет вставить ни словечка.

К этому, направляясь сюда, она была готова, но полагала, что, отдав должное мистеру Элтону, ей не станут навязывать более тягостных предметов, а предоставят свободу перебирать в разговоре местных дам и девиц и их карточные вечера. Она не была готова к тому, что мистера Элтона сменит Джейн Фэрфакс, однако мисс Бейтс, скороговоркой покончив с ним, внезапно опять перескочила на Коулов, дабы затем перейти к письму от своей племянницы.

— Ах да! Мистер Элтон, сколько я понимаю... возвращаясь к балам... в бальных залах Бата, по словам миссис Коул... кстати, миссис Коул засиделась у нас за разговорами о Джейн, так мило с ее стороны — не успела войти, как первым долгом осведомилась, что о ней слышно. Они в Джейн души не чают — всякий раз как она приедет к нам погостить, миссис Коул не знает, что и придумать, чтобы ее побаловать, хотя Джейн, надо сказать, вполне того стоит. Да, так спросила она, что слышно, и говорит: «За последние дни, конечно, ничего нового, письму быть еще не время», и когда тут же услышала на это: «А вот и нет, только утром получили от Джейн письмо», то прямо ахнула от удивления: «Неужели правда? Скажите же скорей, что она пишет».

Вежливость, тотчас пришедшая на выручку, помогла Эмме изобразить на лице интерес и сказать с улыбкой:

— Значит, у вас от мисс Фэрфакс есть свежие вести? Какая радость! Надеюсь, она здорова?

— Спасибо! Вы так добры, — в блаженном заблуждении отозвалась любящая тетка, суетливо ища письмо. — Ах, вот оно! Я же помню, что оно должно быть где-то здесь, просто, видите, нечаянно поставила сверху рабочую корзинку и закрыла его от глаз, а ведь только сейчас держала в руках и наверное знала, что оно должно быть на столе. Сперва читала его миссис Коул, а когда она ушла, перечла еще раз матушке, для нее это первое удовольствие — письмо от Джейн! — без конца готова слушать, и я уверена была, что оно где-то под рукою, так и оказалось, прямо под рабочей корзинкой, и раз уж вы любезно изъявили желание послушать, о чем она пишет, — но прежде позвольте мне, как того требует справедливость, извиниться за Джейн, что письмо такое коротенькое, всего две странички, и то неполных, — у ней вообще такая привычка, испишет целую страницу и половину вымарает. Матушка иногда только диву дается, как это я ухитряюсь разбирать. Скажет, бывало, когда мы только вскроем письмо: «Ну, Хетти, будет тебе теперь работы разбираться в этой мозаике!» — верно я говорю, сударыня? А я отвечаю, что она бы и сама разобралась, когда бы некому было за нее это сделать — поразмыслила бы над ним немножко и все прочла бы до последнего слова. Поверите ли, хотя у матушки уже не те глаза, что прежде, она в очках видит на удивленье хорошо, слава богу! Это такое благо! Такому зрению, как у матушки, можно позавидовать. Вот и Джейн, когда приезжает, нет-нет да и скажет ей: «Хороши у вас должны быть глаза, бабушка, если вы так видите, — и это после того, как всю жизнь занимались тонким рукодельем! Вот бы мне так послужили глаза!»

Высыпав все это горохом, мисс Бейтс вынуждена была сделать передышку, и Эмма, заполняя паузу, из вежливости пробормотала что-то об изящном почерке мисс Фэрфакс.

— Вы чересчур добры, — просияв от удовольствия, отозвалась мисс Бейтс, — но кому и судить, как не вам, вы сами пишете так красиво. Для нас нет дороже похвалы, чем из уст мисс Вудхаус. Матушка не расслышала, она, знаете ли, туговата на ухо. Вы слышите, сударыня, какие лестные слова говорит мисс Вудхаус о почерке Джейн?

И Эмме выпало счастье слушать, как ее пустую похвалу дважды повторяют почтенной старушке, дабы она уразумела, о чем речь. А Эмма в это время ломала голову, как бы поделикатней спастись бегством, покуда не начали читать письмо, и совсем уже было решилась улизнуть под благовидным предлогом, когда мисс Бейтс, оборотясь к ней, вновь завладела ее вниманием:

— Матушка глуховата лишь самую малость — так, пустяки. Скажешь чуточку громче два-три раза, она и услышит, она ведь привыкла к моему голосу. Но самое поразительное, что Джейн она всегда слышит лучше, чем меня. Джейн говорит так внятно! Впрочем, она убедится, что за минувшие два года ее бабушка не стала слышать хуже, а в таком возрасте это что-нибудь да значит — верите ли, целых два года минуло с тех пор, как она приезжала в последний раз. Никогда не бывало, чтобы мы так долго ее не видели, и теперь, как я говорила миссис Коул, знать не будем, куда ее усадить и чем потчевать.

— И скоро ли вы ждете к себе мисс Фэрфакс?

— Да, очень — на следующей неделе.

— Вот как! Воображаю, как вы рады.

— Благодарю вас. Вы так добры. Да, на следующей неделе. Все удивляются, и каждый говорит те же сердечные слова. Она, конечно, счастлива будет свидеться со своими друзьями в Хайбери, как и они — с нею. Да, в пятницу или субботу, более точно она сказать не может, потому что в один из этих дней полковнику Кемпбеллу самому понадобится карета. Страшно мило, что они берутся доставить ее до самого места. Хотя, вы знаете, они всегда так делают. Да, словом, в пятницу или в субботу. Об этом она и пишет. По этой причине и написала, что называется, раньше срока, а по закону письму бы полагалось прийти только на будущей неделе, не раньше, — во вторник или среду.

— Да, мне так и представлялось. Я и думала, что сегодня едва ли услышу новости о мисс Фэрфакс, — к сожалению.

— Спасибо вам на добром слове! И не услышали бы, когда бы не эта оказия — что она вот-вот приезжает. Матушка просто в восторге, ведь она пробудет у нас месяца три, не меньше. Три месяца, сказано с полной определенностью, о чем я и буду иметь удовольствие вам прочесть. Дело в том, видите ли, что Кемпбеллы, уезжают в Ирландию. Миссис Диксон уговорила отца и мать теперь же приехать к ней в гости. Они собирались к ней только летом, но ей слишком не терпится повидаться с ними, ведь она, до того как в октябре вышла замуж, ни разу не разлучалась с ними даже на неделю и должна себя чувствовать очень неуютно в чужом королевстве, то бишь, виновата, оговорилась в чужом краю, а потому написала матери — или отцу, я уж не помню, но это мы сейчас выясним из письма Джейн — не только от себя написала, но и от имени мистера Диксона, упрашивая их приехать теперь, а они встретят их в Дублине и отвезут в свое загородное поместье Бейликрейг, редкостной красоты уголок. Джейн много наслышана о тамошних красотах, от мистера Диксона, я хочу сказать, и, сколько мне известно, от него одного, но ведь это так естественно, когда молодой человек, ухаживая за девицей, желает рассказать ей о родном гнезде, — а поскольку во время прогулок их чаще всего сопровождала Джейн, так как полковник Кемпбелл и его жена строго следили, чтобы их дочь пореже гуляла вдвоем с мистером Диксоном, и я нимало их не виню — то все, что он рассказывал мисс Кемпбелл о своем поместье в Ирландии, понятно, слышала и она. Она, по-моему, писала, что он показывал собственные рисунки с видами поместья. Милейший молодой человек, сколько можно судить, очаровательный. Джейн после всех его рассказов прямо-таки загорелась желанием побывать в Ирландии.

Каждая жилка вдруг встрепенулась в Эмме от пронзительной догадки насчет Джейн Фэрфакс, неотразимого мистера Диксона, несостоявшейся поездки в Ирландию, и она, с коварным умыслом побольше выведать, сказала:

— Вам посчастливилось, что мисс Фэрфакс отпустили к вам в такое время. Зная, какою тесной дружбой связана она с миссис Диксон, вы вряд ли могли рассчитывать, что ей не придется сопровождать чету Кемпбеллов в Ирландию.

— Правда ваша, истинная правда. Этого мы как раз всегда опасались — неприятно было бы, если б она на несколько месяцев укатила в такую даль и, случись что у нас, не могла сюда добраться. Но, как видите, все обернулось к лучшему. Они — мистер и миссис Диксон — ужасно хотят, чтобы она приехала с полковником и его женою, твердо на это полагаются, в самых любезных и настойчивых выражениях шлют ей, как вы сейчас узнаете из письма Джейн, совместное приглашение — мистер Диксон никогда не скупится на знаки внимания. Прелестнейший молодой человек! С того дня, как он отвел от Джейн беду во время морской прогулки в Уэймуте, когда неожиданно развернуло какой-то парус и ее чуть не сбросило в воду, и непременно бы сбросило, если бы он с величайшим присутствием духа не схватил ее вовремя за рукав (подумать об этом не могу без содрогания), — с тех пор, как нам известна стала эта история, я положительно питаю слабость к мистеру Диксону.

— И все же, вопреки всем настояниям своей подруги, вопреки собственному желанию побывать в Ирландии, мисс Фэрфакс предпочитает провести это время с вами и миссис Бейтс?

— Да, и единственно по своей воле, по собственному выбору, причем полковник Кемпбелл с супругой считают, что она поступает как нельзя более правильно, они бы и сами рекомендовали ей это, и в особенности ей полезно подышать родным воздухом, так как она в последнее время не очень хорошо себя чувствует.

— Мне жаль это слышать. По-моему, они умно рассуждают. Вот только для миссис Диксон это будет большое огорчение. Миссис Диксон, ежели не ошибаюсь, не слишком хороша собой, ее никак не сравнишь с мисс Фэрфакс.

— О да! Очень мило, что вы это говорите, — но так оно и есть. Никакого сравнения. Мисс Кемпбелл всегда была совершеннейшей дурнушкой, но сколько в ней изысканности, обаяния.

— Это — да, конечно.

— Джейн, бедненькая, сильно простудилась, еще седьмого ноября (как вы узнаете из письма), и с того времени никак не поправится. Очень уж надолго привязалась к ней простуда, вы не находите? До сих пор она ничего не говорила, чтобы нас не волновать. Как это на нее похоже! Сама заботливость!.. Тем не менее чувствует она себя очень неважно, и Кемпбеллы, как добрые ее друзья, думают, что ей разумнее поехать домой, в тот климат, который всегда действовал на нее благотворно. Они не сомневаются, что за три-четыре месяца в Хайбери она совершенно выздоровеет, — и правда, раз она нездорова, ей следует ехать не в Ирландию, а сюда. Кто еще так за нею будет ухаживать, как мы?

— Чудесный план, как мне кажется, лучшего не придумаешь.

— Таким образом, она в пятницу или субботу приезжает к нам, а Кемпбеллы в следующий понедельник отправятся из города на Холихед, в чем вы удостоверитесь, когда я вам прочту письмо от Джейн. Такая неожиданность!.. Нетрудно догадаться, дорогая мисс Вудхаус, в какое возбуждение меня повергла эта новость! Если бы все не омрачала ее болезнь... но, боюсь, мы должны быть готовы к тому, что увидим ее исхудалой и бледной. А тут еще, скажу я вам, со мною приключилась такая незадача! У меня правило: до того, как читать письмо от Джейн вслух матушке, прочесть его сначала про себя — знаете, вдруг там окажется что-нибудь, что ее огорчит. Таково было желание Джейн, и я всегда исполняю его — вот и сегодня тоже прибегла к этой предосторожности, но едва лишь дошла до слов о том, что она нездорова, как у меня с перепугу вырвалось: «Заболела! Бедная Джейн!» — а матушка, следившая за мною, расслышала это и сильно встревожилась. Правда, читая дальше, я убедилась, что все не так страшно, как мне почудилось в первую минуту, и стала говорить об этом между прочим, так что она несколько успокоилась. Только уму непостижимо, как это я могла совершить такую оплошность! Если Джейн скоро не станет лучше, позовем к ней мистера Перри. Это тот случай, когда с расходами не считаются, и хотя он, со свойственной ему широтою и из любви к Джейн, вероятно, не захочет ничего взять за визит, мы этого не допустим. У него есть жена и семейство, которых надобно содержать, и он не может тратить свое время даром. Ну, а теперь, когда я вам дала некоторое представление о том, что пишет Джейн, приступим к чтению письма, и вы увидите, рассказ из первых уст звучит куда более складно, чем пересказ.

— Боюсь, что нам пора бежать, — сказала Эмма, оглядываясь на Гарриет и поднимаясь с места. — Нас уже заждался мой батюшка. Я не рассчитывала... Идучи к вам, я полагала, что мы посидим минут пять, не больше. Я заглянула только справиться о здоровье миссис Бейтс, не могла пройти мимо — и задержалась по столь приятному поводу! Теперь, однако, нам настало время проститься с вами.

Все уговоры остаться оказались безуспешны. Эмма вновь очутилась на улице, рада-радешенька, что хотя многое навязали ей против воли, хотя она, в сущности, выслушала-таки все содержание письма Джейн Фэрфакс — но все же чтения самого письма ей удалось избежать.

Глава 2

Джейн Фэрфакс, единственное дитя младшей дочери миссис Бейтс, была сиротой.

В свое время женитьба лейтенанта Н-ского пехотного полка Фэрфакса на мисс Джейн Бейтс явилась громким и радостным событием, возбудившим во многих душах надежду и интерес; теперь же ничего не осталось, кроме скорбных воспоминаний о том, как он погиб на поле брани в чужой сторонс, — а вдова пенадолго пережила его, истаяв от чахотки и горя, — и кроме этой девочки.

По рождению она принадлежала Хайбери и, когда, лишась в три года матери, осталась на бабушку и тетку, став их питомицей, их утешением и баловницей, то по всему ей выходило осесть там навеки, учиться, сколько дозволят самые мизерные средства, и вырасти с тем, что дала природа: приятною внешностью, умной головкой и двумя любящими, пекущимися о ее благе родственницами — вырасти дичком, не облагороженным преимуществами, кои даются положением и связями.

Однако участливое сердце человека, связанного дружбой с ее отцом, решило судьбу ее иначе. То был полковник Кемпбелл, который высоко ценил Фэрфакса как отличного офицера и во всех отношениях достойного молодого человека, а сверх того почитал себя обязанным ему жизнью за то, что Фэрфакс выходил его, когда он лежал в тяжелом тифу. Время не стерло этих заслуг из его памяти, хотя не один год миновал после смерти несчастного Фэрфакса, пока полковник вернулся в Англию и смог что-то предпринять. Воротясь наконец, он разыскал девочку и принял в ней участие. Он был женат; из всех его детей в живых оставалась только дочь, девочка почти тех же лет, что и Джейн; Джейн стала часто и подолгу гостить у них в доме, сделавшись там всеобщей любимицей; ей шел девятый год, когда полковник, видя, как привязалась к ней его дочка, и желая также быть истинным другом отцу ее, предложил, что возьмет на себя все расходы по ее образованию. Предложение было принято, и с тех пор Джейн вошла в семью полковника Кемпбелла и окончательно поселилась у них, лишь время от времени навещая свою бабушку.

Ей предстояло выучиться учить других, так как жить независимо на те несколько сот фунтов, которые достались ей от отца, было невозможно. Обеспечить ее иначе полковник Кемпбелл не имел средств, ибо, при весьма порядочном жалованьи, владел сравнительно небольшим капиталом, который целиком предназначался его дочери, но он надеялся, давая девочке образование, предоставить ей приличный способ впоследствии зарабатывать себе на жизнь.

Такова была история Джейн Фэрфакс. Она попала в хорошие руки; не видела от Кемпбеллов ничего, кроме доброты, и получила прекрасное образование. Жизнь в доме сведущих, здравомыслящих людей открыла перед нею возможности для истинного воспитания чувств и совершенства духа, а так как дом этот находился в Лондоне, то, стараниями первоклассных учителей, получила полное развитие и всякая склонность в ней к изящному. Она, впрочем, как по характеру, так и по способностям была достойна всего, чем может одарить щедрая дружба, и в восемнадцать — девятнадцать лет вполне уже сама годилась исправлять должность наставницы, насколько столь ранний возраст соответствен с попечением о детях; ее, однако же, любя, не отпускали. Отец и мать равно не в силах были приблизить расставанье; их дочь — не в силах перенесть его. Роковой день продолжали откладывать. Легко было говорить себе, что она еще слишком молода; и Джейн оставалась у них, предаваясь, наравне с их дочерью, благопристойным удовольствиям изысканного общества, разумно перемежая домашние занятия развлечениями и омрачаясь одним лишь будущим, отрезвляющими напоминаниями рассудка, что скоро все это может кончиться.

Любовь всего семейства и в особенности пылкая привязанность дочери еще и потому делали честь их благородству, что Джейн как красотой, так и способностями определенно превосходила мисс Кемпбелл. Молодая девица не могла не видеть, что природа наградила ее подругу лучшей внешностью, как и родители не могли не замечать ее умственного превосходства. И тем не менее это не помешало им дожить в нерушимом согласии до самой свадьбы мисс Кемпбелл, которая — по прихоти судьбы, большой любительницы подшутить над матримониальными чаяниями, наделяя привлекательностью среднее в обход превосходного, — чуть ли не с первой встречи покорила сердце богатого и приятного молодого человека по имени Диксон, с каковым и сочеталась браком, благополучно и счастливо, меж тем как Джейн Фэрфакс предстояло в поте лица зарабатывать свой хлеб.

Событие это произошло совсем недавно — так недавно, что менее удачливая из двух подруг не успела еще предпринять никаких шагов, ведущих на трудовое поприще, хоть и достигла уже возраста, который назначила себе для этого. Она давно решила, что начнет трудиться в двадцать один год. С послушническою стойкостью назначила себе в двадцать один год принести себя в жертву, навсегда отречься от мирских радостей, от общения, питающего ум, отринуть душевный покой и надежду и со смирением исполнять наложенную на себя епитимью.

Здравый смысл подсказывал Кемпбеллам не противиться такому решению, как ни восставали против него их чувства. Покуда они были живы, ей не было необходимости надрываться, их дом мог по-прежнему служить ей домом; ради себя они предпочли бы не отпускать ее, но понимали, что это эгоизм — чем раньше случится неизбежное, тем лучше. Теперь, может быть, им стало казаться, что разумнее и добрее было бы в свое время не соблазняться отсрочкой — пусть бы она вообще не вкусила сладость довольства и праздности, если должна от них отказаться. А любовь все равно рада была ухватиться за любой удобный предлог оттянуть горькую минуту. С самой свадьбы их дочери Джейн не переставала прихварывать, и ей, покамест ее здоровье не окрепнет окончательно, сочли должным запретить приниматься за обязанности, никоим образом не совместимые с надломленным здоровьем и душевною неустойчивостью, а напротив, даже при самых благоприятных обстоятельствах требующие для мало-мальски сносного их отправления нечеловеческих сил, как телесных, так и духовных.

О том, почему она не едет с Кемпбеллами в Ирландию, Джейн поведала тетке сущую правду, хотя, может быть, и не всю правду. Это ей принадлежала мысль пожить в Хайбери, покуда они будут в отъезде, провести последние, возможно, месяцы полной свободы у добрых родственниц, которым она столь дорога; и Кемпбеллы, из тех или иных побуждений, как сообща, так и каждый в отдельности, охотно дали на то согласие, сказав, что несколько месяцев в родном климате, по их мнению, окажутся полезней для ее здоровья, чем любые лекарства. Ясно было одно: что она приезжает, и обитателям Хайбери вместо долгожданной, никем не виданной новинки — мистера Фрэнка Черчилла — придется покамест удовольствоваться относительной новизною Джейн Фэрфакс, которую не видели всего два года.

Эмму это не радовало — три долгих месяца делать милое лицо, встречаясь с особою, которая ей неприятна! Делать из вежливости более, чем хотелось бы, и менее, чем бы следовало! Ответить, за что она невзлюбила Джейн Фэрфакс, было бы затруднительно; мистер Найтли сказал однажды: за то, что видит в ней гармоническое сочетание достоинств, какими сама желала бы обладать в глазах других, и хоть Эмма тогда с жаром отвергла это обвинение, случались минуты, когда она, наедине со своею совестью, не могла оправдать себя до конца. И все же «с нею сблизиться невозможно, она не знает, в чем тут дело, но эта холодность и замкнутость, это подчеркнутое безразличие к тому, нравится она или нет, и эта ее тетушка, которая болтает без умолку! А как все носятся с нею! И отчего это всегда считалось, что они непременно должны подружиться, — неужели если они ровесницы, то обязаны быть без ума друг от друга?» Таковы были ее резоны — лучших не находилось.

Неприязнь эта была столь мало обоснована, столь раздут был воображением каждый приписываемый недостаток, что всякий раз, впервые видя Джейн после значительного перерыва, Эмма невольно чувствовала, что незаслуженно обижает ее; вот и теперь, когда, по случаю приезда Джейн после двухлетнего отсутствия, она, как полагается, пришла с визитом, на нее заново произвели разительное впечатление те самые манеры и внешность, о которых она эти два года не уставала отзываться с пренебрежением. Джейн Фэрфакс была очень изысканна — удивительно изысканна; а изысканность Эмма ценила превыше всего. Она была хорошего роста — такого, что всякий назвал бы ее высокою и никто — долговязой; прекрасно сложена, грациозна; не толста и не худа, а в самую меру, хотя налет болезненности, пожалуй, склонял чашу весов в сторону последнего из двух зол. Всего этого Эмма не могла не увидеть, и потом, это лицо — эти черты — она совсем забыла, как они прекрасны; неправильные, но такие, что залюбуешься. Глазам, глубоким, серым, с темными бровями и ресницами, она никогда не отказывала в похвале, но и кожа, которую привыкла бранить, находя несколько землистой, была так чиста, нежна, что румянец только испортил бы ее. Пред нею была та особая красота, в которой главенствует изящество, и Эмма, по чести и совести, по всем правилам своим, не могла ей не отдать дань восхищения — с изяществом, будь оно внешним или внутренним, она встречалась в Хайбери так редко. Здесь не было и тени вульгарности, — были высокие и неподдельные достоинства.

Короче, во время первого визита Эмма сидела и глядела на Джейн Фэрфакс, вдвойне довольная собою от сознания, что ей приятно и что справедливость восстановлена, и начинала верить, что с неприязнью теперь покончено. Напоминая себе ее историю, размышляя о том, какая этой изысканности уготована участь, что оставляет она позади, как будет жить, невозможно было испытывать ничего, кроме жалости и уважения, — особенно если к известным всем подробностям, наделяющим ее притягательностью, прибавить то весьма вероятное обстоятельство, столь естественно напросившееся Эмме, что она влюблена в мистера Диксона. В этом случае тем более благородна была и достойна сострадания жертва, на которую она решилась. Эмма уж не спешила с прежнею легкостью обвинять ее в умысле отвадить мистера Диксона от жены и прочих кознях, подсказанных ей вначале воображением. Ежели любовь и была, то скорее уж безыскусная, тайная, напрасная — только с ее стороны. Она скорее всего впитывала губительную отраву, сама того не замечая, когда вместе с подругой заслушивалась его речами, а теперь из самых лучших, из чистейших побуждений лишила себя этой поездки в Ирландию с твердым намерением бесповоротно оборвать все нити, связывающие ее с ним и его близкими, и начать в ближайшее время тяжелую трудовую жизнь.

В общем, уходила от нее Эмма столь размягченная и подобревшая, что по дороге домой окидывала мысленным взором Хайбери и досадовала, что не видит ни одного подходящего молодого человека, который подарил бы Джейн независимость, — такого, чтобы залучить его для Джейн в силки.

Благостны были эти порывы, однако же недолговечны. Раньше, чем Эмма успела сделать последний шаг, во всеуслышанье объявив себя отныне и навеки другом Джейн Фэрфакс и отрекшись от былых предубеждений и ошибок, когда только сказала мистеру Найтли: «Она и правда недурна собою — лучше, чем недурна!», Джейн, с бабушкою и теткой, провела вечер в Хартфилде, и снова все воротилось на старое место. Прежние раздражители ожили с новой силой. Тетушка была утомительна, как всегда, даже больше, потому что к восторгам по поводу совершенств племянницы присоединились теперь тревоги о ее здоровье. Им пришлось выслушать доскональный отчет о том, что за завтраком ею съедается лишь такусенький кусочек хлебца с маслом, а за обедом — вот столечко баранинки, а также тщательно обследовать обновы, привезенные ей и ее матери: чепцы и мешочки для рукоделья; и Джейн опять впала в немилость. Они музицировали; Эмму уговорили играть, затем, как водится, благодарили и хвалили — с потугами на искренность, как ей представлялось, и с величественным видом, а в сущности-то лишь похвалялись, на высокий манер, собственной блистательной игрою. И главное — она была так холодна, так осмотрительна! Не допытаться, что думает на самом деле. Маска вежливости, с уст которой никогда не сорвется неосторожное слово. Отталкивающая и подозрительная скрытность.

Наибольшую сдержанность — хотя, казалось бы, куда уж больше — выказывала она, когда речь заходила об Уэймуте и о Диксонах. Она, можно было подумать, связала себя зароком никому не открывать, что за человек мистер Диксон, какое она оставила мнение об его обществе и хорошая ли они с мисс Кемпбелл пара. Одни только общие слова, доброжелательные и гладкие, без задоринки, без единой живой краски. Только это ее не спасло. Она скрытничала напрасно. Несмотря на все ее ухищрения, Эмма видела ее насквозь и вернулась к первоначальной своей догадке. Вероятно, ей все-таки было что скрывать, помимо собственных чувств, — наверно, мистер Диксон был очень близок к тому, чтобы изменить одной подруге с другою, а если и остался верен мисс Кемпбелл, то единственно из видов на двенадцать тысяч фунтов.

Подобная же сдержанность распространялась и на другие предметы. В одно время с нею был в Уэймуте мистер

Фрэнк Черчилл. Все знали, что они немного знакомы, однако никаких сведений о том, что он собою являет в действительности, — ни звука — Эмма так и не добилась. «Хорош ли он?» — «Слывет молодцом, сколько ей известно». — «И приятен в обращении?» — «На этом, большею частью, сходятся единодушно». — «Производит ли впечатление мыслящего молодого человека — человека просвещенного?» — «Будучи на водах или мимолетно видясь в Лондоне, трудно сделать заключение о свойствах такого рода. При недолгом знакомстве, как у них с мистером Черчиллом, можно смело судить разве что о манерах. Манеры его как будто все находят отменными». Эмма не могла ее простить.

Глава 3

Эмма не могла ее простить, — однако это зло, как и причина, вызвавшая его, укрылись от внимания мистера Найтли, который тоже был в числе гостей и усмотрел с обеих сторон лишь должную внимательность и милое поведение, а потому, снова придя наутро в Хартфилд по делу к мистеру Вудхаусу, с одобрением отозвался о вчерашнем вечере — не столь открыто, как мог бы, не будь в комнате ее отца, но все же достаточно вразумительно для Эммы. Привыкши думать, что она несправедлива к Джейн, он теперь с большим удовольствием отмечал перемену к лучшему.

— Очень приятный вечер, — начал он, как только втолковал мистеру Вудхаусу необходимое, услышал в ответ, что все понятно, и убрал со стола бумаги. — В высшей степени приятный. Вы и мисс Фэрфакс угостили нас музыкой на славу. Есть ли бóльшая роскошь, сэр, чем посиживать себе с удобством, когда две такие девицы целый вечер развлекают вас то музыкою, то разговором. Уверен, Эмма, что и мисс Фэрфакс осталась довольна вечером. Вы превзошли самое себя. Хорошо, что вы заставили ее так много играть, ведь в доме ее бабки нет инструмента и для нее, должно быть, это был настоящий подарок.

— Я рада, что вам понравилось, — с улыбкой сказала Эмма, — хотя, надеюсь, вообще не часто грешу невниманием к гостям Хартфилда.

— Что ты, душенька, — тотчас отозвался ее отец, — в чем другом, а в этом тебя не упрекнуть. Никому не сравниться с тобою в радушии и любезности. Скорее уж ты грешишь избытком гостеприимства. Взять хоть вчерашний вечер, когда обносили булочками, — по-моему, довольно было бы и одного раза.

— Да, нечасто, — почти одновременно с ним отозвался мистер Найтли. — Нечасто вы грешите также недостатком хороших манер и проницательности. И оттого, я думаю, понимаете, о чем я говорю.

Лукавый взгляд сказал ему: «И очень понимаю», меж тем как вслух она молвила только:

— Мисс Фэрфакс очень сдержанна.

— Немножко, — я давно вам говорил. Однако излишнюю сдержанность, ту, которая проистекает от застенчивости, вы скоро преодолеете. Ту же, что подсказана благоразумием, надлежит уважать.

— Это вы находите ее застенчивой. Я не нахожу.

— Милая Эмма, — сказал он, пересаживаясь на стул, стоящий ближе к ней, — надеюсь, вы не хотите сказать, что были недовольны вчерашним вечером.

— Нет, отчего же! Была довольна тем, что с таким упорством задаю вопросы, и позабавилась, наблюдая, как мало сведений получаю в ответ.

— Вот оно что! Не ожидал, — отрывисто заметил он.

— Надеюсь, все приятно провели время, — со свойственным ему благодушием проговорил мистер Вудхаус. — Я — очень. Была минута, когда мне сделалось жарковато у камина, но я чуточку отодвинул стул, совсем чуть-чуть, и жар уже не доставал до меня. Мисс Бейтс, по обыкновению, была так говорлива, оживлена — правда, она говорит несколько быстро. Но при всем том, милейшая особа, и миссис Бейтс, на иной лад, тоже. Люблю старых друзей! И мисс Джейн Фэрфакс очень милая барышня, прехорошенькая и прекрасно воспитана. Ей должен был понравиться этот вечер, мистер Найтли, потому что с ней была Эмма.

— Справедливо, сэр. А Эмме — потому что с ней была мисс Фэрфакс.

Эмма видела, что он расстроен, и, желая утешить его хотя бы на время, сказала с неподдельною искренностью:

— Она такое изящное создание, что глаз не оторвать. Всякий раз гляжу и любуюсь — и сочувствую ей от души.

На лице мистера Найтли изобразилось нескрываемое удовлетворение, но он не успел отозваться, ибо в этот миг мистер Вудхаус, коего мысли заняты были Бейтсами, произнес:

— Какая жалость, что им приходится жить в столь стесненных обстоятельствах! Ужасно жаль! Мне часто хочется... но многое ли можно сделать, не обидев, — побаловать их изредка чем-нибудь не совсем обычным, маленьким подношением... Вот закололи свинку, и Эмма думает послать им ногу или филейчик, мясо молоденькое, нежное — хартфилдская свинина совсем не то, что свинина вообще — но все-таки свинина... так что пусть, Эмма, душенька, они ее непременно разделают на ломтики и легонько обжарят, как жарят у нас, без жиринки, а ни в коем случае не запекают, никакой желудок не выдержит запеченной свинины... Пожалуй, лучше будет послать ножку — ты как полагаешь, душа моя?

— Папенька, я послала половину задней части целиком. Я знала, что вы бы так хотели. Окорок они засолят, он очень для этого хорош, как вы знаете, а филей пойдет прямо к столу, в том виде, какой им больше понравится.

— Правильно, душенька моя, совершенно правильно. Мне сразу в голову не пришло, но это самое лучшее. Пусть только не пересолят окорок — когда он засолен в меру, его еще проварить хорошенько, как проваривает для нас Сэрли, и, если есть очень понемножку, с вареной репой, да туда же морковки или пастернака, то получается, я сказал бы, не столь уж обременительное для желудка блюдо.

— Эмма, — начал спустя немного мистер Найтли, — у меня для вас новость. Вы ведь охотница до новостей — так вот, я по дороге сюда узнал такую, которая, думаю, будет вам любопытна.

— Новость? Ах, верно, — я всегда рада новостям! Что же это за новость? И чему вы так усмехаетесь?.. Где вы ее узнали — не в Рэндалсе?

Он только успел сказать:

— Да нет, — я нынче не был в Рэндалсе... — как дверь распахнулась, и в комнату вошли мисс Бейтс и мисс Фэрфакс. Распираемая благодарностью, но распираемая и новостями, мисс Бейтс положительно не знала, чему отдать предпочтение. Мистер Найтли скоро увидел, что момент упущен и не ему быть рассказчиком.

— Ах, сударь, здравствуйте — доброе утро! Мисс Вудхаус, дорогая моя, я слов не нахожу! Какая чудесная свинина, и вся половина задней части! Вы чересчур щедры! А слышали вы новость? Мистер Элтон женится.

Эмма, которая меньше всего в эту минуту думала об мистере Элтоне, невольно вздрогнула от неожиданности при этом имени и чуть заметно покраснела.

— Это и есть моя новость, я полагал, вам она покажется любопытной, — сказал мистер Найтли с усмешкою, таящей осуждение и намек на известные им обоим события в недавнем прошлом.

— Но от кого же вы могли слышать, мистер Найтли? — вскричала мисс Бейтс. — Кто мог вам сказать? Ведь пяти минут нету, как я получила записку от миссис Коул, — не прошло и пяти минут — от силы десять... я как раз собиралась выйти, надела уже и капор, и спенсер, хотела лишь еще разок наведаться к Патти насчет свинины... Джейн в это время стояла в коридоре, — верно, Джейн? — потому что матушка беспокоилась, не маловата ли будет для засолки наша большая кастрюля. Вот я ей и сказала, что сойду вниз посмотрю, а Джейн говорит: «Не лучше ли мне спуститься? Вы, по-моему, немного простужены, а Патти только что мыла кухню». «Ах, милая...» — говорю я ей, и тут-то принесли записку... На некой мисс Хокинс — это все, что мне известно. Мисс Хокинс, которую он встретил в Бате. Но вы, мистер Найтли, — как вы могли узнать? Ведь не успел мистер Коул сообщить об этом миссис Коул, как она сразу села писать мне записку. Что это некая мисс Хокинс...

— Я полтора часа назад был у мистера Коула по делу. Когда вошел, он только что кончил читать письмо от Элтона и тотчас протянул его мне.

— Вот как! Понимаю... конечно, всем интересно узнать такую новость. Сударь, щедротам вашим, право же, нет конца. Матушка просила вам кланяться, она вас тысячу раз благодарит и решительно не знает, что с вами поделать.

— Мы считаем, — отозвался мистер Вудхаус, — что наша хартфилдская свинина не идет ни в какое сравнение со всякою другой, так оно и есть, несомненно, и потому для нас с Эммой первое удовольствие...

— Ах, сэр, правду говорит моя матушка: наши друзья чрезмерно к нам добры! Ну кто еще, не будучи слишком богат, имеет все чего душа пожелает? Кто, как не мы, может по справедливости сказать: «Межи наши прошли по прекрасным местам, и наследие мое приятно для меня»!* Так вы, мистер Найтли, стало быть, читали письмо собственными глазами — и что же...

— Письмо короткое — одно это известие и больше ничего, но, разумеется, радостное, торжествующее. — Хитро покосившись на Эмму: — Что, дескать, имеет счастье... — уж не помню точно, как там сказано, — да и не к чему запоминать, — но суть, как вы правильно изволили сказать, та, что он женится на некой мисс Хокинс. По его тону можно заключить, что все решилось только-только.

— Итак, мистер Элтон женится! — проговорила Эмма, когда к ней вновь вернулся дар речи. — Пожелаем же ему счастья.

— Ему рано жениться, — вывел свое заключение мистер Вудхаус. — Напрасно он торопится. По-моему, ему и так жилось прекрасно. Мы всегда рады были видеть его в Хартфилде.

---

* Пс. 15: 6.

— Будет нам, мисс Вудхаус, новая соседушка! — радостно объявила мисс Бейтс. — Моя матушка так довольна! Ей грустно было, что бедный дом викария стоит без хозяйки. Да, это новость так новость! Джейн, тебе ведь не приводилось видеть мистера Элтона, не удивительно, что ты сгораешь от любопытства!

Может быть, Джейн и сгорала от любопытства, но мысли ее при этом, сколько можно было заметить, витали вдалеке.

— Мистера Элтона?.. — вздрогнув, откликнулась она на этот призыв. — Нет, не приводилось. Он что... высок ростом?

— Как на такой вопрос ответить? — воскликнула Эмма. — Батюшка скажет — да, мистер Найтли — нет, а мы с мисс Бейтс — что он среднего роста, которого лучше быть не может. Когда вы поживете у нас подольше, мисс Фэрфакс, то поймете, что мистер Элтон для Хайбери — образец совершенства, как внешнего, так и внутреннего.

— Очень метко сказано, мисс Вудхаус, так оно и есть. Прекраснейший молодой человек... Но, Джейн, милая, если помнишь, я говорила тебе вчера, что он в точности такого роста, как мистер Перри. Мисс Хокинс... наилучших правил, должно быть, девица. Его крайнее внимание к моей матушке... усадил ее на одну из скамей, отведенных для семьи викария, там лучше слышно, а матушка, знаете ли, глуховата, не то чтобы очень, но может не расслышать с первого раза. Джейн говорит, полковник Кемпбелл тоже глуховат. Возлагал надежды на водолечение — теплые ванны, — но большой пользы, по ее словам, от них не было. Полковник Кемпбелл, вы знаете, просто наш добрый ангел. Да и мистер Диксон, такое у меня впечатление, прелестнейший молодой человек и вполне ему под стать. Какое счастье, когда жизнь сводит вместе хороших людей, а ведь так обыкновенно и происходит. Посмотрите — приедут мистер Элтон с мисс Хокинс, а тут им и Коулы — такие отличные люди, и мистер Перри с женою — счастливее и лучше четы нигде не встретишь! Знаете, сэр, — относясь к мистеру Вудхаусу, — я думаю, не много найдется мест, где собралось бы такое общество, как в Хайбери. Я всегда благословляю судьбу за то, что послала нам таких соседей... Сударь, если и есть у моей матушки любимое блюдо, то это свинина — запеченный свиной филей...

— Любопытно бы узнать, — поторопилась сказать Эмма, — кто такая эта мисс Хокинс, давно ли он с нею знаком. Едва ли это давнее знакомство. Он ведь только четыре недели как уехал.

На этот счет никаких сведений ни у кого не оказалось, и Эмма, полюбопытствовав в пространство еще немного, сказала:

— Вы всё молчите, мисс Фэрфакс, но я надеюсь, что и вы рано или поздно выкажете интерес к этой новости. Вы столько за последнее время наслышаны о подобных предметах, столько повидали, так были всем этим поглощены, благодаря мисс Кемпбелл — мы не простим вам безучастия к мистеру Элтону и мисс Хокинс.

— Когда я увижу мистера Элтона, — возразила Джейн, — мне, вероятно, станет интересно, но ранее этого не думаю. А с тех пор, как мисс Кемпбелл вышла замуж, прошел не один месяц, и впечатления мои несколько поблекли.

— Да, ровно четыре недели, как он уехал, — сказала мисс Бейтс, — вы совершенно верно заметили, мисс

Вудхаус, — как раз вчера было четыре недели... Мисс Хокинс... А мне-то представлялось всегда, что это будет девица из здешних, — не то чтобы я хоть раз позволила себе... Миссис Коул, правда, шепнула однажды... но я ей тотчас ответила: «Нет. Хоть у мистера Элтона и много достоинств, но...» Короче говоря, выходит, я не очень-то дальновидна в такого рода делах. Ну что же, нет так нет. Значит, далее того, что у меня перед глазами, я не вижу. Хотя, по совести сказать, никого бы не удивило, если бы мистер Элтон решился просить... Мисс Вудхаус так снисходительна, я заболталась, а она меня не останавливает. Она знает, что я ни в коем случае не хочу сказать ничего обидного. А как поживает мисс Смит? Кажется, совсем поправилась? А от миссис Найтли слышно что-нибудь в последнее время? Ах! Что за восторг эти милые малютки! Знаешь ли, Джейн, я всегда рисую себе мистера Диксона похожим на мистера Джона Найтли. По виду, я хочу сказать, — тоже высокий, и что-то в выражении лица... и тоже не очень разговорчивый.

— Совсем не то, милая тетушка, — между ними совершенно нет сходства.

— Вот странно! Хотя заранее никогда не составишь себе точного портрета. Даешь волю воображению, и оно заводит неведомо куда. Так ты говоришь, мистера Диксона нельзя назвать красивым в полном смысле слова?

— Красивым? Отнюдь! Наоборот — он явно некрасив.

— Но, милая, ты сказала, мисс Кемпбелл так не считает — и что ты тоже...

— Я? Мое суждение не имеет ровно никакой цены. Я ежели к кому расположена, то всегда нахожу привлекательной и его внешность. Назвавши его некрасивым, я высказала общее мнение, сколько оно мне известно.

— Ну что ж, Джейн, милочка моя, — пожалуй, нам настало время бежать. Что-то небо нахмурилось, бабушка будет волноваться. Вы очень любезны, дорогая мисс Вудхаус, но нам, право, нужно идти. Такая приятная новость! Я по пути на минутку загляну к миссис Коул — трех минут у нее не пробуду, — ты же, Джейн, иди-ка прямо домой, иначе можешь попасть под дождь, а для тебя с ним шутки плохи!.. Мы находим, ей уже стало лучше за то время, что она в Хайбери. Да, в самом деле, спасибо. К миссис Годдард я заходить не буду — она, я знаю, признает только вареную свинину... вот поспеет окорок, тогда другое дело. До свиданья, сударь. Что, и мистер Найтли с нами? Ах, это очень!.. Ежели Джейн устанет, вы, я уверена, не откажете в любезности подать ей руку... Да, мистер Элтон и мисс Хокинс... Прощайте же, до свиданья.

Оставшись наедине с отцом, Эмма слушала краем уха его сетованья о том, что молодые люди зачем-то спешат жениться — и на ком жениться, на посторонних, — и в это же время прислушивалась к собственным мыслям. Ее самое эта новость и позабавила, и успокоила, с очевидностью подтвердив, что мистер Элтон страдал недолго, но она жалостно думала о Гарриет — Гарриет больно будет это узнать. Оставалась одна надежда — первой сообщить ей новость, пока удар внезапно не нанесли другие. Близился тот час, когда она обыкновенно приходила. Что, если ей по дороге встретится мисс Бейтс!.. Стал накрапывать дождь, вынуждая Эмму смириться с предположением, что Гарриет может, пережидая его, задержаться в доме миссис Годдард, где ее, без сомненья, нежданно-негаданно и ошеломят этим известием.

Хлынул дождик, проливной, но короткий, и не прошло после него пяти минут, как появилась Гарриет, с тем самым разгоряченным, возбужденным видом, который говорил, что она торопилась сюда излить душу, а восклицание, которое немедленно вырвалось у нее: «Ах, мисс Вудхаус, подумайте, что случилось!» — свидетельствовало, что душа эта в неописуемом волненье. Удар был нанесен, а значит, поняла Эмма, лучшее, что можно сделать для нее, — это выслушать, не перебивая; и Гарриет, захлебываясь, еле переводя дух, выложила перед нею то, с чем пришла. Она вышла от миссис Годдард полчаса назад — испугалась, что пойдет дождь, он грозил начаться с минуты на минуту, — но подумала, что успеет прежде добраться до Хартфилда, ежели пойдет быстрым шагом, а как дорога ей лежала мимо дома, где живет девушка, которая шьет для нее платье, то она решила, что забежит взглянуть, как подвигается работа, пробыла там, кажется, всего полминутки, но, когда пошла дальше, все-таки полил дождь, — что было делать? — она пустилась во всю прыть прямо к Форду и укрылась там. Форд был торговец сукнами, полотняным и мелочным товаром; все это, вместе взятое, продавалось в лавке, которую он содержал, — самой большой и модной в Хайбери. И вот просидела она там, наверно, целых десять минут, ни о чем таком не помышляя, ничего не подозревая, как вдруг входит — кто бы вы думали? — это так удивительно, хотя, правда, они всегда покупают у Форда, — входит не кто иной, как Элизабет Мартин и с нею ее брат.

— Дорогая мисс Вудхаус, вообразите только! Мне чуть дурно не стало! Я не знала, что делать. Я сидела прямо у входа, и Элизабет сразу увидела меня, а он — нет, он возился с зонтом. Я уверена, что она узнала меня, но она тотчас отвернулась и сделала вид, будто меня не замечает, они отошли вдвоем в самый дальний угол лавки, а я осталась сидеть подле двери!.. Ах, не могу передать, как мне было худо! Я, верно, стала белая, как мое платье. Уйти было нельзя, на дворе шел дождь, но я готова была сквозь землю провалиться... Ах, мисс Вудхаус, если б вы знали!.. В конце концов он, вероятно, оглянулся и увидел меня, во всяком случае, они перестали заниматься покупками, а начали перешептываться — обо мне, я уверена. И скорее всего, он убеждал ее заговорить со мною — как вы думаете, мисс Вудхаус, могло это быть? Потому что она вскоре подошла ко мне, стала рядом, спросила, как я поживаю, и видно было, что она готова протянуть мне руку, если и я отвечу тем же. Все это она делала не так, как бывало, я видела, что она другая, но она хотя бы старалась держаться дружески, и мы пожали друг другу руки и постояли, разговаривая, только не помню, что я говорила, — меня всю колотило от волнения!.. Она, я помню, говорила о том, как ей жаль, что мы теперь совсем не видимся, и поразила меня своей добротой в самое сердце! Дорогая мисс Вудхаус, я чувствовала себя такой гадкой! Дождь в это время стал стихать, и я решила, что не останусь там более ни под каким видом, но тут — вы не поверите! — увидела, что он тоже подходит ко мне, медленными шагами и с таким лицом, знаете, словно не очень уверен, то ли он делает. Но все-таки подошел и заговорил, я ответила и минуту стояла с таким ужасным чувством, не могу вам передать, потом набралась духу и сказала, что дождь кончился и мне пора идти, — выхожу, но не успела отойти от двери и трех ярдов, как он догнал меня, и для того только, чтобы остеречь, что ежели я направляюсь в Хартфилд, то лучше будет дать крюку и пройти мимо конюшни мистера Коула, потому что на ближней дороге будут после дождя одни лужи. Ах, мисс

Вудхаус, легче мне было умереть в эту минуту! Я сказала, что весьма ему обязана — не могла не сказать, как вы понимаете, — и он воротился опять к Элизабет, а я пошла дальней дорогой, мимо конюшни, — наверное, так, хотя я плохо понимала, где я и что я. Мисс Вудхаус, я все на свете отдала бы, чтобы этого не случилось, но знаете, где-то в глубине души была рада, что он так добр и так мило себя ведет. И Элизабет тоже. Дорогая мисс Вудхаус, поговорите со мною, успокойте меня.

Эмма искренне рада была бы сделать это, но не вдруг нашла в себе силы. Ей надобно было сначала поразмыслить. У нее самой было не очень-то спокойно на сердце. За поведением молодого человека — и сестры его — она угадывала неподдельное чувство и невольно проникалась к ним состраданием. В поведении их, как описала его Гарриет, трогательно смешались оскорбленная любовь и утонченное благородство. Впрочем, она ведь и прежде знала, что они благонамеренные, достойные люди, но разве от этого породниться с ними становилось меньшим несчастьем? Глупо смущаться таким происшествием. Разумеется, ему жалко должно быть ее терять — всем им должно быть жалко. И не одна тут любовь была задета, но еще, пожалуй, и честолюбие. Надеялись, вероятно, благодаря знакомству с Гарриет возвыситься в обществе, да и потом, многого ли стоят описания Гарриет — такой покладистой, простенькой — такой близорукой, — что значит ее похвала?

Эмма взяла себя в руки и принялась ее успокаивать, стараясь представить случившееся сущим пустяком, который не заслуживает внимания.

— Неудивительно, что это несколько вас расстроило, — говорила она, — однако, как я могла понять, вы держались превосходно, а теперь все позади и более никогда не повторится — по крайней мере, это будет уже не первая встреча, а значит, следует все это выбросить из головы.

Гарриет пролепетала, что это «очень верно», что она «выбросит все из головы», но, однако же, только о том и продолжала говорить, ни о чем другом говорить не могла, и, дабы все-таки отвлечь ее от Мартинов, Эмма в конце концов принуждена была без всяких обиняков сообщить ей новость, которую предполагалось преподнести со всевозможной деликатностью, — и сама уже не знала, радоваться ей или сердиться, стыдиться или, может быть, просто посмеяться подобной перемене в душе бедняжки Гарриет — подобному завершению всепоглощающей страсти к мистеру Элтону!

Мало-помалу, впрочем, мистер Элтон был восстановлен в правах. Хоть в первые минуты известие о нем и не произвело того действия, которое могло бы произвести вчера или час назад, но вскоре интерес к нему увеличился, а к концу их беседы Гарриет, за разговорами об этой счастливице мисс Хокинс, столь распалила в себе любопытство, изумление и сожаление, горечь и умиление, что Мартины должным образом отступили в тень.

Эмма постепенно заключила, что все вышло к лучшему. Встреча с Мартинами пригодилась, чтобы смягчить для Гарриет первое потрясение, и теперь, оттесненная назад, не давала оснований для тревоги. При нынешней своей жизни Гарриет никак не соприкасалась с Мартинами, разве что они стали бы сами искать с нею встреч, а они до сих пор то ли не имели на это духу, то ли не снисходили до этого — во всяком случае, сестры Мартин с тех пор, как она отказала их брату, не переступали порога миссис Годдард, и, стало быть, целый год мог пройти, покамест случай снова сведет их вместе и даст возможность хотя бы обменяться несколькими словами.

Глава 4

Натура человеческая столь благорасположена к тем, кто находится в чрезвычайных обстоятельствах, что обо всяком, который заключает в молодые лета семейный союз или умирает, непременно сказано будет доброе слово.

Недели не минуло с тех пор, как в Хайбери первый раз прозвучало имя мисс Хокинс, а уже обнаружилось неведомыми путями, что она всем взяла — и красотою, и умом; что она хороша собой, изящна, образованна и прекрасно воспитанна, со всеми мила, и, когда мистер Элтон явился торжествовать свою счастливую победу и прославлять окрест достоинства своей нареченной, ему мало что оставалось прибавить к тому, как ее зовут и чью музыку она охотней всего играет.

Мистер Элтон вернулся счастливый. Уезжал он отвергнутый и уязвленный, обманувшись в радужных надеждах после того, как ему недвусмысленно и многократно, верил он, давали повод их питать; уезжал, не только лишась завидной партии, но и удостоверясь, что ему смеют прочить унизительно незавидную. Он уезжал жестоко оскорбленный одною — он воротился обрученный с другой, лучшей, разумеется, ибо в подобных положениях то, что удалось обрести, несравненно лучше того, что утрачено. Воротился веселый, самодовольный, оживленный и добрый, не выказывающий ни малейшего интереса к мисс Вудхаус и уже подавно не удостаивающий вниманием мисс Смит.

Обворожительная Августа Хокинс, в придачу к упомянутым преимуществам, как красота и всяческие совершенства, владела еще и капитальцем во столько-то тысяч, при этом всякий раз называлась цифра десять — обстоятельство немаловажное само по себе, но и придававшее немалую важность рассказчику, — тут было чем гордиться: он не предался рассеянию, он нашел себе невесту с десятитысячным (или около того) состоянием, и нашел ее с такою восхитительной быстротой, так скоро после первых минут, когда их представили друг другу, отмечен был вниманием! Великолепно звучала история, поведанная им миссис Коул, по ее настоянию, о завязке и развитии романа, стремительном развитии: от первой нечаянной встречи — к обеду у мистера Грина — к вечеру у миссис Браун; улыбки, все более многозначительные; стыдливый румянец, красноречивое смущение, смятенные взоры — с какою легкостью он произвел впечатление, какой живой отклик нашел в ее душе, — а короче и проще говоря, за него схватились с такою готовностью, что и расчетливость осталась удовлетворена, и в равной мере тщеславие.

Он сумел добыть для себя как основательное, так и эфемерное — и деньги, и любовь, и был по праву счастлив; не говорил ни о чем, кроме себя и своих забот; принимал как должное поздравления; смеялся вместе с теми, кто над ним подтрунивал, — и бесстрашно, от всей души, одарял подряд улыбками местных девиц, с которыми еще несколько недель назад любезничал бы более осторожно.

Свадьба была не за горами; ничье дозволение на нее не требовалось, ее отдаляло только время для необходимых приготовлений, и когда он снова отправился в Бат, то общее мнение, которое как будто не опровергала и тонкая улыбка миссис Коул, сошлось на том, что обратно он приедет уже с молодою женой.

За короткие дни, проведенные им в Хайбери, Эмма видела его лишь мельком, но и этого было довольно для сознания, что первая встреча позади, а также заключения, что эта новая его мина, полуобиженная, полукичливая, не красит его. Честно говоря, она все меньше понимала, что могла находить в нем хорошего прежде; зрелище его слишком неразрывно связывалось с тяжелыми ощущениями, и, когда бы не высоконравственные помыслы о том, что это заслуженная кара, что это ей наука — горькое, но целительное лекарство от гордыни, — она бы рада была век его не видеть. Она желала ему здравствовать и процветать, но видеться с ним было сущее наказанье; куда бы лучше было знать, что он благоденствует миль где-нибудь за двадцать.

Впрочем, то зло, что он по-прежнему будет жить в Хайбери, несомненно, должна была умерить его женитьба. Не одну докучную заботу поможет она устранить, не одну сгладить неловкость. Миссис Элтон станет удобным поводом произвести перемену в отношениях; былые дружеские узы канут, не вызвав ни у кого нареканий.

От самой будущей миссис Элтон Эмма многого не ожидала. Без сомненья, достаточно хороша для мистера Элтона, достаточно образованна для Хайбери, достаточно миловидна, хоть, вероятно, рядом с Гарриет будет глядеть дурнушкой. Что до ее происхождения, тут Эмма была покойна, твердо зная, что в этой части мистер Элтон, после всех своих спесивых претензий и своего пренебрежения Гарриет, не преуспел. Узнать на сей счет правду не составляло труда. Что она такое, поневоле оставалось неясным; кто она, оказалось возможным выяснить, и получалось, что, ежели отбросить в сторону десять тысяч фунтов, то никаких преимуществ перед Гарриет у нее нет. Ни имени, ни знатности, ни родства. Мисс Хокинс была младшею из двух дочерей бристольского... назовем его коммерсантом, если угодно, но так как доходы от его коммерции были, деликатно выражаясь, скромны, то сама собою напрашивалась догадка, что торговлишку он держал самую мизерную. Зимою девица часть времени проводила в Бате, но домом ей был Бристоль, самое сердце Бристоля; ибо, хотя отец и мать ее несколько лет как умерли, но оставался дядюшка — он занимался чем-то по юридической части, — ничего более почтенного, чем род занятий по юридической части, молва ему не приписывала — у него она и жила. Эмма предполагала, что он служил клерком в конторе какого-нибудь стряпчего и выше не мог подняться по тупости. Все поползновения на знатность, таким образом, связаны были со старшею сестрою, которая составила блестящую партию, выйдя замуж за джентльмена из высшего общества, жила невдалеке от Бристоля на очень широкую ногу и держала две кареты! Тем и завершилась история — в том и состояло величие мисс Хокинс.

Если б ей можно было внушить свои нынешние чувства Гарриет! Она сама уговорила ее полюбить, но отговорить ее от этого оказалось, увы, не так-то просто. Слова бессильны были отнять обаяние у предмета, заполнившего собою обширные пустоты в головке Гарриет. Его мог бы — и, несомненно, должен был когда-нибудь — вытеснить оттуда другой, для чего подошел бы даже Роберт Мартин; однако иного исцеления, как подозревала

Эмма, не существовало. Гарриет принадлежала к числу тех, которые, влюбившись единожды, уже всегда потом будут влюблены, не в одного, так в другого. А теперь ей, бедной, только пуще разбередил душу приезд мистера Элтона. Он, как на грех, без конца то тут, то там попадался ей на глаза. Эмма видела его всего один раз, Гарриет же, что ни день, ухитрялась непременно раза два-три только что встретить его, либо только что с ним разминуться, только что услышать его голос, увидеть удаляющуюся спину, либо у нее только что происходило какое-нибудь событие, дающее пищу воображению и любопытству и подогревающее чувство. Мало того, она постоянно слышала разговоры о нем, ибо, не считая часов, проводимых в Хартфилде, находилась все время среди тех, в глазах кого мистер Элтон был непогрешим и для которых не было интересней занятия, как судить да рядить об его делах, а потому малейшее о нем известие, малейшая, имеющая до него касательство, включая доходы, прислугу, мебель, догадка о том, что было, есть и будет, повторялись вокруг нее на тысячи ладов. Ее лестное мнение о нем ежечасно подкреплялось славословиями, ее сожалениям не давали утихнуть, а ранам — затянуться, бессчетные упоминания о том, сколь счастлива должна быть мисс Хокинс, и наблюдения в части того, как сильно ее любят, — весь его вид, когда он проходил мимо окна, даже заломленная шляпа свидетельствовали, сколь пылко он влюблен!

Эмму, когда бы позволительно было обращать в потеху колебания Гарриет, когда бы не были они мукой для ее подруги и укором для нее самой, позабавила бы ее переменчивость. Нынче главенствовал для нее мистер Элтон, завтра — Мартины; и внимание к одному на время служило средством освободиться от другого. Весть, что мистер Элтон обручен, помогла унять бурю после встречи с мистером Мартином. Страдания же, вызванные этою вестью, через несколько дней немного облегчил, в свою очередь, визит Элизабет Мартин к миссис Годдард. Гарриет не застали дома, но оставили ей записку, написанную в таком духе, что невозможно было не растрогаться, с малою долей укоризны и бездною доброты, так что, покуда мистер Элтон не приехал сам, Гарриет только с нею и носилась, непрестанно соображая, чем бы ей ответить, и не смея признаться, чем ей самой хотелось бы ответить. Но явился мистер Элтон, и заботы эти рассеялись в прах. Покамест он оставался в Хайбери, Мартины были забыты, и, когда ему подошло время снова ехать в Бат, Эмма, чтобы несколько развеять скорбь Гарриет по этому поводу, рассудила за благо снарядить ее в то же самое утро к Элизабет Мартин с ответным визитом.

Как ей вести себя при этом — что будет неизбежно, чего благоразумнее избегать, — составило для Эммы предмет сомнений и раздумий. Держаться с матерью и сестрами высокомерно, когда ее пригласят войти, значило бы выказать себя неблагодарной. Это недопустимо — да, но как же опасность, которою чревато возобновление знакомства?..

Хорошенько поразмыслив, Эмма сочла наилучшим то решение, что визит нанести следует, однако всем поведением своим дать понять — сколько это доступно их пониманию, — что знакомство отныне будет лишь формальным. Она отвезет Гарриет в Эбби-Милл в своей карете, там оставит, сама проедет дальше и вернется за нею с таким расчетом, чтобы не дать им времени для вкрадчивых заискиваний или опасных обращений к прошлому и со всею определенностью показать, каково между ними и ею расстояние.

Лучшего решения она найти не могла, и, хоть было в нем нечто такое, что в глубине души претило ей, некая неблагодарность, припудренная сверху приличием, его надобно было исполнить, а иначе что сталось бы с Гарриет?

Глава 5

Меньше всего лежало у Гарриет сердце к этому визиту. Лишь за полчаса до того, как за нею заехала к миссис Годдард ее подруга, злая судьба привела ее к тому месту, где как раз в это время грузили на тележку мясника дорожный сундук с табличкою: «Его преподобию Филиппу Элтону, Уайт-Харт, Бат», чтобы подвезти его к дилижансу, с каковой минуты ничто на свете, кроме этого сундука и этой таблички, для нее не существовало.

Тем не менее она села в карету, и когда они доехали до фермы и она высадилась в конце широкой, заботливо посыпанной гравием дорожки, ведущей между шпалерных яблонь к дверям дома, то картина, которая столь радовала ее минувшею осенью, оживила в ней некоторое волненье; Эмма, отъезжая, видела, как она озирается вокруг с каким-то робким любопытством, и еще раз сказала себе, что воротится за нею не позже чем через четверть часа. Сама она за это время собиралась проведать старую прислугу, которая вышла замуж и жила в Донуэлле.

Ровно через четверть часа ее карета остановилась возле белой калитки; мисс Смит вышла к ней по первому зову и без внушающих тревогу провожатых. На минуту из дверей показалась какая-то из сестер, простилась с нею как будто бы с церемонной учтивостью, — и гостья пошла по дорожке одна.

Долгое время не удавалось Гарриет собраться с мыслями и толком связать рассказ. Она была слишком взволнованна; однако в конце концов из сбивчивых слов ее у Эммы все же сложилось представление о том, как проходило это свиданье и почему о нем трудно говорить. Видела Гарриет только миссис Мартин и сестер. Ее встретили с нерешительностью, даже, может быть, с холодком — разговор касался все время только самых общих мест, — как вдруг, уже под конец, миссис Мартин перевела его неожиданно на более близкую тему, задала более сердечный тон, сказав, что мисс Смит, как ей кажется, выросла. В этой самой комнате она и две подружки ее в сентябре мерились ростом. На панели у окна остались отметины и памятная запись карандашом. Это он их сделал. Всем им вспомнился сразу тот день и час, то событие, те, кто был при нем, — всех охватило одно общее чувство, одно и то же сожаление — готовность вернуться к прежнему доброму согласию — они только-только начали становиться опять похожими на себя (и Гарриет, по подозрениям Эммы, первая счастлива была бы отбросить в сторону натянутость), как вновь подъехала карета, и все кончилось. Характер ее визита, краткость его обозначились с беспощадною очевидностью. Четырнадцать минут уделить тем, у которых она меньше полугода назад провела шесть недель и благословляла каждую минуту!.. Эмма, рисуя себе это все, не могла не почувствовать, сколь справедливо их возмущение, сколь естественны угрызения Гарриет. Неприглядная получалась картина. На многое согласилась бы она, многое отдала бы за то, чтобы Мартины принадлежали к более высокому разряду в обществе. Хоть капельку бы повыше, очень уж стоящие были люди, но при нынешнем их положении возможно ли было ей поступить иначе? Нет, нельзя!.. Она не раскаивалась. Их надобно разлучить, но это болезненная процедура — столь болезненная, на сей раз для нее самой, что вскоре она ощутила потребность слегка утешиться и, соответственно, решила ехать домой через Рэндалс. Мистер Элтон, Мартины — она была сыта ими по горло. Ей положительно требовалось отдохнуть душою в Рэндалсе.

Это была удачная мысль, однако, подкатив к дверям, они услышали, что «хозяина и хозяйки нет дома», причем уже довольно давно; слуга полагал, что они отправились в Хартфилд.

— Какая жалость! — вскричала Эмма, когда они тронулись дальше. — А там их теперь не застать, вот незадача!.. Никогда мне не было так досадно. — И она откинулась назад в уголке, чтобы отвести сердце, мысленно ропща на судьбу или, напротив, урезонивая себя, а возможно, делая то и другое понемножку, как и свойственно натурам, не склонным брюзжать. Но вот карета стала; она подняла голову — это мистер и миссис Уэстон остановили ее, желая с нею поговорить. Едва их увидев, она тотчас повеселела, а услышав, повеселела еще больше, ибо мистер Уэстон в то же мгновенье обратился к ней с такою речью:

— Здравствуйте, здравствуйте! Мы посидели с вашим батюшкой, рад был видеть его столь бодрым. Завтра приезжает Фрэнк — я получил письмо нынче утром — непременно будет завтра к обеду — сегодня он в Оксфорде — и останется на целых две недели — а ведь я так и знал! Если б он приехал на Рождество, то не имел бы в запасе и трех дней. Я все время рад был, что он не приехал к Рождеству, а теперь и погода будет самая подходящая — ясная погодка установилась, сухая. Поживет здесь в свое удовольствие; все сложилось как нельзя лучше.

Невозможно было, глядя на сияющее лицо мистера Уэстона, не заразиться его торжеством при этой вести, которой подтверждением служили также улыбки и слова жены его, более скупые и сдержанные, но выражающие ту же уверенность. Эмме было довольно увидеть, что она верит в приезд Фрэнка, чтобы поверить в него самой, и она всем сердцем разделила их радость. Сладко было воспрянуть истомленной душой! Прошлое, изжив себя, утонуло в новизне грядущего; у Эммы только в какую-то долю секунды мелькнула надежда, что разговоры о мистере Элтоне прекратятся.

Мистер Уэстон изложил ей, какие перестановки в распорядке энскумской жизни открыли его сыну возможность выкроить для себя эти две недели; изложил также его маршрут и способ передвижения, и она слушала, и улыбалась, и поздравляла.

— Скоро я приведу его в Хартфилд, — объявил он в заключение.

Эмма успела уловить при этих словах еле заметное прикосновение к его локтю жениной руки.

— Пойдемте, мистер Уэстон, нам пора, — сказала она, — не будем задерживать девиц.

— Да-да, я готов... — И вновь адресуясь к Эмме: — Только не рассчитывайте увидеть нечто особенное, вы ведь знаете о нем лишь по моим рассказам, а в действительности он, очень может быть, самый заурядный молодой человек... — хотя в глазах его сверкала убежденность в противоположном.

Эмма с самим наивным и простодушным видом молвила в ответ ни к чему не обязывающие слова.

— Думайте завтра обо мне, милая Эмма, около четырех часов, — было прощальное наставление миссис Уэстон, сказанное с легким трепетом в голосе и предназначавшееся только ей одной.

— Четырех! Можете быть покойны, он уже к трем будет тут как тут, — немедленно внес уточнение мистер Уэстон, тем и завершив эту приятнейшую встречу. Теперь уже Эммой владело отличное расположение духа, все вокруг представлялось глазам ее преображенным, с Джеймса слетела сонливость, да и лошади больше не спали на ходу. Она смотрела на живые изгороди и думала, что бузине вот-вот настанет время распускать листочки — оглянулась на Гарриет и даже в ней усмотрела некое просветление, первое пробуждение весны. Однако вопрос, заданный ею, обнадеживал не слишком:

— Что, мистер Фрэнк Черчилл по пути будет и Бат проезжать, не только Оксфорд?

Что ж, душевное равновесие, как и знание географии, приходят не сразу, и Эмма добродушно сказала себе, что со временем то и другое все-таки придет к ее подруге.

Наступил знаменательный день, и ни в десять часов, ни в одиннадцать, ни в двенадцать не забыла верная ученица миссис Уэстон, что в четыре должна думать о ней.

— Дорогой мой заботливый друг, — говорила она сама с собою, спускаясь из своей комнаты по лестнице, — всегда умеете позаботиться о других и никогда-то — о себе. Воображаю, в каких вы теперь хлопотах, как вы снова и снова заходите в его комнату, проверяя, все ли в порядке. — Когда она проходила по передней, пробили часы. — Двенадцать, — через четыре часа я не забуду о вас подумать. А завтра в это время или, пожалуй, чуть позже буду, наверное, думать, что все они, быть может, придут к нам. Я уверена, скоро они приведут его сюда.

Она отворила дверь в гостиную и увидела, что там сидят с ее батюшкою два господина — мистер Уэстон и его сын. Они только что пришли, мистер Уэстон успел лишь сообщить, что Фрэнк приехал на день раньше, а хозяин дома еще не высказал и половины любезнейших приветствий и поздравлений, когда появилась она, чтобы в свою очередь изумляться, приветствовать и выражать удовольствие.

Итак, Фрэнк Черчилл, о котором столь долго шли разговоры, который вызывал к себе столь жгучий интерес, был перед нею — был представлен ей, и Эмме подумалось, что его хвалили не зря. Молодой человек был очень красив; рост, осанка, манеры — безукоризненны, в чертах — те же одушевление и живость, что и у отца, во взгляде — ум и проницательность. С первых минут она почувствовала, что он понравится ей; по изысканной непринужденности, с которой он держался, по готовности, с какой поддерживал беседу, она видела, что он пришел с намерением свести с нею доброе знакомство и что добрыми знакомыми они должны сделаться очень скоро.

Он приехал в Рэндалс накануне вечером. Эмма про себя одобрила нетерпение приехать как можно быстрее, побудившее его изменить план своего путешествия — раньше выехать, быстрее ехать, реже останавливаться ради того, чтобы выиграть полдня.

— Ну, что я вам говорил! — вскричал с ликованьем мистер Уэстон. — Говорил я вам вчера, что он приедет раньше времени! Я, помнится, и сам так поступал. Нет сил плестись потихоньку, когда путешествуешь — невольно подгоняешь себя, что хоть и стоит некоторых усилий, зато с лихвою окупается удовольствием свалиться к друзьям как снег на голову, когда вас еще не начали поджидать.

— Большое удовольствие, когда его можно себе позволить, — возразил его сын, — только не так-то много домов, где я решился бы на подобную вольность, — но когда едешь домой, то знаешь, что все можно.

При слове «домой» отец взглянул на него с особенным умилением. К Эмме сразу пришла уверенность, что он знает, как расположить к себе других, и последующее подкрепило эту уверенность. Он был в восторге от Рэндалса, находил, что дом обставлен и ведется образцово, даже с неохотою соглашался, что он не слишком велик, восхищался местоположеньем его, дорогой на Хайбери, самим Хайбери и уж тем более Хартфилдом и сознавался, что постоянно испытывал тяготенье к этим краям, какое одни только родные края и способны вызвать, а также стремление посетить их. У Эммы мелькнула мысль, что несколько странно в таком случае, отчего он пораньше не изыскал возможности поддаться этому похвальному чувству, но, впрочем, ежели он и покривил душою, то проделал это из лучших побуждений и наилучшим манером. Ничего деланого, наигранного не слышалось в его речах. Он говорил с видом человека, которому и в самом деле необыкновенно хорошо.

Вообще же предметы их разговора были такими, которые и бывают при первом знакомстве. С его стороны они большею частью облекались в форму вопросов. Ездит ли она верхом? Хороши ли места поблизости для верховых прогулок? А для прогулок пешком? Многочисленно ли у них соседство? Очевидно, нет недостатка в друзьях из Хайбери? Он заметил и там, и в окрестности премилые дома. А балы? Дают ли здесь балы? Устраивают ли музыкальные вечера?

Когда же любопытство его было удовлетворено и они несколько освоились друг с другом, а их отцы заняты были своим, он, улучив удобный момент, заговорил о своей мачехе, отзываясь о ней с такой щедрой хвалой, таким непритворным восхищением, такою благодарностью за то счастье, которое она принесла отцу его, и за тот теплый прием, который оказала ему, что лишний раз доказал этим, как он умеет снискать расположение и как для него важно расположить к себе ее. Воздавая хвалу миссис Уэстон, он ни единым словом не превысил того, что она заслуживала в самом деле, как о том знала Эмма, но, конечно, не мог знать он сам. Он просто понимал, что именно найдет благоприятный отклик, и действовал наверняка. Женитьба его отца, говорил он, была разумнейший шаг, всякий, который желает ему добра, должен приветствовать ее — он же должен чувствовать себя навеки обязанным семейству, от которого снизошла к нему такая благодать.

Казалось, еще немного, и он примется благодарить ее за достоинства мисс Тейлор, но он, как видно, не совсем забыл, что, вообще-то говоря, естественней предположить, что не мисс Тейлор воспитывалась у мисс Вудхаус, а все-таки мисс Вудхаус — у мисс Тейлор. А под конец, как бы сообщая своему отзыву о ней последний штрих, который поможет словам вернее дойти до цели, он объявил о том, сколь поражен ее молодостью и красотой.

— Умение держаться, обаяние, — к этому я был готов, — сказал он, — однако, принимая в расчет все обстоятельства, признаюсь, ожидал увидеть приятную особу определенного возраста и никак не предполагал, что встречу хорошенькую, молоденькую женщину.

— Для меня, — отвечала Эмма, — что вы ни скажете лестного о миссис Уэстон, все будет мало; дадите ей восемнадцать лет, я только порадуюсь, слыша это, — а вот она вас не похвалит. Я бы на вашем месте не выдавала ей, что вы ее называете молоденькой да хорошенькой.

— На это, надеюсь, у меня достанет сообразительности, — возразил он. — Нет, будьте уверены, я хорошо понимаю, кого в разговорах с миссис Уэстон могу хвалить в самых неумеренных выражениях и не бояться осуждения.

Эмма спрашивала себя, мелькало ли у него когда-нибудь подозрение, не покидавшее ее, о том, какие надежды могут возлагать другие на их знакомство, и о чем говорят в этом случае его комплименты, — что, он их в душе одобряет или бесповоротно отвергает? Надобно было дольше знать его, чтобы верно толковать его поведение; пока что она могла лишь сказать, что оно ей по душе.

Зато она наверное знала, какие мысли вертятся сейчас в голове у мистера Уэстона. То и дело перехватывала она брошенный с широкою улыбкой в их сторону быстрый взгляд и, даже когда он заставлял себя не оглядываться на них, не сомневалась, что он прислушивается к ним одним ухом.

Как хорошо, что мыслям подобного рода был совершенно не подвержен ее батюшка, начисто лишенный какой бы то ни было подозрительности или прозорливости. Он был, по счастью, столь же чужд умению предвидеть брак, как и обнаруживать к нему терпимость. Всякий раз изъявляя недовольство, ежели надвигалась чья-либо свадьба, он никогда еще не опечалился заранее ее предвидением и, похоже было, держался слишком хорошего мнения о человечестве, чтобы допустить, что какие-то двое способны замышлять такую глупость, покамест жизнь не доказывала обратное. Эмма только благословляла эту благую слепоту. Он мог теперь со спокойной душою, не омрачаясь ни единым сомнением, не тщась распознать в госте приметы возможного вероломства, дать полную волю прирожденной доброжелательной учтивости, заботливо осведомляясь о том, с удобством ли путешествовал мистер Фрэнк Черчилл, благополучно ли перенес два раза кряду такое бедствие, как ночлег в дороге, и с неподдельной участливостью желая удостовериться, что ему в самом деле удалось избежать простуды, но, впрочем, остерегая его от окончательной в том уверенности до истечения еще одной ночи.

Посидев, сколько требует приличие, мистер Уэстон собрался уходить. Ему пора. Он еще должен наведаться в «Корону» насчет сена, а после — к Форду, со множеством поручений от миссис Уэстон, но никого другого он не торопит. Его сын, слишком хорошо воспитанный, чтобы не понять намек, тотчас поднялся следом, говоря:

— Ежели вам дальше по делам, сэр, то я воспользуюсь случаем и нанесу визит, который рано или поздно нанести необходимо, а значит, можно с тем же успехом нанести сейчас. Я имею честь быть знакомым с вашею соседкой, — относясь к Эмме, — дамой, которая имеет жительство то ли в Хайбери, то ли поблизости от него, в семействе Фэрфаксов. Мне, полагаю, не составит труда отыскать их дом, хотя я, кажется, неточно выразился, назвав их Фэрфаксами, — следовало бы, скорее, сказать «Барнсы» или, может быть, «Бейтсы». Известно ли вам такое семейство?

— Еще бы не известно! — воскликнул его отец. — Миссис Бейтс — мы проходили мимо ее дома, я заметил в окошке мисс Бейтс. Верно-верно, ты знаком с мисс Фэрфакс, помнится, встретился с нею в Уаймуте — очень хорошая девица. Непременно навести ее.

— Навещать ее нынче же нет особой надобности, — сказал молодой человек, — это можно сделать в любой другой день, просто наше доброе знакомство в Уэймуте предполагает...

— Нет-нет, пойди сегодня. Не откладывай. Раз это все равно следует сделать, значит, чем раньше, тем лучше. К тому же должен предупредить тебя: недостаток внимания к ней здесь недопустим. Ты видел ее, когда она была с Кемпбеллами, встречаясь с теми, кто окружал ее, на равной ноге, — здесь же она живет у старой бабушки, которая едва сводит концы с концами. Если ты промедлишь с визитом, это будет выглядеть как неуважение.

Казалось, он убедил своего сына.

— Я слышала от нее о вашем знакомстве, — сказала Эмма. — Она удивительно изящна.

Он подтвердил это, но столь глухим «да», что Эмма едва не усомнилась в его искренности; сверхъестественное изящество господствовало, должно быть, в модном свете, ежели ту меру его, которой одарена была Джейн Фэрфакс, могли счесть заурядной...

— Если вас до сих пор не поразила изысканность ее манер, — сказала она, — то нынче, я думаю, поразит. У вас будет случай разглядеть ее как следует, разглядеть и послушать — впрочем, нет, боюсь, послушать ее вам не удастся вовсе, потому что у нее есть тетушка, которая никогда не закрывает рот.

— Так вы знакомы с мисс Джейн Фэрфакс, сударь? — сказал мистер Вудхаус, как всегда последним уловив нить разговора. — Тогда позвольте вас уверить, вы в ней найдете премилую молодую девицу. Она тут в гостях у бабушки и тетки — весьма почтенные дамы, я их знаю всю жизнь. Уверен, что они будут чрезвычайно вам рады, а мой слуга пойдет с вами и покажет, как их найти.

— Ни в коем случае, сэр, благодарю вас, мне укажет дорогу батюшка.

— Но вашему батюшке идти не туда, ему только до «Короны», а это совсем не на той стороне улицы, кроме того, там очень густо стоят дома, недолго и запутаться, а как шагнете с тротуара — непролазная грязь. Мой кучер объяснит вам, где безопасней всего переходить улицу.

Мистер Фрэнк Черчилл, с трудом сохраняя на лице серьезность, продолжал отказываться, и отец горячо его поддержал, возгласив:

— Добрый друг мой, это совершенно лишнее. Фрэнку не впервой на своем веку видеть лужи, а от «Короны» до миссис Бейтс ему дойти ровным счетом два шага.

Скрепя сердце им разрешили идти одним, и оба джентльмена, один с сердечным кивком, другой с изящным поклоном, удалились. Эмма осталась очень довольна таким началом знакомства и могла теперь думать о каждом из них в любой час дня, зная, что в Рэндалсе все благополучно.

Глава 6

Наутро мистер Фрэнк Черчилл был у них снова. И не один, а с миссис Уэстон, которая, сколько можно было судить, как и Хайбери, очень пришлась ему по сердцу. Он, оказывается, сидел дома, деля с нею компанию, покуда ей не настало время совершать ежедневный моцион, и, получив предложение выбрать маршрут для прогулки, немедленно остановился на Хайбери. «Он не сомневается, что здешние места, в какую сторону ни пойти, хороши для прогулок, но ежели спросят его, то выбор будет всегда один и тот же. Хайбери, где все радует глаз, веселит и дышит привольем, — Хайбери останется притягателен для него неизменно». Для миссис Уэстон слово «Хайбери» означало Хартфилд, она уповала, что и он вкладывает в него тот же смысл. Прямо туда они и направились.

Эмма, по совести говоря, их не ждала, потому что мистер Уэстон, который забежал на полминутки услышать, что его сын молодец хоть куда, не знал, каковы у них планы, и для нее было приятным сюрпризом увидеть, как они рука об руку приближаются к дому. Ей хотелось повидать его еще раз, и особенно в обществе миссис Уэстон, ибо от того, как он будет вести себя с нею, зависело, какое у нее сложится об нем мнение. Окажись он тут не на высоте, он уже ничем не мог бы этого искупить в ее глазах. Однако, увидев их вдвоем, она осталась вполне довольна. Не просто красивыми словами да преувеличенными комплиментами воздавал он ей должное — он вообще умел взять с нею такой верный, подкупающий тон, что лучше и не придумать, не выразить лучше свое желание видеть в ней друга и заслужить ее расположение. А времени составить себе основательное суждение оказалось у Эммы довольно, так как они провели вместе все утро. Часа два-три прогуливались они втроем, сначала — по обсаженным кустами аллеям Хартфилда, потом — по Хайбери. Все приводило его в восторг, слух мистера Вудхауса усладился досыта его дифирамбами Хартфилду, а когда решено было двинуться дальше, то он признался, что хотел бы ознакомиться со всем селением, и Эмма не могла предположить, что там найдется столь много для него интересного и достойного доброго слова.

Подчас его любопытство к иной достопримечательности позволяло сделать лестное заключение о его чувствах. Так, он просил показать ему дом, в котором прожил долгие годы его отец, а до него — отец его отца, вспомнив же, что еще жива старушка, когда-то вскормившая его, обошел всю улицу из конца в конец, ища, где находится ее домик, и даже когда его внимание привлекало что-нибудь не очень стоящее, это само по себе многого стоило в глазах его спутниц как свидетельство хорошего отношения к Хайбери вообще.

Эмма, наблюдавшая за ним, решила, что человека, который обнаруживает подобные чувства, нельзя заподозрить в злом умысле оттянуть свой приезд, что он не мог ломать комедию, лицемерить в изъявлениях сыновней привязанности и мистер Найтли, конечно же, обвинял его незаслуженно.

Первую остановку сделали они у трактира «Корона», средней руки заведения, хотя и первого среди прочих в Хайбери, где держали лишь отчасти для проезжающих, а более для удобства местных жителей, две пары почтовых; дамы никак не ожидали, что их задержит здесь что-либо примечательное, однако им случилось помянуть мимоходом историю обширной пристройки, которая сразу бросалась в глаза. Ее сделали много лет назад, предназначая под бальную залу, и в дни многолюдства и балов она не однажды служила своей цели, но блистательное время это давно миновало, и ныне наивысшим ее предназначением было собирать под свои своды благородных и полублагородных джентльменов из местного вист-клуба. Мистер Фрэнк Черчилл тотчас навострил уши. Его поразило, что это бальная зала; вместо того чтобы пройти мимо, он на несколько минут остановился под окнами — оба превосходных подъемных окна были открыты — и, заглядывая внутрь, стал оценивать ее возможности и сетовать на то, что ею больше не пользуются по назначению. Он не нашел в зале ни единого недостатка, он отказывался признать те, на которые ему указывали. Нет-нет, и длина подходящая, и ширина подходящая, и общий вид. И вмещает самое подходящее число людей. Здесь следует хотя бы раз в две недели на протяжении всей зимы устраивать балы. Отчего мисс Вудхаус не возродила для этой залы ее славное прошлое? Ведь она здесь всесильна! То возражение, что в Хайбери слишком мало хороших фамилий, никого, кроме жителей Хайбери да ближайших соседей, на такие балы не созовешь, не убедило его. Он не поверит, чтобы, когда кругом стоят красивые дома, в них не нашлось нужное число обитателей, достойных составить подобного рода собрание; даже услышав в подробностях описание местных семейств, он все-таки не желал согласиться, что кто-нибудь может пострадать от их смешения и что другое же утро не расставит всех снова по прежним местам. Он спорил со страстью завзятого танцора, и Эмма дивилась, глядя, как уэстонский норов берет верх над нравами Черчиллов. Казалось, ему в полной мере достались отцовская живость и общительность, кипучий, неунывающий дух — и ничего от энскумской чопорности и гордыни. Гордыни, правду сказать, попросту не хватало — подобное равнодушие к соблюдению общественных различий граничило с невзыскательностью вкуса. А впрочем, и мог ли такой, как он, судить о зле, коему придавал столь малую важность? Это лишь выплеснулся наружу избыток его задора, и только.

Наконец его уговорили оторваться от окон «Короны» и пойти дальше, и, когда перед ними очутился дом, в котором квартировали Бейтсы, Эмма, вспомнив, что он накануне имел намерение посетить их, спросила, состоялся ли визит.

— Ах да, состоялся, — отвечал он, — я как раз хотел об этом сказать. Он сошел как нельзя более удачно — я застал дома всех трех дам и очень вам обязан за своевременное предостережение. Когда бы словоохотливость тетушки застигла меня врасплох, я бы, наверное, погиб. А так отделался лишь тем, что принужден был затянуть свой визит сверх меры. Нужно было бы — и, пожалуй, прилично было бы — посидеть минут десять, не долее, я и батюшку предупредил, что определенно буду дома раньше его, но как выбрать момент, когда нет ни умолку, ни передышки; и когда он, нигде меня не найдя, наконец зашел туда за мною, я с несказанным изумлением обнаружил, что просидел у них добрых три четверти часа. Почтенная дама не дала мне ни малейшей возможности вырваться раньше.

— И как, на ваш взгляд, выглядит мисс Фэрфакс?

— Неважно, совсем неважно, ежели, разумеется, допустить, что юная девица может неважно выглядеть. Но ведь так думать непозволительно, не правда ли, миссис Уэстон? Где это видано, чтобы особа прекрасного пола выглядела неважно? И притом, откровенно говоря, мисс Фэрфакс так бледна от природы, что всегда имеет нездоровый вид. Цвет лица ее оставляет желать лучшего.

Эмма, не соглашаясь с ним, взяла цвет лица мисс Фэрфакс под защиту. «Да, он и правда не ярок, но это не причина утверждать, будто в нем всегда присутствует нездоровый оттенок, а главное, ее коже свойственна чистота и прозрачность, от которых лицо ее приобретает неповторимую утонченность». Он с должною почтительностью выслушал ее, подтвердил, что слышал это от многих, но счел нужным признаться, что для него самого отсутствие здорового румянца — непоправимый изъян. Когда в чертах лица нет ничего особенного, румянец красит их, когда же они хороши, то действие его... но, к счастью, ему нет нужды здесь описывать, каково тогда его действие.

— Что ж, — отозвалась Эмма, — о вкусах не спорят. Во всяком случае, если отбросить цвет лица, она вам нравится.

Он покачал головою и рассмеялся.

— Для меня мисс Фэрфакс и цвет ее лица неразделимы.

— Вы с нею часто встречались в Уэймуте? Часто бывали в одном и том же обществе?

Они в эту минуту приближались к Форду, и у него вырвалось восклицание:

— Ха! Это, должно быть, и есть та самая лавка, в которой, как мне сообщил отец, всяк от мала до велика бывает каждый день? Он и сам, по его словам, шесть раз на неделе наведывается в Хайбери, и всякий раз непременно найдется дело, которое приведет его к Форду. Прошу вас, зайдемте туда, ежели это вас не затруднит, — докажу тем самым, что и я здешний, что я тоже гражданин Хайбери. Я непременно должен купить что-нибудь у Форда. И таким образом утвердиться в правах гражданства... Я полагаю, у них торгуют перчатками?

— Да, и перчатками, и всем прочим. Я в восхищении от вашего патриотизма. Вас будут обожать в Хайбери.

Вы пользовались известностью еще до вашего приезда, так как доводитесь сыном мистеру Уэстону, но выложите полгинеи у Форда, и ваша добрая слава будет зиждиться на ваших личных заслугах.

Они вошли; покамест с полок доставали и раскладывали по прилавку лоснистые, плотно перевязанные пачки «мужских фильдеперсовых» и «кожаных кофе с молоком», он сказал:

— Однако простите, мисс Вудхаус, я прервал вас, вы что-то говорили в ту минуту, когда во мне внезапно взыграла amor patriae*. Не лишайте меня удовольствия узнать, что именно. Уверяю вас, самая громкая слава в обществе не возместит для меня утрату малейшей радости в частной жизни.

— Я только спросила, много ли вы бывали в Уэймуте вместе с мисс Фэрфакс, в одном кружке.

— Теперь, когда мне понятен ваш вопрос, скажу вам, что об этом спрашивать нечестно. Определять, какова степень знакомства — исконная привилегия дамы. Должно быть, мисс Фэрфакс, рассказывая об Уэймуте, уже обозначила для вас эту степень, и я не желаю попасть впросак, претендуя на большее.

— Помилуйте, судя по этому ответу, вы ей не уступаете в осмотрительности. В речах мисс Фэрфакс столько недосказанного, в ней самой — столько скрытности, нежелания сообщить хоть что-либо о ком бы то ни было, что вы, по-моему, право, можете без оглядки говорить об вашем знакомстве все что вздумается.

— В самом деле?.. Тогда скажу правду, тем более что это мне будет приятней всего. Я часто встречался с нею

* Любовь к отчизне (*лат.*).

в Уэймуте. Кемпбеллы были мне немного знакомы по Лондону, и в Уэймуте мы вращались, большею частью, в одном кругу. Полковник Кемпбелл — милейший человек, миссис Кемпбелл приветлива и добра. Мне нравится их семейство.

— Тогда, я заключаю, вам известно, в каком положении находится мисс Фэрфакс и какая ее ожидает судьба.

— Да... — с некоторою заминкой, — известно, я думаю.

— Вы касаетесь деликатных предметов, Эмма, — с улыбкой вмешалась в разговор миссис Уэстон, — и забываете о моем присутствии. Мистер Фрэнк Черчилл не знает, что и сказать, когда вы заводите речь о таких вещах, как положение мисс Фэрфакс. Я лучше отойду в сторонку.

— Конечно, я забыла подумать о ней, — сказала Эмма, — потому что всегда вижу в ней только друга моего, дорогого, верного друга.

По его лицу было видно, что он вполне понимает подобное чувство и уважает его.

— Вы когда-нибудь слышали, как играет молодая особа, о которой мы только что говорили? — спросил Фрэнк Черчилл, когда покупка перчаток состоялась и они снова вышли из лавки.

— Когда-нибудь? — переспросила Эмма. — Вы забываете, насколько она неотделима от Хайбери! Я слушаю ее каждый год с тех пор, как мы обе начали учиться музыке. Она прелестно играет.

— Правда, вы так думаете? Мне хотелось знать мнение кого-то, кто может в самом деле почитаться судьею. Мне и самому показалось, что она играет недурно, то есть с большим вкусом, только я совершенно в этом не разбираюсь... Страшно люблю музыку, но совсем не играю, а значит, и не имею права судить о чужом исполнении. Другие, я слышал, им восхищались, мне запомнилось одно из свидетельств того, сколь высоко ставят ее игру. Некий господин, большой знаток музыки — мужчина, влюбленный в другую, обрученный с другою — им вот-вот предстояло жениться, — никогда не просил эту другую сесть за клавиши, ежели вместо нее могла сесть за них упомянутая молодая особа, ни разу не изъявил желания слушать одну, ежели возможно было послушать другую. Такое со стороны человека, известного своею музыкальной одаренностью, по-моему, кое о чем свидетельствует.

— Бесспорно свидетельствует! — весело подхватила Эмма. — Так мистер Диксон, стало быть, тонкий ценитель музыки? От вас мы за полчаса узнаем больше, чем мисс Фэрфакс соизволит выдавить из себя за полгода.

— Да, я имел в виду мистера Диксона и мисс Кемпбелл и счел, что это говорит о многом.

— Несомненно, об очень многом — столь многом, что, правду сказать, окажись я на месте мисс Кемпбелл, я была бы от этого далеко не в восторге. Я бы не простила мужчине, что музыка ему дороже любви, услада слуха важнее услады очей, что прекрасные звуки понятней для него, нежели мои чувства. А как относилась к этому мисс Кемпбелл?

— Видите ли, речь шла о ее закадычной подруге.

— Слабое утешение! — смеясь, возразила Эмма. — По мне, скорее уж пусть отмечают чужую, нежели закадычную подругу, — с чужой такое, быть может, больше не повторится, но что за несчастье постоянно иметь под боком закадычную подругу, которая все делает лучше вас!.. Бедная миссис Диксон! Душевно рада за нее, что она уехала жить в Ирландию.

— Вы правы. Все это выглядело не слишком лестно для мисс Кемпбелл, но, право, непохоже было, что ее это хоть сколько-нибудь волновало.

— Тем лучше — или, может быть, тем хуже, я не знаю. Но чем бы это ни объяснялось, кротостью ли характера или глупостью, пылкостью в дружбе или холодностью в любви, был человек, которого, я думаю, такое не могло не волновать — и это сама мисс Фэрфакс. Она-то уж наверное не осталась нечувствительна к тому, что ей оказывают столь неприличное и опасное предпочтение.

— Ну, что до этого... я не берусь...

— О, не подумайте, будто я рассчитываю получить от вас или кого-нибудь другого отчет о том, каковы были чувства мисс Фэрфакс. Этого, как я догадываюсь, кроме нее самой, не ведает ни одна живая душа. Однако ежели она продолжала играть всякий раз, как попросит мистер Диксон, то можно предположить что угодно.

— Между ними тремя, казалось мне, царило столь доброе согласие... — быстро начал он, но осекся и продолжал спокойно: — А впрочем, не скажу, каковы были в самом деле их отношения, что там скрывалось за внешней видимостью. Скажу только, что на взгляд со стороны все шло гладко. Вам, знающей мисс Фэрфакс с детских лет, лучше судить о том, что она за человек и как ей более свойственно вести себя в чрезвычайных обстоятельствах.

— Да, я знаю ее с детских лет, это верно, — мы вместе были детьми, вместе выросли, и лишь естественно предположить, что нас связывает такая дружба, что всякий раз, когда она навещает родных, мы сходимся с нею накоротке. Но ничего похожего нет. Сама не знаю, как это вышло, — отчасти тут был виною, пожалуй, мой гадкий дух противоречия, мне сделалась противна девочка, которую вечно так превозносят, боготворят, и тетка, и бабушка, и все окружающие. И потом, эта ее скрытность... я никогда бы не могла привязаться к столь замкнутому существу.

— Отталкивающая черта, согласен, — сказал он. — Без сомненья, зачастую весьма удобная, но всегда неприятная. В скрытности есть надежность, но в ней отсутствует привлекательность. Невозможно полюбить скрытного человека.

— Да, покуда его скрытность в отношении вас не прекратится, и тогда он, может быть, станет привлекателен вдвойне. Но я покамест не дошла до столь крайней нужды в хорошей приятельнице, подруге, чтобы брать на себя труд преодолеть чью-то скрытность и обнаружить за нею привлекательные свойства. О дружеских отношениях между мною и мисс Фэрфакс речи быть не может. У меня нет причин думать об ней дурно — ни малейших причин, — но только эта неизменная, эта сугубая осторожность в словах и манере держаться, этот страх дать другому мало-мальски ясное понятие о ком бы то ни было невольно внушают подозрение, что ей есть что скрывать.

Он совершенно с нею согласился, и Эмме после столь долгой прогулки вместе и такого сходства в их взглядах стало казаться, будто они хорошо знакомы, и не верилось, что они видятся всего-навсего второй раз. Он оказался не совсем таков, как она ожидала, менее светским человеком в некоторых своих взглядах, в меньшей степени баловнем судьбы и, значит, оказался лучше, чем она ожидала. Требования его были более умеренны, чувства более горячи. Особенно поразили ее соображения, высказанные им о доме мистера Элтона, который, как и церковь, они, уступив его настойчивой просьбе, сходили посмотреть и в котором он, не соглашаясь с их мнением, не усмотрел больших изъянов. Нет, по его впечатлению, дом совсем недурен — не стоит жалеть человека, которому достанется такой дом. Не жалости достоин мужчина, который будет делить кров, подобный этому, с любимой женщиной. Здесь вполне хватит места, чтобы устроиться со всяческим комфортом. Болваном надобно быть, чтобы требовать большего.

Миссис Уэстон только посмеялась этому. Он не знает, что говорит. Он, который привык жить только в большом доме, никогда не задумывался о том, сколько удобств и преимуществ связано с его размерами, поэтому не ему судить о лишениях, неизбежно проистекающих от необходимости ютиться в маленьком доме. Однако Эмма про себя решила, что он отлично знает, что говорит, — что в словах его видна похвальная склонность с молодых лет зажить своим домом и жениться из достойных побуждений. Он не догадывается, может быть, какими грозами чревато для мира в семье отсутствие комнаты для экономки или скверная кладовая, зато прекрасно сознает, что не в Энскуме счастье, и когда полюбит, то не задумываясь откажется от непомерного богатства, чтобы снискать самостоятельность уже в молодые лета.

Глава 7

Назавтра лестное мнение Эммы о Фрэнке Черчилле несколько поколеблено было известием, что он уехал в Лондон, и лишь затем, чтобы подстричься. Эта прихоть внезапно взбрела ему в голову за завтраком; он послал за фаэтоном и укатил, с намерением воротиться к обеду и не имея в виду цели более уважительной, чем стрижка волос. Конечно, невелик грех проехать по такому случаю шестнадцать миль туда и обратно, но отдавал этот поступок чем-то фатовским, вздорным, что претило ей. Он не вязался с тем здравомыслием в планах, умеренностью в требованиях и даже тем бескорыстием в движениях души, которые, верилось ей, она в нем разглядела накануне. Суетное тщеславие, невоздержанность, страсть к переменам, непрестанный зуд чем-то занять себя, не важно, дурным или хорошим, неумение подумать, приятно ли это будет отцу и миссис Уэстон, безразличие к тому, как будет выглядеть такое поведение в глазах людей, — вот обвинения, которые казались ей применимы к нему теперь. Батюшка ее только назвал его фертом и новость счел презанятной, но миссис Уэстон была недовольна, как явствовало из того, что она упомянула ее вскользь и более к ней не возвращалась, уронив лишь, что «у молодых людей всегда бывают маленькие причуды».

Не считая этого единственного пятнышка, у миссис Уэстон, как убедилась Эмма, сложилось о нем за то время, что он пробыл у них, впечатление самое благоприятное. Она с готовностью отмечала, как он внимателен и мил в общении, сколько она в нем увидела черт, которые ей нравятся. Открытая, по всему казалось, натура; бесспорно живой, веселый характер; в суждениях его она не заметила ничего дурного и определенно нашла много хорошего — он отзывался с большой теплотой о дяде, охотно о нем рассказывал, утверждая, что будь он предоставлен самому себе, то лучше его не было бы в мире человека, а к тетке хоть и не обнаруживал привязанность, но все же с благодарностью вспоминал ее доброту к нему и всякий раз говорил о ней уважительно. Все это очень обнадеживало, и не было, помимо злополучной его блажи стричь волосы, других причин считать, что он не заслуживает высокой чести, которой удостоен был в ее воображении — чести пусть не любить ее, но быть во всякую минуту готовым влюбиться, когда бы не останавливало ее безразличие (ибо она попрежнему верна оставалась своему решению никогда не выходить замуж) — чести, короче говоря, быть избранным для нее всеми их общими друзьями.

Со своей стороны и мистер Уэстон сверх того, что сказано было его женою, назвал одно немаловажное достоинство. Он дал понять Эмме, что Фрэнк от нее в восхищении, очарован ее красотою и обаянием; одним словом, столь многое говорило в его пользу, что ей положительно нельзя было слишком строго его судить. А что до маленьких причуд, то они, как справедливо заметила миссис Уэстон, бывают у молодых людей всегда.

Был среди новых знакомцев мистера Черчилла в Суррее один, настроенный не столь снисходительно. Вообще как в Донуэллском приходе, так и в Хайберийском его поступок не слишком осуждали, благодушно прощая мелкие излишества красивому молодому человеку, который столь щедро расточает улыбки и умеет так ловко кланяться, но одну строгую душу среди них не так-то было легко задобрить улыбками да поклонами — и это был мистер Найтли. Ему сообщили эту новость в Хартфилде; минуту он помолчал, наклонясь над газетой, которую держал в руке, и тут же Эмма услышала, как он буркнул себе под нос:

— Хм! Пустой, ничтожный малый, как я и думал.

Она хотела было вспылить, но пригляделась внимательней и поняла, что это сказано не из желания позлить ее, а просто чтобы отвести душу, — и сдержалась.

Хотя мистер и миссис Уэстон пришли и не с очень-то доброю вестью, но в одном отношении их приход был чрезвычайно своевременным. Пока они находились в Хартфилде, произошло событие, побудившее Эмму искать у них совета, и, что самое удачное, как раз того совета, который они ей дали.

Событие это было вот какого рода. Уже несколько лет, как в Хайбери поселилась чета Коулов, очень славные люди — дружелюбные, радушные, простые, но с другой стороны — низкого происхождения, из торговцев, так что причислить их к хорошему обществу можно было лишь с большою натяжкой. Приехав сюда, они жили первое время по средствам, тихо и скромно, мало кого принимали, а если и принимали, то без затей; однако вот уже года два, как состояние их значительно увеличилось, торговый дом в Лондоне начал давать больше прибыли, да и вообще им начало улыбаться счастье. Вместе с доходами возросли и запросы; им понадобилось больше места в доме, захотелось чаще принимать гостей. Они сделали к дому пристройку, завели больше прислуги, больше стали тратить и ныне уступали в богатстве и роскоши только владельцам Хартфилда. Зная их гостеприимство и видя новую их столовую, все ждали, что они будут давать званые обеды, каковые и были устроены уже несколько раз, по преимуществу для холостых мужчин. Исконные, лучшие фамилии они, полагала Эмма, приглашать не осмелятся — Донуэлл, Хартфилд, Рэндалс были для них недоступны. А если бы все-таки осмелились, то она бы к ним не поехала ни за что на свете — жаль только, что из-за домоседных привычек ее батюшки отказ ее лишился бы отчасти того смысла, который она желала ему придать. Коулы были по-своему очень порядочные люди, однако их следовало научить кой-чему — не им было предлагать семейству, которое стоит выше их, условия, на которых оно может их посетить. И преподать этот урок предстояло, подозревала она, не кому иному, как только ей, — на мистера Найтли она особых надежд не возлагала, на мистера Уэстона — и вовсе никаких.

К несчастью, она слишком уж заранее обдумала, как поставит Коулов на место, — прошло много недель, покуда ей представился случай сделать это, а тогда уже оскорбление было ею воспринято совсем иначе. В Донуэлл пришло приглашение — пришло и в Рэндалс, но они с батюшкой такового не получили, и объяснения миссис Уэстон, что, «вероятно, они не отважились так много взять на себя в отношении вас, зная, что вы не бываете на обедах», было ей маловато. Ее лишали желанной возможности ответить отказом, а после, вновь и вновь возвращаясь к раздумьям об этом вечере, на котором соберутся именно те, чьим обществом она дорожила более всего, она стала чувствовать, что и сама, быть может, не прочь была бы принять приглашение. Звана была Гарриет, званы Бейтсы. Об этом обеде шел разговор и вчера, во время прогулки по Хайбери, и Фрэнк Черчилл искренне сокрушался, что ее не будет. Он полюбопытствовал, не завершится ли вечер танцами. От одной этой мысли она еще более омрачилась духом; остаться в гордом одиночестве — даже при самом лестном для себя истолковании того, что ее не пригласили, — было не слишком утешительно.

И вот как раз когда в Хартфилде находились Уэстоны, приглашение пришло — потому-то и оказалось их присутствие столь своевременным, ибо, хотя первые ее слова по прочтении его были: «Конечно, надобно отказаться», она с такою поспешностью стала вслед за тем спрашивать у них совета, как ей поступить, что они не раздумывая отвечали: «Ехать», и совет их был принят.

Она призналась, что, беря многое в расчет, не ощущает в себе крайнего нежелания поехать на этот вечер. Приглашение Коулов составлено было в столь надлежащем тоне, изложено с такою неподдельной предупредительностью, выказывало такое внимание к отцу ее... Они испросили бы этой чести ранее, но дожидались, покуда из Лондона прибудет ширма, которая, как они надеялись, оградит мистера Вудхауса от малейшего сквозняка и он охотнее согласится оказать им честь своим присутствием. В общем, она поддалась уговорам с большою легкостью, и, наспех обсудив между собою, как все обставить с наибольшим удобством для мистера Вудхауса — по всей вероятности, если не миссис Бейтс, то миссис Годдард не откажется составить ему компанию, — они приступили к задаче добиться от него согласия отпустить дочь на целый вечер, позволив ей в один из ближайших дней поехать на званый обед. О том, чтобы ехать ему, Эмма и мысли не допускала — вечер кончится слишком поздно, и слишком многолюдное соберется общество. Он смирился довольно быстро.

— Не любитель я ездить по обедам, — говорил он, — никогда этого не любил. И Эмма не охотница. Нам вредно засиживаться допоздна. И для чего только понадобилась мистеру и миссис Коул эта затея? Куда как лучше было бы им, по-моему, прийти к нам как-нибудь летом пить чай, а потом отправились бы все вместе погулять — мы ведь рано пьем чай, и они успели бы домой до того, как станет сыро. Росы летними вечерами опасны, я бы всякому советовал их остерегаться. Но раз уж им непременно хочется видеть у себя на обеде Эмму, и так как вы оба тоже едете, и мистер Найтли, а значит, будет кому приглядеть за нею, то я не стану мешать — конечно, если не подведет погода, не будет ни сырости, ни холода, ни ветра. — И, с нежною укоризной обращая взгляд к миссис Уэстон: — Ах, мисс Тейлор, не вышли бы вы замуж — и скоротали бы мы с вами дома вдвоем этот вечер.

— А когда так, сэр, — вскричал мистер Уэстон, — раз это я забрал у вас мисс Тейлор, то, стало быть, мне надлежит и возместить вам, сколько возможно, ее отсутствие, если хотите; я сию же минуту зайду к миссис Годдард!

Однако от мысли, что кто-то кинется делать что-то сию минуту, волнение мистера Вудхауса не унялось, а только усугубилось. Дамы лучше знали, как с этим справиться. Пусть мистер Уэстон утихомирится, все следует устроить с толком, не торопясь.

От такого обращения мистер Вудхаус быстро успокоился и в свойственной ему манере повел речь дальше. Он очень будет рад видеть у себя миссис Годдард. Он душевно расположен к миссис Годдард, так что пусть Эмма напишет ей несколько строк и пригласит ее прийти. Записку можно послать с Джеймсом. Но прежде всего необходимо написать ответ миссис Коул.

— Извинишься за меня перед нею, душенька, и как-нибудь поучтивей. Скажешь, что я никуда не гожусь, нигде не бываю по слабости здоровья и вынужден отказаться от ее любезного приглашения, — вначале, разумеется, поклонись ей от меня. Впрочем, ты все сама сделаешь как следует. Тебя учить незачем. Вот только не забыть бы предупредить Джеймса, что во вторник понадобится карета. Ему я могу тебя доверить со спокойной душой. Мы, правда, всего раз были там с тех пор, как они провели к дому новый подъезд, но я все же не сомневаюсь, что Джеймс доставит тебя невредимой. А как доедете, скажи ему, в какое время за тобою заехать, и назови лучше ранний час. Ты ведь там не задержишься очень долго. Уже после чая ты устанешь.

— Но вы же не хотите, папа, чтобы я ехала домой до того, как устану?

— Конечно нет, милая, только ты устанешь очень скоро. Народу будет много, и все будут разом говорить. Шум тебя утомит.

— Но позвольте, сударь мой, — воскликнул мистер Уэстон, — ежели Эмма уедет рано, то распадется вся компания.

— Что за важность, — возразил мистер Вудхаус. — Чем раньше распадается любая компания, тем лучше.

— Да, но вы и о том подумайте, каково это будет выглядеть в глазах Коулов! Если Эмма сразу после чая уедет, они могут расценить это как обиду. Люди они незлобивые и без особых притязаний, но и они понимают, что, если гость торопится уйти, это сомнительный комплимент хозяину, и ладно бы какой другой гость, а то сама мисс Вудхаус! Не захотите же вы, сэр, — я в том уверен — расстроить и унизить Коулов, безобидных, добрейших людей, и притом — ваших соседей вот уже десять лет!

— Конечно нет, мистер Уэстон, ни в коем случае. Весьма вам обязан за то, что вы мне указали на это. Меньше всего мне бы хотелось их огорчить. Я знаю, какие это достойные люди. Перри утверждает, что мистер Коул даже пива в рот не берет. По виду никогда не скажешь, но он страдает разлитием желчи — он очень этому подвержен, мистер Коул. Нет, я ни в коем случае не хочу причинить им огорченье. Эмма, душа моя, мы об этом не подумали. Ты согласишься, что лучше тебе пересилить себя и чуточку там задержаться, чем допустить, чтобы мистер и миссис Коул обиделись. Потерпи, если устанешь. Рядом будут друзья, так что ничего страшного не приключится.

— Ну разумеется, папенька. Я нимало за себя не тревожусь и не задумалась бы пробыть там столько же, сколько миссис Уэстон, если бы не вы. Единственное, что пугает меня, — это как бы вы не стали меня дожидаться. Покуда здесь будет миссис Годдард, я за вас покойна — она, вы знаете, вполне разделяет вашу страсть к пикету. Но боюсь, когда она уедет домой, вы, вместо того чтобы в обычное время лечь спать, будете сидеть в одиночестве, поджидая меня, — мысль об этом испортит мне всякое удовольствие. Вы должны обещать мне, что не будете меня ждать.

Он обещал на том условии, что и она, со своей стороны, кое-что пообещает ему, а именно: что ежели озябнет по дороге домой, то непременно хорошенько согреется; если проголодается — возьмет что-нибудь поесть; что ее горничная не ляжет спать, покуда ее не дождется, а Сэрли с дворецким присмотрят за тем, чтобы все в доме оставалось, как обычно, в полной сохранности.

Глава 8

Приехал назад Фрэнк Черчилл — но задержался ли из-за него обед в отчем доме, осталось для Хартфилда тайной, ибо миссис Уэстон, желая представить его мистеру

Вудхаусу в самом выгодном свете, не проговаривалась о его прегрешениях, когда их возможно было скрыть.

Он приехал и в самом деле подстриженный, очень добродушно над собою же подсмеиваясь, но как будто ничуть не пристыженный тем, что выкинул подобную штуку. Ему не было причины печалиться о длинных волосах, за которыми можно спрятать смущение, или причины горевать о потраченных деньгах, когда он и без них был в превосходном настроении. Так же весело и смело, как прежде, глядели его глаза, и Эмма, повидав его, предавалась потом наедине с собою вот каким рассуждениям нравоучительного свойства: «Не знаю, хорошо ли это, но глупость уже не выглядит глупо, когда ее без стыда, на виду у всех, совершает неглупый человек. Злоба всегда есть зло, но не всякая дурь заключает в себе дурное, а смотря по тому, от кого она исходит...

Нет, мистер Найтли, неправда, что он пуст и ничтожен. Когда бы так, он бы это проделал по-другому. Он бы тогда либо кичился своим подвигом, либо стыдился его. Он бы выказывал бахвальство завзятого хлыща или же увертливость души, слишком слабой, чтобы постоять за себя в своем тщеславии... Нет, не пустой он человек и не ничтожный, я уверена».

Подошел вторник, неся с собою заманчивую перспективу увидеть его опять, и не на столь короткое время, как до сих пор; посмотреть, как он ведет себя в обществе и заключить из этого, что означает его поведение с нею; строить догадки о том, скоро ли ей настанет минута сбросить с себя холодность; воображать, каковы должны быть впечатления тех, кто впервые видит их вместе.

Она предвкушала этот вечер с удовольствием, хоть он и должен был состояться у Коулов, — памятуя также и то, что еще в те дни, когда мистер Элтон был у нее в фаворе, из всех его недостатков ее более всего смущало пристрастие к обедам у мистера Коула.

Все устроено было так, чтобы отец ее не скучал: не одна миссис Годдард смогла составить ему компанию, но и миссис Бейтс, и последней приятной ее обязанностью перед тем, как покинуть дом, было засвидетельствовать им свое почтение, когда они сидели втроем после обеда и, покамест мистер Вудхаус любовался ее платьем, предложить обеим дамам по большому куску сладкого пирога с полным бокалом вина, дабы вознаградить их по мере сил за вынужденное воздержание, на которое, очень может статься, их обрекла за обедом забота хозяина дома об их здоровье... Она предусмотрительно заказала обильный обед, но только не чувствовала уверенности в том, что гостьям дали им насладиться.

К дверям мистера Коула она подъехала следом за другим экипажем и с удовольствием узнала в нем карету мистера Найтли, ибо мистер Найтли, не держа лошадей, имея мало свободных денег, но много энергии, а также крепкое здоровье и независимый характер, был слишком, по мнению Эммы, склонен передвигаться по земле как придется и реже пользовался своею каретой, чем подобало владельцу Донуэллского аббатства. Сейчас у нее была возможность высказать ему по горячим следам свое одобрение, так как он задержался, чтобы высадить ее.

— Вот теперь вы приехали как полагается, — сказала она, — как и пристало джентльмену... Очень рада видеть это.

Он поблагодарил ее, заметив:

— Какая удача, что мы приехали с вами минута в минуту! А не то встретились бы только в гостиной и вы бы не распознали, пожалуй, что я нынче более обычного джентльмен. Сомнительно, чтобы по внешнему виду и манерам вы различили бы, каким я способом сюда добрался...

— Нет, различила бы, уверяю вас. Когда человек добирается до места заведомо неподобающим для себя способом, в нем всегда заметна некая натянутость — либо суматошливость. О себе вы, верно, думаете, что у вас это сходит великолепно, но на самом деле вас выдает своего рода рисовка, нарочитая пренебрежительность — я в таких случаях замечаю это немедленно. Теперь же вам пыжиться незачем. Незачем опасаться, как бы не заподозрили, что вам стыдно. Тянуться, стараясь быть выше всех. Теперь для меня войти в дом вместе с вами — одно удовольствие.

— Выдумщица! — проворчал он, но вовсе не сердито.

У Эммы были все причины остаться довольной не только мистером Найтли, но и остальным обществом. Ее встретили с почтительной сердечностью, которая не могла не льстить, — ее положению отдавали должное полной мерой. Это ей, когда прибыли Уэстоны, предназначались самые ласковые, самые восторженные взгляды как мужа, так и жены; сын их приблизился к ней с веселым нетерпением, выделяя ее среди прочих как свою даму, а за обедом — не без ухищрений со своей стороны, она это твердо знала — оказался рядом с нею. Общество собралось довольно многочисленное: приехало еще одно семейство, которое Коулы с гордостью называли в числе своих знакомых, — очень почтенное и родовитое, из сельской знати; приехал и хайберийский стряпчий, мужской представитель семейства Коксов. Гостьи рангом пониже — и с ними мисс Бейтс, мисс Фэрфакс и мисс Смит — ожидались вечером, но уже за обедом из-за большого числа собравшихся трудно было поддерживать общий разговор, и, покуда одни толковали о политике, а другие — об мистере Элтоне, Эмма могла со спокойной совестью целиком посвятить свое внимание обаятельному соседу. Первые слова, которые, долетев со стороны, невольно заставили ее насторожиться, были: «Джейн Фэрфакс». О ней говорила что-то миссис Коул, и кажется, что-то интересное. Она прислушалась и поняла, что послушать очень стоит. Воображение, столь ей любезное, столь неотъемлемое от нее, почуяло лакомую пищу. Миссис Коул рассказывала, что ходила навестить мисс Бейтс, и едва только переступила порог комнаты, как ей бросилось в глаза фортепьяно — прекрасный, изящно отделанный инструмент — не рояль, правда, но хороших размеров пианино, а суть рассказа — главное, к чему сводился последовавший между ними диалог: восклицания, расспросы, поздравления с ее стороны и разъяснения со стороны мисс Бейтс, — была та, что доставили фортепьяно накануне, от Бродвуда*, к величайшему удивлению как тетушки, так и племянницы, нежданно-негаданно для той и другой — Джейн, по словам мисс Бейтс, просто растерялась вначале, не зная, что подумать и кто бы мог заказать для них такую вещь, но теперь обе были совершенно убеждены, что прислать ее мог только один человек — и это, разумеется, полковник Кемпбелл.

— Тут и гадать не о чем, — прибавила миссис Коул, — я даже не поняла, как можно было сомневаться. Но, оказывается, Джейн на днях получила от них письмо, и в нем

---

* «Бродвуд» — фирма по изготовлению роялей и пианино. Основана в 1728 г.; называется по имени владельца Джона Бродвуда.

ни слова не сказано про пианино. Ей лучше знать их особенности, но я бы не считала, что ежели они молчат о подарке, значит, он не от них. Может быть, им хотелось сделать ей сюрприз!

Миссис Коул дружно поддержали остальные; все, кто высказывал свое мнение, единодушно сходились на том, что подарок сделал полковник Кемпбелл, и все единодушно радовались тому, что он сделал, — желающих высказать свое мнение нашлось так много, что Эмме можно было держать собственные мысли по этому поводу при себе и все-таки услышать, что еще скажет миссис Коул.

— Поверьте, редкая новость доставляла мне подобное удовлетворение! Мне всегда больно было видеть, что у Джейн Фэрфакс, которая так чудесно играет, нет своего инструмента... Сущий позор — в особенности, как подумаешь, сколько есть домов, в которых великолепные инструменты буквально пропадают даром. Да что далеко ходить! Только вчера я говорила мистеру Коулу, что стыдно смотреть, как стоит новый рояль у нас в гостиной, когда я сама двух нот взять не умею, наши девочки только-только начинают, и еще вопрос, получится ли у них что-нибудь, а в это время бедной Джейн Фэрфакс, такой бесподобной пианистке, вообще не на чем играть — хотя бы плохонький спинет* для утехи, так и того нету... Не далее как вчера говорила я это мистеру Коулу, и он вполне согласился со мною, только он страшно любит музыку и позволил себе сделать эту покупку в надежде, что, может быть, время от времени кто-нибудь из добрых соседей любезно согласится найти инструменту лучшее

* Спинет — клавесин небольших размеров.

применение, чем способны найти мы сами. Из этих соображений, сказать откровенно, и был приобретен рояль, а иначе нам было бы в самом деле совестно... Сегодня мы очень надеемся, что нам удастся уговорить мисс Вудхаус испробовать его.

Мисс Вудхаус, как полагается, дала себя уговорить и, удостоверясь, что ничего ценного из разговоров миссис Коул более почерпнуть нельзя, обернулась к Фрэнку Черчиллу.

— Чему вы улыбаетесь? — сказала она.

— А вы чему?

— Я?.. Ну, мне, наверное, приятно сознавать, что полковник Кемпбелл такой богач и такая широкая натура... Это щедрый подарок.

— Очень.

— Несколько удивляет, правда, что его не сделали раньше.

— Раньше, очевидно, мисс Фэрфакс не уезжала сюда на столь долгое время.

— А еще, что полковник не предоставил в ее распоряжение их собственный инструмент, который, должно быть, заперт сейчас в Лондоне и никто к нему не прикасается.

— У них рояль, — возможно, полковник счел, что это слишком громоздкая вещь для домика, в котором живет миссис Бейтс.

— Говорить вы можете что угодно, однако думаете, судя по выражению вашего лица, примерно то же, что и я.

— Не знаю. Вы, по-моему, награждаете меня проницательностью, которой я не обладаю. Я улыбаюсь, потому что улыбаетесь вы, и, может быть, узнав, каковы ваши подозрения, начну подозревать то же самое, но в настоящую минуту не вижу, в чем тут сомневаться. Ежели это не полковник Кемпбелл, тогда кто же?

— Что вы сказали бы о миссис Диксон?

— Миссис Диксон? А что — совершенно верно! Я и не подумал о миссис Диксон. Ей не хуже, чем отцу ее, известно, сколь нужен в доме инструмент, а все то, чем это было обставлено, — эта таинственность, внезапность — пожалуй, скорее указывает на молодую женщину, а не на пожилого мужчину. Да, похоже, что это миссис Диксон. Я же сказал вам, что в своих подозрениях буду следовать за вами.

— Ежели так, вам надобно распространить ваши подозрения и на мистера Диксона.

— На мистера... А, ну да. Да, я вас тотчас понял — конечно, это их общий подарок, мистера и миссис Диксон. У нас ведь недавно был разговор о том, какой он горячий поклонник ее искусства.

— Да. И то, что вы мне в связи с этим сказали, подтверждает одну мысль, которая у меня зародилась раньше... Я не хочу усомниться в благих побуждениях как мистера Диксона, так и мисс Фэрфакс, но не могу в то же время избавиться от подозрения, что, предложив руку мисс Кемпбелл, он затем либо имел несчастье влюбиться в ее подругу, либо почувствовал, что сама она к нему чуточку неравнодушна. Возможны и другие предположения, хоть двадцать, и ни одно не будет в точности соответствовать истине — но только я уверена, что неспроста отказалась она от путешествия в Ирландию с Кемпбеллами и поехала вместо этого в Хайбери. Здесь ждала ее трудная жизнь, полная лишений, там — одни удовольствия. В том объяснении, что ей будто бы необходимо подышать родным воздухом, я вижу всего лишь отговорку... Летом оно бы еще могло выглядеть правдоподобно, но много ли проку в родном воздухе, когда на дворе январь, февраль, март? Тут при слабом здоровье — а значит, я полагаю, и в ее случае — полезней жаркий камин и карета. Я не требую, чтобы вы вслед за мною разделили эти подозрения, хоть очень благородно с вашей стороны было заявить о том. Я только честно вам их излагаю.

— А я отвечу, что они звучат до чрезвычайности убедительно. Во всяком случае, готов поручиться, что мистер Диксон определенно предпочитал слушать, как играет она, а не ее подруга.

— Ну, и потом, он спас ей жизнь. Это вам известно? Во время морской прогулки, — что-то произошло, и она едва не упала в воду. А он ее подхватил.

— Верно. Я был при этом, в той же лодке.

— Ах, так? Вот оно что... И конечно же, ничего не заметили, раз эта мысль для вас нова... Окажись там я, — я бы, думаю, сделала кой-какие открытия.

— Вы — да, охотно верю, но я, простак, увидел только, что мисс Фэрфакс едва не сбросило за борт, а мистер Диксон успел ее удержать... Все это было делом одной секунды. Общее потрясение и переполох продолжались потом гораздо дольше — добрых полчаса, наверное, минуло, покуда мы вновь пришли в себя, — но в этом едином для всех порыве каких-либо признаков сугубого волненья ни с чьей стороны не замечалось. Хоть я и не хочу сказать, что вы бы при этом не сумели все-таки сделать кой-какие открытия.

На этом разговор прервался. Затянувшаяся пауза между двумя переменами блюд призвала их разделить со всеми томительные минуты ожидания, сидя с таким же, как у других, сдержанным и чинным видом; но вот стол опять благополучно заставился кушаньями, каждый судок и соусник водворился точно на положенное ему место, и, когда к обществу, занятому едою, опять воротилась непринужденность, Эмма сказала:

— Появление этого фортепьяно разрешило для меня все сомнения. Мне лишь немногого недоставало, и этим сказано довольно. Будьте уверены, мы скоро услышим, что это подарок мистера и миссис Диксон.

— А ежели Диксоны отопрутся и скажут, что знать ничего не знают, то надобно будет сделать вывод, что это подарок Кемпбеллов.

— Нет, от Кемпбеллов оно прийти не могло. Мисс Фэрфакс знает, что оно не от Кемпбеллов, иначе она бы все поняла в первую же минуту. Не пришла бы в недоумение, а смело объявила, что это они прислали. Быть может, вас я не убедила, но сама твердо убеждена, что главный, кто здесь замешан, — мистер Диксон.

— Поверьте, вы ко мне несправедливы, ежели допускаете, что не убедили меня. Я положительно не в силах противиться в своих суждениях вашим доводам. Вначале, решив, что вы считаете дарителем полковника Кемпбелла, я принял этот поступок за изъявление отеческой заботы, то есть самую естественную вещь на свете. Потом, когда вы помянули миссис Диксон, мне ясно сделалось, насколько более вероятно, что это — дань крепкой женской дружбы. Теперь же я не могу рассматривать его иначе, как дар любви.

Развивать эту тему далее не было оснований. Его слова звучали искренне, похоже было, что она и точно убедила его. Эмма ничего больше не прибавила; разговор перешел на другое, и за разговором обед незаметно завершился; подали сладкое, в столовую привели детей, над ними поахали, поумилялись под шум обычного застольного говора, когда изредка скажут нечто глубокомысленное, изредка — отъявленную глупость, а большею частью слышится ни одно и ни другое, а то же, что и каждый день: перепевы известного, старые новости, тяжеловесные шуточки.

Дамы недолго пробыли в гостиной, когда — кто вместе, а кто порознь — подоспели и остальные гостьи. Эмма следила за появлением своей маленькой приближенной, и, хотя, быть может, рано было бы торжествовать, что она вполне усвоила и благородство, и грацию, все же цветущая прелесть ее и безыскусные манеры ласкали глаз, а сердце радовалось тому, что у нее такой неунывающий, легкий, счастливый нрав, который позволяет ей находить для себя, среди терзаний обманутого чувства, столько невинных утех. Она сидела — и кто, при взгляде на нее, угадал бы, сколько ею пролито слез за последнее время? Принарядиться, быть в обществе, видеть, как нарядно одеты другие; сидеть, улыбаться, мило выглядеть и ничего не говорить — вот и все, что требовалось ей для счастья на этот час. Куда было ей тягаться благородством и грацией с Джейн Фэрфакс, а между тем, подозревала Эмма, та, возможно, рада была бы поменяться с Гарриет самым сокровенным, охотно согласилась бы взять себе унижение неразделенной любви — да хотя бы и к мистеру Элтону — взамен опасного удовольствия сознавать, что она любима мужем своей подруги.

Подходить к Джейн на столь многолюдном собрании не было необходимости. Эмме не хотелось начинать с нею разговор о фортепьяно, она чувствовала себя достаточно причастной его тайне, чтобы сознавать, сколь было бы невеликодушно выказывать к нему интерес и любопытство, а потому умышленно держалась на расстоянии; зато другие повели о нем речь немедленно, и Эмма видела краску неловкости, вызванную поздравлениями, виноватый румянец, сопровождавший слова «бесценный друг мой полковник Кемпбелл».

Особенный интерес к появлению фортепьяно обнаружила миссис Уэстон, с ее участливым сердцем и любовью к музыке, и Эмма невольно усмехалась про себя, наблюдая, с каким упорством преследует она сей предмет, без устали его обсуждая, допытываясь, каков у инструмента звук, удар, педали, и вовсе не подозревая о желании прекрасной героини происшествия распространяться об нем как можно меньше, которое она сама явственно читала в ее чертах.

Вскоре к ним присоединился кое-кто из господ мужчин, и первым среди этих ранних пташек был Фрэнк Черчилл. Он вышел к ним, самый первый и самый красивый, проследовал, поклонясь мимоходом мисс Бейтс и ее племяннице, прямо на другую сторону кружка — туда, где сидела мисс Вудхаус, и тогда только сел, когда нашел себе место подле нее. Эмма догадывалась, что должны думать сейчас те, кто находится в гостиной. Ее отмечал он, одну изо всех, и каждому это было ясно. Она представила его своей приятельнице мисс Смит, и потом, дважды улучив удобный момент, услышала, что подумали эти двое друг про друга. Первый раз видит он такое прелестное личико — и что за восторг эта наивность! А от нее: это, конечно, для него чересчур большой комплимент, но ей кажется, он чем-то слегка напоминает мистера Элтона. Эмма с трудом подавила в себе раздражение и молча от нее отвернулась.

Фрэнк Черчилл прежде всего бросил взгляд на мисс Фэрфакс и обменялся с Эммой понимающей улыбкой, однако оба благоразумно воздержались от замечаний. Он начал с того, что только и ждал минуты покинуть столовую — терпеть не может сидеть так долго — всегда уходит при первой же возможности; что отец его и с ним вместе мистер Найтли, мистер Кокс и мистер Коул с головою ушли в какие-то свои приходские дела; что он все же провел это время в мужском обществе не без приятности, ибо нашел, что люди в нем подобрались разумные, порядочные, — он вообще так расхваливал Хайбери, так поражался тому, что здесь столько семейств, с которыми славно было бы водить знакомство, что Эмма уже спрашивала себя, заслуженно ли глядела до сих пор на этот уголок с таким презрением. Она, в свою очередь, расспрашивала его про общество в Йоркшире: велико ли соседство вокруг Энскума, какого оно рода, и поняла из ответов, что в Энскуме очень мало кого принимают, что есть ряд знатных домов, куда они ездят сами, но все довольно далеко, и что, даже когда приглашение принято, можно ожидать, что в назначенный день у миссис Черчилл окажется неподходящее для визита самочувствие или настроение; что у них правило никогда не посещать новых людей, и, хотя у него есть свой круг знакомых, ему стоит труда — стоит подчас немалых ухищрений — выбраться к кому-нибудь или кого-нибудь пригласить вечером к себе.

Она поняла, отчего молодой человек, наскучив чрезмерным уединением дома, может быть недоволен Энскумом и находить столько хорошего в Хайбери — в том лучшем, что может предложить Хайбери. Что он пользуется в Энскуме влиянием, было очевидно.

Он не хвастался — только рассказывал, но само собой выходило, что иной раз тетка слушалась его, а дядюшка ничего с нею не мог поделать, и когда Эмма, смеясь, указала ему на это, он признался, что, не считая двух случаев, добиться от нее чего угодно для него лишь вопрос времени. Один такой случай, когда он, несмотря на свое влияние, оказался бессилен, он назвал. Ему очень хотелось поехать за границу, он просто мечтал, чтобы его отпустили постранствовать, но она и слышать об этом не захотела. Было это в прошлом году. Теперь, сказал он, это желание начинает у него пропадать.

Второй случай, когда все уговоры оказывались напрасны, он не стал называть — Эмма сама догадалась, что он связан с должным вниманием к его отцу.

— Я сделал пренеприятное открытие, — помолчав, прибавил он. — Завтра будет неделя, как я приехал, — половина отпущенного мне срока! Никогда не видел, чтобы дни летели так быстро. Завтра — уже неделя!.. А я только начал входить во вкус. Едва успел познакомиться с миссис Уэстон, с остальными... Уж лучше бы не вспоминать!

— Теперь вы, может быть, сожалеете, что целый день, когда у вас их так мало, убили на стрижку волос.

— Нет, — возразил он улыбаясь, — об этом ничуть не сожалею. Я лишь тогда люблю видеться с друзьями, когда знаю, что сам являюсь перед ними в надлежащем виде.

К этому времени и другие господа мужчины собрались в гостиной, и Эмма на несколько минут вынуждена была отвернуться от соседа, слушая, что ей говорит мистер Коул. Когда же мистер Коул отошел и она снова могла уделить ему внимание, она увидела, что Фрэнк

Черчилл в упор глядит через всю комнату на мисс Фэрфакс, сидящую как раз напротив.

— В чем дело? — спросила она. Он вздрогнул.

— Спасибо, что вы меня окликнули, — отвечал он. — Я, кажется, вел себя очень грубо, но мисс Фэрфакс, право же, соорудила себе такую странную прическу на голове, такую немыслимую, что я не мог оторвать глаза. Первый раз встречаю подобную экстравагантность!.. Эти кудельки!.. Вероятно, плод собственной фантазии. Больше ни у кого таких не видно!.. Надо бы к ней подойти и спросить: это что, в Ирландии так носят? Спросить, в самом деле?.. Решено, спрошу — подойду и спрошу, а вы смотрите, как она это примет, покраснеет или нет.

Он мгновенно вскочил и через минуту уже стоял перед мисс Фэрфакс и что-то говорил ей, однако разобрать, какое действие производят на молодую особу его слова, оказалось невозможно, так как он непредусмотрительно поместился как раз между нею и Эммой, совершенно загородив собою мисс Фэрфакс.

Он не успел воротиться назад, когда стул его заняла миссис Уэстон.

— Вот чем прекрасно большое общество, — сказала она, — всегда можно уединиться и посекретничать. Милая Эмма, мне не терпится рассказать вам что-то! Я тут, вроде вас, тоже делала открытия и замышляла планы и, покуда все это свежо во мне, спешу с вами поделиться. Знаете, каким образом сюда попали мисс Бейтс и ее племянница?

— Каким образом?.. Их пригласили, разве не так?

— Да, это понятно! Но как они добирались сюда, каким способом?

— Пешком, надобно полагать. Как им было иначе добираться?

— Очень справедливо. Так вот, в какую-то минуту мне представилось, как будет грустно, ежели Джейн Фэрфакс и отсюда пойдет пешком, на ночь глядя, а ночи в эту пору студеные. Я взглянула на нее и увидела, что хотя она нынче и хороша, как никогда, но вся раскраснелась, и значит, тем легче ей простудиться. Бедная! Я не могла примириться с этой мыслью и, как только мистер Уэстон вышел из столовой и мне удалось выбрать подходящую минуту, поговорила с ним насчет кареты. Нетрудно догадаться, с какою готовностью отозвался он на мою идею, и я, заручась его одобрением, сразу пошла сказать мисс Бейтс, что до того, как отвезти нас домой, карета будет к ее услугам. Я подумала, что ей это приятней будет знать заранее. Добрая душа, — с какою благодарностью она выслушала меня! Есть ли на свете вторая такая счастливица, как она! Спасибо, тысячу раз спасибо, но им незачем причинять нам это беспокойство — они приехали в карете мистера Найтли, и она же отвезет их домой. Признаться, я удивилась, приятно удивилась, конечно, но все же очень... Эта заботливость, доброта, эта предупредительность!.. Редкий мужчина додумается так поступить. Короче, зная привычки мистера Найтли, я склонна думать, что он, скорее всего, вообще воспользовался сегодня каретой только ради них. Подозреваю, что для себя одного он бы не стал нанимать пару лошадей, — то был всего лишь предлог предоставить это удобство дамам.

— Похоже, — сказала Эмма. — Очень похоже. Не знаю, кто больше мистера Найтли способен на такое — кто более его, от чистого сердца, из истинно благих побуждений, способен на доброе участие и заботу о пользе других.

В нем нет галантности, но есть большая человечность, и он, памятуя о слабом здоровье Джейн Фэрфакс, счел, что это как раз тот случай, когда требуется выказать человечность, а уж умения изъявить непоказную доброту мистеру Найтли не занимать. Я знаю, что он нанял сегодня лошадей, — мы с ним подъехали сюда одновременно, и я еще подтрунивала над ним, но он не выдал себя ни единым словом.

— Боюсь, — сказала с улыбкой миссис Уэстон, — что вы усматриваете в поступке мистера Найтли больше простой и бескорыстной участливости, нежели я. У меня, когда я слушала, что говорит мисс Бейтс, мелькнуло подозрение иного рода, и я уже не в силах от него отделаться. Чем более думаю, тем оно кажется мне вероятней. Одним словом, сосватала я мысленно мистера Найтли и Джейн Фэрфакс! Видите, что значит водиться с вами!.. Ну, что вы на это скажете?

— Мистера Найтли и Джейн Фэрфакс? — вскричала Эмма. — Дорогая миссис Уэстон, как вам могло это прийти в голову?.. Мистер Найтли!.. Как можно, чтобы мистер Найтли женился? Не хотите же вы, чтобы маленький Генри лишился Донуэлла!.. Нет-нет, Донуэлл непременно должен достаться нашему Генри. Я решительно не согласна, чтобы мистер Найтли женился, да он и не собирается, уверяю вас. Странно, как вы могли подумать?

— Эмма, милая, я уже сказала, что заставило меня так подумать. Мне этот брак не нужен — не нужно мне, чтобы пострадали интересы маленького Генри, — но что поделаешь, сами обстоятельства наводят на такую мысль, и ведь не захотели бы вы, ежели б мистер Найтли всерьез задумал жениться, чтобы он отказался от своего намерения ради шестилетнего мальчугана, который еще и понятия ни о чем не имеет.

— Нет, захотела бы. Я бы не потерпела, чтобы кто-то оттеснил в сторону Генри... Жениться — мистеру Найтли? Да нет, я никогда и мысли такой не допускала и теперь не могу допустить. И на ком? На Джейн Фэрфакс, видите ли!

— А что? Вы сами знаете, она всегда была первой его любимицей.

— Да, но неблагоразумие такого брака!

— Я не говорю, что это благоразумно, — говорю лишь, что вероятно.

— И вероятного я ничего не вижу, ежели у вас нет более веских оснований, чем те, которые вы привели. Его участливость и человечность — вполне достаточное объяснение тому, что он нанял лошадей. Тут даже никакой Джейн Фэрфакс не надобно. Он, как вы знаете, независимо от нее очень расположен к Бейтсам и всегда рад оказать им внимание. Нет уж, милая миссис Уэстон, не беритесь за сватовство. Это занятие не для вас. Джейн Фэрфакс — хозяйка аббатства?! Нет-нет, — вся душа содрогается! Ради него же самого я не дала бы ему выказать подобное безрассудство.

— Неблагоразумие — согласна, но не безрассудство. Кроме неравенства состояний, пожалуй, известной разницы в годах, не вижу, чем они не пара.

— Но мистер Найтли вовсе не хочет жениться! Даже не помышляет об этом, я уверена. Не подавайте вы ему такую мысль. Ну, для чего ему жениться? У него и так все есть для полного счастья — ферма, овцы, библиотека, и всеми приходскими делами он заправляет, и души не чает в детях своего брата — чего же ему еще?

Время и сердце его заполнены, ему нет причины жениться.

— Да, покамест он сам так считает, дорогая моя Эмма, но ежели он в самом деле любит Джейн Фэрфакс...

— Глупости! Ничего он ее не любит — я имею в виду настоящую любовь. Он, конечно, всегда готов сделать ей, или родным ее, добро, но...

— Что же, — смеясь, сказала миссис Уэстон, — наверное, он не мог бы им сделать большего добра, как ввести Джейн хозяйкою в столь почтенный дом.

— Ей-то он бы сделал добро, но себе самому, конечно, причинил бы этим зло — такой союз принес бы ему стыд и унижение. Как бы он стал выносить мисс Бейтс в качестве родственницы? Видеть ее день-деньской в аббатстве, слышать, как она с утра до вечера благодарит его за то, что он женился на Джейн! Так великодушно, так мило!.. Впрочем, они всегда столько видели добра от милого соседушки!.. И, прервав себя на полуслове, помчится к старенькой юбке своей матушки. Не такая уж она, кстати, и старенькая, эта юбка — она еще послужит, — да и вообще, она рада отметить, юбки у них в семье прочны на удивленье.

— Перестаньте, Эмма! Как не стыдно передразнивать! Вот и меня, хоть и совестно признаться, рассмешили. А между тем не уверена, что мисс Бейтс так уж сильно досаждала бы мистеру Найтли. Ему не свойственно раздражаться по пустякам. Стрекотала бы себе и стрекотала, а захотел бы что-нибудь сказать сам, так повысил бы голос и заглушил ее. Вопрос, однако, не в том, плох ли был бы для него этот союз, а в том, желает ли он его, и я думаю — да. Сколько раз я слышала — и вы тоже, должно быть, — как необыкновенно хорошо отзывался он о Джейн Фэрфакс! А участие, которое она в нем вызывает, а его огорчение, что столь печальны ее виды на будущее! Как взволнованно говорил он об этом! А как восхищался ее игрою на рояле, ее голосом! Он при мне говорил, что готов бы слушать ее без конца. Да, совсем забыла! Мне явилась еще одна идея — а как насчет пианино, которое ей кто-то прислал? Мы решили, что это подарок от Кемпбеллов, и успокоились, а вдруг оно от мистера Найтли? Не могу отрешиться от этой мысли. Он, как мне кажется, как раз тот человек, который может это сделать, — неважно, влюблен он или не влюблен.

— Тогда это еще не доказательство того, что он влюблен! Только, по-моему, это совсем на него непохоже. Мистер Найтли не обставляет свои поступки таинственностью.

— Мне приходилось часто слышать, как он сокрушается, что у нее нет инструмента, — чаще, чем можно было бы ожидать при обычном положении вещей.

— Хорошо, но, ежели б он задумал подарить его, он бы ей так прямо и сказал.

— Мог не отважиться, дорогая моя, из деликатности. Я все-таки сильно подозреваю, что оно — от него. Он, я теперь вспоминаю, как-то очень притих, когда миссис Коул нам рассказывала за обедом эту новость.

— Ох, миссис Уэстон, не однажды вы мне пеняли, что, напав на какую-то мысль, я пускаюсь безудержно фантазировать, а теперь сами так делаете. Не вижу я никаких признаков влюбленности, не верю насчет пианино, и никому без веских доказательств не убедить меня, что мистер Найтли намерен жениться на Джейн Фэрфакс.

В том духе продолжался меж ними спор об этом предмете еще некоторое время — причем Эмма наступала, а миссис Уэстон, более из них двоих привыкшая покоряться, постепенно сдавалась, — когда легкая суета в гостиной возвестила о том, что чай окончен и рояль готовят для концерта; к ним шел уже мистер Коул просить, чтобы мисс Вудхаус оказала им честь испробовать его. К мистеру Коулу присоединился с тою же настоятельной просьбой Фрэнк Черчилл, которого она, в пылу разговора с миссис Уэстон, совсем упустила из глаз, успев лишь заметить, что он подсел к мисс Фэрфакс; и Эмма, сочтя, что для нее во всех отношениях выгоднее начать первой, отвечала любезным согласием.

Нисколько не обманываясь относительно своих возможностей, она исполняла лишь то, что ей удавалось, и не покушалась на большее; ей хватало вкуса и чувства на легкие вещицы, какие всегда тешат слух, и она сносно себе аккомпанировала. Одной песенке, к ее приятному изумлению, негромкий, но верный аккомпанемент составил и голос Фрэнка Черчилла. Когда песенка была допета, он должным образом принес ей свои извинения, а далее последовало все то, что и бывает обычно в подобных случаях. Его обличали в том, что у него чудесный голос, что он законченный музыкант, — он же, как водится, отнекивался, твердя, что ничего не смыслит в музыке и совершенно безголос. Они спели дуэтом еще раз, и Эмма поднялась, уступая место Джейн Фэрфакс, с которой, как она никогда не пыталась скрыть от себя, ей и думать нечего было равняться ни в пении, ни в игре на рояле.

Со смешанным чувством уселась она слушать немного поодаль от остальных, сидящих вокруг инструмента. Фрэнк Черчилл пел снова. Оказалось, они раза два певали вместе в Уэймуте. Однако вскоре Эмма заметила, с каким необычайным вниманием слушает мистер

Найтли, и на нее опять нахлынули мысли, связанные с подозрениями миссис Уэстон, — лишь изредка прорывалось сквозь них сладкозвучное пение на два голоса. В ней все с прежнею силой противилось женитьбе мистера Найтли. Ничего, кроме дурного, не видела она в таком браке. Он принес бы серьезное разочарование мистеру Джону Найтли, а следственно, и Изабелле. Существенный ущерб для детей — унизительная перемена и имущественный урон для всей семьи — невосполнимый пробел в повседневном жизненном распорядке ее батюшки — ну, а что до нее, то ей самая мысль была нестерпима, что в Донуэллском аббатстве может водвориться Джейн Фэрфакс. Новоиспеченная миссис Найтли, перед которой обязано расступаться все и вся!.. Нет — мистеру Найтли никак нельзя жениться! Маленький Генри должен остаться наследником Донуэлла.

Через несколько минут мистер Найтли оглянулся и пересел к ней. Сначала они говорили только о музыке, звучавшей в гостиной. Он — с большим восхищением, в котором, однако, если б не миссис Уэстон, она бы не уловила ничего особенного. Но все-таки, для пробы, Эмма завела речь о том, какое доброе дело он сделал, позаботясь предоставить к услугам тетушки и племянницы свою карету, и, хотя отрывистый ответ его выдавал желание прекратить этот разговор, она его объяснила себе просто несклонностью рассуждать о собственной доброте.

— Меня не однажды удручало, — сказала она, — что мне не хватает смелости чаще использовать в подобных целях нашу карету. И не потому, что я не хочу, но вы же знаете, для моего отца неслыханное дело утруждать ради этого Джеймса.

— Какое там, и думать нечего, — отозвался он, — хоть я уверен, что вам часто хочется. — И улыбнулся, столь явно черпая в этой уверенности удовольствие, что она отважилась продвинуться на шаг дальше.

— Этот подарок от Кемпбеллов, — сказала она, — это фортепьяно, — не правда ли, красивый жест?

— Правда, — отозвался он без малейшего замешательства. — Только лучше им было предупредить ее. Глупость одна эти сюрпризы. Радости от них не прибавляется, а конфуз может выйти изрядный. Я ожидал бы от полковника Кемпбелла большей рассудительности.

С этой минуты Эмма готова была поклясться, что мистер Найтли не имеет никакого касательства к появлению инструмента. Однако сомненьям, не питает ли он нежных чувств к известной девице — не отдает ли ей особого предпочтения, — суждено было продлиться дольше. К концу второй песни голос у Джейн слегка охрип.

— Ну, и довольно, — сказал, думая вслух, мистер Найтли, когда песню допели. — И хватит пения на один вечер — теперь вам полезней помолчать.

Но публике казалось мало. Еще одну — они ни в коем случае не хотят утомить мисс Фэрфакс, — одну-единственную, больше они не попросят. И все слышали, как Фрэнк Черчилл сказал:

— Вот с этой, я думаю, вы справитесь без усилий, тут первому голосу делать нечего. Она трудна для второго.

Мистер Найтли возмутился.

— Этот молодчик ни о чем не думает, — сказал он сердито, — ему бы только щегольнуть лишний раз перед всеми своим голосом. Ну, нет. — И он тронул за руку проходящую мимо мисс Бейтс. — Мисс Бейтс, вы что, с ума сошли, что это вы позволяете племяннице петь до хрипоты? Ступайте и вмешайтесь. Они ее замучат.

Мисс Бейтс, успев в неподдельной тревоге за Джейн лишь раза два пролепетать «спасибо», устремилась вперед и положила конец разговорам о пении. На том и завершилась музыкальная часть вечера, так как, кроме мисс Вудхаус и мисс Фэрфакс, молодых певиц не было, но не прошло и пяти минут, как сама собою — откуда она взялась, неизвестно — возникла мысль затеять танцы; мистер и миссис Коул, подхватив ее, обнаружили такую распорядительность, что через минуту из гостиной уже выносили, освобождая место, все лишнее. И уже миссис Уэстон, никем не превзойденная в контрадансах, села за рояль и заиграла зажигательный вальс, и Фрэнк Черчилл, подлетев с неподражаемой галантностью к Эмме, подал ей руку и повел занять место во главе танцующих.

Поджидая, покуда разделится на пары остальная молодежь, Эмма, под градом комплиментов своему голосу и музыкальности, все-таки находила время оглянуться и посмотреть, что поделывает мистер Найтли. Минута была решающая. Обыкновенно мистер Найтли не танцевал. Ежели он теперь кинется приглашать Джейн Фэрфакс, это могло кое-что знаменовать собою. Но нет. Он занят был беседой с миссис Коул — он безучастно, краем глаза, наблюдал за происходящим; вот уже кто-то другой пригласил Джейн, а он продолжал все так же беседовать с миссис Коул.

Больше Эмма за маленького Генри не волновалась, его интересам покамест ничто не угрожало, и она весело, с подлинным воодушевлением открыла бал. Танцующих набралось всего пять пар, но это не мешало ей наслаждаться редким и столь непредвиденным удовольствием, тем более что и кавалер оказался ей под стать. Пара из них получилась на загляденье.

К сожалению, им, по воле обстоятельств, пришлось ограничиться только двумя танцами. Час был поздний, и мисс Бейтс, беспокоясь о своей матушке, заторопилась домой. Слабые попытки возобновить танцы увенчались неудачей — им оставалось печально развести руками, поблагодарить миссис Уэстон и собираться восвояси.

— Быть может, оно и к лучшему, — заметил, провожая Эмму к карете, Фрэнк Черчилл, — пришлось бы, чего доброго, пригласить мисс Фэрфакс, а мне бы не очень-то улыбалось танцевать с такою вялою дамой после вас.

Глава 9

Эмма не раскаивалась, что удостоила Коулов своим посещением. О многом приятно ей было вспомнить назавтра, и все то, чего она, может статься, лишилась, отказавшись от величавого уединения, с лихвою возмещалось великолепным сознанием своего успеха. Коулам она, вероятно, доставила величайшее блаженство — и заслуженно, отчего было не осчастливить такую славную чету!.. Да и на прочих произвела впечатление, какое не скоро еще изгладится.

Полное счастье, даже в воспоминаньях, дается нам редко — были два обстоятельства, о которых она не могла думать без легких угрызений совести. Во-первых, ее смущало сомненье, не нарушила ли она долг женщины перед другою женщиной, посвятив Фрэнка Черчилла в свои подозрения насчет сердечной тайны Джейн Фэрфакс. Едва ли она поступила хорошо, но мысль об этой тайне овладела ею с такою силой, что она не удержалась, а его готовность согласиться со всем, сказанным ею, была столь лестным комплиментом ее проницательности, что Эмма затруднилась бы сказать с определенностью, следовало ей держать язык за зубами или нет.

Второе обстоятельство, о котором она сожалела, также имело отношение к Джейн Фэрфакс — только тут у нее сомнений не было. Ей было определенно и искренне жаль, что она хуже ее поет и играет. Она всем сердцем горевала о том, что предавалась в детские годы лености, — и, засадив себя за рояль, с усердием позанималась полтора часа.

Занятия прервались приходом Гарриет, и ежели б мнения Гарриет было для Эммы довольно, то она бы мигом утешилась.

— Ах! Вот бы мне так играть, как вы с мисс Фэрфакс!

— Не ставьте меня с нею рядом, Гарриет. Мне до нее далеко, как лампе далеко до солнца.

— Ах, что вы! По-моему, вы играете лучше. Во всяком случае, не хуже. Мне, по крайней мере, больше нравится слушать вас. Вчера все в один голос сказали, что вы чудесно играете.

— Те, кто хоть сколько-нибудь разбирается в музыке, не могли не увидеть разницы. Правду не утаишь, Гарриет, — моя игра заслуживает похвалы с натяжкой, а игра Джейн Фэрфакс выше всяких похвал.

— Ну, а я думаю и буду думать, что вы нисколько ей не уступаете, а если разница и есть, то такая, которая никому не видна. Не зря мистер Коул говорил о том, с каким выраженьем вы играете, и мистер Фрэнк Черчилл тоже много говорил о выразительности и что для него самое ценное — не техника, а чувство.

— Да, но у Джейн Фэрфакс, Гарриет, есть и то и другое.

— Вы уверены? Технику я заметила, а насчет чувства — не знаю. Про это никто не говорил. И не люблю я, когда поют по-итальянски, — ни словечка не понять... А потом, если она и в самом деле так уж прекрасно играет, то ведь это прямая ее обязанность и больше ничего, ей же придется давать уроки. Сестры Кокс вчера говорили, что интересно знать, в знатное ли она попадет семейство. А как выглядели, на ваш вкус, девицы Кокс вчера вечером?

— Точно так же, как всегда, — до крайности вульгарно.

— Они мне сказали одну вещь... — нерешительно проговорила Гарриет, — хотя это неважно...

Эмме ничего не оставалось, как спросить — не без трепета навлечь на себя тем самым незримое присутствие мистера Элтона, — что же ей сказали.

— Сказали, что... в прошлую субботу у них обедал мистер Мартин.

— Вот как!

— Пришел по какому-то делу к их отцу, и его оставили к обеду.

— Вот как!

— Они очень много о нем говорили, в особенности Энн Кокс. Не знаю, зачем это ей, но она спрашивала, не собираюсь ли я к ним опять этим летом.

— Затем это ей, что она любопытна до неприличия, чего и следует ждать от такой особы, как Энн Кокс.

— Она сказала, он так был любезен в тот день... За обедом сидел с нею рядом. Мисс Нэш думает, что любая из барышень Кокс пошла бы за него с большою радостью.

— Очень может быть. Вульгарней их, по-моему, нет ни одной девицы в Хайбери.

Гарриет что-то нужно было у Форда, и Эмма почла благоразумным отправиться с нею. Как знать, не ждала ли ее опять случайная встреча с Мартинами — при теперешнем ее состоянии она была бы небезопасна.

Для Гарриет, у которой разбегались глаза и от полуслова, сказанного другим, менялось решение, всякая покупка была делом долгим, и, покуда она канителилась с муслинами, поминутно выбирая то один, то другой, Эмма, ища себе развлечения, отошла к дверям. Уличные картинки Хайбери, даже в наиболее оживленной его части, не могли предложить взору особого разнообразия: торопливо пройдет мимо мистер Перри, отопрет дверь своей конторы, и войдет в нее мистер Уильям Кокс, поведут с проминки выездных лошадей мистера Коула, протрусит, понукая упрямого мула, случайный рассыльный с почты — вот самое большее, на что могла рассчитывать Эмма, и когда ее взгляду представился лишь мясник со своим лотком, да просеменила из лавки домой с полною корзинкой чистенькая старушка, да две дворняги погрызлись, не поделив грязную кость, да детвора, слоняясь по улице, облепила полукруглую витринку булочной поглазеть на пряники — то она знала, что ей грешно жаловаться, и находила это все занимательным, столь занимательным, что продолжала стоять в дверях. Живой ум и в праздную минуту найдет, чем себя занять, и довольствуется малым.

Она перевела глаза на дорогу в Рэндалс. Картина пополнилась; на ней появились еще двое — миссис Уэстон с пасынком; они шли в Хайбери — шли, конечно же, в Хартфилд... Они, однако, не дойдя немного до Форда, остановились первым делом у дома миссис Бейтс и уже собирались постучаться, когда их взгляд упал на Эмму. Они немедленно перешли через дорогу и подошли к ней — после того удовольствия, которое доставил им вчерашний вечер, встретиться опять казалось по-новому приятно. Миссис Уэстон сообщила, что идет к Бейтсам послушать, как звучит новый инструмент.

— Потому что мой спутник утверждает, — продолжала она, — что я вчера определенно обещала мисс Бейтс зайти нынче утром. У меня самой было другое впечатление. Мне казалось, я точно день не называла, но он говорит, что называла, и значит, так тому и быть.

— А мне, надеюсь, — сказал Фрэнк Черчилл, — позволят, покуда миссис Уэстон будет в гостях, составить компанию вам и подождать ее в Хартфилде, ежели вы теперь направляетесь домой.

Миссис Уэстон огорчилась.

— Я думала, вы идете со мной? Они бы так были рады...

— Я? Я там буду лишний. Хотя, пожалуй... я и здесь, наверное, буду лишний. Судя по выражению лица мисс Вудхаус, я здесь совсем не нужен. Моя тетушка всякий раз отсылает меня прочь, когда делает покупки. Я, по ее словам, только путаюсь под ногами, и мисс Вудхаус, я вижу, не прочь была бы сказать то же самое. Как мне быть?

— Я тут не по своим делам, — отвечала Эмма. — Я только жду своего друга. Она, вероятно, скоро освободится, и мы пойдем домой. А вам лучше пойти с миссис Уэстон и послушать инструмент.

— Что ж, раз вы советуете... Ну, а вдруг полковник Кемпбелл доверил выбор фортепьяно небрежному другу, вдруг выяснится, что звук у него посредственный, — что мне тогда говорить? Миссис Уэстон не найдет во мне поддержки. Без меня она скорее с честью выйдет из положения. Она преподнесет горькую истину деликатно, я же последний человек, когда нужно из вежливости сказать неправду.

— Вот уж не поверю, — возразила Эмма. — Убеждена, что в случае надобности вы покривите душою не хуже всякого другого... Только, по-моему, нет оснований предполагать, что у этого фортепьяно посредственный звук. Совсем наоборот, если я верно поняла вчера мисс Фэрфакс.

— Прошу вас, пойдемте со мной, ежели вы не очень настроены против, — сказала миссис Уэстон. — Мы не надолго. А потом следом за ними пойдем в Хартфилд. Мне правда хочется зайти вместе с вами. Они увидят в этом такое доброе внимание! И потом, я с самого начала так поняла, что вы тоже идете.

На это сказать было нечего — и, выразив надежду, что потом его вознаградит Хартфилд, он вместе с миссис Уэстон воротился к дверям миссис Бейтс. Эмма проводила их глазами, когда они вошли, а затем направилась к роковому прилавку, дабы со всею силою убеждения, на какую была способна, доказывать Гарриет, что незачем смотреть муслин с рисунком, ежели ей требуется гладкий, и что голубая лента, будь она хоть небесной красоты, никогда не подойдет к желтой материи. Наконец все было решено — вплоть до пункта назначения, в который надобно доставить пакет.

— К миссис Годдард прикажете послать, сударыня? — спросила миссис Форд.

— Да — то есть нет... да, к миссис Годдард. Только выкройка у меня в Хартфилде. Нет, будьте любезны, пришлите в Хартфилд. Да, но миссис Годдард захочет посмотреть... А выкройку я могу в любой день забрать домой... Но вот лента понадобится мне сразу же... так что все-таки лучше в Хартфилд — по крайней мере, ленту. Ее ведь можно послать отдельно — правда, миссис Форд?

— Не стоит, Гарриет, доставлять миссис Форд лишние хлопоты с двумя пакетами.

— Да, это верно.

— Помилуйте, сударыня, что за хлопоты, — вставила услужливая миссис Форд.

— Нет, пусть будет один, мне так самой гораздо удобнее. Заверните, пожалуйста, вместе и пришлите к миссис Годдард... хотя не знаю... Нет, мисс Вудхаус. Я думаю, пускай уж лучше в Хартфилд, а вечером я все отнесу домой. Как вы советуете?

— Я советую не тратить на это больше ни секунды. В Хартфилд, пожалуйста, миссис Форд.

— Да, это самое правильное, — с глубоким удовлетворением заключила Гарриет. — А к миссис Годдард было бы совсем ни к чему.

К лавке приближались два голоса, вернее — один голос и две дамы: в дверях Эмма и Гарриет столкнулись с миссис Уэстон и мисс Бейтс.

— Дорогая мисс Вудхаус, — начала эта последняя, я прибежала сюда — мне ведь только улицу перебежать — с просьбой. Доставьте нам удовольствие, зайдите посидеть на минутку, а заодно скажете, как вам нравится наш новый инструмент — вам и мисс Смит. Здравствуйте, мисс Смит, как поживаете?.. Благодарю вас, превосходно... Вот и миссис Уэстон позвала с собою для большей уверенности в успехе.

— Надеюсь, миссис Бейтс и мисс Фэрфакс...

— Совершенно здоровы, благодарствуйте. Матушка чувствует себя чудесно, а Джейн вчера ни капельки не простудилась. А как мистер Вудхаус?.. В самом деле?

Я так рада! Миссис Уэстон сказала мне, что вы здесь, — о, тогда я бегу, говорю я на это, бегу и постараюсь зазвать мисс Вудхаус к нам — я уверена, она не откажет, узнав, что матушка просто счастлива будет ее видеть, а потом, у нас собралась такая дивная компания! «Да-да, позовите ее, — сказал мистер Фрэнк Черчилл. — Весьма ценно услышать мнение мисс Вудхаус о вашем фортепьяно...» Но я вернее добьюсь успеха, говорю я, ежели кто-нибудь из вас пойдет со мною. «Одну минуту, — сказал он, — сейчас, только докончу свою работу». А знаете ли, чем он занят теперь, мисс Вудхаус? Вообразите, любезнейшим образом вызвался починить матушкины очки! Сегодня утром из них выскочила заклепка. Такая обязательность! Ими стало невозможно пользоваться, матушка даже надеть их не могла! Вот, кстати, урок для всякого — непременно надобно иметь две пары очков, уверяю вас. И Джейн так сказала. Я собиралась сразу же отнести их к Джону Сондерсу, да провозилась с делами, целое утро то одно, то другое — не знаю, на что и время ушло. То Патти приходит объявить, что на кухне не тянет печка и пора звать трубочиста. Ох, Патти, говорю я ей, не вовремя вы ко мне с дурными вестями. Тут у вашей хозяйки заклепка вылетела из очков! То приносят печеные яблоки — миссис Уоллис прислала с мальчиком, они необыкновенно к нам внимательны, Уоллисы, всегда рады услужить — говорят, миссис Уоллис бывает резковата, от нее иной раз и грубость услышишь в ответ, но мы никогда ничего от них не видали, кроме заботы и внимания. И не по той причине, что им дорог хороший покупатель, много ли нам теперь нужно хлеба? Нас всего трое — сейчас прибавилась милая Джейн, только она-то вообще ничего не ест, видели бы вы, чем она завтракает, прямо оторопь берет! Я все боюсь, как бы матушка не дознапась, какими крохами она питается, — придумаю что-нибудь для нее, скажу то, скажу се, и кое-как сходит с рук. Но около полудня у нее пробуждается аппетит, и ничем она так не любит перекусить, как печеным яблочком, а это чрезвычайно здоровая пища — я нарочно справлялась на днях у мистера Перри, когда нам случилось встретиться на улице. Хоть, впрочем, и раньше не питала на этот счет сомнений — сколько раз мистер Вудхаус при мне настоятельно советовал есть печеные яблоки! По моим впечатлениям, он считает, что этот фрукт в печеном виде полезней всего. У нас, правда, их чаще принято запекать в тесте. Патти запекает яблоки в тесте изумительно... Ну что, миссис Уэстон, кажется, ваши уговоры подействовали и милые девицы согласны?

Эмма, как принято, отвечала, что «с удовольствием воспользуется случаем навестить миссис Бейтс» и так далее, — и они наконец-то двинулись прочь из лавки, хотя и не без совсем уже коротенького промедления напоследок.

— Ах, добрый день, миссис Форд! Простите, что не заметила вас в первую минуту. Говорят, к вам поступили из города обворожительные ленты, большая партия. Джейн от вас воротилась вчера в полном восторге... Да, спасибо, перчатки мне как раз по руке — чуточку широковаты в запястье, но Джейн взялась их ушить... Так о чем, бишь, я говорила? — схватилась она, когда все они очутились на улице.

Эмма полюбопытствовала про себя, что именно выделит мисс Бейтс из этого вороха всякой всячины.

— Никак не припомню, о чем собиралась рассказать... Ах, да! О матушкиных очках. Такая обязательность со стороны мистера Фрэнка Черчилла! «Ну-ка, — сказал он, — посмотрим, не умею ли я сам укрепить заклепку — у меня страсть к такого рода работе». Согласитесь, это рекомендует его наилучшим... Должна сказать — хоть я и прежде наслышана была об нем, хотя и многого ожидала — но это уже сверх всяких... Горячо вас поздравляю, миссис Уэстон. Таким сыном любой родитель может... «Ну-ка, — говорит он, — поглядим, не сумею ли я сам укрепить заклепку. Всегда питал страсть к подобной работе». Век не забуду, как он это произнес. А когда я достала из шкафа печеные яблоки и изъявила надежду, что гости не откажутся их отведать, он тотчас откликнулся: «Ого! Какой другой фрукт сравнится с печеным яблоком, а столь соблазнительные я вижу вообще первый раз!» Вы понимаете, что это в высшей степени... И по его тону ясно было, что это не пустая любезность. Яблоки, надобно отдать справедливость миссис Уоллис, и точно, объеденье — правда, их пропекают не более двух раз, хотя мистер Вудхаус взял с нас обещание, что будут пропекать трижды, — уж вы меня не выдавайте, мисс Вудхаус, будьте так добры. Вообще этот сорт яблок определенно, как ни один другой, хорош в печеном виде, и все они из Донуэлла, от щедрот мистера Найтли. Он присылает нам мешок со своей яблони каждый год, и никакие яблоки не держатся так долго — у него в саду их две, мне кажется. Матушка говорит, в дни ее молодости фруктовый сад Донуэлла славился на все графство. А на днях мне довелось испытать такое потрясение... Судите сами, заходит к нам в одно прекрасное утро мистер Найтли, а Джейн как раз ест эти яблоки, — ну, мы заговорили о них, о том, как она их любит, а он поинтересовался, осталось ли что-нибудь от того мешка. «Готов поручиться, что нет, — прибавил он. — Я пришлю вам еще, у меня их столько, что не знаю, куда и девать. Уильям Ларкинс в этом году оставил для домашнего потребления гораздо больше, чем обыкновенно. Так что пришлю вам еще, покуда они не начали портиться». Я умоляла его не делать этого — правда, нельзя сказать, чтобы у нас их осталось много — от силы полдюжины, честно говоря, но все они припасены для Джейн, а от него я ни в коем случае принять больше не могу, он и так уже щедро нас одарил, — и Джейн меня поддержала. А когда он ушел, чуть было не поссорилась со мною... нет, «поссорилась» не то слово, мы с нею никогда в жизни не ссоримся, но ужасно расстроилась — для чего я призналась ему, что яблоки у нас на исходе, когда надобно было показать, будто их еще более чем достаточно. Ах, родная моя, говорю я ей, разве я не сопротивлялась изо всех сил? Как бы то ни было, в тот же самый вечер приходит к нам Уильям Ларкинс и приносит большущую корзину яблок, по крайней мере бушель, — я страшно была тронута. Схожу вниз и, как вы понимаете, говорю ему все, что следует. Уильяма Ларкинса у нас в доме знают с незапамятных времен! Я всегда ему рада. Однако после узнаю от Патти, что яблок этого сорта, по словам Уильяма, у его хозяина совершенно не осталось, все послали нам, и теперь хозяину ни испечь, ни сварить нечего. Самому Уильяму это как будто все равно — он радовался, что хозяин так много яблок продал на сторону, потому что Уильям, знаете ли, думает об одном — чтобы у его хозяина росли доходы, а прочее ему не важно, но миссис Ходжес, сказал он, недовольна, что из дому унесли все до последнего яблочка. Как же так, оставить хозяина на всю весну без яблочного пирога! Он не скрыл этого от Патти, но велел ей не обращать внимания и ни под каким видом не рассказывать нам, так как миссис Ходжес всегда любит поворчать, — главное, что столько мешков продано, а кто съест остаток — какая разница. Ну, а Патти все доложила мне, и не могу вам передать, как я была потрясена! Только бы мистер Найтли ничего не узнал! Его бы это невероятно... Я и от Джейн собиралась утаить, да нечаянно проговорилась.

Последние слова мисс Бейтс сказала как раз в ту секунду, когда Патти открыла дверь, так что гостьи поднимались по лестнице, не сопровождаемые связным повествованием, — только отрывочные напутствия неслись им вслед:

— Осторожней, прошу вас, миссис Уэстон, на повороте ступенька. Пожалуйста, будьте осторожны, мисс Вудхаус, у нас на лестнице темновато — не мешало бы ей быть посветлей и пошире... Осторожно, мисс Смит, я вас прошу. Мисс Вудхаус, вы не ударили ногу?.. У меня прямо сердце оборвалось. Мисс Смит, не забудьте — ступенька на повороте...

Глава 10

В маленькой гостиной, когда они вошли, царили тишь и безмятежность: миссис Бейтс в вынужденном бездействии мирно дремала у камелька; за столиком подле нее Фрэнк Черчилл озабоченно трудился над ее очками, а у фортепьяно, стоя спиною к ним, усердно перебирала ноты Джейн Фэрфакс.

При виде Эммы молодой человек, как ни был он поглощен своею работой, выказал радостное оживление.

— Прелестно! — заметил он ей, понизив голос. — Пришли по крайней мере минут на десять раньше, чем я рассчитывал. А я, как видите, занялся полезным трудом — получится из этого что-нибудь, на ваш взгляд?

— Как! — сказала миссис Уэстон. — Вы еще не кончили? Скромно же вы будете зарабатывать на жизнь, господин серебряных дел мастер, при эдакой скорости.

— Меня отрывали, — возразил он. — Я помогал мисс Фэрфакс сделать так, чтобы ее инструмент тверже держался на ногах, хотя бы не качался — в полу, вероятно, есть неровность. Видите, мы подложили бумажку... Как это мило, что вы дали себя уговорить и пришли. Я побаивался, что вы заторопитесь домой.

Он изловчился усадить ее возле себя и, покуда Джейн Фэрфакс готовилась снова сесть за фортепьяно, не терял времени даром, то выбирая для нее лучшее печеное яблоко, то обращаясь к ней за советом или подмогой в своей работе. Неготовность Джейн играть немедленно Эмма объясняла себе ее нервическим состоянием: она слишком недавно владела инструментом, чтобы сесть за него без волненья, ей надобно было сперва настроить себя для игры — подобного рода чувства, независимо от причин, их порождающих, не могли не вызывать сострадания, и Эмма дала себе слово никогда более не упоминать о них своему соседу.

Наконец Джейн заиграла. Первые такты прозвучали неуверенно, однако мало-помалу возможности пианино раскрылись в полную силу. Миссис Уэстон, пленясь еще раньше, пленилась заново; Эмма вторила ее похвалам, и фортепьяно, во всех тонкостях разобравши его достоинства, объявили первоклассным.

— Не знаю, кому доверил полковник Кемпбелл покупку инструмента, — лукаво покосясь на Эмму, промолвил Фрэнк Черчилл, — но этот человек не ошибся в выборе. Я много слышал в Уэймуте про отменный слух полковника Кемпбелла и убежден, что для него, как и для прочих, мягкость звучания на верхах представляла особую ценность. Надобно полагать, мисс Фэрфакс, он либо снабдил своего доверенного подробнейшими указаниями, либо собственнолично написал к Бродвуду. Что вы скажете?

Джейн не повернула головы. Она могла и не расслышать. Ей говорила что-то в этот момент миссис Уэстон.

— Так нечестно, — прошептала ему Эмма, — я лишь высказала предположение наугад. Не терзайте ее.

Он покачал головою с улыбкой, в которой было столь же мало сомненья, сколь и жалости. И вскоре начал опять.

— Как должны радоваться, мисс Фэрфакс, ваши друзья в Ирландии, что могли вам доставить такое удовольствие. Верно, частенько вас вспоминают, размышляя о том, когда, в какой именно день, окажется инструмент в ваших руках. Вы думаете, полковник Кемпбелл точно знает, когда его должны были привезти? Думаете, заранее оговорено было, что его доставят в определенный день, или он дал только общее распоряжение, чтобы доставили, когда и как будет удобно?

Он замолчал. На этот раз она уже не могла не расслышать, а значит, и уйти от ответа.

— Ничего не могу сказать наверное, — с деланым спокойствием отвечала она, — покуда не получу письмо от полковника Кемпбелла. До тех пор это будет гаданье на кофейной гуще.

— Гаданье... м-да, иногда гаданье дает нам верный ответ, иногда уводит в сторону. Я вот гадаю, скоро ли у меня эта заклепка будет прочно держаться. Какую чепуху подчас болтает язык, мисс Вудхаус, когда голова занята работой, — честный труженик, я полагаю, делает свое дело и помалкивает, но коли к нам, джентльменам-работничкам, прицепится словцо... Мисс Фэрфакс обронила что-то насчет гаданья, и... Ну вот, готово. Сударыня, — адресуясь к миссис Бейтс, — имею удовольствие возвратить вам очки исцеленными на время. Мать и дочь принялись наперебой благодарить его; ища спасения от последней, он подошел к фортепьяно и взмолился, чтобы Джейн Фэрфакс сыграла еще что-нибудь.

— Сделайте мне одолженье, — сказал он, — пусть это будет один из тех вальсов, которые мы танцевали вчера, — дайте мне пережить те минуты еще раз. Вам они не доставили особой радости — вы казались утомленной. Пожалуй, вы были рады, что танцы так скоро кончились, но я все бы отдал — все на свете, — чтобы продлить их еще на полчаса.

Она заиграла.

— Что за блаженство слышать вновь мелодию, с которой связаны подлинно счастливые мгновенья! Ежели не ошибаюсь, этот вальс танцевали в Уэймуте...

Она бросила на него быстрый взгляд, густо покраснела и тотчас заиграла другое. Фрэнк Черчилл взял со стула, стоящего возле фортепьяно, пачку нот и обернулся к Эмме.

— Смотрите, здесь что-то новенькое. Крамер*. Знакомы вам эти вещи? А вот новый сборник ирландских песен. Неудивительно, когда мы вспомним, кто их прислал. Ноты пришли вместе с инструментом. Полковник

* Крамер Иоганн Баптист (1771–1858) — немецкий пианист, композитор, педагог.

Кемпбелл обо всем позаботился — не правда ли, как мило? Он знал, что здесь мисс Фэрфакс негде будет взять ноты. Такая предусмотрительность внушает особое уважение, она показывает, что все делалось поистине с душою. Ничто не забыто второпях, ничто не упущено из виду. Только любящий человек способен выказать подобную заботливость.

Эмма предпочла бы, чтоб он изъяснялся менее откровенно, и корила себя за то, что ей, помимо воли, смешно, однако, мельком взглянув на Джейн, она подметила на лице ее следы улыбки, увидела, что за густою краской смущения пряталась улыбка тайного восторга, и ей стало уже не так стыдно за свою смешливость; укоры совести больше не мучили ее. Эта благовоспитанная, достохвальная, безупречная Джейн Фэрфакс лелеяла в сердце весьма предосудительные чувства.

Он принес ей всю пачку нот и стал просматривать их с нею вместе. Эмма, воспользовавшись случаем, шепнула:

— Вы выражаетесь чересчур ясно. Она, наверное, все понимает.

— Надеюсь. Мне и надобно, чтобы она понимала. Я вовсе не стыжусь того, что хочу сказать.

— Зато мне, признаться, немного стыдно. Лучше бы эта мысль вообще не приходила мне в голову.

— А я очень рад, что пришла и что вы поделились ею со мной. Для меня теперь разъяснилось значение этих ее странных взглядов и странностей в поведении. Это она должна стыдиться. Ежели дурно поступает, то пусть ей будет стыдно.

— По-моему, она не лишена этого чувства.

— Я что-то не наблюдаю. Знаете ли, что она сейчас играет? Его любимую вещь — «Робин Адэр»*.

Вскоре после этого мисс Бейтс, проходя мимо окна, заметила невдалеке мистера Найтли верхом на лошади.

— Кого я вижу — мистер Найтли! Мне нужно сказать ему два слова, если удастся, — хотя бы поблагодарить. Это окно я открывать не стану, иначе вы все озябнете, — побегу в комнату матушки. Он, верно, не откажется зайти, когда узнает, кто у нас собрался. Вот будет чудесная встреча! Такая честь для нашей маленькой гостиной!

Договаривала это мисс Бейтс уже в соседней комнате; проворно распахнув окно, она окликнула мистера Найтли, и тем, кто сидел в гостиной, явственно слышен был весь их разговор до последнего слова.

— Здравствуйте! Как вы поживаете?.. Спасибо, очень хорошо. Так вам обязана за вчерашнюю карету! Мы успели домой как раз вовремя, как раз в ту минуту, когда матушка нас ждала. Не зайдете ли к нам? Зайдите, прошу вас. Вы здесь увидите знакомые лица.

Так зачастила мисс Бейтс, но мистер Найтли, по всей видимости, имел твердое намерение, чтобы его слова тоже достигали до ее слуха, ибо решительно и властно произнес:

— Как ваша племянница, мисс Бейтс? Я желал бы осведомиться о здоровье всего вашего семейства, но в первую очередь — о вашей племяннице. Здорова ли мисс Фэрфакс? Не простудилась вчера, я надеюсь? Как она нынче себя чувствует? Скажите, как мисс Фэрфакс?

---

* «Робин Адэр» — ирландская песня, получившая особенную популярность в Англии во второй половине XVIII в. По преданию, Робин Адэр — реальное историческое лицо (первая половина XVIII в.).

И мисс Бейтс вынуждена была дать ему прямой ответ, видя, что без этого он ее дальше слушать не станет. Сидящие в гостиной весело переглянулись, а миссис Уэстон послала Эмме многозначительный взгляд. Но Эмма, по-прежнему отказываясь верить, упрямо покачала головой.

— Так вам обязана за карету! — вновь завела свое мисс Бейтс. — Так бесконечно вам...

— Я еду в Кингстон, — перебил он. — Нет ли у вас каких поручений?

— Ах, в самом деле, — в Кингстон? Миссис Коул обмолвилась на днях, что ей надобно что-то в Кингстоне.

— У миссис Коул есть на то прислуга. У вас имеются поручения?

— Спасибо, нет. Но зайдите же! Как вы думаете, кто у нас теперь? Мисс Вудхаус и мисс Смит. Были столь добры, что пришли послушать, как звучит новое фортепьяно. Оставьте вашего коня в «Короне» и зайдите к нам.

— Ну, разве что на пять минут, — сказал он с сомнением в голосе.

— И миссис Уэстон здесь с мистером Фрэнком Черчиллом! Подумайте, какая прелесть — столько собралось друзей!

— Нет, благодарю вас — не сегодня. Сейчас не имею двух минут. Должен как можно скорее попасть в Кингстон.

— Пожалуйста! Очень вас прошу, они так будут рады повидать вас...

— Нет-нет, у вас уже и так полно народу. Приду послушать фортепьяно в другой раз.

— Ах, мне ужасно жаль!.. Чудесный вчера был вечер, мистер Найтли, такое удовольствие... А танцы — видели вы что-либо подобное? Восхитительное зрелище, вы согласны? Мисс Вудхаус и мистер Фрэнк Черчилл... нет, это было бесподобно!

— Бесподобно, согласен, — да и как я могу не согласиться, когда мисс Вудхаус и мистер Фрэнк Черчилл, наверное, отлично нас слышат. Только не знаю, — еще более повышая голос, — отчего в таком случае не упомянуть и мисс Фэрфакс. По-моему, мисс Фэрфакс прекрасно танцует, а уж так играть контрадансы, как миссис Уэстон, не умеет никто во всей Англии. Ну, а теперь ваши гости, ежели им знакомо чувство благодарности, должны в ответ сказать что-нибудь громким голосом про нас с вами — жалко, мне недосуг остаться послушать.

— Нет, погодите, мистер Найтли, один момент — кое-что важное... такое потрясение! Мы с Джейн потрясены — эти яблоки...

— Ну-ну, в чем дело?

— Подумать, — вы прислали нам все, что у вас было в запасе! Говорили, будто вам их девать некуда, а у вас не осталось ни одного! Мы просто потрясены! Неудивительно, что миссис Ходжес сердится. Уильям Ларкинс не утаил этого, когда был здесь... Зачем вы так делаете — нехорошо! Ну зачем было... Ой, куда же вы? Уехал. Терпеть не может, когда его благодарят. Я-то надеялась, он останется, — вот и пришлось к слову... Увы, — возвращаясь назад в гостиную, — меня постигла неудача. Мистер Найтли не смог задержаться. Он едет в Кингстон. Спрашивал, нет ли у меня пору...

— Да, мы слышали его любезное предложение, — сказала Джейн, — здесь все было слышно.

— Вот что! Да, милая, и в самом деле, ведь дверь была открыта, и окно открыто, а мистер Найтли говорил громко... Конечно, вы должны были все слышать. Сказал:

«Нет ли у вас каких поручений в Кингстоне?» — а я на это... Как, мисс Вудхаус, вы уже уходите?.. Вы же, кажется, только минуту назад пришли — так было мило с вашей стороны...

Эмме и правда пора было домой; визит затянулся; поднялась и миссис Уэстон со своим спутником — при взгляде на часы обнаружилось, что утро почти на исходе и им достанет времени лишь проводить девиц до хартфилдских ворот, а там уже надобно будет возвращаться в Рэндалс.

Глава 11

Бывает, что в жизни можно обходиться вообще без танцев. История знает случаи, когда отдельные молодые люди, без существенного ущерба для тела и души, ни разу за много, много месяцев не почтили своим присутствием ни одного мало-мальски стоящего бала; но уж когда начало положено — когда, хотя бы мимолетно, изведано блаженство быстрого движения, — надобно быть очень тяжелой на подъем компанией, чтобы не захотелось еще.

Франку Черчиллу посчастливилось танцевать в Хайбери единожды, и он жаждал танцевать еще, — а потому, когда мистера Вудхауса удалось на вечерок выманить с дочерью в Рэндалс, то последние полчаса молодые люди провели, строя на сей счет основательные планы. Замысел исходил от Фрэнка, и от него же — наибольшее рвение, ибо его соучастница в этом деле лучше могла судить о предстоящих трудностях и более его была озабочена такими вещами, как удобство и внешние атрибуты. Но и она не прочь была еще раз показать людям, как бесподобно танцуют вдвоем мистер Фрэнк Черчилл и мисс Вудхаус, — повторить то, в чем могла, не краснея за себя, потягаться с Джейн Фэрфакс, да и, в конце концов, просто потанцевать, без всякой задней мысли, подсказанной тщеславием, — и столь была не прочь, что с охотою помогала ему мерить шагами гостиную, где они сидели, чтобы посмотреть, многое ли может в ней поместиться, а потом измерить и столовую, в надежде, что вдруг вопреки утверждениям мистера Уэстона, что обе комнаты в точности одного размера, — обнаружится, что она все-таки чуть побольше.

Его первоначальное предложение и просьба устроить в Рэндалсе завершение танцев, начатых в доме мистера Коула, — собрать тех же танцоров, заручиться помощью той же музыкантши — встретило полное одобрение. Мистер Уэстон немедленно загорелся этою мыслью, а миссис Уэстон с готовностью изъявила согласие играть до тех пор, покуда танцоры не свалятся с ног; после чего устроители занялись хитроумною задачей подсчитать, кто именно придет, и вычислить, сколько места требуется отвести на каждую пару.

— Вы, мисс Смит и мисс Фэрфакс — это трое, да две девицы Кокс — это пять, — повторялось снова и снова. — А с нашей стороны — двое Гилбертов, молодой Кокс, отец и я, не считая мистера Найтли. Да, так будет в самый раз — вполне достаточно. Вы и мисс Смит, мисс Фэрфакс — это трое, и две мисс Кокс — выходит пять, а на пять пар места хватит за глаза.

Но вскоре послышались иные речи. С одной стороны:

— Но достанет ли простора на пять пар? Мне сомнительно, право...

И — с другой:

— Да и стоит ли, наконец, затевать все это ради каких-то пяти пар? Пять пар — это несерьезно. Пять пар не приглашают. В таком количестве дозволительно танцевать лишь по наитию, под влиянием минуты.

Тут кто-то вспомнил, что приезжает мисс Гилберт и ее тоже следует пригласить вместе с братом и племянником. Кто-то другой заметил, что ежели бы на вечере у Коулов кто-нибудь догадался пригласить на танец миссис Гилберт, то она бы не отказалась. Еще кто-то замолвил слово за второго из Коксов-младших, а когда миссис Уэстон напоследок помянула одно двоюродное семейство и одну старинную приятельницу, коих невозможно было обойти приглашением, то с несомненностью обрисовалось, что пять пар перерастают по меньшей мере в десять и очень стоит задуматься над тем, каким их образом разместить. Двери в обе комнаты приходились как раз напротив друг друга. «Нельзя ли занять обе комнаты, соединив их коридором?» План казался недурен, однако чувствовалось, что можно бы придумать и лучший. Эмма сказала, что так танцевать неловко, миссис Уэстон недоумевала, как тогда быть с ужином, мистер же Вудхаус решительно воспротивился подобной угрозе для здоровья. Он так всполошился, что нечего было и думать осуществить эту мысль.

— Ах нет! — говорил он. — Это был бы верх неблагоразумия. Для Эммы это недопустимо! У Эммы хрупкое здоровье. Она страшно простудится. И Гарриет, бедная малютка, — тоже. И все вы. Миссис Уэстон, это безумие — зачем вы их слушаете? Вы же сляжете в постель! Не слушайте вы их, умоляю вас! Этот молодой человек, — понизив голос, — в высшей степени легкомыслен.

Вы только не говорите его отцу, но этот молодой человек не внушает мне доверия. Весь вечер он открывает двери и, ни с кем не считаясь, оставляет их открытыми. Он совершенно не думает о сквозняках. Не хочу вас настраивать против него, но я бы определенно ему не доверял!

Миссис Уэстон опечалилась, выслушав это обвинение. Она понимала его серьезность и изо всех сил постаралась отвести его. Двери, все до единой, были плотно закрыты, идея насчет коридора — навеки погребена, и возрожден к жизни первоначальный план устроить танцы лишь в той комнате, где они находились, — Фрэнк Черчилл столь необыкновенно им воодушевился, что пространство, которое четверть часа тому назад представлялось несколько тесноватым для пяти пар, сейчас начинало выглядеть в его глазах вполне достаточным для десяти.

— Мы пустились в излишнее роскошество, — говорил он. — Мы чересчур широко размахнулись. Здесь отлично станут десять пар.

Эмма усомнилась в этом:

— И получится толкотня — толкотня и давка. Танцевать, когда негде повернуться, — что может быть хуже?

— Правда ваша, — задумчиво отозвался он, — этого хуже нет. — Но тем не менее продолжал свои обмеры и тем не менее завершил их словами: — По-моему, все-таки на десять пар места хватит.

— Нет-нет, — сказала она, — вы ведете себя неразумно. Стоять вплотную друг к другу — ужасно! Что за удовольствие танцевать толпою — толпиться в тесном помещении?

— Этого отрицать нельзя, — молвил он. — Тут я согласен. Толпиться в тесном помещении... Мисс Вудхаус, вы умеете несколькими словами нарисовать точную картину. Это поразительно — поразительное искусство!.. И все же, зайдя с этою идеей столь далеко, от нее трудно отказаться. Отец будет разочарован — и вообще... не убежден, что... нет, положительно я склоняюсь к мнению, что десять пар здесь могут стать отлично. Эмма видела, что галантность молодого человека отдает своенравием, что, дабы не лишить себя удовольствия танцевать с нею, он готов упорствовать вопреки доводам рассудка, но предпочла усмотреть в этом комплимент и закрыть глаза на остальное. Если бы она допускала, что может когда-нибудь выйти за него замуж, тогда, пожалуй, на этой подробности стоило бы задержать внимание, попытаться оценить такого рода готовность и понять свойства его характера; но как простой знакомый он ей казался очень мил. Назавтра, еще до полудня, он уже был в Хартфилде, и по довольной улыбке, с которою вошел в комнату, можно было твердо сказать, что задуманный им план получил некое развитие. Вскоре выяснилось, что он принес хорошую новость.

— Ну, мисс Вудхаус, — начал он чуть ли не с порога, — надеюсь, что от страха, которого вы натерпелись при виде тесных комнат моего батюшки, у вас не окончательно пропала охота танцевать. Я пришел с новым предложением — с идеей, которая явилась моему отцу и ждет единственно вашего одобрения. Могу ли я уповать на честь танцевать с вами первые два танца на нашем предполагаемом балу, имеющем состояться не в Рэндалсе, а в трактире «Корона»?

— В «Короне»?

— Да. Ежели вы и мистер Вудхаус не против — а вы, я полагаю, не против, — то батюшка мой изъявляет надежду, что его друзья любезно согласятся посетить бал, который он дает в «Короне». Там он им может обещать бóльшие, чем в Рэндалсе, удобства и не менее радушный прием. Это его собственное предложение. У миссис Уэстон нет возражений — при том условии, что их не будет у вас. В этом мы все едины. Да, вы были бесспорно правы! Десять пар в любой из рэндалских комнат — это невыносимо! Это ужасно! Я и сам чувствовал все время, что вы правы, а не сдавался только из желания устроить хоть что-нибудь. Ну, как вам такая замена? Не правда ли, хороша? Надеюсь, вы даете свое согласие — вы согласны?

— На мой взгляд, подобный план ни у кого не может вызвать возражений, раз мистер и миссис Уэстон ничего не имеют против. Я нахожу, что он превосходен, и, что до меня, принимаю его с удовольствием. Лучшего выхода быть не может... Вам не кажется, папа, что это великолепный выход из положения?

Эти слова понадобилось изложить заново и растолковать, покуда мистер Вудхаус до конца уразумел, в чем состоит план, а так как план этот был нов и неожидан, то без дальнейших ходатайств он быть признан приемлемым не мог.

Нет, он считает, что это вовсе не выход — это прескверный план — гораздо хуже прежнего. В трактире всегда сырость, там находиться вредно, ни одна комната не проветривается как следует, все они нежилые. Ежели им так необходимо танцевать, то пусть уж лучше танцуют в Рэндалсе. Он ни разу ногою не ступал в эту залу — хозяев «Короны» даже в лицо не знает... Нет, план никуда не годен — где-где, а в «Короне» им наверное обеспечена простуда!

— Я, кстати, имел в виду заметить, сэр, — вставил Фрэнк Черчилл, — чем в особенности предпочтительна таковая замена, так это тем, что она практически устраняет опасность простудиться — в этом смысле «Корона» много надежнее Рэндалса. В рассуждении этого один только мистер Перри может иметь основания сожалеть о перемещении в «Корону».

— Сударь, — в некоторой запальчивости произнес мистер Вудхаус, — вы глубоко заблуждаетесь, ежели принимаете мистера Перри за подобного сорта личность. Мистер Перри теряет всякий покой, когда кому-нибудь из нас случается захворать. А кроме того, мне непонятно, почему зала в «Короне» надежней, нежели гостиная в доме вашего батюшки.

— По той именно причине, сэр, что она больше. Нам не для чего будет отворять окна — ни разу за весь вечер, — а все беды, сэр, как вам прекрасно известно, и проистекают от злостного обыкновения открывать окна и впускать к разгоряченным телам холодный воздух.

— Отворять окна? Но, мистер Черчилл, кому же в голову взбредет отворять окна в Рэндалсе? Кто способен на такое безрассудство? В жизни не слыхал ничего подобного! Танцевать с раскрытыми окнами? Никогда ваш отец и миссис Уэстон — в девичестве бедная мисс Тейлор — не потерпят такого, я уверен...

— А, сэр, — но то-то и оно, что иной может подчас по молодости и неразумению шмыгнуть незамеченным за штору и распахнуть окно настежь. Мне самому часто случалось наблюдать.

— Да что вы, сударь?.. Ну и ну! Никогда бы не предположил! Впрочем, живя, как я, вдали от света, недолго поразиться тому, что слышишь... Однако это и впрямь меняет дело — так что, пожалуй, когда мы обсудим все за и против... только тут надобно основательно подумать.

Такие вещи не решаются наспех. Ежели мистер и миссис Уэстон любезно согласятся как-нибудь утречком посетить меня, то можно будет потолковать — посмотреть, как это лучше уладить.

— Да, сэр, но я, к несчастью, ограничен временем...

— Ах, времени сколько угодно, — перебила его Эмма, — все-все успеем оговорить! Спешить нет ни малейшей надобности. Ежели порешите на «Короне», папа, то это будет как нельзя удобнее для наших лошадей. Оттуда до нашей конюшни рукой подать.

— Справедливо, душа моя. Это важное соображение. Джеймс, правда, не имеет привычки жаловаться, но все равно лошадей надлежит по возможности беречь. Быть бы только уверенным, что комнаты хорошенько проветрят... да можно ли положиться в этом на миссис Стоукс? Сомневаюсь. Не знаю я ее — даже в лицо.

— За такого рода вещи, сэр, я могу смело поручиться, потому что ими займется миссис Уэстон. Она вызвалась всем руководить.

— Видите, папенька? Теперь вы должны быть покойны. Наша дорогая миссис Уэстон! А она — сама предусмотрительность. Помните, что сказал еще давным-давно мистер Перри, когда я болела корью? «Раз мисс Тейлор взялась следить, чтобы мисс Эмма была тепло укрыта, значит, вам нечего бояться, сэр». Сколько раз приводили вы эти его слова как свидетельство ее достоинств!

— Да, верно. Именно так и сказал мистер Перри. Могу ли я забыть? Бедная ты моя девочка! Натерпелась ты от кори — то есть могла бы натерпеться, если б не бесконечное внимание со стороны Перри. Целую неделю приходил тебя проведать по четыре раза в день. Он с самого начала говорил, что это легкая форма кори, чем очень нас успокоил, но вообще это тяжкий недуг. Надеюсь, когда у бедняжки Изабеллы малыши начнут болеть корью, она пошлет за Перри.

— Отец мой и миссис Уэстон сейчас в «Короне», — сказал Фрэнк Черчилл. — Обследуют возможности помещения. Я оставил их и поспешил в Хартфилд узнать ваше мнение, надеясь также, что вы не откажетесь присоединиться к ним и помочь советом на месте. Они просили передать, что это их общая просьба. Вы бы их очень обязали, если б позволили мне проводить вас туда. Без вас им не справиться.

Эмма с живейшим удовольствием откликнулась на призыв принять участие в таком совещании, и, напутствуемая увереньем своего батюшки, что он все это в ее отсутствие взвесит, она без промедления отправилась с молодым человеком в трактир «Корона». Мистер и миссис Уэстон были там, оба занятые делом, оба им увлеченные, но по-разному: ее кое-что обескураживало, его все приводило в восторг; они очень обрадовались приходу Эммы и возможности послушать, что она скажет.

— Эмма, — обратилась к ней миссис Уэстон, — обои в худшем состоянии, чем я думала. Взгляните, какая страшная грязь местами, а панели невообразимо обшарпаны и пожелтели...

— Радость моя, вы чересчур разборчивы, — возразил ее супруг. — Ну, какое это имеет значение? При свечах ничего не будет заметно. Чистота будет при свечах — не хуже, чем в Рэндалсе. Мы, когда собираемся вечером на вист, ничего этого не видим.

Здесь дамы, может статься, обменялись взглядами, в которых читалось: «Мужчины вообще не различают, где чистота, где грязь»; мужчины же, вероятно, подумали, каждый про себя: «Вечно женщин занимает всяческая чепуха, придумывают они себе заботы».

Возникло, однако же, затруднение, от которого и мужчины не могли отмахнуться. Оно связано было с помещением для ужина. В те дни, когда сооружалась зала, ужинать на балах было не принято, поэтому к ней пристроили только небольшую комнатку для игры в карты. Что было делать? Игорная комната понадобится как игорная комната, а если даже они теперь порешат между собою, что карты не нужны, то все же не слишком ли она мала, чтобы свободно разместиться в ней за ужином? Можно было бы воспользоваться для этой цели другою комнатой, гораздо более подходящей по размеру, но она находилась в другом конце дома, куда попасть нельзя было иначе, как по длинному неудобному переходу. В том и состояла сложность. Миссис Уэстон боялась, что молодежь в переходе прохватят сквозняки, а Эмма и оба джентльмена не могли примириться с перспективой ужинать в тесноте.

Наконец миссис Уэстон предложила не устраивать настоящего ужина, а ограничиться тартинками и прочими холодными закусками, выставив их в игорной комнате, но предложение ее с презрением отвергли. Объявлено было, что бал, на котором нельзя угостить своих друзей за столом, — не бал, а надувательство, позорное попрание человеческих прав, и пусть миссис Уэстон об этом больше не заикается. Тогда она пошла по другому пути: она заглянула в спорную комнату и заметила:

— По-моему, мы напрасно признали эту комнату слишком тесной. Ведь нас соберется не так уж много! И в ту же минуту из перехода донесся голос мистера Уэстона, который большими шагами мерил расстояние от одного его конца до другого:

— Не понимаю, дорогая, почему вы признали этот переход слишком длинным. Тут говорить не о чем — а с лестницы нисколько не дует!

— Хорошо бы знать, — сказала миссис Уэстон, — которую из двух возможностей предпочли бы наши гости. Для нас главное — сделать так, чтобы понравилось большинству, но кто подскажет нам их выбор?

— Верно! — подхватил Фрэнк. — Совершенно верно. Вы желаете знать мнение соседей — хотя бы главных. Я вас понимаю. Если бы выяснить, как на это... Коулы, к примеру. И живут недалеко отсюда. Сходить к ним? Или — мисс Бейтс. Та еще ближе... Тем более что никто лучше мисс Бейтс, как мне представляется, не осведомлен о вкусах и склонностях остальных соседей. Я думаю, наш совет необходимо расширить. Что, если я пойду и позову на него мисс Бейтс?

— Пожалуй — если вам угодно, — без особой уверенности в голосе отозвалась миссис Уэстон, — если вам кажется, что от нее будет польза...

— Никакого проку вы от мисс Бейтс не добьетесь, — сказала Эмма. — Восторгов и изъявлений благодарности будет хоть пруд пруди, а путного — ничего. Она даже не расслышит ваших вопросов. Не понимаю, зачем надобно обращаться к мисс Бейтс.

— Но она так забавна, так необыкновенно занятна! Для меня чистое наслажденье слушать, как разглагольствует мисс Бейтс! И потом, мне ведь не обязательно приводить все семейство... Тут вошел мистер Уэстон и, услышав, что предлагает сын, решительно поддержал его:

— Правильно, Фрэнк. Поди приведи мисс Бейтс, и мы разом покончим с этим делом. Идея ей понравится, я знаю, и если есть человек, который может показать, как нужно справляться с трудностями, — то это она. Да, сходи за мисс Бейтс. Очень уж мы распривередничались. Она — живой урок уменья быть счастливым. Ты только приведи обеих. Обеих зови сюда.

— Обеих, сэр? Но по силам ли старушке...

— При чем тут старушка? Нет, речь идет о молодой. Я сочту тебя олухом, Фрэнк, ежели ты приведешь тетушку без племянницы.

— Ох, простите, сэр! Совсем о ней забыл. Конечно. Раз вы хотите, я непременно постараюсь уговорить обеих.

И он убежал.

Задолго до того, как он появился опять, ведя с собою низенькую, размашисто шагающую тетку и грациозную племянницу, миссис Уэстон, как и подобает обладательнице миролюбивого нрава и хорошей жене, еще раз обследовала переход и убедилась, что ужасы, приписываемые ему, не столь ужасны, а точнее, не стоят выеденного яйца, и на том трудности, связанные с выбором, окончились. Остальное — во всяком случае, по предварительным расчетам — было легко и просто. Второстепенные вопросы — разные там столы и стулья, освещение и музыка, чай и ужин — решились сами либо отложены были до того времени, когда о них договорятся между собой миссис Уэстон и миссис Стоукс. Все приглашенные, несомненно, будут; Фрэнк уже написал в Энскум, что предполагает задержаться на несколько дней сверх отпущенных ему двух недель, и уверен был, что ему не откажут. Бал обещал удаться на славу!

С этим, по прибытии на место, всей душой согласилась и мисс Бейтс. Как советчица она не понадобилась; как изъявительница одобрения (куда менее ответственная роль) оказалась незаменима. Горячие, неиссякаемые потоки одобрения всего и вся, как в общем, так и в частностях, невольно нежили слух, и полчаса еще продолжалось хождение туда-сюда, из одной комнаты в другую — кто предлагал, кто молча слушал, но все предвкушали грядущее с радостным волненьем. И прежде чем разошлись, герой бала добился от Эммы подтверждения того, что первые два танца обещаны ему, и она слышала, как мистер Уэстон шепнул жене: «Он ангажировал ее, дорогая. Все идет как надо. Я так и знал!»

Глава 12

Всем был хорош в глазах Эммы план предстоящего бала, кроме одного — что день, на который его назначили, выходил за рамки двух недель, отпущенных Фрэнку Черчиллу, ибо она не разделяла уверенности мистера Уэстона, что для Черчиллов такая уж невозможная вещь запретить племяннику задержаться в Суррее хотя бы на день сверх срока. Все, однако, сходились на том, что в срок уложиться никоим образом нельзя. Приготовления неизбежно займут какое-то время — ничего еще не будет готово до начала третьей недели — так что придется им несколько дней обдумывать, хлопотать и устраивать наудачу, с риском, и изрядным, по мнению Эммы, что все делается впустую.

В Энскуме, однако, оказались милостивы — на деле милостивы; на словах — не очень. Желание племянника задержаться явно не понравилось, но препятствовать ему не стали. Все обстояло надежно и благополучно — впрочем, когда устраняется одна забота, ее место обыкновенно занимает другая, и Эмма, не тревожась более за судьбу бала, нашла себе новую причину для беспокойства — вызывающее безразличие к нему мистера Найтли. Потому ли, что сам он не танцевал или же потому, что эта затея вынашивалась без него, только он, казалось, решил для себя, что она ему неинтересна — неспособна вызвать у него хотя бы каплю любопытства в настоящем или хоть капельку развлечь его в будущем. На свое добровольное сообщение о бале Эмма не услышала ничего более ободряющего, чем:

— Что ж. Если Уэстонам нравится тратить столько трудов ради шумной забавы на один вечер — пусть их, но себе выбирать развлечения я буду сам. Нет, я приду, отказаться нельзя — приду и буду изо всех сил стараться не уснуть, но я бы охотней, куда охотней, признаться, остался дома и просмотрел с Уильямом Ларкинсом его недельный отчет... Большое удовольствие — наблюдать, как танцуют! Нет, только не для меня. Я никогда не смотрю на танцующих — не знаю, кого это может соблазнить. Вероятно, в самом искусстве танцевать, как и в добродетели, уже содержится награда, и иной искать не следует. Те, кто стоит в стороне, обычно думают совсем о другом.

Эмма чувствовала, что слова эти направлены против нее, и не могла не сердиться. Правда, одно она знала — что не из желания сделать комплимент Джейн Фэрфакс он столь пренебрежителен и столь суров, не ее взглядами руководствуется, хуля танцы, ибо она приняла идею устроить бал с необыкновенным воодушевлением. Она оживилась, заговорила, она в порыве откровенности воскликнула:

— Ох, только бы что-нибудь не помешало, мисс Вудхаус! Какое это было бы разочарованье... Сознаюсь вам, что буду ждать этого бала с чрезвычайным нетерпением.

Не из стремления угодить Джейн Фэрфакс, стало быть, предпочел бы он балу общество Уильяма Ларкинса. Нет, она все более убеждалась, что догадка миссис Уэстон неверна. Было дружеское расположение с его стороны, было участие, сострадание — но не любовь.

Увы! Очень скоро ей уже было не до раздоров с мистером Найтли. Всего два дня порадовались они надежности своего замысла — и все рухнуло. От мистера Черчилла пришло письмо, призывающее племянника немедля ехать назад. Миссис Черчилл сделалась нездорова — так нездорова, что без него обходиться не могла. Ей (утверждал ее муж) было очень худо уже два дня назад, когда она писала племяннику ответ, однако, из присущего ей стремления никого никогда не огорчать, из свойственной ей привычки совершенно не думать о себе, она о том умолчала, теперь же так расхворалась, что с этим шутить нельзя, и принуждена настаивать, чтобы он безотлагательно возвращался в Энскум.

Содержание письма было изложено в записке, которую тотчас же поспешила прислать Эмме миссис Уэстон. Что до его отъезда, то он был неизбежен. Через несколько часов ему предстояло ехать, и ехать без той тревоги о теткином здоровье, которая могла бы умерить нежелание это делать. Знал он ее болезни — они тогда только случались, когда ей это было выгодно.

К этому миссис Уэстон приписала, что ему «едва достанет времени побывать после завтрака в Хайбери и проститься с теми немногими друзьями, которым он может быть небезразличен, — а потому его очень скоро можно ожидать в Хартфилде».

На этой злополучной записке и оборвался для Эммы завтрак. Прочитав ее, она уже была способна только стенать и сокрушаться. Прости, бал! Прости, молодой знакомец — и все, что молодой знакомец, возможно, таит в душе!.. Что за несчастье! Какой мог получиться восхитительный вечер! Как веселились бы все, а больше всех — она со своим кавалером! «Говорила я, что так будет!» — вот единственное, что оставалось ей в утешенье.

Иначе смотрел на случившееся ее батюшка. Его в первую голову занимало, чем больна миссис Черчилл и как ее лечат, а что до бала — ужасно жаль, что душеньку Эмму постигло разочарование, но дома оно всегда спокойней... Эмма приготовилась принять гостя много раньше, чем он появился, но недостаток нетерпенья свидеться с нею, который можно было бы поставить ему в укор, искупался горестным его видом и глубочайшим унынием. Он был столь удручен предстоящим отъездом, что в первые минуты не мог говорить. Его подавленность бросалась в глаза. Он сидел, погруженный в тяжелое раздумье, а когда очнулся, уронил только:

— Нет в мире ничего страшней расставанья.

— Но вы же не последний раз приехали в Рэндалс, — сказала Эмма. — Приедете еще.

— Ох, но как знать когда! — Покачав головою: — Эта неопределенность... Буду рваться сюда всеми силами, все помыслы устремлю на это — задамся единою целью! И если весною дядюшка с теткой поедут в город... только боюсь... Прошлой весной они никуда не тронулись — боюсь, с этим обыкновением покончено навсегда.

— И прощай навсегда наш бедный бал.

— Ах, этот бал!.. Ну для чего было нам его откладывать? Надобно было ловить момент! Сколь часто из-за приготовлений — дурацких приготовлений — мы лишаем себя радости! А ведь вы предупреждали, что так случится. Ох, мисс Вудхаус, зачем вы всегда бываете правы?

— В настоящем случае, поверьте, я могу лишь сожалеть, что была права. Я бы, не раздумывая, променяла дальновидность на веселье.

— Ежели мне удастся приехать снова, мы все-таки устроим этот бал. Мой отец на это твердо полагается. Не забудьте — вы ангажированы.

Эмма подарила его благосклонным взглядом.

— Какие это были две недели! — продолжал он. — Каждый новый день — дороже, неповторимее вчерашнего! И с каждым днем все более нестерпима мысль об отъезде. Счастливы те, которым можно оставаться в Хайбери!

— Раз вы столь щедро воздаете нам должное в настоящем, — сказала Эмма, — то я возьму на себя смелость спросить у вас о прошлом: вы ехали сюда не без опасений? Не оказались ли мы несколько лучше, чем вы себе представляли? Убеждена, что да. Убеждена, вы не предполагали, что вам у нас может понравиться. Вы бы не собирались к нам так долго, если бы Хайбери вам рисовался в привлекательном свете.

Фрэнк Черчилл с принужденным смехом возражал, но Эмма знала, что не ошиблась.

— И вы обязаны ехать сейчас же?

— Да. За мною приедет отец, мы вместе воротимся в Рэндалс, и я немедленно снаряжаюсь в дорогу. Боюсь, что его можно ждать сюда в любой момент.

— И у вас не останется даже пяти минут для друзей ваших — мисс Фэрфакс и мисс Бейтс? Досадно! Могучий и логический ум мисс Бейтс мог бы помочь вам укрепиться духом.

— Нет, я побывал там. Проходил мимо и подумал, что по всем правилам полагалось бы зайти. Зашел на три минуты, но задержался, потому что не застал дома мисс Бейтс. Она куда-то отлучилась, и я понял, что должен дождаться ее. Над такою, как она, можно смеяться — и даже нельзя не смеяться, — но такую женщину грешно обижать. Лучше было нанести ей прощальный визит по всей форме.

Он замялся, встал, подошел к окну.

— Короче, — заговорил он снова, — вы, по-видимому, не могли не заподозрить, мисс Вудхаус...

Он впился в нее взглядом, словно желая прочесть ее мысли. Эмма растерялась. Все это предвещало нечто очень серьезное, чего она не хотела. В надежде несколько задержать то, что на нее надвигалось, она усилием воли заставила себя спокойно сказать:

— Вы рассудили правильно — очень естественно было, при этих обстоятельствах, нанести прощальный визит...

Он молчал. Она чувствовала на себе его взгляд — он, верно, размышлял над ее словами, пытаясь истолковать для себя манеру, с которой они были сказаны. Она слышала, как он вздохнул. Естественно; он полагал, что имеет причины вздыхать. У него не было оснований думать, что она поощряет его. Несколько неловких мгновений — и он сел на место и проговорил, уже более твердым голосом:

— Мне важно было, что остаток времени я могу провести в Хартфилде. Хартфилд так много значит для меня...

Он снова осекся, снова встал и, казалось, окончательно пришел в замешательство. Эмма и не подозревала, что он так сильно влюблен, — и как знать, чем бы все это кончилось, если бы не явился его отец... Вскоре к ним вышел и мистер Вудхаус, и Фрэнк Черчилл, подчиняясь необходимости, овладел собою.

Впрочем, минуты испытания были уж сочтены. Мистер Уэстон, не любящий мешкать ни с каким делом, столь же мало способный оттягивать неизбежное зло, сколь и предвидеть возможное, объявил: «Пора идти!» — и молодому человеку оставалось лишь согласиться, подавив понятный вздох, и встать, готовясь к прощанию.

— Я буду иметь о всех вас известия, — сказал он, — в этом главное для меня утешенье. Буду знать все, что у вас происходит. Я просил миссис Уэстон писать мне, и она была столь добра, что обещала. Благословенны женские письма, когда нам дорога всякая подробность о тех, кого с нами нет! Она будет все мне рассказывать. Читая ее письма, я вновь буду переноситься в милый Хайбери.

Сердечное рукопожатие, взволнованное «До свиданья!» заключили эту речь, и дверь за Фрэнком Черчиллом захлопнулась. Коротки были сборы — коротко их свиданье; он покидал Суррей, и Эмме так жаль было расставаться, такую потерю для их маленького общества видела она в его отъезде, что к ней закралось опасение, не слишком ли она сожалеет, не чересчур ли это глубоко ее затронуло.

Все переменилось — и к худшему. Они встречались со времени его приезда чуть не каждый день. Его присутствие в Рэндалсе, бесспорно, очень оживило ее существованье за эти две недели — неописуемо! Каждое утро — сознание, что они увидятся, предвкушенье встречи, Уверенность в его внимании — его веселый нрав, его галантность! Праздником сверкнули эти две недели, и тоскливо будет после них погружаться опять в обыденное течение хартфилдской жизни. В довершение всего, что говорило в его пользу, он почти что признался ей в любви! Сколь оказалось бы на поверку прочно и постоянно его чувство — вопрос иной, но покамест у нее не было сомнений, что он положительно ею пленен, определенно отдает ей предпочтенье, и эта убежденность, совокупно со всем прочим, наводила ее на мысль, что, несмотря на свои прежние зароки, она, как видно, немножко влюблена в него.

— Как видно, да, — говорила она себе. — Эта тупая апатия, вялость, неохота сесть и заняться полезным делом, это ощущение, что все в доме надоело, постыло! Как видно, влюбилась, — очень было бы странно, когда б не так — по крайней мере, на недельку-другую. Что ж! Кому беда, а кому радость — так устроен мир. Многим, как мне, взгрустнется, ежели не о Фрэнке Черчилле, то о бале — зато мистер Найтли будет счастлив. Может теперь провести этот вечер, как ему нравится, — со своим ненаглядным Уильямом Ларкинсом.

Мистер Найтли, однако, не спешил, торжествуя, показать, что он счастлив. Он, конечно, не мог бы, положа руку на сердце, утверждать, что огорчен за себя — бодрый вид его послужил бы тому опроверженьем, — но говорил с большою искренностью, что огорчается за других, и добрым голосом прибавил:

— Не повезло вам, Эмма, — вот не повезло! Вам так редко выпадает случай потанцевать...

Джейн Фэрфакс она несколько дней не видала, а без этого трудно было судить, чистосердечно ли она сожалеет о прискорбной перемене; но когда наконец увидела, то наткнулась на чудовищную сдержанность. Правда, ей все эти дни особенно нездоровилось, ее так мучили головные боли, что, если бы даже бал состоялся, она, как о том объявила ее тетушка, вряд ли смогла бы прийти; и Эмма великодушно сказала себе, что эта непристойная безучастность в какой-то мере объясняется упадком сил, подточенных болезнью.

Глава 13

Эмму по-прежнему не покидала уверенность, что она влюблена. Менялись лишь ее представления о том, насколько. Первое время ей казалось, что очень; потом — что самую чуточку. Ей было приятно слушать разговоры о Фрэнке Черчилле — было, из-за него, как никогда приятно видеться с мистером и миссис Уэстон; она подолгу думала о нем и с нетерпением ждала письма, чтобы узнать, как он, в каком он настроении, как чувствует себя его тетка и велика ли вероятность, что он весною опять приедет в Рэндалс. С другой стороны, однако, она не могла бы сказать, что страдает, что у нее, не считая того первого утра, не лежит душа к обычным занятиям, — она была, как и прежде, занята, была довольна, не утратила способности понимать, что за ним, при всем его обаянии, водятся и слабости, а самое главное — столько о нем думая, сочиняя за рисованием или шитьем сотни возможных продолжений и развязок их романа, придумывая опасные диалоги, составляя мысленно изящные письма — она неизменно под конец приходила к тому, что отвечает на его воображаемое признанье отказом. Всякий раз их взаимная склонность переходила в дружбу. Нежными, упоительными были их свидания, но всякий раз дело кончалось расставаньем. Когда она это заметила, то заключила, что, значит, не очень-то влюблена, потому что, хотя давно и твердо решила, что никогда не оставит отца, никогда не выйдет замуж, но сильное чувство должно было бы, конечно, все-таки вызвать в душе ее бурю при мысли о разлуке — а бури не было.

— Почему-то, — рассуждала она с собою, — мне ни разу не пришло в голову слово «жертва». В моих умелых возраженьях, моих деликатных отказах нет и намека на то, что для меня это жертва. Подозреваю, что не так уж он мне необходим для полного счастья. Тем лучше. Ни в коем случае не стану уговаривать себя, будто испытываю чувства, которых у меня нет. Немножко влюблена — и хватит. Больше мне было бы ни к чему.

Равно удовлетворена была она, в общем, и его чувствами, какими их себе представляла.

— А вот он влюблен очень — по всему видно, — отчаянно влюблен, и коли это у него не пройдет, то надобно будет, когда он приедет снова, строго следить за собою и не оказывать ему поощрения.

Непростительно было бы вести себя иначе, если для меня все уже раз и навсегда решено. Впрочем, у него, кажется, и до сих пор не было оснований воображать, будто я его поощряю. Нет, если б он полагал, что я хотя бы отчасти разделяю его чувства, то не был бы так несчастен. И вид и речи его при прощании были бы иными, когда б он думал, что может рассчитывать на взаимность... И все ж мне следует быть начеку. Это — ежели исходить из предположения, что чувства его останутся неизменны, но мне в это не слишком верится, я отнесла бы его к несколько иному разряду мужчин, не очень бы полагалась на его преданность и постоянство. Он — натура пылкая, однако, думается мне, довольно-таки переменчивая. Короче говоря, с какой точки ни посмотреть, выходит, надобно благодарить судьбу за то, что не в нем все мое счастье. Пройдет немного времени, и я опять заживу как ни в чем не бывало, приобрету приятное воспоминанье, и только. Говорят, разок в жизни надобно непременно влюбиться — что ж, я легко отделаюсь.

Когда к миссис Уэстон пришло письмо, оно дано было Эмме на прочтенье, и читать его оказалось таким наслаждением, что Эмма вначале лишь качала головою, прислушиваясь к своим чувствам, и говорила себе, что, по всей видимости, недооценивала их силу. Письмо было длинное, написано превосходным слогом; автор в подробностях описывал дорогу домой и свои ощущения в это время, с естественностью и благородством изъявлял миссис Уэстон свою любовь, признательность, уважение: живо и точно изображал все то на ближних и дальних подступах, что могло представлять интерес. Ни подозрительно витиеватых извинений более, ни слащавой озабоченности — каждая строка дышала искренним чувством к миссис Уэстон; о переходе от Хайбери к Энскуму, о несовпадении первоначальных ценностей общественного бытия там и здесь говорилось скупо, но достаточно, чтобы понятно стало, сколь они глубоко ощутимы и сколь бы многое можно было еще сказать о них, когда б не сдерживали приличия... Не отказано было Эмме и в удовольствии видеть ее собственное имя. Слова «мисс Вудхаус» мелькали то и дело, и неизменно в связи с чем-нибудь приятным — это могла быть похвала ее вкусу или воспоминание о чем-либо сказанном ею, и даже там, где они являлись взору последний раз, без пышного комплиментарного обрамленья, она почуяла силу своего воздействия и узрела скрытый и, пожалуй, наибольший из всех комплимент. В самом нижнем уголку, на оставшемся месте теснились слова: «У меня, как вы знаете, не осталось во вторник свободной минуты для хорошенькой подружки мисс Вудхаус. Сделайте милость, извинитесь за меня перед нею, что я не успел с ней проститься». Это, не сомневалась Эмма, делалось только ради нее. Никогда бы он не вспомнил о Гарриет, не будь Гарриет ее другом... Сведения об Энскуме и видах на будущее были не лучше и не хуже, чем следовало ожидать; миссис Черчилл еще не поправилась, и он покамест даже в мечтах не позволял себе загадывать, когда опять сможет вырваться в Рэндалс.

Сколь ни отрадно показалось ей письмо в самом существенном отношении к ней, сколь ни щекотало оно самолюбие, тем не менее, сложив его и вернув миссис Уэстон, она обнаружила, что в ней не прибавилось огня, что она все-таки может прожить на свете без того, кто его писал, и он, значит, должен как-то суметь прожить без нее. Намерения ее не изменились. Только к решимости ответить ему отказом прибавился заманчивый умысел, как его после этого утешить и осчастливить. Упоминание о Гарриет, эти слова, в которые оно было облечено, — «хорошенькая подружка» — навели ее на мысль о том, чтобы ее заменила в его сердце Гарриет. Разве это невозможно? Нет, Гарриет, разумеется, бесконечно уступала ему в умственном отношении, но разве не был он поражен ее прелестным личиком, подкупающей простотою ее манер? Что же до происхождения, родовитости — они, более чем вероятно, говорили в ее пользу. А как удачно, как счастливо решилась бы тогда судьба Гарриет!..

«Нет, так нельзя! — останавливала она себя. — Нельзя увлекаться такими мыслями. Я знаю, куда заводят подобные фантазии. Впрочем, в жизни и не такое случается — а этим, когда пройдет наше нынешнее увлечение, скрепилась бы та настоящая бескорыстная дружба с ним, которую я теперь уже предвкушаю с удовольствием».

Хорошо, что она запаслась утешением для Гарриет, хотя, и правда, разумнее было пореже давать волю воображению, ибо не за горами была гроза. Как приезд Фрэнка Черчилла вытеснил из хайберийских пересудов обрученье мистера Элтона, как свежая новость совершенно заслонила собою прежнюю — так теперь, когда Фрэнк Черчилл скрылся, неотразимо притягательную силу начали обретать дела мистера Элтона. Назначен был день его свадьбы. Скоро он будет опять среди них — мистер Элтон с молодою женой. Едва успело подвергнуться обсуждению первое письмо из Энскума, как уж у всех на устах было «мистер Элтон с молодою женой», и о Фрэнке Черчилле забыли. У Эммы, когда раздавались эти слова, екало сердце. Три блаженных недели она была избавлена от мистера Элтона, и Гарриет, хотелось ей надеяться, за последнее время окрепла духом. Во всяком случае, когда впереди забрезжил бал мистера Уэстона, в ней заметна была нечувствительность к другим вещам; теперь же, увы, со всею очевидностью выяснилось, что перед приближением рокового дня, с новою каретой, свадебными колоколами и так далее, ее душевному равновесию не устоять.

Душою бедняжки Гарриет владели трепет и смятенье, ею требовалось заниматься самым серьезным образом: увещать, урезонивать, унимать. Эмма знала, что обязана сделать для нее все, на что способна, что Гарриет имеет полное право рассчитывать на все ее терпение, всю изобретательность, но тяжелая это была работа — без конца убеждать, но не видеть никакого результата; без конца слышать, как с вами соглашаются, но так и не приходить к согласию. Гарриет покорно слушала, лепетала, что «это очень верно — мисс Вудхаус совершенно права — о них нет смысла думать — и она выкинет их из головы», а после разговор неизменно возвращался снова к тому же предмету, и через полчаса ее опять уже ничто не трогало и не волновало, кроме Элтонов... Наконец Эмма попробовала сделать заход с другой стороны.

— То, что вы, Гарриет, позволяете себе столько думать о женитьбе мистера Элтона и так из-за нее терзаться, — самый тяжкий упрек для меня. Невозможно горше меня укорить за ошибку, в которую я впала. Я знаю, все это моих рук дело. Я этого не забыла, уверяю вас. Обманувшись сама, я ввела в жестокий обман и вас — мысль об этом будет мучить меня до конца моих дней. Знайте, такое не забывается.

Гарриет была так потрясена, что у нее лишь вырвались в ответ какие-то бессвязные восклицания. Эмма продолжала:

— Я не говорю вам, Гарриет, — сделайте над собою усилие ради меня, меньше думайте, меньше говорите об мистере Элтоне ради меня. Ради вас самой хотела бы я этого, ради того, что важнее, чем мое спокойствие, чтобы вы приучились властвовать собою, считались с соображениями долга, соблюдали приличия, старались не давать окружающим повода для подозрений, оберегали свое здоровье, свое доброе имя — чтобы к вам воротился покой. Вот побуждения, которые я вам пыталась внушить. Они очень важны, и мне так жаль, что вы не в силах достаточно глубоко ими проникнуться и руководствоваться ими. Уберечь от боли меня — второстепенное соображенье. Я хочу, чтобы вы себя уберегли, чтоб вам не сделалось потом еще больнее. Да, может быть у меня иной раз мелькала мысль, что Гарриет не забудет, сколь обязана... вернее, сколь обязала бы меня своею добротой.

Этот призыв к милосердию подействовал более, чем все остальное. Мысль, что она выказала неблагодарность и невнимание к мисс Вудхаус, которую так необыкновенно любит, повергла Гарриет в отчаянье и утвердилась в голове ее столь прочно, что — когда первое неистовство горя, повинуясь утешениям, миновало — подсказала ей правильный путь и довольно надежно удерживала на этом пути.

— Неблагодарность к вам! Когда лучшего друга, чем вы, у меня не было никогда в жизни! С вами никому не сравниться! Вы мне дороже всех! Ах, мисс Вудхаус, какою же черной неблагодарностью я вам отплатила!..

После излияний, подобных этим, красноречиво подкрепляемых всем видом ее и каждым движением, Эмма почувствовала, что никогда еще так не любила Гарриет, не дорожила так ее привязанностью.

— Ничто столь не пленяет в человеке, как нежная душа, — рассуждала она потом наедине с собою. — Нет равных ее очарованью. Нежная, мягкая душа, при ласковой, открытой манере держаться, всегда будет в тысячу раз привлекательнее самой трезвой головы на свете. Я уверена. Это нежность души снискала всеобщую любовь моему дорогому батюшке, это она всегда и всех располагает к Изабелле. Мне она не дана, но я знаю, как ее следует ценить и уважать. В очаровании и отраде, которые она дарует, я уступаю Гарриет. Милая моя Гарриет! Не променяю ее ни на какую умницу-разумницу с ясною головой и холодным рассудком. Брр! В дрожь кидает от ледяного холода какой-нибудь Джейн Фэрфакс!

Гарриет стоит сотни таких, как она... А у жены, когда мужчина хоть в чем-то разбирается, нежная душа — сокровище. Не стану называть имен, но счастлив будет мужчина, который предпочтет Эмме Гарриет!

Глава 14

Первый раз мистера Элтона увидели в церкви; но, хотя благочестие в отдельные минуты пострадало, любопытство все же не удовольствовалось зрелищем новобрачной на церковной скамье, и заключение о том, чудо ли она как хороша собою, просто ли хороша или совсем нехороша, отложилось до формальных визитов, которым вслед за тем настал черед.

Эмма, не столько из любопытства, сколько из гордости или, возможно, верности приличиям, решила не быть в числе последних, которые придут засвидетельствовать молодым свое почтение, и позаботилась взять с собою Гарриет, дабы самое тяжелое как можно скорее оказалось позади.

Нельзя было снова войти в тот дом, очутиться снова в той же комнате, куда три месяца назад завела ее шнуровать сапожок, столь тщетно придуманная уловка, — и не вспомнить. Назойливо напрашивались тысячи досадных подробностей: комплименты, шарады, пагубные оплошности... Трудно было предположить, что не вспоминаются они в эти минуты и бедняжке Гарриет, но держалась она очень хорошо, только слегка побледнела и была молчалива. Визит, понятно, не затянулся, и столько неловкости, столько посторонних мыслей ему сопутствовало, что Эмма не позволила себе вынести за это короткое время твердое суждение о хозяйке дома — ни, тем более, высказывать его, не считая ничего не значащих фраз вроде «модно одевается и весьма любезна».

Честно говоря, хозяйка дома ей не понравилась. Не хотелось сразу же начинать придираться, но у хозяйки дома, подозревала она, отсутствовала утонченность; была развязанность — утонченности не было. Эмма готова была поручиться, что молодой женщине, приезжей, новобрачной, наконец, не пристала такая свобода в обращении. Внешне она была ничего себе, недурна лицом, но ни в фигуре ее, ни в осанке, голосе, манерах не чувствовалось никакого благородства. Эмма, во всяком случае, полагала, что таковое суждение подтвердится.

Что до мистера Элтона, то его манеры на сей раз не... но нет, у ней не сорвется поспешное или колкое словцо насчет его манер. Принимать поздравления после свадьбы — вообще процедура тягостная, и только тот мужчина выдержит ее с честью, который наделен бесконечною чуткостью и тактом. Женщина в лучшем положении, ей придает уверенности изящный наряд, ей не возбранена стыдливость; мужчина же вынужден полагаться только на рассудок, данный ему природою, и ежели взять в соображенье, в какой переплет угодил бедный мистер Элтон, очутясь в одной комнате одновременно с женщиною, на которой только что женился, с женщиной, на которой хотел жениться, и с женщиной, которую ему прочили в жены, — то следовало признать, что он вправе иметь довольно глупый вид и держаться столь же напыщенно, сколь и принужденно. — Ну, мисс Вудхаус, — сказала Гарриет, выйдя от них и напрасно подождав, пока приятельница первой начнет разговор. — Ну, мисс Вудхаус, — с кротким вздохом, — что вы скажете о ней? Не правда ли, прелесть?

Эмма слегка замешкалась с ответом.

— М-да, очень... очень любезная особа.

— Красивая — просто красавица, на мой взгляд.

— Да, весьма недурно одета, платье сшито на редкость элегантно.

— Не удивляюсь, что он полюбил ее.

— О да, удивляться тут нечему. Порядочное состояние, и на глаза ему попалась вовремя.

— И она тоже, — снова вздох, — она, верно, тоже горячо полюбила его.

— Возможно, хотя не всякому мужчине судьба жениться на той, которая любит его больше всех на свете. Вероятно, мисс Хокинс хотелось обзавестись семьею, и она решила, что лучшего предложения ей не дождаться.

— И правильно, — серьезно отвечала Гарриет. — Лучшего и быть не может. Что ж, я от души желаю им счастья. И знаете, мисс Вудхаус, не думаю, что мне теперь тяжело будет с ними видеться. Он, как и прежде, само совершенство, но женатый человек — это уже совсем другое. Нет, правда, мисс Вудхаус, не беспокойтесь, теперь я могу сидеть и любоваться на него без особых страданий. Знать, что он достался не кому-нибудь, — большое утешенье! Она в самом деле, мне кажется, прелесть что такое — как раз та, которой он заслуживает. Счастливица! Он называл ее Августа. Воображаю, как ей это сладко!

Когда новобрачные пришли с ответным визитом, у Эммы составилось окончательное мнение. Теперь ей представилась возможность больше разглядеть и судить вернее. Случилось так, что Гарриет в это время отсутствовала, а мистер Вудхаус вышел к гостям и занимал мистера Элтона, так что гостья на целых четверть часа досталась Эмме, которая могла сосредоточить на ней все свое внимание и за эти четверть часа вполне удостоверилась, что миссис Элтон — тщеславная, чрезвычайно самовлюбленная особа, непомерно о себе мнит, силится показать свое превосходство и всех затмить, но при всем том дурно воспитана, нахальна, фамильярна, нахваталась понятий обо всем в определенном кругу с определенным стилем жизни, — что она, может быть, и не глупа, но необразованна и мистер Элтон определенно не выиграет от ее общества.

Гарриет была бы для него лучшею партией. Не обладая сама утонченностью и умом, она бы прочно связала его с теми, кто этим обладает; мисс же Хокинс, судя по ее развязной самоуверенности, сама была в своем кругу лучшей из лучших. Красу и гордость вновь приобретенного родства составлял богатый зять под Бристолем, а красу и гордость зятя составляли его имение и экипажи.

Первое, о чем она, едва усевшись, завела речь, было «поместье мистера Саклинга, моего брата, Кленовая Роща» и то общее, что имелось с Кленовою Рощей у Хартфилда.

Хартфилд, хотя и небольшое имение, отлично содержится — красивый парк, добротный, современно оборудованный дом. Вход в дом, размеры комнат — все, что увидела миссис Элтон и о чем догадывалась, произвело на нее самое положительное впечатленье.

Вылитая Кленовая Роща! Поразительное сходство! Вот эта комната — по форме, по размерам — в точности как маленькая гостиная в Кленовой Роще, любимая комната ее сестры! Тут обратились за подтвержденьем к мистеру Элтону. Правда, удивительно похоже? Ей так и чудится, что она сейчас в Кленовой Роще!

— И лестница... Знаете, я, как только вошла, сразу обратила внимание, до чего похожа лестница — и расположена в той же части дома! Верьте слову, мисс Вудхаус, это восхитительно, что все здесь напоминает мне то место, к которому я столь привязана. Сколько счастливых месяцев прожито в Кленовой Роще! — Сентиментальный вздох. — Обворожительное место, что и говорить! Всех поражает своею красотой — но для меня оно просто родной дом. Когда бы вас, мисс Вудхаус, вырвали, подобно мне, из родной почвы и перенесли на чужбину, то вы бы поняли, как восхитительно, когда хоть что-нибудь напоминает оставленное позади. Одно из зол супружества — я всегда это говорила...

Эмма пробормотала в ответ что-то незначащее, но и этим вполне удовольствовалась миссис Элтон, для которой главное было говорить самой.

— До чрезвычайности похоже на Кленовую Рощу! И не только дом, верьте слову, — все поместье, сколько я могла заметить, поразительно похоже. Такое же, как в Кленовой Роще, изобилие лавровых деревьев, и растут там же, сразу за газоном. Я мельком видела прекрасное большое дерево, обнесенное скамейкой, — ну в точности!.. Сестра и братец будут очарованы, когда увидят. Владельцам обширных поместий всегда приятно увидеть у других нечто в том же стиле.

Эмма отнеслась к этой истине с большим сомненьем. Она подозревала, что владельцы обширных поместий смотрят на обширные владения других без всякого восторга, но почла излишним оспаривать утверждение, столь же ошибочное, сколь и безапелляционное, и возразила только:

— Боюсь, когда вы ближе познакомитесь со здешними местами, то подумаете, что перехвалили Хартфилд. В Суррее полным-полно красот.

— О как же, знаю! Цветник Альбиона!* Суррей недаром так зовется.

— Да, однако нам нельзя требовать себе признанья лишь на этом основании. Многие графства Англии, сколько мне известно, называют цветником Альбиона — не один Суррей.

— А мне представляется — нет, — с невыразимо самоуверенной усмешкой парировала миссис Элтон. — Никогда не слыхала, чтобы так называли хоть одно графство, кроме Суррея.

Эмма промолчала.

— Братец с сестрою обещали, что весной или, самое позднее, летом приедут нас навестить, — продолжала миссис Элтон, — вот тогда мы и попутешествуем. Тогда-то, я полагаю, и пустимся в разъезды по окрестностям. У них, очевидно, будет ландо — я уже не говорю о том, что у нас есть карета, — оно рассчитано как раз на четырех седоков, и мы сможем, покамест они будут у нас, с комфортом осматривать местные красоты. Не думаю, чтобы в такое время года они приехали в фаэтоне. Более того, я, ближе к их приезду, напишу им, что определенно рекомендую взять ландо, — это составит неоценимое удобство! Вы поймете меня, мисс Вудхаус, — когда люди приезжают в такую красивую местность, натурально хочется, чтобы они повидали как можно больше, а мистер Саклинг обожает обследовать новые

---

* Название, которое относится к различным английским графствам, в первую очередь к Кенту и Уорсетширу.

места! Мы прошлым летом, когда они только завели себе ландо, дважды совершали подобным образом восхитительнейшие вылазки в Кингсуэстон. У вас, мисс Вудхаус, каждое лето, должно быть, то и дело предпринимают такого рода прогулки?

— У нас — нет. Отсюда не так уж близко до тех достопримечательных мест, куда обычно ездят любоваться красотами природы, и потом, у нас тут, вероятно, привыкли вести очень тихий образ жизни и более расположены не затевать развлечения, а сидеть дома.

— Сидеть дома! Что может быть уютней! Я сама невозможная домоседка. В Кленовой Роще это сделалось положительно притчей во языцех. Сколько раз Селина, сбираясь в Бристоль, говорила: «Эту барышню никакими силами не вытащить из дому! Терпеть не могу томиться в ландо без спутников, но, что делать, придется ехать одной — Августа, я думаю, век бы шага не сделала за ворота парка, будь на то ее воля!» Сколько раз имела она причину так говорить, и все же я не сторонница полного затворничества. Напротив, по-моему, очень дурно, когда люди совершенно отгораживаются от общества, — гораздо, по-моему, правильнее вращаться в свете — не слишком много, не слишком мало, но в должную меру отдаваться светской жизни. Я, впрочем, очень могу понять ваше положение, мисс Вудхаус... — бросая взгляд в сторону мистера Вудхауса, — вам должно служить большим препятствием здоровье вашего отца. Отчего бы ему не испробовать Бат? Помилуйте, непременно! Я очень рекомендую вам Бат. Верьте слову, мистеру Вудхаусу там, без сомненья, станет лучше. — Батюшка в свое время не раз пробовал ездить в Бат, но это не дало никаких улучшений, и мистер Перри — вам это имя, я полагаю, небезызвестно — считает, что едва ли поездка на воды и теперь принесет ему какую-либо пользу.

— Вот жалость! Потому что тем, кому воды помогают, мисс Вудхаус, они приносят необыкновенное облегчение, верьте слову. В бытность мою в Бате мне приводилось наблюдать разительные примеры! И потом, это оживление, веселость не могли бы не сказаться благотворно на душевном состоянии мистера Вудхауса, коему, сколько я понимаю, свойственно порою впадать в меланхолию. Что же до благотворности их для вас, то на этом, как представляется мне, останавливаться нет нужды. Преимущества Бата для тех, кто молод и красив, и без того очевидны. Для вас, живущей в таком уединенье, это был бы очаровательный дебют, а я бы могла в одну минуту устроить так, что вы будете вхожи в самое избранное общество. Мне только стоит черкнуть две строчки — и для вас готов будет круг знакомства, а миссис Партридж — та дама, у которой я всегда останавливалась, бывая в Бате, и близкая моя приятельница, — с большою радостью вам окажет всяческое внимание и будет тою особой, которая и введет вас в общество.

Эмме стоило труда не ответить резкостью. Ей — быть обязанной своим дебютом (дебют — каково!) миссис Элтон, ей — появиться в обществе под покровительством приятельницы миссис Элтон, какой-то, вероятнее всего, разбитной, вульгарной вдовушки, перебивающейся содержанием пансиона! Ей, мисс Вудхаус, хозяйке Хартфилда, — это ли не попрание ее достоинства!

Она, однако, сдержалась и вместо отповеди, готовой сорваться с ее уст, лишь холодно уронила, что благодарит миссис Элтон, но о том, чтобы им ехать в Бат, не может быть и речи, и она далеко не уверена, что чувствовала бы себя там лучше, чем ее батюшка. После чего, во избежание новых оскорблений и поруганий, круто переменила разговор.

— Я не спрашиваю, занимаетесь ли вы музыкой, миссис Элтон. В подобных случаях молва обыкновенно опережает саму персону, и в Хайбери давно известно, что вы — превосходная музыкантша. — О, вовсе нет, я обязана опровергнуть подобное представление обо мне. Превосходная музыкантша? Ничуть не бывало, верьте слову. Примите во вниманье, из сколь небеспристрастного источника почерпнуты таковые сведения. Я бесконечно люблю музыку — безумно! — и, если верить моим друзьям, не лишена музыкальности, однако во всем остальном игра моя до крайности заурядна. А вот вы, мисс Вудхаус, как мне хорошо известно, играете восхитительно. Верьте слову, для меня было необыкновенною поддержкой, отрадой, облегченьем, узнать, как любят музыку в том обществе, куда я попаду. Я жить не могу без музыки. Она необходима мне, как воздух, и расстаться с нею для меня, которая и в Бате, и в Кленовой Роще всегда привыкла находиться в чрезвычайно музыкальном обществе, было бы серьезною жертвой. Я честно об этом сказала мистеру Э., когда он заговорил со мною о нашей будущей жизни и изъявил опасение, что она мне может показаться слишком уединенной, а наш дом — чересчур убогим жильем... Разумеется, зная, к какой я приучена жизни, он не мог не испытывать беспокойства... Так вот, когда он завел этот разговор, то я ему честно объявила, что свет могу покинуть с легкостью — балы, вечера, спектакли, — ибо меня не страшит уединенье. Для меня, обладающей богатым внутренним миром, светская жизнь не составляет необходимости. Я великолепно могу обходиться и без нее. Те, у которых внутри пустота, — другое дело, но я, благодаря своим внутренним ресурсам, нимало не завишу от света. И комнаты тоже пусть будут меньше, чем я привыкла, для меня это ничего не значит. На жертвы такого рода, сказала я ему, я, надеюсь, уж как-нибудь способна. Конечно, в Кленовой Роще я привыкла купаться в роскоши, но пусть он поверит, что для меня не в том счастье, чтобы держать два экипажа и жить непременно в огромных комнатах. «Но жить без мало-мальски музыкального общества, — сказала я, — честно вам признаюсь, я бы, наверное, не могла. Других условий я не ставлю, но без музыки жизнь для меня опустеет».

— И мистер Элтон, полагаю, — улыбаясь, заметила Эмма, — без колебаний вас уверил, что в Хайбери как нигде любят музыку. Надеюсь, вы обнаружите, что он не более погрешил против истины, чем то простительно, ежели взять в расчет его побужденья.

— О да, не сомневаюсь в этом ни минуты. Я восхищена, что оказалась в таком кругу. Надеюсь, мы часто будем устраивать сообща очаровательные маленькие концерты. Знаете ли, мисс Вудхаус, нам с вами надобно основать музыкальный клуб и регулярно собираться раз в неделю либо у вас, либо у меня! Хорошая мысль, вы не находите? Ежели за это возьмемся мы, то в единомышленниках не будет недостатка. Для меня нечто подобное в особенности желательно как средство поддерживать себя в должной форме, потому что, вы знаете, замужние женщины... в этом смысле судьба их большею частью плачевна. Они перестают заниматься музыкой.

— Да, но вы ее любите так страстно — вам, конечно, эта опасность угрожать не может...

— Очень бы хотелось надеяться, но, право, стоит оглянуться на знакомых, и дрожь берет. Селина забросила музыку совершенно — не подходит к роялю, а ведь премило играла. То же можно сказать про миссис Партридж — в девичестве Клару Джефрис — и про сестер Милмэн, ныне миссис Бэрд и миссис Купер, — всех не перечесть! Верьте слову, прямо страшно становится. Я, бывало, сердилась на Селину, но теперь сама вижу, сколько у замужней женщины забот, которые требуют ее внимания. У меня нынче утром, верно, целых полчаса отняли наставленья экономке.

— Но такого рода вещи скоро сделаются столь привычны...

— Ну, посмотрим, — смеясь, возразила миссис Элтон.

Эмма, удостоверясь, что ее гостья твердо решила предать музыку забвенью, не нашлась что прибавить, и миссис Элтон после минутного молчания перешла на другое.

— Мы побывали с визитом в Рэндалсе, — сказала она, — застали их обоих дома — очень милая чета, как мне кажется. Ужасно мне понравились. Мистер Уэстон — душа-человек, и уже мною избран в первые любимцы, верьте слову. Она же производит впечатление такой добропорядочности — так веет от нее чем-то материнским, теплым, что это покоряет вас с первой встречи. В прошлом, ежели не ошибаюсь, она была вашей гувернанткой?

Эмма едва не онемела от этой бесцеремонности, но миссис Элтон, не дожидаясь подтверждения, уже заторопилась дальше:

— Зная об этом, я была поражена, когда увидела, как она держится. Ни дать ни взять, настоящая леди!

— Миссис Уэстон, — отозвалась Эмма, — всегда отличалась превосходными манерами. Их благопристойность, изысканность, простоту могла бы смело взять себе за образец любая молодая женщина.

— И как бы вы думали, кто пришел туда в это время?

Эмма была в недоумении. Судя по тону, речь шла о старом знакомом — и тогда как ей было угадать?

— Найтли! — продолжила миссис Элтон. — Найтли, своею собственной персоной! Ну не удача ли? Ведь я никогда его не видела — он приходил на днях с визитом, но меня как раз не было дома — и, натурально, умирала от любопытства. Ближайший друг мистера Э.! Я столько была наслышана о «моем приятеле Найтли», что не могла дождаться встречи с ним, — и, следует отдать должное моему caro sposo*, такого, как он, не стыдно называть приятелем. Найтли и правда джентльмен. Он очень мне понравился. Определенно производит впечатление истинного джентльмена.

К счастью, время визита истекло. Гости откланялись, и Эмма могла вздохнуть свободно.

— Невыносимая особа! — мысленно вырвалось у нее, едва за ними затворилась дверь. — Хуже, чем я предполагала. Совершенно невыносима! «Найтли»! Я ушам своим не поверила. Видит его первый раз в жизни и смеет называть «Найтли»! И делает открытие, что он джентльмен! Наглая выскочка, козявка, с этими «мистер Э.» и caro sposo, с этими своими «ресурсами», с кривляньем и ломаньем и вульгарной манерой наряжаться в пух и прах. Нет, вы полюбуйтесь — делает открытие, что мистер Найтли — джентльмен! Сомневаюсь, чтобы он

* Дорогой супруг (*итал.*).

ей ответил тем же комплиментом и обнаружил, что она истинная леди. Нет, это что-то невероятное! Предложить, чтобы мы сообща открыли музыкальный клуб! Можно подумать, мы с нею закадычные подруги! А замечание насчет миссис Уэстон? Поражена, видите ли, что особа, у которой я воспитывалась, оказалась настоящею леди! Ужас какой-то. Никогда не сталкивалась с подобным существом. В тысячу раз хуже всех моих ожиданий. Для Гарриет само сравнение с нею обидно. Воображаю, как отвечал бы ей Фрэнк Черчилл, окажись он здесь. То-то бы разъярен был, то-то бы потешился! Ну вот — чуть что, сразу думаю о нем. Всегда он первым приходит мне на ум! Как я выдаю себя этим! На каждом шагу вспоминается Фрэнк Черчилл!..

Все это пронеслось у нее в голове с быстротою молнии, и к тому времени, когда ее батюшка пришел в себя после суеты, вызванной проводами Элтонов, и расположился сказать свое слово, она уже в состоянии была воспринимать то, что он говорит.

— Что ж, душенька, — не спеша начал он, — если взять в соображенье, что мы никогда ее прежде не видели, то для первого раза она показалась мне очень миленькою молодою особой, — а сама, я полагаю, вынесла самое приятное впечатление от встречи с тобой. Немножко быстро говорит. Немножко режет слух, когда так частят в разговоре. Но я, наверное, придираюсь — мне вообще неприятны чужие голоса, и никто так не ласкает ухо своею речью, как ты и бедная мисс Тейлор. А впрочем, она, мне кажется, весьма любезная молодая дама, благовоспитанная, и, несомненно, будет ему прекрасной женою. Хотя женился он, по-моему, все ж напрасно... Я, как умел, принес свои извиненья, что не мог нанести ему и миссис Элтон визит по случаю столь счастливого события, и изъявил надежду, что еще смогу это сделать летом. А следовало бы по всем правилам теперь. Предосудительно не почтить визитом новобрачную. Увы! Это лишний раз показывает, сколь я плох! Но нет у меня доверия к этому повороту на Пастырскую дорогу...

— Но ваши извиненья, сэр, были, конечно, приняты. Мистер Элтон знает вас.

— Да, и все-таки — молодая дама — новобрачная... Мне следовало засвидетельствовать ей свое почтенье. Я пренебрег своею обязанностью.

— Но, папенька, ведь вы не сторонник брачных союзов, почему же вы так тревожитесь, что не почтили визитом новобрачную? Вам это не следует полагать своею обязанностью. Отмечая новобрачных таким вниманием, вы поощряете к супружеству других.

— Нет, душа моя. Я никогда не поощрял никого к супружеству, но я всегда буду стремиться в меру сил выказывать должное внимание даме, а небрежение к новобрачной и вовсе недозволительно. Ей по праву следует более, чем другим. Новобрачная, душа моя, во всяком обществе первая фигура, кем бы ни были все прочие.

— Ну, папа, ежели это не поощренье супружества, то я не знаю... Вот уж не ожидала, что вы настроены льстить тщеславию этих бедных созданий.

— Душа моя, ты меня не понимаешь. Речь идет о простой учтивости, о правилах хорошего тона — в этом ничего общего нет с поощрением вступать в брак.

Эмма умолкла. Ее отец начинал приходить в волнение и неспособен был понять ее. Она вновь воротилась мыслями к провинностям миссис Элтон и долго, очень долго занята была только ими.

Глава 15

Будущее не принесло открытий, которые потребовали бы от Эммы изменить к лучшему мнение о миссис Элтон. Наблюдения ее оказались достаточно верны. Какою показалась ей миссис Элтон при их вторичном свиданье, такою же оставалась она при всех последующих — самонадеянной, претенциозной, фамильярной, необразованной и дурно воспитанной. Она была довольно смазлива, обучена тому, что полагается уметь девице ее круга, но столь недалека умом, что рассчитывала, полагаясь на непревзойденное знание света, оживить и возвысить своим пришествием сельскую глушь, а мисс Хокинс ей рисовалась такою важной персоной в обществе, что затмить ее своим влиянием не мог никто, кроме миссис Элтон.

Были все основания думать, что того же взгляда придерживается и мистер Элтон. Он, казалось, не просто доволен был своим выбором, но и безмерно им горд. Он, похоже было, ежеминутно поздравлял себя, что привез в Хайбери женщину, с которою не сравнится даже мисс Вудхаус; новые же ее знакомые, заранее к ней расположенные и не имеющие привычки к осужденью, — либо беря пример с доброжелательной мисс Бейтс, либо решив, что новобрачная, само собою разумеется, умна и неотразима, коль выставляет себя таковой, — большею частью остались ею вполне довольны, и хвала миссис Элтон, как тому и надлежало быть, беспрепятственно переходила из уст в уста, не оспариваемая мисс Вудхаус, которая с готовностью повторяла то же, что сказала в первый раз, благосклонно отмечая, что миссис Элтон «весьма любезна и очень модно одевается».

В одном отношении миссис Элтон со временем оказалась даже хуже, чем можно было предположить вначале. Она переменилась к Эмме. Возможно, обиженная тем, что ее попытки к сближенью не нашли должного ответа, она в свою очередь постепенно отдалилась, стала держаться холодно, отчужденно, и хотя следствие такого поведения было благом, но причина его — недоброжелательство — невольно вселяла в Эмму все большую неприязнь. Кроме того, они — то есть она и мистер Элтон — взяли себе безобразную манеру обращенья с Гарриет. Они вели себя с нею пренебрежительно, высокомерно. Эмма надеялась, что Гарриет от этого только быстрей исцелится, однако мысль о том, чем подсказано это поведение, сильно омрачала им обеим жизнь. Не приходилось сомневаться, что чувство бедняжки Гарриет стало жертвою на алтаре супружеских откровений, а попутно была, по всей видимости, выведена и ее доля участия в этой истории — в освещенье, наименее выгодном для нее и наиболее бальзамическом для него. Конечно, она сделалась объектом совместной неприязни. Когда иссякали иные темы для разговора, не было ничего проще, как приняться хулить мисс Вудхаус, и, не смея дать выход злобе в открытом непочтении к ней, они без зазрения совести срывали ее на Гарриет.

К Джейн Фэрфакс миссис Элтон воспылала любовью — причем с самого начала. Не просто тогда, когда при вражде с одною молодой особой естественно напрашивается союз с другой, но с первой же встречи, и не удовольствовалась изъявлениями восторга, что было бы в порядке вещей, а непрошено, без приглашений, без всякого на то права принялась набиваться к ней в помощницы и благодетельницы. Как-то раз, когда

Эмма еще не вышла у нее из доверия — то была, может быть, их третья встреча, — миссис Элтон посвятила ее в свои рыцарственные умыслы на этот счет.

— Джейн Фэрфакс — совершенное очарованье, мисс Вудхаус. Я положительно без ума от Джейн Фэрфакс! Дивное, интересное созданье! Что за скромность, что за манеры — а как талантлива! Верьте слову, это богато одаренная натура. Играет она, не побоюсь этого слова, превосходно. Утверждаю с полной определенностью, как человек, который довольно разбирается в музыке. О, она — совершенное очарованье! Вы будете смеяться над моею восторженностью, но Джейн Фэрфакс нейдет у меня с языка. И потом, нельзя не тронуться ее положением! Мисс Вудхаус, мы обязаны не пожалеть усилий и что-нибудь сделать для нее. Ее надобно показать людям. Непростительно, когда подобные таланты прозябают в тени. Вам, разумеется, известны дивные строки поэта:

Полно цветов, что рождены цвести наедине,
И ароматы источать в пустынной мгле*.

Нельзя допустить, чтобы они подтвердились для столь пленительного созданья, как Джейн Фэрфакс.

— Я думаю, это ей не угрожает, — сдержанно отозвалась Эмма. — Когда вам станет больше известно о положении мисс Фэрфакс и вы получите представление о том, какова была обстановка в доме полковника Кемпбелла, у которого она жила, вас, должно быть,

* Строки из «Элегии, написанной на сельском кладбище» английского поэта Томаса Грея (1716–1771).

покинет опасенье, что ее таланты расцветали в безвестности.

— Да, но теперь, дражайшая мисс Вудхаус, она в таком одиночестве, таком забвенье! Она пропадает напрасно. Какими бы она преимуществами ни пользовалась, живя у Кемпбеллов, теперь это, со всею очевидностью, для нее кончилось. И она, по-моему, от этого страдает. Я уверена. Она слишком застенчива и молчалива. Чувствуется, что ей недостает ободрения. От этого она мне нравится еще больше. Должна признаться, мне милы такого рода свойства. Я горячая поклонница застенчивости — не так-то часто удается ее встретить. В низших она подкупает до чрезвычайности. О, верьте слову, Джейн Фэрфакс — восхитительное существо, и невозможно выразить, какое она во мне возбуждает участие!

— Большое, я вижу, — неясно только, какое внимание вы или другие знакомые мисс Фэрфакс, которые знают ее дольше вас, могли бы ей выказать, кроме как...

— Дражайшая мисс Вудхаус, сделать можно очень многое, важно лишь решиться. Нам с вами бояться нечего. Ежели мы подадим пример, то ему, сколько это доступно им, последуют и другие, хотя не все из них располагают нашими возможностями. У нас есть кареты, чтобы привозить ее и отвозить домой, — при нашем стиле жизни можно без малейшего для себя неудобства принимать Джейн Фэрфакс хоть каждый день. Я чрезвычайно была бы недовольна экономкой, если б хоть раз увидела на своем столе обед, на который стыдно пригласить не только Джейн Фэрфакс, но и еще когонибудь. Другой жизни я себе не мыслю. И это можно понять, если вспомнить, к чему я приучена. Наоборот, для меня, пожалуй, главная опасность — вести дом чересчур широко, слишком мало считаясь с расходами. Вероятно, Кленовая Роща чаще будет служить мне образцом, чем следовало бы, — потому что у нас, разумеется, далеко не те доходы, что у моего братца мистера Саклинга... Да, так я твердо намерена обратить внимание на Джейн Фэрфакс. Непременно буду приглашать ее очень часто к себе в дом, выводить на люди — буду устраивать музыкальные вечера, где она сможет блеснуть своими талантами, и постоянно буду начеку, чтобы не пропустить хорошую партию. Не сомневаюсь, что при моем обширном знакомстве я очень скоро прослышу о чем-нибудь подходящем. И уж конечно, позабочусь представить ее братцу и сестре, когда они приедут в гости. Уверена, что она произведет на них дивное впечатление, и когда ближе с ними познакомится, то позабудет все свои страхи, потому что у них обоих до чрезвычайности располагающая манера держаться. Постараюсь, чтобы при них она бывала у меня как можно чаще, и понятно, во время наших прогулок по окрестностям для нее не однажды сыщется местечко в ландо.

«Бедная Джейн Фэрфакс! — думала Эмма. — Вы такого не заслужили. Вы, может быть, и дурно вели себя с мистером Диксоном, но это — непомерно жестокое наказание! Терпеть милости и покровительство миссис Элтон! "Джейн Фэрфакс" да "Джейн Фэрфакс"! Силы небесные! Что, ежели и я у нее для каждого встречного уже "Эмма Вудхаус"! Хочу надеяться, что не посмеет, но у этой женщины поистине язык без костей!» В дальнейшем слух Эммы не обременяли более подобными каскадами бахвальства — по крайней мере, адресованными ей одной и уснащенными этим тошнотворным «дражайшая мисс Вудхаус». Вскоре после того в отношении миссис Элтон к ней наступила перемена и ее оставили в покое — не вербовали больше ни в закадычные подруги, ни в рьяные благотворительницы Джейн Фэрфакс и осведомляли о своих взглядах, замыслах и свершениях только наравне со всеми.

Эмма делала наблюдения, и довольно любопытные. Мисс Бейтс, не мудрствуя лукаво, разумеется, прониклась к миссис Элтон за ее внимание к Джейн бесхитростной и беззаветной благодарностью. Она превозносила ее до небес как очаровательнейшую из женщин: приветливую, милую, наделенную участливостью и прочими совершенствами — то есть в точности такую, какой и желала выглядеть мисс Элтон в глазах окружающих. Эмму удивляло другое — что Джейн Фэрфакс принимает эти знаки внимания и, судя по всему, не тяготится обществом миссис Элтон. То говорили, что она пошла прогуляться с Элтонами, то — что сидит с Элтонами или поехала к Элтонам на весь день!.. Никогда бы не поверила она, что вкус мисс Фэрфакс, что ее гордость способны мириться с тою компанией и дружбой, которую мог предложить дом викария. «Загадочная особа — настоящая загадка! — говорила она себе. — Предпочесть месяц за месяцем проводить здесь, подвергая себя всевозможным лишеньям! И теперь — предпочесть унизительное внимание миссис Элтон, ее убогую болтовню возвращению в изысканное общество близких людей, которые всегда дарили ее такой искренней, великодушной любовью».

Предполагалось, что Джейн приехала в Хайбери на три месяца — на три месяца уехали в Ирландию Кемпбеллы, — но теперь Кемпбеллы обещали дочери, что пробудут у нее, по крайней мере, до середины лета, и Джейн пригласили туда снова. По словам мисс Бейтс, а именно от нее исходили все сведения, миссис Диксон уговаривала Джейн с величайшей настоятельностью. Пусть она лишь изъявит согласие — изысканы будут средства передвиженья, присланы слуги — оповещены друзья по пути ее следования — устранены все трудности, связанные с путешествием; и все-таки она отказалась!

«Чтобы отклонить такое приглашение, у нее должен быть серьезный мотив... которого она не называет, — сделала заключенье Эмма. — Должно быть, это расплата за некую вину, назначенная ей либо Кемпбеллами, либо ею же самой. Чей-то величайший страх стоит за этим, величайшая осторожность, величайшая решимость. С Диксонами ей быть нельзя. Этот приговор кем-то вынесен. Но для чего ей надобно соглашаться быть с Элтонами? Вот в чем еще одна загадка...»

Когда она высказала недоумение по этому второму поводу в присутствии тех немногих, которые знали, какого она мнения об миссис Элтон, то миссис Уэстон нашла оправдание для Джейн:

— Трудно предположить, милая Эмма, чтобы она получала большое удовольствие, бывая у Элтонов, но это лучше, чем сидеть все время дома. Ее тетушка — добрая душа, но находиться при ней неотлучно, по всей вероятности, невыносимая скука. Раньше, чем изобличать дурной вкус мисс Фэрфакс за то, к чему она устремляется, надобно задуматься о том, от чего она бежит.

— Вы правы, миссис Уэстон, — горячо подхватил мистер Найтли, — мисс Фэрфакс не менее любого из нас способна составить верное суждение об миссис Элтон. Ежели б она могла выбирать, с кем ей знаться, она бы выбрала не ее. Однако, — покосясь с укоризненной усмешкой на Эмму, — тех знаков внимания, которые она видит от миссис Элтон, ей никто больше не оказывает.

Эмма поймала на себе быстрый взгляд миссис Уэстон — она и сама поразилась его горячности. Слегка покраснев, она отвечала:

— Мне бы казалось, те знаки внимания, которые оказывает миссис Элтон, должны не радость вызывать у мисс Фэрфакс, а скорей отвращение. Приглашения миссис Элтон, казалось бы, должны скорее отталкивать, а не привлекать.

— Я допускаю, — сказала миссис Уэстон, — что мисс Фэрфакс оказалась завлечена дальше, чем ей хотелось бы самой, из-за той готовности, с какою принимала назначенные ей любезности ее тетушка. Бедная мисс Бейтс, очень может статься, невольно связала племянницу обязательством и подтолкнула к видимости сближенья, от коего, несмотря на естественную тоску по некоторому разнообразию, ее удержал бы голос собственного рассудка.

Обе затаили дыхание, ожидая, что скажет на это мистер Найтли, и он, помолчав немного, заговорил:

— Тут еще надобно принять во внимание вот что... Миссис Элтон разговаривает с мисс Фэрфакс иначе, чем о мисс Фэрфакс. Всем нам известно различие между местоимениями «он» или «она» — и «ты», прямым обращеньем, — все мы испытываем при личном сообщении друг с другом влияние чего-то, помимо обычной учтивости, чего-то, опережающего ее. У нас язык не повернется намекнуть человеку в лицо о неприятном, хотя мы час тому назад, быть может, свободно о том распространялись за его спиною. Мы чувствуем себя по-другому. Это общее правило, а помимо того, можете быть уверены — мисс Фэрфакс внушает миссис Элтон благоговение превосходством своего ума и воспитанья и та при встречах в полной мере выказывает к ней то уважение, которого она заслуживает. Миссис Элтон, вероятно, первый раз в жизни сталкивается с таким созданием, как Джейн Фэрфакс, и — ежели не в мыслях, то на деле — не может, при всем своем тщеславии, не признавать своего ничтожества в сравнении с нею.

— Я знаю, как высоко вы ставите Джейн Фэрфакс, — сказала Эмма. На уме у нее был маленький Генри — тревога боролась в душе ее с деликатностью, и она в нерешительности замялась.

— Да, высоко, — отвечал он, — это ни для кого не секрет.

— И все же... — хитро поглядев на него, начала опять Эмма, но остановилась... нет, будь что будет, лучше сразу узнать самое страшное... и она торопливо продолжала, — все же, возможно, сами не до конца сознаете, сколь высоко. Возможно, в один прекрасный день вас неожиданно поразит сила вашего восхищенья.

Мистер Найтли в эту минуту сосредоточенно возился с расстегнувшейся нижнею пуговицей своей толстой кожаной краги, и, то ли от натуги, то ли по какой другой причине, к лицу его прилила краска.

— А, вот вы к чему клоните!.. Тогда вы безнадежно отстали. Мистер Коул уже недель шесть как намекнул мне об этом.

Он замолчал. Эмма почувствовала, как мисс Уэстон тихонько наступает ей на ногу, — она не знала, что подумать. Через несколько мгновений он продолжал:

— Но только этого никогда не будет, смею вас уверить. Мисс Фэрфакс никогда бы не пошла за меня, вздумай я просить ее руки, — а я решительно не собираюсь делать это.

Эмма довольно сильно наступила на ногу миссис Уэстон и от полноты чувств вскричала:

— Кто не страдает тщеславием — так это вы, мистер Найтли! Нужно отдать вам должное.

Он как будто не слышал ее — он о чем-то задумался, и, когда заговорил немного спустя, видно было, что он почему-то недоволен.

— Так вы, стало быть, замышляли женить меня на мисс Фэрфакс.

— Вовсе нет — отнюдь! Вы слишком часто меня бранили за сватовство, чтобы я решилась на подобные вольности в отношении вас. То, что я сейчас сказала, ничего не значит. Мало ли что говорится просто так, не всерьез! Даю вам слово, у меня нет ни малейшего желания женить вас ни на Джейн Фэрфакс, ни на Джейн имярек. Разве пришли бы вы вот так уютно с нами посидеть, будь вы женаты!

Мистер Найтли снова впал в задумчивость. Плод размышлений его был таков:

— Нет, Эмма, едва ли я в один прекрасный день прозрею, пораженный силою своего восхищенья. Таких мыслей о ней у меня, поверьте, нет и не было. — И, помолчав еще немного: — Джейн Фэрфакс — очаровательная девушка, однако даже Джейн Фэрфакс — не совершенство. У ней есть недостаток. Ей недостает того открытого нрава, который всякий мужчина желал бы видеть у своей жены.

Отрадно, что ни говори, было слышать, что у Джейн Фэрфакс обнаружился недостаток...

— Когда так, — сказала Эмма, — вы, полагаю, быстро разуверили мистера Коула?

— Очень быстро. Он намекнул издалека — я сказал, что он ошибается, — он извинился и замолчал. Коул не тщится быть умнее и проницательнее своего соседа.

— Сколь не похож он в этом на дражайшую миссис Элтон, которая только и делает, что тщится быть умнее и проницательнее всех на свете! Любопытно бы знать, как говорит она о Коулах, как называет их? Какое наименованье извлекла для них из недр своей вульгарной фамильярности? Вы у нее зоветесь «Найтли» — что припасла она для мистера Коула? Итак, я не должна удивляться тому, что Джейн Фэрфакс принимает ее любезности и согласна проводить с нею время. Миссис Уэстон, ваши доводы представляются мне более вескими. Мне куда легче понять искушение сбежать от мисс Бейтс, чем уверовать в торжество разума мисс Фэрфакс над миссис Элтон. Никак не верится, чтобы миссис Элтон в мыслях, на словах или на деле признала себя ниже ее — испытывала сдерживающее влияние чего бы то ни было, кроме собственных скудных понятий о хорошем тоне. Не поверю, что она не оскорбляет свою гостью на каждом шагу похвалами, ободреньями, предложением услуг, не расписывает ей без конца свои благие намерения, от поисков для нее постоянного места до приглашений на восхитительные совместные прогулки в ландо.

— У Джейн Фэрфакс чуткое сердце, — проговорил мистер Найтли, — ее нельзя упрекнуть в бесчувствии. Подозреваю, что ей свойственны сильные чувства, а характер ее отмечен такими отличными качествами, как выдержанность, терпение, самообладание, — ей лишь недостает прямодушия. Она замкнута — замкнута, кажется мне, как никогда. А я люблю открытые натуры. Нет-нет, покамест Коул не намекнул, что я к ней будто бы неравнодушен, мне в голову не приходило ничего подобного. Я всегда с удовольствием и восхищеньем виделся и разговаривал с Джейн Фэрфакс — но ни о чем другом у меня и мысли не было.

— Ну, миссис Уэстон, — с торжеством произнесла Эмма, когда он удалился, — что вы теперь скажете насчет женитьбы мистера Найтли на Джейн Фэрфакс?

— Скажу, что он уж слишком занят мыслью о том, что не влюблен в нее, а потому не удивлюсь, если он кончит тем, что влюбится. Только не бейте меня.

Глава 16

Всяк в Хайбери и его окрестностях, кому приводилось когда-либо посещать мистера Элтона, стремился теперь оказать ему внимание по случаю его женитьбы. Для него и его жены устраивались обеды и вечера — приглашения шли сплошным потоком, и скоро миссис Элтон имела удовольствие обнаружить, что впереди у ней нет никакого просвета.

— Вижу-вижу, к чему идет, — говорила она. — Вижу, какая жизнь ожидает меня среди вас. Нас положительно вовлекают в разгул и праздность. Мы прямо-таки в моду вошли. Ежели это подразумевают под существованием в сельской глуши, то оно не слишком меня пугает. Верьте слову, от будущего понедельника до субботы — ни единого незанятого дня! Тут даже и без моих ресурсов невозможно заскучать...

Ни одно приглашение не отклонялось. Благодаря привычкам, усвоенным в Бате, вечера были для миссис Элтон в порядке вещей, а Кленовая Роща привила ей вкус к званым обедам. На вечерах ее слегка коробило отсутствие второй гостиной и прохладительного на льду, жалкий вид домашних трубочек с кремом. Миссис Бейтс, миссис Перри, миссис Годдард и прочие основательно отбились от света, но она скоро им покажет, как полагается обставлять приемы. В какой-нибудь из весенних дней она отплатит всем им за гостеприимство, устроив один великолепный вечер в наилучшем стиле — когда на каждом ломберном столе будут стоять свечи и лежать нераспечатанная колода карт, а нанятые по этому случаю лакеи — ибо она не удовольствуется числом собственной прислуги — точно в положенный час и положенным порядком будут обносить гостей угощеньем.

Эмма между тем понимала, что невозможно не позвать Элтонов на обед в Хартфилде. Нельзя было отставать от других, иначе она бы навлекла на себя низкие подозренья, дала бы повод думать, что способна почитать себя уязвленной. Обеда было не миновать. Мистер Вудхаус, после десятиминутного разговора с дочерью, не изъявлял нерасположения к этому предприятию, оговорив лишь, по обыкновению, то условие, что не будет сидеть на конце стола и, по обыкновению, поставив тем самым перед Эммой трудный вопрос, кем заменить его на этом месте.

Зато вопрос, кого пригласить, решался просто. Кроме Элтонов должны быть Уэстоны и мистер Найтли, это разумелось само самой — и с тою же неизбежностью подразумевалось, что восьмой должна стать бедняжка Гарриет, но в этом последнем случае приглашение сделано было с тяжелой душой, и Эмма, по многим причинам, очень обрадовалась, когда Гарриет в ответ попросила позволенья отказаться. Она хотела бы как можно реже бывать в том же обществе, что и он. Ей пока еще не совсем удается равнодушно видеть его с прелестной счастливицей женой. Пусть мисс Вудхаус не сердится, но она бы предпочла остаться дома. Это был тот ответ, о котором Эмма только мечтала бы, когда бы могла вообразить, что он возможен.

Она с восторгом думала о стоицизме своего маленького друга — ибо знала, что для нее остаться дома, когда зовут в гости, значит обнаружить подлинный стоицизм — и о том, что теперь может пригласить восьмою ту, кого ей в самом деле хочется: Джейн Фэрфакс. После недавнего разговора с миссис Уэстон и мистером Найтли ее, как никогда, мучила совесть из-за Джейн Фэрфакс. Слова мистера Найтли запали ей в ум. Он сказал, что тех знаков внимания, которые Джейн Фэрфакс видит от миссис Элтон, ей никто больше не оказывает.

«Это верно, — размышляла она, — по крайней мере, в отношении меня, а одну меня он и имел в виду — и это стыд и срам. Ровесницы — всю жизнь знакомы — я обязана была вести себя с нею более дружелюбно. Мне никогда уж не понравиться ей. Я слишком долго выказывала к ней пренебреженье. Но я хотя бы могу быть к ней внимательнее, чем раньше».

Все ее приглашения были приняты. Все приглашенные отвечали, что свободны и с удовольствием придут. Этим, однако, подготовительная часть вечера не исчерпалась. Приключилось довольно-таки досадное обстоятельство. Был уговор, что весною двое старших мальчиков Найтли на несколько недель приедут к деду и тетке; теперь родитель их писал, что привезет их и сам проведет в Хартфилде целый день — как раз тот день, на который назначен был обед. Дела не позволяли ему перенести свой приезд на другое время, но и отец, и дочь смущены были этим совпаденьем. Мистер Вудхаус почитал восемь человек за столом последним пределом для своих нервов — а тут появился девятый — причем этот девятый, предвидела Эмма, будет чрезвычайно не в духе оттого, что даже в Хартфилд нельзя приехать на сорок восемь часов, чтобы не угодить на званый обед.

Ей удалось утешить отца, но не себя тем доводом, что хотя обедать и правда сядут девять человек, но шуму от этого существенно не прибавится, потому что он, как известно, малоразговорчив. Ежели кому и будет хуже, думала она, так это ей — видеть напротив не его брата, а эту хмурую персону, от которой редко когда дождешься слова.

К мистеру Вудхаусу судьба оказалась благосклонней, чем к Эмме. Джон Найтли приехал — но мистера Уэстона неожиданно вызвали в город, и именно на этот день. Он еще мог, пожалуй, показаться к ним позже вечером, но определенно не успевал к обеду. Мистер Вудхаус совершенно успокоился, и у Эммы от этого, от встречи с племянниками, от философской невозмутимости их отца, когда ему объявили его участь, тоже пропала всякая досада.

День наступил — гости собрались точно в назначенный час, и мистер Джон Найтли, казалось, с первой же минуты задался целью быть приятным. Вместо того чтобы в ожидании обеда уединиться у окна со своим братом, он стал занимать разговором Джейн Фэрфакс. Миссис Элтон, всю в кружевах и жемчугах, он оглядел молча, лишь запасаясь наблюдениями для передачи Изабелле, но мисс Фэрфакс была старая знакомая, держалась тихо и, значит, годилась в собеседницы. Утром, до завтрака, он встретил ее, когда возвращался с сыновьями с прогулки и сверху начинал накрапывать дождик.

По этому поводу естественно было сказать несколько вежливых слов — и он сказал их:

— Надеюсь, вы нынче утром направлялись недалеко, мисс Фэрфакс, потому что иначе должны были непременно промокнуть. Мы и то едва добежали до дому. Надеюсь, вы скоро повернули назад.

— Я только сходила на почту и до того, как дождь разошелся по-настоящему, успела вернуться домой. Это у меня каждодневная обязанность. Я всякий раз, приезжая сюда, хожу за письмами. И другим помощь, и есть повод выйти на свежий воздух. Мне полезно прогуляться перед завтраком.

— Только не под дождем, я полагаю.

— Да, но дождя, когда я вышла, в сущности, не было...

Мистер Джон Найтли усмехнулся.

— То есть, иными словами, вы именно предпочли прогуляться под дождем, потому что, когда я имел удовольствие повстречать вас, вы не отошли еще и на шесть шагов от своей двери, а к тому времени Генри с Джоном давным-давно потеряли счет первым каплям. В известный период жизни почта таит в себе для каждого из нас большую прелесть. Поживите с мое, и вы придете к мысли, что нет такого письма, ради которого стоило бы мокнуть под дождем.

Ответом ему был слабый румянец и слова:

— У меня нет надежды когда-либо оказаться в положении, подобном вашему — среди дорогих и близких, и значит, нельзя рассчитывать, что с годами письма сами собою сделаются мне безразличны. — Безразличны? Ну, нет! Я совсем не хотел сказать, что они вам сделаются безразличны. Такая штука, как письма, безразлична быть не может — это обыкновенно сущее бедствие!

— Вы говорите о деловых письмах, я — о дружеских.

— Мне не раз приходило в голову, что эти еще хуже. Дела, знаете ли, порой приносят нам деньги, дружба — почти никогда.

— А, теперь вы просто смеетесь! Я слишком хорошо знаю мистера Джона Найтли и убеждена — он умеет ценить дружбу не хуже других. Охотно верю, что письма для вас значат очень мало, гораздо меньше, чем для меня, но не потому, что вы меня на десять лет старше — не в возрасте дело, а в положении. Ваши близкие всегда подле вас — мои, по всей видимости, никогда больше рядом со мною не будут, а потому, покуда я не переживу все свои земные привязанности, почта будет, вероятно, сохранять для меня притягательную силу даже в худшее ненастье, чем сегодня.

— Когда я говорил, что вы с годами, с течением лет переменитесь, — возразил Джон Найтли, — то имел в виду и перемену в положении, которую обычно производит время. Говоря об одной, я подразумевал и другую. Да, сила привязанности к тем, кто не окружает нас ежедневно, со временем, как правило, уменьшается, но не об этой перемене для вас я думал. Позвольте мне, мисс Фэрфакс, на правах давнего друга надеяться, что через десять лет вас будут столь же тесно окружать близкие люди, как и меня.

Слова эти шли от чистого сердца и были приняты без тени обиды. В ответ предполагалось отшутиться милым «спасибо», однако краска на щеках, дрожащие губы, слезы, навернувшиеся на глаза, выдавали, что ими тронуты не на шутку. Но тут вниманием ее завладел мистер Вудхаус, который, как всегда в подобных случаях, совершал обход гостей, стараясь каждому, а в особенности дамам, сказать что-нибудь приятное — и дойдя наконец до нее, обратился к ней со своею обезоруживающей приветливостью:

— Мисс Фэрфакс, мне прискорбно слышать, что вы сегодня утром попали под дождь! Юным девицам следует вести себя осмотрительнее. Юная девица — нежный цветок. Ей следует оберегать свое здоровье и цвет лица. Голубушка, вы сменили чулки?

— Да, сэр, конечно, сменила — и очень вам обязана за ваше доброе участие. — Юная девица, голубчик мисс Фэрфакс, непременно везде должна быть предметом заботы... Добрая бабушка ваша и тетушка, надеюсь, здравствуют? Мы с ними старинные друзья. Жаль, что здоровье не всегда дозволяет мне быть им хорошим соседом. Поверьте, вы нам сегодня оказали большую честь. Мы с дочерью чувствительнейше вас благодарим, для нас величайшая радость видеть вас в Хартфилде.

После чего, с сознанием, что долг согреть и обласкать учтивостью каждую из прекрасных дам исполнен, добрый старый джентльмен спокойно уселся на свое место.

К этому времени слух о прогулке под дождем достиг ушей миссис Элтон, и Джейн получила нагоняй:

— Моя дражайшая Джейн, что я слышу? Ходить на почту под дождем? Что за новости? Как можно, негодница вы этакая! Вот что бывает, когда меня нет рядом и некому присмотреть за вами!

Джейн терпеливо отвечала ей, что совсем не простудилась.

— Ах, оставьте, пожалуйста! Вы совершенно не обращаете на себя внимания, и это никуда не годится. На почту, вот новости! Миссис Уэстон, вы слышали что-нибудь подобное? Нам с вами положительно пора прибегнуть к власти.

— Во всяком случае, — мягко и убедительно проговорила миссис Уэстон, — я определенно чувствую искушение прибегнуть к совету. Мисс Фэрфакс, вам нельзя подвергать себя такому риску. У вас бывают тяжелые простуды, вам следует особенно остерегаться, тем более в такое время года. Весной, по-моему, нужна сугубая осторожность. Лучше потерпеть часок-другой или даже полдня без писем, чем навлекать на себя опасность начать снова кашлять. Ну разве вы не согласны? Уверена, что согласны, — вы ведь умница. Вижу по вашему лицу, что вы так больше не будете поступать.

— Ни в коем случае не будет, верьте слову! — запальчиво вторила ей миссис Элтон. — Ей больше не дадут так поступать. — Многозначительно кивая головою: — Для этого будут приняты меры. Я переговорю с мистером Э. Человек, который у нас ходит за письмами — один из наших лакеев, уж не упомню, как его звать, — будет забирать и ваши и доставлять их вам домой. И кончены затрудненья — от нас, дорогая Джейн, вы можете принять подобную услугу, не стесняясь.

— Вы чрезвычайно ко мне добры, — отозвалась Джейн. — Но я не могу отказаться от утренней прогулки. Врачи советуют, чтобы я как можно больше бывала на свежем воздухе, а я должна иметь какое-то направление, когда гуляю, и почта служит мне целью — а потом, даю вам слово, это первое дождливое утро за все то время, что я здесь.

— Дражайшая Джейн, ни слова более. Вопрос решен, во всяком случае, — с жеманным смешком, — в той мере, сколько мне дозволительно решать вопросы без санкции моего господина и повелителя. Нам с вами известно, миссис Уэстон, сколь осмотрительны должны мы быть в выборе выражений... Однако я льщу себя надеждой, любезнейшая Джейн, что влияние мое не вовсе истощилось, а потому, ежели только не обнаружатся непреодолимые препятствия, считайте, что дело улажено.

— Извините, — сказала Джейн твердо, — но я никоим образом не могу согласиться с подобным решением и утруждать вашего слугу безо всякой надобности. Не будь эта прогулка для меня удовольствием, бабушка могла бы делать то, что всегда делает, когда меня здесь нет.

— Ах, милая, но Патти и так завалена работой! Меж тем как найти занятие для нашей челяди — только благое дело.

Джейн, судя по выражению ее лица, не собиралась сдаваться, но не стала возражать и вместо этого возобновила беседу с мистером Джоном Найтли.

— Поразительное заведение — почта! — сказала она. — Эта четкость, распорядительность! Подумать — столь многое на нее возложено, и как отлично она со всем справляется — это, право, достойно удивления!

— Согласен, дело у них налажено недурно.

— Так редко сталкиваешься с нерадивостью или путаницей! Так редко письмо доставляют не по адресу, а ведь их тысячи расходятся по стране — миллионы! — и ни одно не пропадает. И каждое надписано другою рукой, далеко не всегда разборчиво, а разобрать необходимо — поразительная вещь!

— У почтовых служащих глаз наметан, они привыкли. Новичок должен иметь довольно острое зрение, проворные руки, и, постоянно их упражняя, он приобретает сноровку... Ежели вам такого объяснения мало, — продолжал он улыбаясь, — могу прибавить, что им за это деньги платят. Это много способствует исправной работе. Общество платит за услуги и, значит, вправе рассчитывать на добросовестность.

Далее разговор перешел на разные виды почерков — высказаны были подходящие к случаю замечания.

— Утверждают, — говорил Джон Найтли, — что в одной и той же семье часто пишут похожим почерком, — естественно, ежели все учились у того же учителя. Но тогда, я полагал бы, это справедливо главным образом применительно к женскому полу — мальчиков учат прописям только в раннем детстве, а потом каждый марает кто во что горазд. Изабелла и Эмма, по-моему, правда пишут очень похоже. Я не всегда отличаю.

— Пожалуй, — задумчиво отозвался его брат, — сходство есть. Я понимаю, что ты хочешь сказать, — но только у Эммы почерк тверже.

— Они обе пишут очень красиво, — вставил мистер Вудхаус, — и Изабелла, и Эмма. Всегда. И бедная миссис Уэстон тоже, — с полуулыбкой, полувздохом в ее сторону.

— Из мужчин самый лучший почерк... — оглядываясь вслед за ним на миссис Уэстон, начала Эмма — и остановилась, увидев, что миссис Уэстон слушает кого-то другого. Пауза дала ей время подумать: «Ну-ка, посмотрим, как я сейчас заговорю о нем. Хватит мне духу прямо произнести при всех его имя? Или мне нужно прибегнуть к обинякам? Ваш йоркширский знакомец... тот, кто пишет вам из Йоркшира... что-нибудь в этом роде понадобится, вероятно, ежели дела мои плохи. Но нет, я способна выговорить это имя без малейшего трепета. Несомненно, я все более исцеляюсь. Итак — смелей!»

Миссис Уэстон освободилась, и Эмма начала снова:

— У мужчин я не видела лучшего почерка, нежели у мистера Фрэнка Черчилла.

— Я не в восторге, — сказал мистер Найтли. — Слишком мелок и твердости недостает. Женственная рука.

Обе дамы восстали против этого. Обе принялись дружно защищать Фрэнка Черчилла от злостного навета. «Вот уж неправда, что недостает твердости! Некрупный почерк, это верно, но очень четкий и, бесспорно, мужественный. Нет ли у миссис Уэстон при себе письма для подтверждения?» Нет — письмо совсем недавно было, но она его убрала после того, как написала ответ.

— Будь мы в другой комнате, — сказала Эмма, — будь рядом мой письменный стол, я бы сама предъявила вам образчик. У меня есть записка от него. Помните, миссис Уэстон, он написал мне однажды, по вашему поручению?

— Это он только так сказал, что по поручению...

— Ну, как бы то ни было, записка у меня сохранилась, и можно после обеда показать ее мистеру Найтли — пусть убедится.

— Э, когда галантный господин, вроде мистера Черчилла, пишет прелестной даме, вроде мисс Вудхаус, — сухо возразил мистер Найтли, — он, натурально, постарается не ударить в грязь лицом.

Объявили, что кушать подано. Миссис Элтон, не дожидаясь, покамест позовут, вскочила с места — не дожидаясь, покуда мистер Вудхаус подойдет и предложит ей руку, чтобы повести в столовую, возгласила:

— Так мне обязательно идти первой? Неловко, право, всегда всех возглавлять!..

Забота Джейн о том, чтобы непременно ходить за письмами самой, не укрылась от Эммы. Она все слышала, все видела и не отказалась бы узнать, попусту или нет предпринята была утром прогулка по лужам. Она подозревала, что нет, что не стремятся с такою настойчивостью из дому в непогоду, ежели нет всех оснований надеяться, что впереди ждет весточка от дорогого человека и что надежда эта сбылась. Иначе отчего она сегодня мягче и теплее обычного, откуда этот свет в ее глазах?

Можно бы, конечно, смутить ее двумя-тремя вопросами; например, долго ли идет письмо из Ирландии, сколько стоит его отправить — они вертелись у Эммы на языке; но она удержалась. Она осталась верна решимости не ранить Джейн Фэрфакс ни единым словом, и они следом за другими дамами направились из комнаты рука об руку, словно самые добрые подруги, что как нельзя более выгодно оттеняло красоту и грацию обеих.

Глава 17

Когда дамы после обеда воротились в гостиную, общество их, вопреки усилиям Эммы, распалось на две отдельные группки — с таким упорным неразумием и неуменьем себя вести миссис Элтон целиком занялась одною Джейн и третировала ее самое. Им с миссис Уэстон оставалось либо вести разговор между собою, либо вдвоем молчать. Иного выбора миссис Элтон не предлагала. Ежели Джейн удавалось на время остановить ее, она спустя немного вновь принималась за свое, и хотя беседа — в особенности со стороны миссис Элтон — велась большею частью полушепотом, нельзя было, сидя тут же, не получить общего представленья, о чем она ведется. Долго пережевывались такие предметы, как почта — простуда — доставка писем — дружба, затем, вероятно, к не меньшему неудовольствию Джейн, их сменило другое: расспросы о том, что слышно относительно подходящего места, и заявления о том, какие действия в этой связи замышляет миссис Элтон.

— Вот уже и апрель на дворе! — говорила она. — Я начинаю не на шутку волноваться за вас. Июнь не за горами.

— Но я никогда не назначала себе определенного месяца, будь то июнь или какой-нибудь другой, — просто вообще имела в виду лето.

— И вы так-таки ни о чем не слышали?

— Я и не пыталась узнать, для меня покамест слишком рано.

— Ах, моя милая, не оказалось бы, что слишком поздно, — вы себе не представляете, как трудно получить то, что вам требуется.

— Это я-то не представляю? — сказала Джейн, покачивая головой. — Дорогая миссис Элтон, есть ли человек, который думает об этом больше меня?

— Да, но вы мало знаете свет. Вы не имеете понятия о том, сколько всегда приходится желающих на лучшие места. Мне доводилось видеть бессчетные тому примеры, будучи в Кленовой Роще. У миссис Брэгг, кузины мистера Саклинга, отбою не было от предложений — каждый мечтал поступить именно к ней, потому что ее семейство принадлежит к самому избранному кругу. Восковые свечи в классной комнате! Остальное пусть дорисует вам воображение! Нет в Англии дома, где бы я так желала вас видеть, как у миссис Брэгг.

— К середине лета в город воротятся Кемпбеллы, — сказала Джейн, — и, я уверена, захотят, чтобы какое-то время я побыла у них, — ну а там, пожалуй, пора будет и распорядиться своею будущностью. Но до тех пор я бы хотела, чтоб вы себя не утруждали наведением справок.

— Утруждала! Да, мне известна ваша щепетильность. Вам страшно причинить мне беспокойство — но верьте слову, дражайшая Джейн, что даже Кемпбеллов столь не затрагивает судьба ваша, как меня. На этих же днях напишу к миссис Партридж и дам ей строгое наставленье следить, не объявится ли что-нибудь интересное.

Благодарю вас, но предпочла бы, чтоб вы не касались в переписке с нею этого предмета. Я никого не хочу обременять раньше срока.

— Дражайшее дитя мое, но сроки уже наступают, уже апрель месяц — до июня, даже июля, ежели угодно, — рукой подать, а у нас впереди такое дело! Мне, право, смешна ваша неискушенность. Такое место, которого вы заслуживаете, какое и друзья ваши признали бы достойным вас, попадается не каждый день, его нельзя получить в последнюю минуту! Нет-нет, необходимо теперь же приниматься за поиски.

— Простите, сударыня, но это никоим образом не входит в мои намеренья. Я и сама не веду поисков и очень бы не хотела, чтобы это делали мои друзья. У меня вовсе нет опасений надолго остаться без места, когда подойдет срок, который я себе определяю. На то в Лондоне существуют заведенья, куда можно обратиться, и вам быстро подыщут что-нибудь. Заведения, торгующие... живым товаром, скажем так — пускай не плотью человеческой, но человеческим духом.

— Живым товаром? Фи, моя милая, я поражена — если вы думаете о торговле рабами, то могу вас уверить, мистер Саклинг всегда стоял за ее отмену.

— Нет, я думала не о том — не торговлю рабами имела в виду, а всего лишь торговлю гувернантками, что, конечно, гораздо меньшее преступленье для тех, кто ею занимается, однако менее ли несчастны жертвы — не знаю... Впрочем, я только хочу сказать, что существуют конторы, куда дают объявленья, и при их содействии мне бесспорно очень быстро попадется что-нибудь сносное.

— Сносное! — повторила за нею миссис Элтон. — Да, вы, при ваших скромных представлениях о собственной особе, может быть, этим удовольствуетесь — я знаю, сколь вы непритязательны — но будут ли довольны ваши друзья, если вы согласитесь на первое, что подвернется, — какое-нибудь жалкое место в простой семье, не принадлежащей к определенному кругу и для которой недоступны изящные стороны жизни.

— Спасибо, вы так любезны, однако для меня все это совсем не важно. Я не ставлю себе целью попасть в богатый дом — там унизительность моего положения будет только чувствительней, разница между ними и мною только усугубит мои страданья. Пусть это будет хорошая фамилия, иных условий я не ставлю.

— Знаю, знаю я вас, вы согласитесь мириться с чем угодно, но я на этом для вас не помирюсь, и, верьте слову, добрые Кемпбеллы тоже примут мою сторону — с такими необычайными талантами, как у вас, вы по праву должны быть вхожи в наилучшее общество. Одно уже музыкальное образование дает вам право называть свои условия, требовать для себя столько комнат, сколько понадобится, участвовать в жизни семейства, сколько вам нравится, — хотя не знаю... Вот если б вы играли на арфе, тогда наверное могу сказать, что имели бы такое право, — но ведь вы не только играете, вы и поете... да, я уверена, что и без арфы вам можно было бы оговорить себе все, чего вы пожелаете, и потому мы с Кемпбеллами не успокоимся, покуда вы не будете устроены на самых восхитительных, почетных и роскошных условиях.

— Пожалуй, у вас есть основание ставить слова «восхитительный», «почетный» и «роскошный» в один ряд, — сказала Джейн, — они скорей всего будут одинаково применимы в этом случае... И все же говорю вам совершенно серьезно — я не хочу, чтоб для меня покамест что-нибудь подыскивали. Я чрезвычайно вам обязана, миссис Элтон, — обязана всем, в которых возбуждаю сочувствие, но серьезно бы желала, чтобы до наступленья лета ничто не предпринималось. Ближайшие два-три месяца я по-прежнему останусь на том же месте и в том же положении, что и теперь.

— А я, — игриво отозвалась миссис Элтон, — не менее серьезно отвечу, что намерена быть всякую минуту начеку, и друзьям накажу делать то же, чтобы не прозевать, в случае ежели объявится что-нибудь истинно первостатейное.

В подобном духе безостановочно продолжалось до тех пор, покуда к ним не вышел мистер Вудхаус и ее тщеславие не устремилось по новому руслу.

— А, вот и мой старенький обожатель! — услышала Эмма все тот же полушепот, адресованный Джейн. — Вышел к нам, не дожидаясь остальных мужчин, это ли не галантность! Ну что за душка — верьте слову, необычайно милое существо. Эта неподражаемая старомодная учтивость приводит меня в восхищенье, она мне куда больше по вкусу, нежели нынешняя свобода обращения, мне эта нынешняя свобода часто претит. Но мистер

Вудхаус — слышали бы вы, каких любезностей наговорил мне славный старичок за обедом! Поверьте слову, я уже стала опасаться, как бы мой cara sposo не начал ревновать! Видно, я его покорила — он даже обратил внимание на мое платье. Вам оно нравится? Выбор Селины. По-моему, фасон элегантный, но не слишком ли вычурно? Терпеть не могу, когда одеваются вычурно, — все эти рюшки, побрякушки приводят меня в ужас. Сегодня вы на мне видите украшенья лишь потому, что таков порядок. Новобрачная, знаете ли, должна выглядеть, как полагается новобрачной, но от природы у меня вкус только к простому — простота в одежде несравненно лучше всяческих затей. Но боюсь, такие, как я, составляют меньшинство — простоту умеют ценить немногие, для остальных главное — наряжаться как можно богаче и пышней... Я все думаю, не пойдет ли такая же отделка к моему поплиновому, белому с серебром? Как по-вашему?

Не успело все общество вновь собраться в гостиной, как показался мистер Уэстон. Он воротился домой к позднему обеду и прямо от стола направился в Хартфилд. Те, которые научены были опытом, приняли его приход без удивления — хотя и с большою радостью. Мистера Вудхауса он теперь столь же обрадовал, сколь опечалил бы раньше. И только одного Джона Найтли поверг в немое изумленье. Чтобы человека, который мог бы тихо провести вечер дома, приехав из Лондона, где провел день в трудах, снова потянуло куда-то и он шагал полмили к чужому дому, где будет до позднего часа сидеть в обществе посторонних, обрекая себя тяготам вежливости и мукам разноголосицы, — это не укладывалось в сознании. Человек, который с восьми часов утра был на ногах и мог бы посидеть спокойно, который наговорился за день и мог бы помолчать, который толкался среди людей и мог бы отдохнуть в одиночестве, покидает свободу и покой собственного очага и по холоду, по апрельской слякоти мчится вечером снова на люди! Ежели б ему хотя бы можно было единым мановением пальца поднять с места жену и увести домой — тогда бы еще понятно, но вечер из-за его прихода, по всей вероятности, не сократится, а только затянется... И Джон Найтли в немом изумлении смерил его взглядом, потом пожал плечами и мысленно заключил: «Такого я не ожидал даже от него». Между тем мистер Уэстон, оживленный и бодрый как всегда, вовсе не подозревая, какую бурю он вызвал в чьей-то груди своим появлением, и чувствуя за собою право, после отлучки на целый день из дому, претендовать на львиную долю в разговоре, любезно со всеми поздоровался и, ответив на расспросы жены касательно его обеда, уверив ее, что ни одно из ее тщательных наставлений прислуге не пропало даром, сообщив также всем, что нового слышно в мире, перешел к новостям семейным, относясь теперь преимущественно к миссис Уэстон, но нимало не сомневаясь, что они будут в высшей степени интересны и для каждого из присутствующих. Он подал ей письмо, написанное Фрэнком и предназначенное ей, — он перехватил его по дороге и позволил себе распечатать.

— Читайте-читайте, — молвил он, — получите удовольствие. Всего несколько строчек, это не займет и минуты — прочтите его Эмме.

Обе дамы склонились над письмом, а он тем временем с широкою улыбкой говорил им, слегка понизив голос, но так, что слышали все, кто сидел в комнате:

— Вот видите, он приезжает! Как, недурна новость? Что вы на это скажете? Я вам все время твердил, что скоро он опять будет здесь, разве нет? Разве я не твердил вам это, дружочек Анна, а вы все не верили? Видите, приезжают в Лондон на будущей неделе — если не раньше, прибавим от себя, потому что, когда ей что-нибудь нужно, она нетерпелива, как сам лукавый, и, скорее всего, они будут в городе уже завтра или, самое позднее, в субботу. А все эти ее болезни — пустое, как и следовало ожидать. Как бы то ни было, великолепно, что Фрэнк окажется снова в наших краях, можно сказать, под боком. Они, если уж выбираются в город, то надолго, и половину времени он будет проводить у нас. В точности как я хотел. Ну что, хорошая новость, правда? Вы дочитали? Эмма до конца прочла? Хорошо, тогда спрячьте письмо, мы о нем потолкуем в другой раз, теперь для этого неподходящий случай. Теперь я только сообщу остальным главное в двух словах.

Миссис Уэстон не скрывала своего удовольствия. Она свободно изъявляла его и на словах, и всем своим видом. Она была счастлива — знала, что она счастлива, — и знала, что так и должно быть. Она радовалась открыто и горячо, но Эмма не могла изъясняться с такою же непосредственностью. Она занята была еще и другим: взвешивала свои чувства, старалась понять, отчего это известие взволновало ее — и, надобно признать, изрядно.

У мистера Уэстона, однако, от возбуждения убавилось наблюдательности, от нетерпения говорить самому — желания выслушать другого; он остался совершенно доволен и тем, что ею было сказано, и немного спустя пошел порадовать остальных своих друзей кратким сообщением о том, что всякий, кто находился в комнате, должен был уже слышать.

Хорошо, что для него было столь неоспоримо, что он их этим обрадует, — иначе ему могло бы показаться, что ни мистер Вудхаус, ни мистер Найтли не выказали особого восторга. Их сочли уместным оповестить о радостном событии первыми после миссис Уэстон и Эммы — следующей предполагалось обрадовать мисс Фэрфакс, но она так углубилась в беседу с Джоном Найтли, что прерывать ее было бы невежливо, и мистер Уэстон, обнаружив, что ближе всех к нему сидит миссис Элтон и что она не занята разговором, волей-неволей должен был приступить со своей новостью к ней.

Глава 18

— Я надеюсь, что буду вскоре иметь удовольствие представить вам моего сына, — начал мистер Уэстон.

Миссис Элтон, предпочитая толковать подобного рода надежду как тонкий комплимент своей персоне, милостиво улыбнулась.

— Вы, смею полагать, наслышаны о небезызвестном Фрэнке Черчилле, — продолжал он, — и знаете, что это мой сын, хоть он и носит другую фамилию.

— О да — и счастлива буду с ним познакомиться. Мистер Элтон не замедлит нанести ему визит, а затем оба мы весьма рады будем видеть его у себя.

— Вы так любезны. Я уверен, что ему будет очень приятно. Он приезжает в город на будущей неделе, а может статься, и раньше. Сегодня уведомил нас об этом письмом. Мне нынче утром по дороге встретилась почта, и я, узнав руку сына, взял на себя смелость вскрыть письмо — хоть адресовано было не мне — оно предназначалось миссис Уэстон. Ей одной только и пишет, вообразите. Редко когда придет письмецо для меня.

— И вы, стало быть, так-таки взяли и распечатали письмо, адресованное ей?.. Фи, мистер Уэстон, — с жеманным смехом, — я протестую! Вы создаете опасный прецедент. Заклинаю вас, не подавайте дурного примера вашим соседям. Так, значит, вот к чему я должна быть готова? Тогда нам, замужним женщинам, бесспорно, пора за себя постоять! Ах, мистер Уэстон, от вас я этого никак не ожидала!

— Правильно, миссис Элтон, — мы, мужчины, народ ужасный. И вы ни в коем случае не давайте себя в обиду. Да, так возвращаясь к письму... Письмо короткое, писано второпях — краткое уведомление, и только — там говорится, что они едут в ближайшее время в город, как того требует здоровье миссис Черчилл. Она хворала всю зиму и полагает, что в Энскуме чересчур холодный климат, — следственно, всем им вменяется сниматься с места и двигаться к югу.

— Вот как! Из самого Йоркшира — Энскум, кажется, в Йоркшире?

— Да, от них до Лондона миль сто девяносто. Путь порядочный.

— Еще бы — и очень! На шестьдесят пять миль дальше, чем от Кленовой Рощи. Но что значит расстояние, мистер Уэстон, для тех, кто очень богат? Знали бы вы, в какую даль порою, не задумываясь, летает мой братец мистер Саклинг! Вы не поверите — дважды за одну неделю ездил с мистером Брэггом на четверике в Лондон и обратно.

— Главное зло дальнего пути от Энскума, — сказал мистер Уэстон, — в том, что до сих пор, сколько нам известно, миссис Черчилл по целым неделям не в состоянии была подняться с кушетки. Она, как сказано в последнем письме от Фрэнка, жалуется, что не может от слабости одна дойти даже до своей оранжереи, и Фрэнк с дядюшкой с двух сторон поддерживают ее под руки. Это, знаете ли, свидетельствует о крайней слабости — и вдруг ей так не терпится попасть в Лондон, что она намерена останавливаться на ночлег в дороге всего два раза! Фрэнк так и пишет. Удивительным образом устроены бывают дамы с хрупким здоровьем. Согласитесь, миссис Элтон.

— И не подумаю согласиться! Я всегда на стороне тех, которые одного со мною пола. Так и знайте. Предупреждаю вас. Тут вы во мне найдете грозного противника. Каков бы ни был вопрос, я заступаюсь за женщин — и, верьте слову, когда б вы знали, как смотрит на ночлег в трактире Селина, то перестали бы удивляться тому, что миссис Черчилл, ценою неимоверных усилий, старается его избежать. Селина подумать не может о таком ночлеге без отвращения, и подозреваю, мне тоже отчасти передалась ее привередливость. Она всегда берет в дорогу собственное постельное белье — прекрасная мера предосторожности. Миссис Черчилл тоже так поступает?

— Будьте покойны, миссис Черчилл не упустит из виду ничего, что принято у важных дам. Миссис Черчилл не уступит ни одной важной даме в королевстве...

Миссис Элтон с горячностью перебила его:

— Ах, что вы, мистер Уэстон, вы не так меня поняли! Никакая Селина не важная дама, верьте слову. Пусть у вас не составится о ней превратное представление.

— Да? Ну, тогда она не указ такой, как миссис Черчилл, важной даме до мозга костей. Миссис Элтон поняла, что перестаралась. У нее и в мыслях не было серьезно разуверять кого-либо в том, что сестра ее важная дама, — ее горячность, пожалуй, отдавала притворством, и она теперь соображала, как бы половчей отступиться от своих слов, но мистер Уэстон уже продолжал:

— От вас, очевидно, не укрылось, что миссис Черчилл не пользуется у меня большим расположеньем, но это строго между нами. Она искренне любит Фрэнка, и потому мне не пристало отзываться об ней дурно. Притом же, она теперь не совсем здорова — хоть, впрочем, послушать ее, так получится, она весь век нездорова. Не всякому я в том признаюсь, миссис Элтон, но мне не очень-то верится в болезни миссис Черчилл.

— Ежели она в самом деле больна, мистер Уэстон, то отчего не поедет в Бат? А не в Бат — так в Клифтон?*

— Вбила себе в голову, будто в Энскуме для нее слишком холодно! А в действительности, я думаю, Энскум ей просто надоел. Никогда так долго не сидела безвыездно дома, вот и захотелось переменить обстановку. Энскум — уединенное поместье. Хотя и великолепное, но очень уединенное.

— Да, как Кленовая Роща, должно быть. Нигде нет такого отъединения от дороги, как в Кленовой Роще. Такой громадный парк вокруг — деревья, деревья! Вы будто отрезаны от всего мира — совершенная глушь. Возможно, у миссис Черчилл не то здоровье и не та натура, чтобы наслаждаться затворничеством, как Селина.

---

* Бат — старинный курортный город в графстве Сомерсетшир. Клифтон — модный курорт вблизи Бристоля.

Или, быть может, ей недостает тех душевных ресурсов, которые необходимы для сельской жизни. Я всегда говорю, что женщине важно иметь собственные ресурсы, и благодарна судьбе, что у меня их так много и я решительно не завишу от общества.

— Фрэнк в феврале приезжал сюда на две недели.

— Да — я, помнится, слышала. А когда приедет опять, то увидит в хайберийском обществе прибавленье, ежели с моей стороны не слишком смело называть себя прибавленьем. Он, пожалуй, и понятия не имеет, что существует такая на свете...

Когда столь явно напрашиваются на комплимент, это не может пройти незамеченным, и мистер Уэстон, человек воспитанный, мгновенно отозвался:

— Помилосердствуйте, сударыня! Право же, никому, кроме вас, не пришла бы в голову такая невероятная вещь. Понятия не имеет! По-моему, миссис Уэстон с недавних пор в каждом своем письме об одной только миссис Элтон и пишет.

Он исполнил долг вежливости и мог вернуться к разговору о сыне.

— Когда Фрэнк уезжал от нас, было совсем неясно, когда мы свидимся вновь, и оттого сегодняшняя новость вдвойне приятна. Она явилась для нас полною неожиданностью. То есть, вернее, я-то всегда был убежден, что он приедет в самом скором времени, — уверен был, что ему не замедлит представиться благоприятный случай, но мне никто не верил. Ему и миссис Уэстон все представлялось в удручающе мрачном свете. «Каким образом он ухитрится приехать? Где основания предполагать, что дядюшка и тетка снова его отпустят?» — и так далее, — я же словно предчувствовал, что какой-нибудь случай наверняка изменит обстоятельства в нашу пользу, и, видите, вышло по-моему. Не раз за свою жизнь, миссис Элтон, я наблюдал, что ежели в этом месяце дела идут из рук вон плохо, то, значит, в следующем они непременно поправятся.

— Верное наблюдение, мистер Уэстон, очень верное. Именно это я говорила некоему господину — не будем указывать на присутствующих — в те дни, когда он ухаживал за мною и тотчас приходил в отчаянье, ежели что-нибудь шло не совсем гладко, не с тою быстротой, которая бы отвечала его чувствам, и восклицал, что при эдакой скорости нас облачат в шафранные одежды Гименея* не ранее мая месяца! Чего мне стоило разгонять эти унылые мысли и добиваться, чтобы он глядел на вещи веселей! Из-за кареты — нам встретились затруднения при покупке кареты — помню, пришел однажды утром в полное отчаянье...

В этом месте она слегка закашлялась, и мистер Уэстон, воспользовавшись заминкой, перехватил нить беседы:

— Вот вы сказали — май месяц. Как раз на май месяц и велели миссис Черчилл — вернее, она сама себе велела уехать из Энскума туда, где потеплее, или, точнее говоря, в Лондон. Так что у нас есть приятная перспектива, что Фрэнк часто будет навещать нас всю весну, а лучшего времени года для этого не выбрать — почти самые длинные дни, мягкая, ласковая погода так и манит наружу, и не слишком жарко для прогулок. Когда он был здесь прошлый раз, мы тоже не сидели дома, однако погода

---

* Ссылка на символ брачной церемонии, описанный у Джона Мильтона (1608–1674) в L'Allegro.

нас не баловала — то дождь, то изморозь, как всегда в феврале, — и половины не удалось того сделать, что было задумано. Зато теперь нас ждут золотые денечки! Теперь ничто нам не испортит удовольствия, и, знаете ли, миссис Элтон, возможно, эта неопределенность встреч, это томительное предвкушение — сегодня он приедет или завтра, и в какой час — не меньшее счастье, чем само его присутствие в доме. Я правда так думаю. По-моему, все наши восторги, все воспаренья зависят более от состояния духа. Надеюсь, что вам понравится мой сын, только прошу вас, не ждите чуда. Вообще его находят славным малым, но не рассчитывайте увидеть чудо. Миссис Уэстон к нему просто неравнодушна, что, как вы понимаете, очень меня радует. Она считает, что ему нет равных.

— И верьте слову, мистер Уэстон, я ни минуты не сомневаюсь, что также буду о нем наилучшего мнения. Я столько слышала похвал мистеру Фрэнку Черчиллу... Но в то же время будет лишь справедливо отметить, что я из числа тех, которые обо всем выносят собственное сужденье, не полагаясь слепо на других. Предупреждаю вас, что буду судить о вашем сыне, опираясь на мои личные впечатления. Я презираю лесть...

Мистер Уэстон о чем-то задумался.

— Надеюсь, — сказал он, помолчав, — что я не слишком безжалостно обрушился на бедную миссис Черчилл. Ежели она и вправду больна... Я б не желал быть к ней несправедливым, но у нее в характере есть такие черты, что снисходительным, при всем желании, быть трудно. Вам, я уверен, известно, миссис Элтон, о родственных узах, которыми я связан с их семейством. Вы не можете не знать, какому я подвергался обращенью, и виновата в этом одна она. Это ее козни. Если бы не она, то никогда бы от матери Фрэнка не отвернулись с таким пренебреженьем. Мистер Черчилл тоже гордый человек, но его гордость ничто в сравнении с гордостью его жены. У него это мирное, безобидное свойство благовоспитанного господина, от которого никому нет вреда, и только сам он из-за этого чуточку скован и скучноват — но у нее это оскорбительное высокомерие, надменность! И, что в особенности тяжело переносить, добро бы еще имелись основанья — происхождение, знатность, — а то ведь ничего! Ничего собою не представляла, когда он на ней женился, родом — только что не из простых, но как заделалась миссис Черчилл, — ого! — так высоко занеслась, что никакому прирожденному Черчиллу не угнаться, хотя сама, по сути дела, — выскочка, и не более того.

— Подумать только! Да, это должно быть совершенно нестерпимо! Я выскочек не выношу. Кленовая Роща научила меня смотреть на людей такого сорта с содроганьем. Там по соседству живет семья, которая прямо бесит сестру и братца своим зазнайством. Когда вы описали миссис Черчилл, то передо мною мгновенно встали они. Некие Тапмены — обосновались в тех краях совсем недавно, обременены многочисленной родней в низшем кругу, а так о себе мнят, что рассчитывают быть на равной ноге с самыми уважаемыми старыми фамилиями. Всего полтора года, как поселились в Уэстхолле, и каким способом нажили состояние, тоже никому не известно. Родом из Бирмингема, а это, как вы знаете, не лучшая рекомендация*. Это не ахти как

---

* Видимо, подразумевается сугубо промышленный характер Бирмингема и соответственно рабочий или же буржуазный контингент населения города.

обнадеживает — я всегда говорю, что «Бирмингем» звучит зловеще. И больше ничего определенного не известно об этих Тапменах, хотя предположить, верьте слову, можно многое, — а между прочим они так держатся, будто полагают себя равными мистеру Саклингу, который, к несчастью, оказался ближайшим их соседом. Невероятно обидно! Мистеру Саклингу, который проживает в Кленовой Роще уже одиннадцать лет, а до него ею владел его отец — во всяком случае, так мне кажется — я почти уверена, что покупка имения совершилась еще при старом мистере Саклинге.

Их прервали. Гостей обносили чаем, и мистер Уэстон, сказав все, что хотел сказать, воспользовался первой удобной минутой и отошел.

После чая мистер и миссис Уэстон и мистер Элтон уселись с мистером Вудхаусом за карты. Пятеро других оказались предоставлены самим себе, и ничего веселого Эмма от этого не ожидала, так как мистер Найтли казался не расположен поддерживать общий разговор, миссис Элтон жаждала вниманья к своей особе, которое никто не изъявлял склонности ей оказывать, а сама она, пребывая в некотором расстройстве чувств, предпочла бы посидеть молча.

Мистер Джон Найтли был на этот раз словоохотливее брата. Рано поутру ему предстояло уезжать, и он вскоре обратился к ней со словами:

— Что ж, Эмма, насчет мальчиков мне как будто нечего больше прибавить — впрочем, на крайний случай у вас имеется письмо от вашей сестры, содержащее, как я догадываюсь, пространнейшие указанья. Мой наказ будет короче и, по всей вероятности, в несколько ином духе, суть его можно выразить в двух словах — не баловать и не пичкать лекарствами.

— Надеюсь, мне посчастливится угодить вам обоим, — отвечала Эмма, — я буду всеми силами стараться, чтобы им было хорошо, — и тем исполню волю Изабеллы — а хорошо бывает, когда над ними не дрожат и не закармливают их лекарствами.

— А ежели надоедят, то отправляйте их обратно.

— Очень похоже, что так и будет... Вы это серьезно?

— А что? Разве не понятно, что для вашего батюшки может быть утомительна их возня, и даже вам они могут стать помехой, ежели ваши выезды и приемы будут все более учащаться, как это наблюдалось в последнее время.

— Учащаться?

— Конечно. Вы сами знаете, что за последние полгода в вашем образе жизни произошли большие перемены.

— Перемены? Нет, не знаю.

— Вы, без сомненья, стали жить гораздо более открыто, чем прежде. Возьмемте хотя бы сегодня. Приезжаю на один-единственный день, и что же? Вы заняты званым обедом. Когда такое или подобное этому случалось раньше? Число соседей ваших растет, и вы тесней с ними сближаетесь. С недавних пор что ни письмо к Изабелле, то известие о новом увеселении — обеды у мистера Коула, балы в «Короне»... Рэндалс — один уже Рэндалс вносит весьма заметную струю оживленья в распорядок ваших дней.

— Да, — быстро вставил его брат, — это все исходит от Рэндалса.

— Ну вот, а так как нет оснований полагать, Эмма, что влияние Рэндалса уменьшится, то мне и представляется возможным, что изредка присутствие Генри и Джона будет вам мешать. И тогда моя единственная к вам просьба — отправляйте их домой.

— Нет, — вскричал мистер Найтли, — отчего же непременно домой! Пусть их тогда отправят в Донуэлл. Уж у меня-то для них найдется время.

— Даю вам слово, это просто забавно! — воскликнула Эмма. — Интересно знать, многие ли из моих бессчетных увеселений обходились без вашего участия? И к чему они сводятся, эти мои неслыханные развлечения? Обед у Коулов да разговоры о бале, который так и не состоялся. Вас, — указывая кивком головы на мистера Джона Найтли, — еще можно понять, для вас такое счастье разом увидеть здесь столько добрых своих знакомых, что это в ваших глазах целое событие. Но вы, — оборотясь к мистеру Найтли, — которому известно, какая редкость, какая для меня большая редкость отлучиться из Хартфилда хоть на два часа, — почему вы мне предрекаете столь нескончаемую череду рассеянностей, не понимаю. Что же до моих родных мальчиков, скажу одно: ежели у тетки Эммы для них не хватит времени, то вряд ли им в этом больше повезет у дядюшки Найтли. Она уйдет из дома на часок, а он — на пять, а останется дома, так либо засядет за книгу, либо за хозяйственные счета.

Мистер Найтли, похоже было, старался подавить улыбку — в чем без труда и преуспел, когда с ним затеяла беседу миссис Элтон.

КНИГА 3

Глава 1

Совсем короткого раздумья наедине с собою хватило Эмме, чтобы понять природу волнения, в которое ее повергла новость о Фрэнке Черчилле. Она быстро уверилась, что не за себя так сильно смущена, так встревожена, но за него. У ней самой увлечение почти сошло на нет — тут, собственно, и размышлять было не о чем, — но ежели он, влюбленный с самого начала гораздо больше ее, воротится, пылая тем же чувством, с которым уезжал, тогда плохо дело. Если разлука за два месяца не охладила его, то впереди подстерегали опасности и злоключения — необходимо будет остерегаться и за него, и за себя. Она не намерена была увлечься снова — она была обязана никоим образом не поощрять его увлечение.

Хорошо бы ей удалось удержать его от прямого признанья. Жаль было бы, если б их нынешнее знакомство так неприятно оборвалось! А между тем ее, помимо воли, смутно влекло к какой-то развязке, к определенности. Она предчувствовала, что эта весна неминуемо принесет с собой какое-то решающее событие, нечто такое, что нарушит ее теперешний покой и безмятежность.

В скором времени — хоть и не столь скором, как предсказывал мистер Уэстон, — она получила возможность судить о том, каковы чувства Фрэнка Черчилла. Энскумское семейство перебралось в Лондон несколько позже, чем кое кто воображал, но, когда это произошло, Фрэнк Черчилл не замедлил показаться в Хайбери. Он приехал на несколько часов — большего пока не мог себе позволить, — но так как прямо из Рэндалса он явился в Хартфилд, то Эмма, со свойственной ей живою наблюдательностью, мигом установила, как повлияло на него расставанье и как ей себя вести. Встреча их была самая дружеская. Не могло быть сомнений, что он очень рад ее видеть. Зато она с первой минуты ощутила сомнение в том, что по-прежнему мила ему, что он в той же мере питает к ней ту же нежность. Она зорко за ним следила и ясно видела, что он уже не так влюблен. Разлука, а в придачу к ней, очевидно, уверенность, что к нему равнодушны, оказали весьма естественное и весьма желанное действие.

Он был в отличном расположении духа, как всегда речист и весел, с наслаждением вспоминал первый свой приезд, былые разговоры, и нельзя сказать, чтоб не был взволнован. Не по спокойствию определила она, что сделалась ему безразличней, — спокойствия не было. Чувствовалось, что он возбужден, ему не сиделось на месте. Его живую натуру подмывало сегодня нечто помимо природной живости, но окончательным доводом ей послужило то, что, пробыв у нее всего четверть часа, он заторопился делать другие визиты. «По пути сюда он встретил на улице старых знакомых — не хотел задерживаться, только поздоровался мимоходом, — но имеет нескромность полагать, что они обидятся, ежели он не зайдет, поэтому, сколь ни хотелось бы ему остаться в Хартфилде подольше, он вынужден спешить».

Итак, сомнений не оставалось — он несколько остыл к ней, но ни скрытое возбуждение его, ни поспешное бегство не походили на признаки полного исцеленья, она скорей склонялась к мысли, что за ними стоят страх, как бы она опять не обрела над ним власть, и благоразумная решимость на всякий случай не оставаться с нею долго наедине.

Этот приезд Фрэнка Черчилла оказался единственным за десять дней. Он то и дело надеялся повторить его, то и дело собирался — и всякий раз что-нибудь мешало. Тетка не отпускала его ни на шаг. С этим объяснением приходили от него письма в Рэндалс. И если это говорилось искренне, если он честно пытался, но не мог, то следовало заключить, что переезд в Лондон не избавил миссис Черчилл от недуга, по крайней мере, в части нервов и своенравия. А что она и в самом деле хворала, подтвердилось: Фрэнк, будучи в Рэндалсе, объявил, что убежден в этом. Многое объяснялось фантазией, но при всем том, оглядываясь назад, он видел, что за последние полгода здоровье у нее, несомненно, пошатнулось. Это не значит, что уходом и лекарствами его нельзя поправить или, во всяком случае, нельзя прожить с таким здоровьем еще долгие годы; но, несмотря на весь скептицизм его отца, он не соглашался, что все ее болезни — лишь плод воображения и ничего у нее нет.

Вскоре выяснилось, что Лондон — неподходящее для нее место. Что она не в силах выносить шум большого города. Он непрестанно и мучительно раздражал ей нервы, и по истечении десяти дней письмо от ее племянника оповестило Рэндалс, что ее планы изменились. Все они незамедлительно переезжают в Ричмонд. Там миссис Черчилл рекомендовали одно светило по врачебной части, да и вообще ей симпатичен этот городок. Уж снят меблированный дом в излюбленном месте, и на новый переезд возлагаются большие надежды.

Эмме сообщили, что Фрэнк писал об этих переменах с необычайным воодушевленьем, хорошо сознавая, по всей видимости, какие блага ему сулит перспектива прожить два месяца — ибо дом сняли на май и июнь — в самой непосредственной близости от стольких дорогих друзей. Теперь-то, передали ей, он совершенно уверен, что сможет приезжать часто — можно сказать, когда и сколько пожелает.

Эмма понимала, какое толкование придает этим радужным видам на будущее мистер Уэстон. Ее одну полагал он причиной того, что они так радуют его сына. Она надеялась, что он ошибается. Ближайшие два месяца должны были показать, так ли это.

Сам мистер Уэстон радовался, как дитя. Он был в полнейшем восторге. О подобном повороте событий он мог лишь мечтать. Вот когда Фрэнк будет действительно находиться прямо по соседству! Что такое девять миль для молодого человека? Час езды. Он будет наведываться к ним все время. В этом смысле разница между Ричмондом и Лондоном огромна: все равно что видеться с ним постоянно или вовсе не видеться. Шестнадцать миль — нет, восемнадцать — верных восемнадцать будет, считая от Манчестер-стрит — это не шутка. Даже если бы он и выбрался когда-нибудь, то весь день ушел бы на дорогу туда и назад. Когда он в Лондоне, пользы никакой, с тем же успехом он мог бы оставаться в Энскуме, зато от Ричмонда как раз то расстояние, чтобы сообщаться с легкостью. Это не просто ближе — это рядом!

Одно хорошее дело сразу же с этим переездом обрело определенность — бал в «Короне». О нем не забывали и раньше, но очень скоро должны были признать, что попытки назначить точный день бесполезны. Теперь он был делом решенным: возобновились и шли полным ходом приготовления, а когда Фрэнк, вскоре после приезда в Ричмонд, прислал несколько строк о том, что его тетке от перемены обстановки уже много лучше и он уверен, что сможет приехать на сутки в любое указанное время, то назвали и число — самое раннее, какое было возможно.

Бал мистера Уэстона обещал стать событием. Молодежь Хайбери в счастливом предвкушенье считала дни, и их уже оставалось немного.

Мистер Вудхаус смирился с неизбежным. Его слегка утешало время года. Все же лучше, что эта неприятность произойдет не в феврале, а в мае. Ему на этот вечер составит компанию в Хартфилде миссис Бейтс, Джеймсу даны были необходимые распоряжения, и оставалось тешить себя надеждой, что ни с милым бутузом Генри, ни с милым бутузом Джоном в отсутствие душеньки Эммы не случится ничего страшного.

Глава 2

На этот раз уж никакое непредвиденное несчастье не помешало балу. День близился; день наступил; утро прошло в несколько тревожном ожидании, но вот к обеду, въяве и во плоти, прибыл в Рэндалс Фрэнк Черчилл, и всем тревогам настал конец.

Они с Эммой покамест не виделись. Второе свиданье должно было состояться в «Короне», но хотя бы не просто как обычная встреча на глазах у всей толпы.

Мистер Уэстон просил ее приехать пораньше — по возможности сразу же после них, дабы, покуда никого нет, сказать свое мнение о том, все ли внутри устроено с наибольшим приличием и удобством, и так молил, так настаивал, что она не могла отказать и ей, соответственно, предстояло провести с молодым человеком некоторое время в спокойной обстановке. Она заехала за Гарриет, и они подоспели к «Короне» очень удачно, почти следом за каретою из Рэндалса.

Фрэнк Черчилл, казалось, поджидал ее, и, хотя ничего особенного сказано не было, взгляд его говорил, что их ждет чудесный вечер. Они всею компанией прошлись по комнатам, проверяя, все ли в порядке, но не пробыли вместе и нескольких минут, как к ним присоединились пассажиры следующего экипажа, чье приближенье к дверям «Короны» Эмма заслышала не без изрядной озадаченности. «Отчего так рано?» — едва не вырвалось у ней сгоряча, но оказалось, что это старые друзья, которые, подобно ей, явились раньше, по особливой просьбе мистера Уэстона, жаждавшего услышать их сужденье, а за ними, буквально по пятам, прикатило и двоюродное семейство, тоже удостоенное заклинаний быть как можно раньше для той же цели, — складывалось впечатленье, что скоро для предварительной инспекции съедется добрая половина всех приглашенных на бал.

Эмме стало ясно, что она не единственная, на чей вкус полагается мистер Уэстон; ей подумалось, что не столь уж и завидное отличие быть любимицей и приближенной человека, у которого такое множество любимцев и поверенных. Ей нравилась его открытая натура, но эта душа нараспашку отчасти умаляла его в ее глазах... Дружелюбие ко всем, но не дружба со всеми и вся составляет достоинство мужчины. И такого мужчину она бы могла указать.

Прибывшие обошли гурьбою помещение, все оглядели, все похвалили и от нечего делать расположились полукругом у камина, обмениваясь всяк на свой лад — за неимением покамест иных тем для разговора — замечаниями, суть коих сводилась к тому, что хоть и май на дворе, а как приятно погреться вечерком у огня.

Эмма узнала, что этот тайный совет мог быть еще многочисленней, и не мистер Уэстон виною тому, что этого не случилось. Оказывается, по дороге из Рэндалса они останавливались у дверей миссис Бейтс предложить тетушке с племянницей воспользоваться их каретой, однако обнаружилось, что тех привезут Элтоны.

Фрэнк держался подле нее, но поминутно отходил, словно не находя себе места от какого-то внутреннего беспокойства. Он озирался вокруг, он шел к дверям, он прислушивался, не подъехала ли новая карета, — то ли в нетерпении танцевать, то ли из боязни все время быть рядом с нею.

Разговор коснулся миссис Элтон.

— Я думаю, она вот-вот должна приехать, — сказал он. — Мне чрезвычайно любопытно увидеть миссис Элтон, я так много слышал об ней. По-моему, ей пора уже быть здесь...

Послышался шум подъезжающей кареты. Он моментально сорвался с места, но тотчас воротился назад.

— Совсем из памяти вон — ведь мы с нею незнакомы! Я никогда не видел ни ее, ни мистера Элтона. Мне не пристало кидаться к ним первым.

Появились мистер и миссис Элтон; последовали приветствия, улыбки.

— Но где же мисс Бейтс и мисс Фэрфакс? — спросил, оглядываясь по сторонам, мистер Уэстон. — Мы полагали, вы их привезете.

Он не слишком ошибся. За ними только что отослали карету. Эмме не терпелось узнать, каково будет первое впечатление Фрэнка от миссис Элтон, какие чувства вызовет в нем обдуманный шик ее наряда, ее милостивые улыбки. Ему будет чем поделиться, ибо теперь, когда их представили друг другу, он с должной учтивостью принялся ее занимать.

Через несколько минут карета вернулась. Кто-то упомянул про дождь.

— Я распоряжусь насчет зонтов, сэр, — сказал Фрэнк отцу. — Нельзя забывать о здоровье мисс Бейтс. — И он направился к выходу.

Мистер Уэстон хотел было последовать за ним, но его перехватила миссис Элтон, дабы порадовать своим суждением об его сыне, и столь ретиво приступила к делу, что Фрэнк Черчилл, хотя и удалялся быстрыми шагами, должен был все слышать.

— Прекрасный молодой человек, мистер Уэстон, что правда, то правда. Помните, я вас честно предупреждала, что полагаюсь только на собственное сужденье, и вот могу с удовольствием сказать, что приятно поражена. Очень красив, на мой взгляд, и именно те манеры, какие я одобряю и люблю, — выдают настоящего джентльмена, ни тени самодовольства, фатовства! Я, было бы вам известно, не выношу фатовства, оно мне положительно претит. В Кленовой Роще фаты всегда были не в чести. Мы с мистером Саклингом их не жаловали — подчас говорили прямо в лицо такие резкости! Селина умела лучше мириться с их присутствием, но она вообще до смешного миролюбива.

Покуда речь шла об его сыне, мистер Уэстон был весь внимание, но, как дошло до Кленовой Рощи, он тут же спохватился, что прибыли дамы, что их необходимо встретить, и с лучезарною улыбкой поспешил прочь.

Миссис Элтон оборотилась к миссис Уэстон.

— Не сомневаюсь, что это наша карета с мисс Бейтс и Джейн. У нас и кучер лихой, и необычайно резвые лошади! Здесь, кажется, никто не ездит быстрее нас. Какое удовольствие послать карету за друзьями! Вы, сколько я понимаю, любезно предлагали им свою, но впредь вам незачем утруждать себя. Можете быть уверены, я всегда о них позабочусь.

На пороге показались мисс Бейтс и мисс Фэрфакс в сопровождении обоих джентльменов, и миссис Элтон, не смущаясь присутствием миссис Уэстон, видимо, сочла, что встречать их — в равной степени и ее обязанность. Об этом всякому, который, как Эмма, наблюдал со стороны, свидетельствовали ее жесты и движенья, однако слова ее и слова каждого, кто находился в комнате, мгновенно потонули в безостановочном потоке, извергаемом мисс Бейтс, которая, уже входя, говорила и долго еще не умолкала после того, как примкнула к кружку, расположившемуся у камина.

— Чувствительнейше вам обязана! Помилуйте, никакого дождя! Нисколько. Мне сырость нипочем. В таких толстых башмаках... И Джейн тоже уверяет, что...

Ба! — Едва лишь переступив через порог. — Ба! Это изумительно! Это поистине великолепно. Блестяще придумано, даю вам слово. Все предусмотрено. Сверх всяких ожиданий. И как ярко освещено! Джейн, Джейн, посмотри — видала ты что-нибудь?.. Ну, мистер Уэстон, не иначе, вы обзавелись лампою Аладдина. Добрая миссис Стоукс просто не узнает собственную залу. Я встретила ее, когда входила в дом, она стояла у дверей. «А, миссис Стоукс!» — сказала я ей — но больше ничего не успела. — В эту минуту к ней приблизилась миссис Уэстон. — Прекрасно, сударыня, благодарствуйте. Надеюсь, вы тоже. Искренне рада это слышать. Так опасалась, что у вас может разыграться мигрень! Видя в окно, как часто вы проходите мимо... зная, сколько у вас должно быть хлопот... Право, счастлива это слышать. Ах, дорогая миссис Элтон! Так вам обязана за карету! Как раз вовремя. Мы с Джейн были совсем готовы. Не задержали лошадей ни на секунду. Удивительно удобный экипаж! Да — но, если на то пошло, мы должны и вам принести благодарность, миссис Уэстон! Миссис Элтон была столь добра, что заранее прислала Джейн записку, а не то бы мы непременно... Два подобных предложения в один день! У кого еще есть такие соседи! Я и матушке сказала: «Даю вам честное слово, сударыня...» Благодарю, матушка себя чувствует как нельзя лучше. Отъехала к мистеру Вудхаусу. Я заставила ее взять с собою шаль — вечерами довольно прохладно — большую новую шаль, подарок от миссис Диксон по случаю ее свадьбы. Так мило, что она вспомнила о матушке! Куплена в Уэймуте — а выбрана мистером Диксоном. Джейн говорит, там были еще три, которые им понравились, и это вызвало некоторые колебанья. Полковник Кемпбелл отдавал предпочтение оливковой...

Джейн, милая, ты уверена, что не промочила ноги? Капнуло, правда, всего два-три раза, но я уже так напугана — хотя мистер Фрэнк Черчилл был необыкновенно... даже циновка постелена, чтоб не ступать по земле, — никогда не забуду его необычайной предупредительности. Да, мистер Фрэнк Черчилл! Матушкины очки, надобно вам сказать, ни разу с тех пор не ломались, заклепка больше не выскакивала. Матушка часто поминает вас добрым словом. Разве нет, Джейн? Разве не часто говорят у нас в доме про мистера Фрэнка Черчилла? А, вот и мисс Вудхаус. Здравствуйте, дорогая мисс Вудхаус, как поживаете?.. Тоже хорошо, благодарю вас, — отлично. Мы прямо как в волшебном царстве собрались. Такое превращенье! Нехорошо говорить комплименты, я знаю, — откровенно разглядывая Эмму, — это было бы невежливо, но даю вам слово, мисс Вудхаус, вы выглядите... да, а как вам нравится прическа Джейн? Вы у нас первый судья. Сделала ее своими руками. С поразительным искусством убирает себе волосы! Куда лондонским парикмахерам... О, кто это — доктор Хьюз? Так и есть — и миссис Хьюз тоже! Должна на минутку подойти к ним, сказать два слова. Здравствуйте, здравствуйте!.. Спасибо, очень хорошо. Прелестно все устроено, вы не находите? А где же наш милый мистер Ричард? А, вон он. Нет-нет, не трогайте его. Беседовать с барышнями — куда более приятное занятие... Как поживаете, мистер Ричард? Видела, как вы на днях проезжали по городу верхом... Кого я вижу — миссис Отуэй! И почтенный мистер Отуэй, и мисс Отуэй — и мисс Кэролайн. Целая толпа друзей. И мистер Джордж тут! И мистер Артур! Здравствуйте! Как все вы поживаете? Отлично, очень вам обязана. На редкость хорошо. Мне не послышалось — кажется, еще кто-то подъехал? Кто бы это мог быть? По всей вероятности, достойные Коулы. Очаровательно, когда вокруг столько друзей! И как славно горит камин! Так и пышет жаром. Нет, благодарю вас, я не пью кофе. Чашечку чая, пожалуй, — но можно потом, сэр, это не к спеху... Ах, вот и чай. Все так чудесно!

Фрэнк Черчилл воротился на прежнее место подле Эммы, и как только мисс Бейтс затихла, она, сама того не желая, услышала, о чем беседуют, стоя чуть позади, миссис Элтон и мисс Фэрфакс. Фрэнк Черчилл стоял в задумчивости. Слышал ли их и он, она не могла сказать. После обильных комплиментов платью и внешнему виду Джейн — комплиментов, принятых весьма достойно и сдержанно, — миссис Элтон явно возжелала ответных комплиментов, ибо теперь посыпалось: «А как вам нравится мое платье? А отделка? К лицу ли причесал меня нынче Райт?» — вкупе с градом прочих, относящихся до того же вопросов, на каждый из коих следовал терпеливый и вежливый ответ. Затем миссис Элтон сказала:

— Вообще, меня меньше всего на свете занимают наряды, однако в таком случае, как сегодня, когда на меня со всех сторон обращены взоры — а также из уважения к Уэстонам, которые, несомненно, дают этот бал главным образом в мою честь, — мне бы не хотелось выглядеть хуже других. В жемчугах, я смотрю, кроме меня, здесь очень немногие... Итак, сколько я понимаю, Фрэнк Черчилл — отменный танцор. Ну что же, поглядим, какая из нас получится пара. Что он приятнейший молодой человек, этот Фрэнк Черчилл, мне уже ясно. Он очень мне понравился.

В этот момент Фрэнк рьяно принялся занимать Эмму разговором, и она не могла не заподозрить, что он услышал эти восхваленья и больше слышать не хотел.

На время он заглушил беседу обеих дам, но стоило ему сделать передышку, как вновь до них отчетливо донесся голос миссис Элтон. К ним только что подошел мистер Элтон, и супруга его воскликнула:

— Ах, так вы все-таки отыскали нас в нашем уединенье? Я как раз говорила Джейн, что вас, должно быть, скоро потянет нас проведать.

— Джейн? — с неудовольствием повторил Фрэнк Черчилл, удивленно нахмурив лоб. — Вольное обращенье... но, по-видимому, мисс Фэрфакс ничего не имеет против.

— Как вам понравилась миссис Элтон? — шепнула Эмма.

— Вовсе не понравилась.

— Какая неблагодарность!

— Неблагодарность? Почему? — И, переменяя вдруг хмурость на улыбку: — А впрочем, нет — не говорите почему, я не хочу знать... Где мой отец? Когда же мы начнем танцевать?

Эмма его не понимала — он казался обуян странным настроением. Он отошел искать отца, но быстро вернулся вместе с мистером и миссис Уэстон. Вышло маленькое недоразумение, и им необходимо было поставить о нем в известность Эмму. Миссис Уэстон только теперь пришло в голову, что придется просить миссис Элтон открыть бал — она, вероятно, рассчитывает на это, — и таким образом, все их намеренья предоставить это почетное право Эмме рушатся. Эмма приняла прискорбное сообщение мужественно.

— И как тогда быть с кавалером для нее? — сказал мистер Уэстон. — Ведь она будет ждать, что ее пригласит Фрэнк.

Но Фрэнк, тотчас напомнив Эмме о данном ему когда-то обещании, объявил, что уже ангажировал даму, чем вызвал у своего родителя взгляд, исполненный одобренья, но оказалось, что миссис Уэстон прочит в кавалеры миссис Элтон его самого, — им же вменяется помочь ей уговорить его, что они довольно быстро и сделали. Мистер Уэстон с миссис Элтон стали первыми, а мистер Фрэнк Черчилл с Эммой за ними. Эмме пришлось уступить первенство миссис Элтон, хотя она до последней минуты считала, что роль царицы на этом бале уготована ей. От этого прямо-таки впору было задуматься о замужестве...

Перевес во вполне удовлетворенном тщеславии оказался в этот раз, бесспорно, на стороне миссис Элтон, ибо хотя она и предполагала начать с Фрэнком Черчиллом, но отнюдь не проиграла от замены. Еще неизвестно, кто из двоих танцевал лучше — мистер Уэстон или его сын... Впрочем, эта мелкая заноза не мешала Эмме довольно улыбаться, наблюдая, в какую внушительную линию выстраиваются пары, и радоваться тому, что впереди — долгие часы столь редкостного для нее увеселения. Ежели что и омрачало ей радость, так это то, что мистер Найтли не танцует. Что он стоит среди зрителей, где ему совсем не место, — что ему полагалось бы танцевать, а он вместо этого прибился к толпе мужей, отцов и картежников, которые с притворным интересом поглядывают на танцующих, дожидаясь минуты, когда составится партия в вист. Он, такой моложавый! Нигде, пожалуй, не мог бы он предстать в более выгодном свете. Прямой, высокий, крепкий, он, думала Эмма, должен был каждому бросаться в глаза посреди сутулых, отяжелевших с годами фигур — да и в длинном ряду молодых людей она тоже не видела никого, кроме собственного кавалера, кто мог бы с ним сравниться. Он сделал несколько шагов вперед, и даже по этим немногим шагам видно было, какое благородство, какую естественную грацию движений явил бы он, когда бы взял на себя труд танцевать. Всякий раз, встречаясь с ним глазами, она принуждала его улыбнуться, но вообще он сохранял серьезный вид. Она жалела, что ему так не по душе бальные залы — и так не по душе Фрэнк Черчилл... Он, кажется, следил за нею. Она не могла льстить себя надеждой, что он любуется ее танцем, но ежели он смотрел, как она ведет себя, то ей нечего было бояться. Ничего похожего на флирт между нею и ее кавалером не происходило. Не как влюбленные держались они друг с другом, а скорей как хорошие, добрые приятели. С полной определенностью чувствовалось, что Фрэнк Черчилл переменился к ней.

Бал между тем благополучно продолжался. Заботливые приготовления миссис Уэстон, ее бесконечная предусмотрительность не пропали даром. Всем было хорошо, и похвалы чудному балу, какие чаще раздаются, когда сам бал уже прекратил существованье, здесь не смолкали, едва он начался. Важных и достопамятных событий на нем совершилось не больше, чем обычно на такого рода собраниях, но один эпизод Эмма выделила из прочих. Начался предпоследний танец перед ужином, а Гарриет никто не пригласил — она, единственная из всех молодых девиц, осталась сидеть на месте; но как могло случиться, что ей не хватило кавалера, ежели до сих пор число танцующих обоего пола в точности совпадало! Недоумение Эммы быстро рассеялось, когда она увидела, как мимо с независимым видом прошествовал мистер Элтон. Он, конечно, не пригласит Гарриет, если найдется способ этого избежать, — и Эмма ждала, что он с минуты на минуту скроется в комнату для игры в карты.

Однако он и не думал скрываться. Он проследовал на ту сторону залы, где сидели нетанцующие дамы, и стал прохаживаться перед ними, перебрасываясь несколькими словами то с одною, то с другой и как бы показывая, что ничем не занят и в таковом состоянии намерен пребывать. Иногда он, как нарочно, проходил прямо перед мисс Смит или же заговаривал с кем-нибудь, кто сидел с нею рядом. Эмма видела это. Она покамест не танцевала, а постепенно продвигалась вперед — у нее было время смотреть по сторонам, и, слегка поворотив голову, она все видела. Когда она дошла до середины, вся эта группа очутилась как раз у нее за спиною, и она уже не позволяла себе оборачиваться, но мистер Элтон стоял так близко, что она слышала каждое слово диалога, который в эти минуты произошел между ним и миссис Уэстон, — и обратила внимание, что жена его, стоявшая впереди нее, не только слушает тоже, но и подбадривает супруга красноречивыми взглядами... Участливая, добрая миссис Уэстон поднялась с места и, подойдя к нему, сказала: — Вы разве не танцуете, мистер Элтон? На что он, не раздумывая, отозвался:

— Я готов, миссис Уэстон, ежели вы изволите танцевать со мною.

— Я? О нет — какая из меня танцорка! Я подберу вам даму получше.

— Может быть, миссис Гилберт желает танцевать, — сказал он, — тогда я с величайшим удовольствием — я, правда, начинаю себя чувствовать степенным женатым человеком, который уж оттанцевал свое, но все же в любое время охотно пройдусь в паре с такою старой приятельницей, как миссис Гилберт.

— Миссис Гилберт танцевать не настроена, но я бы очень рада была увидеть среди танцующих одну молодую особу, которая теперь не ангажирована, — мисс Смит.

— Мисс Смит?.. М-м... я не заметил. Вы чрезвычайно любезны, и не будь я степенный женатый человек... Но я свое оттанцевал, миссис Уэстон. Вы уж меня увольте. Счастлив буду исполнить что угодно, только прикажите, но время танцевать для меня прошло.

Миссис Уэстон ничего не сказала более, но Эмма могла вообразить, в какой растерянности, с какою обидой вернулась она опять на свое место. И это был мистер Элтон! Милый, услужливый, мягкий мистер Элтон!.. Она быстро оглянулась — он подошел к мистеру Найтли, стоявшему несколько поодаль, и располагался для основательного разговора, поминутно с ехидною улыбкой переглядываясь со своей женушкой.

Больше Эмма не озиралась. Ее душа пылала негодованием, и она боялась, что щеки у нее пылают тоже.

Однако еще минута — и глазам ее предстало более отрадное зрелище: к линии танцующих Гарриет подводил мистер Найтли! Какая неожиданность, какой восторг! Радостное, благодарное чувство охватило все существо ее, вместе с нестерпимым желанием изъявить ему признательность за Гарриет и за себя; и хотя сделать это на словах было невозможно, он стоял чересчур далеко, но выражение ее лица, когда ей снова удалось поймать его взгляд, сказало ему о многом.

Танцевал он именно так, как она и предполагала, — превосходно, и ежели бы до этого с Гарриет не поступили столь жестоко, то можно было бы даже позавидовать ее удаче, глядя, как наслаждается она весельем и тем отличием, которое ей оказали. Она оценила его по достоинству — выше всех подлетала в подскоках, дальше всех выпархивала на середину, и улыбка не сходила с ее счастливого личика.

Мистер Элтон, сознавая, полагала Эмма, что поставил себя в глупейшее положение, ретировался в комнату, где играли в карты. Он, как ей казалось, пока еще уступал своей супруге в черствости, хотя и догонял ее быстрыми шагами, — о ее же чувствах можно было судить по громкому замечанию своему кавалеру:

— Я вижу, Найтли сжалился над несчастной маленькой мисс Смит! Великодушный поступок, надобно признать...

Объявили, что ужин подан. Все пришло в движение, и с этого момента — и до того момента, пока она не села за стол и не взялась за ложку, — непрерывно слышался голос мисс Бейтс:

— Джейн, Джейн милая, где ты?.. Вот твой палантин. Миссис Уэстон настаивает, чтобы ты надела палантин. Она боится, как бы тебя не продуло в переходе, хотя все меры, какие возможно... Одна дверь заколочена наглухо, весь пол застлан циновками... Джейн, родная моя, это необходимо. Ах!.. Мистер Черчилл, как вы любезны! Как вы ловко его накинули! Чрезвычайно вам обязана... Так, стало быть, танцы удались на славу!.. Да, милая, я сбегала домой, как и предупреждала — помогла бабушке лечь в постель и бегом назад, никто даже не хватился. Никому не обмолвилась, что ухожу, — так и было задумано, ты знаешь... С бабушкой все в порядке, провела чудесный вечер у мистера Вудхауса за триктраком и долгою беседой. Перед уходом подали чай, бисквиты, печеные яблоки, вино — нынче ей поразительно везло в картах, — много расспрашивала о тебе, как ты развлекаешься, кто твои кавалеры. «Нет, сударыня! — говорю я на это. — Я не стану опережать Джейн — когда я уходила, она танцевала с мистером Джорджем Отуэем — она сама захочет завтра обо всем вам рассказать, — первым ее пригласил мистер Элтон, а кто будет следующим ее кавалером, не знаю — вероятно, мистер Уильям Кокс». Сударь, вы необыкновенно любезны... Может быть, еще кому-нибудь требуется ваша... Я не столь беспомощна. Вы необычайно заботливы, сударь. По одну руку Джейн, по другую я — это, право... Стойте, стойте, посторонимся немножко, пропустим вперед миссис Элтон — дорогая миссис Элтон, как она элегантна! Изумительные кружева!.. А мы, как подобает свите, последуем за ней. Настоящая царица бала!.. Ну вот, дошли до перехода. Тут две ступеньки, Джейн, имей в виду — две ступеньки. Ах, нет — оказывается, одна. А я была почему-то уверена, что две. Как странно! Убеждена была, что две, а здесь всего одна... С какою изысканностью и комфортом все обставлено — никогда не видывала ничего... Везде свечи... Да, так я говорила тебе о бабушке, Джейн. Ее постигло небольшое огорченье. Печеные яблоки и бисквиты по-своему очень хороши, но сначала им принесли такой деликатес, как фрикасе из сладкого мяса и спаржу, а добрый мистер Вудхаус нашел, что спаржа недоварена, и отослал все назад. А бабушка как раз больше всего на свете любит сладкое мясо и спаржу, так что она слегка огорчилась, — но мы условились никому об этом не говорить, чтоб не дошло, чего доброго, до милой мисс Вудхаус, она бы ужасно расстроилась!.. Ба! Что за великолепие! У меня нет слов! Чего угодно могла ожидать!.. Какая красота, какое изобилие!.. Не видела ничего похожего со времен... Ну, куда же нам садиться? Где мы сядем? Мне все равно, лишь бы Джейн не оказалась на сквозняке. Я могу, мне ничего. А, так вы советуете на эту сторону?.. Да, разумеется, мистер Черчилл, — только не слишком ли почетно... а впрочем, как скажете. В этом доме, как вы распорядитесь, так тому и следует быть. Джейн, родная моя, как же нам удержать в памяти для бабушки хотя бы половину блюд? И даже суп? Невероятно! Мне первой? Не следовало бы, но от него такое благоуханье, что я не в силах...

До окончания ужина Эмме так и не удалось поговорить с мистером Найтли, но, когда все вновь собрались в бальной зале, он, привлеченный неотразимою силой ее взгляда, подошел и услышал слова благодарности. Он с возмущением, как о непростительной грубости, отозвался о поведении мистера Элтона, досталось и миссис Элтон, за те сигналы, которые она подавала ему глазами.

— Не одну Гарриет стремились они обидеть, — сказал он, — они метили дальше. Эмма, как вы объясните то, что они сделались вам врагами? — Он поглядел на нее с проницательной усмешкой и, не получив ответа, прибавил: — Он — ладно, но ей-то, казалось бы, не за что на вас злиться? Вы, конечно, молчите в ответ на это мое предположенье, и все-таки сознайтесь, Эмма, — ведь вы хотели женить его на Гарриет.

— Хотела, — сказала Эмма, — этого они и не могут мне простить.

Он покачал головой, но глаза его смеялись, и он только заметил:

— Я вас не стану бранить. Предоставляю это вашему внутреннему голосу.

— И вы доверитесь такому льстецу? Разве моя тщеславная душа когда-нибудь скажет мне, что я не права?

— Я не тщеславной стороне вашей души доверяюсь, а серьезной. Если первая собьет вас с пути, то вторая скажет вам о том, я уверен.

— Да, признаюсь, что я глубоко ошибалась насчет мистера Элтона. Ему присущи ничтожные черты, которые вы умели распознать, а я — нет, и я была совершенно убеждена, что он влюблен в Гарриет. К этому привела цепочка немыслимых заблуждений!

— А я, в ответ на столь чистосердечное признание, отдам вам справедливость и скажу, что ваш выбор был бы лучше того, который сделал он сам. У Гарриет Смит есть превосходные качества, которых миссис Элтон начисто лишена. Скромная, прямодушная, бесхитростная девушка, какую всякий мужчина с душою и понятием тысячу раз предпочтет дамочке, подобной миссис Элтон. С Гарриет и поговорить оказалось интересней, нежели я ожидал.

Для Эммы такие речи были как бальзам... Прервал их неугомонный мистер Уэстон, который принялся тормошить всех, призывая возобновить танцы.

— А ну-ка! Мисс Вудхаус, мисс Отуэй, мисс Фэрфакс! Чем это все вы занялись? Ну-ка, Эмма, покажите пример вашим приятельницам. Разленились все! Уснули!

Я готова, — сказала Эмма, — за мною дело не станет.

— С кем вы пойдете танцевать? — спросил мистер Найтли.

Один лишь миг понадобился ей для раздумья.

— С вами, — отвечала она, — ежели вы меня пригласите.

— Вы позволите? — сказал он, предлагая ей руку.

— Еще бы! Вы показали, что прекрасно танцуете, — и, знаете, не настолько мы с вами брат с сестрою, чтобы это противоречило приличиям.

— Брат с сестрою? Ну нет!

Глава 3

Это маленькое объяснение с мистером Найтли доставило Эмме большое удовольствие. Оно было одним из приятнейших воспоминаний о бале, коим предавалась она, выйдя с этою целью поутру прогуляться на лужайку... Она всем сердцем радовалась, что они пришли к столь доброму согласию относительно Элтонов, что так схожи их мнения о муже и жене, и с особенною отрадой вспоминала хвалебные слова его о Гарриет и признание, сделанное им в ее пользу. Гадкая выходка Элтонов, грозившая было отравить ей остаток вечера, обернулась во благо и давала повод надеяться на еще одно благое последствие — избавленье Гарриет от несчастной любви. Во всяком случае, судя по тому, как говорила Гарриет об этом эпизоде перед тем, как они разошлись из бальной залы, этого явно следовало ждать. Она словно бы разом прозрела и увидела, что мистер Элтон — далеко не то совершенство, за которое она его принимала. Лихорадка прошла, и Эмма не видела причин опасаться, что сердечко Гарриет вновь забьется сильней от излишней учтивости со стороны ее предмета. Все указывало на то, что Элтоны, в неизбывной злобе, с лихвою дадут ей испытать отрезвляющее воздействие подчеркнутого пренебреженья... Гарриет образумится, Фрэнк Черчилл благополучно охладел, мистер

Найтли настроен к ней миролюбиво — какие лучезарные дни сулило ей лето!

Она не предполагала увидеться в это утро с Фрэнком Черчиллом. Он предупредил, что не может позволить себе удовольствие побывать с утра в Хартфилде, так как должен к полудню быть дома. И она не жалела об этом.

Выстроив пред собою все эти обстоятельства, рассмотрев их и разложив по полочкам, она, освеженная, обратилась помыслами к своим маленьким племянникам и их деду, которые нуждались в ее заботах и уже поворачивала к дому, когда тяжелые чугунные ворота приоткрылись, пропуская двоих, которых Эмма меньше всего бы ожидала увидеть вместе, — Фрэнка Черчилла и Гарриет, — да, Гарриет, и никто иной, шла, опираясь на его руку. Что-то стряслось — она поняла это с первого взгляда. Гарриет была бледна как мел, испугана; он пытался ее успокоить... От чугунных ворот до парадной двери было каких-нибудь двадцать ярдов, так что очень быстро все трое очутились в прихожей, где Гарриет опустилась на стул и немедленно лишилась чувств.

Когда молодая девица теряет сознание, ее первым долгом приводят в себя — затем начинаются вопросы, ответы, и все разъясняется. Это захватывающая процедура, но ей недолго дано дразнить наше воображенье. Через несколько минут Эмма уже все знала.

Мисс Смит и мисс Бикертон — тоже пансионерка, живущая одним домом с миссис Годдард, и тоже из тех, кто вчера был на бале, — сговорились пойти погулять и выбрали для прогулки дорогу — дорогу на Ричмонд, казалось бы, достаточно людную и безопасную, но которая привела их к злоключенью... В полумиле от Хайбери, за крутым поворотом, на довольно большом протяжении затененном с обеих сторон густыми вязами, не оказалось ни души, и, пройдя немного дальше, девицы внезапно заметили чуть впереди, на придорожной дерновой прогалине, ватагу цыган. Мальчонка, стоявший на страже, приблизился к ним за подаяньем, и мисс Бикертон, испустив с перепугу громкий вопль, взлетела на крутую обочину, кликнула за собою Гарриет и, перемахнув через низкорослый кустарник на насыпи, понеслась напрямик обратно в Хайбери. Однако бедная Гарриет не могла пуститься вдогонку. Ее после вчерашних танцев долго мучили судороги в ногах, и при первой же попытке взобраться на насыпь они возобновились с такою силой, что ноги под ней подкосились, — и в этом состоянии, перепуганная насмерть, она вынуждена была остаться.

Как повели бы себя бродяги, выкажи девицы больше самообладания, сказать трудно, но перед столь явным призывом к нападению они не устояли, к Гарриет тут же подступились полдюжины ребятишек под предводительством толстой цыганки и рослого молодого цыгана, галдя, а более устрашая ее своим дерзким видом. Гарриет, едва дыша от испуга, мгновенно обещала, что даст им денег, и, достав кошелек, вынула шиллинг, умоляя их, чтобы не трогали ее и больше ничего не вымогали... К ней вернулась способность передвигаться — правда, медленно, — и она начала понемногу отступать, но ее ужас, равно как и кошелек, выглядели чересчур соблазнительно, и цыгане всею гурьбой повалили следом, а точней, обступили ее кольцом, требуя новой милостыни.

В таком положении ее и застал Фрэнк Черчилл: она, вся дрожа, вымаливала себе условия, а они горланили, наглея с каждой минутой. По счастливой случайности, он несколько замешкался в Хайбери, что и привело его на помощь к ней в критический момент. В это погожее утро его потянуло пройтись; кучеру велено было встречать его на другой дороге, милях в двух от Хайбери, — но накануне вечером он взял у мисс Бейтс взаймы ножницы и забыл отдать — пришлось зайти к ней на несколько минут, и потому он возвращался позже, чем рассчитывал, а так как он шел пешком, то смог приблизиться к цыганам почти вплотную незамеченным. Теперь толстуху и рослого малого, нагонявших ужас на Гарриет, самих постигла та же участь. Он их оставил полуживыми от страха, а Гарриет, цепляясь за него, едва ворочая языком, кое-как добрела до Хартфилда, и тут силы окончательно изменили ей. Мысль отвести ее в Хартфилд принадлежала ему — это было первое, о чем он подумал.

К тому и сводилось происшествие — сводилась, вкратце, история, рассказанная им и Гарриет, когда она пришла в себя и снова обрела дар речи... Убедившись, что с нею все благополучно, он не рискнул задерживаться дольше — ему, после стольких промедлений, уже нельзя было терять ни минуты; Эмма вызвалась сообщить миссис Годдард, что ее питомица в безопасности, и уведомить мистера Найтли о том, что за люди забрели в их края, и он ушел, от всего сердца напутствуемый ее благословеньями и за подружку, и за себя. Подобного рода приключение — когда судьба таким образом сводит вместе прекрасного молодого человека и прелестную девушку — невольно наталкивает на определенные мысли, будь у вас хоть самое холодное сердце и самый трезвый рассудок. Так, по крайней мере, считала Эмма. Какой лингвист, какой грамматик — какой математик, наконец, мог бы увидеть то, что видела она, наблюдать их появление вдвоем, слышать их объясненье этому и не подумать невольно, что им силою самих обстоятельств назначено почувствовать особенный интерес друг к другу?.. Как же тогда должно оно распалить фантазию, разбередить провидческую жилку у такой выдумщицы, как она, — тем более когда в душе для этого давно заложена основа!

Поразительная история! Никогда на ее памяти ни с однию из молоденьких жительниц Хайбери не приключалось ничего похожего — ни столкновений, подобных этому, ни страхов, — и вдруг такое происшествие, и как нарочно с Гарриет, и как нарочно в такой час, когда не кто иной, как Фрэнк Черчилл проходил мимо и спас ее! Просто поразительная!.. В особенности когда известно, сколь благоприятное у них обоих именно теперь расположение ума. Он силится превозмочь свое увлечение другою — она как раз начинает избавляться от страсти к мистеру Элтону. Все, словно бы по уговору, обещает самые интересные последствия. Трудно поверить, что такое событие не заставит их обратить друг на друга пристальное внимание.

Неспроста в те короткие минуты, когда Гарриет не совсем еще очнулась, он полурастроганно, полушутливо, но с большим чувством описывал ее ужас, ее простодушие — как она кинулась к нему, как уцепилась за его руку, — а перед самым уходом, когда и Гарриет завершила свой рассказ, так гневно, в самых резких выражениях осудил опрометчивый и низкий поступок мисс Бикертон... Но только пусть все идет естественным ходом; она не станет ни подгонять события, ни способствовать им. Пальцем не шевельнет, намека не обронит. Один раз она уже попробовала вмешаться, с нее хватит. Лелеять замысел никому не возбраняется; замысел — вещь безобидная. Сродни мечте. Но дальше замысла она не ступит ни шагу...

Эмма вначале не собиралась посвящать в эту историю отца, зная, в какое волнение и тревогу она должна его повергнуть; но очень быстро поняла, что утаить ее не удастся. За полчаса она облетела весь Хайбери. Событие было как раз из тех, которые представляют занимательность для самых больших любителей посудачить — для молодых и низших, — вскоре вся местная молодежь и вся прислуга со сладострастьем смаковала жуткую новость. Цыгане совершенно заслонили собою вчерашний бал. Бедный мистер Вудхаус дрожал, точно лист, и, как и предвидела Эмма, не успокоился, покамест не вынудил у них обещание ни под каким видом больше не заходить далее ограды парка. Его, правда, несколько утешало, что весь день потом к ним приходили справляться, как он и мисс Вудхаус себя чувствуют (соседи знали, что он любит, когда осведомляются о его здоровье) и как чувствует себя мисс Смит, предоставляя ему удовольствие говорить за всех в ответ, что очень неважно, — чему Эмма предпочитала не препятствовать, хоть это не совсем соответствовало истине, ибо она себя чувствовала великолепно, да и Гарриет — не намного хуже. Ей вообще, как дочери такого человека, не посчастливилось со здоровьем — она, в сущности, не знала, что такое недомоганье, и очень бесцветно выглядела бы в справках о здоровье, когда бы он не изобретал для нее болезни. Цыгане не стали дожидаться, пока их настигнет правосудие, и живо убрались подобру-поздорову. Юные девы Хайбери даже не всполошились в полную силу, как уже снова получили возможность прогуливаться невредимо, и скоро это событие утратило свою примечательность для всех, кроме Эммы и ее племянников, — в ее воображении оно по-прежнему занимало важное место, а Генри и Джон по-прежнему требовали каждый день, чтобы им рассказали историю про Гарриет и цыган, и с тем же упорством поправляли тетку, если она позволяла себе хоть чуточку отступить в каком-нибудь месте от первоначального варианта.

Глава 4

В одно прекрасное утро, спустя два-три дня после упомянутого происшествия, к Эмме явилась с каким-то сверточком в руках Гарриет — села и, помявшись немного, начала:

— Мисс Вудхаус, ежели вы не заняты... я имею сказать вам кое-что, сделать одно признанье — и тогда со всем этим будет кончено.

Эмма несколько удивилась, но, впрочем, просила ее говорить. В поведении Гарриет угадывалась серьезность, которая, наряду с этим вступлением, свидетельствовала о том, что готовится нечто значительное.

— Я и не вправе, — продолжала та, — и, разумеется, не желаю ничего от вас таить касательно сего предмета. Я обязана обрадовать вас, что в известном вам отношении сделалась, к счастью, совсем другим человеком. Не стану говорить лишних слов... мне чересчур стыдно, что я могла настолько утратить власть над собою, — к тому же вы, вероятно, и так понимаете меня.

— Да, — отвечала Эмма, — надеюсь.

— Как я могла столько времени выдумывать глупости!.. — горячо воскликнула Гарриет. — Прямо затмение нашло какое-то! И что я в нем видела особенного... Теперь — встречусь ли я с ним, нет ли — мне безразлично, хоть, может быть, из них двоих я предпочла бы его встречать пореже — любою дальней дорогой пойду, лишь бы с ним разминуться, — но я больше не завидую его жене, ничуть не завидую и не восхищаюсь ею, как раньше, — наверное, она очаровательная и все такое, но, по-моему, она ужасная змея и злюка. Век не забуду, как она на меня поглядывала в тот вечер!.. Однако уверяю вас, мисс Вудхаус, я не желаю ей ничего худого. Нет, пускай им сопутствует всяческое счастье, мне от того уже ни на миг не станет больно — а чтобы доказать вам, что это правда, я сейчас уничтожу то, что надобно было уничтожить давным-давно... да и вообще незачем было хранить — сама прекрасно знаю... — Краснея при этих словах. — Как бы то ни было, сейчас я все это уничтожу, и особливое мое желанье — сделать это при вас, чтобы вы видели, как я образумилась... Вы не догадываетесь, что в этом свертке? — прибавила она смущенно.

— Представленья не имею... Он разве дарил вам что-нибудь?

— Нет, здесь не подарки, их так нельзя назвать... просто кой-какие вещи, которыми я очень-очень дорожила.

Она протянула сверточек к Эмме, и та прочла на нем надпись: «Бесценные сокровища». Это становилось любопытно. Гарриет начала его разворачивать; Эмма с нетерпеньем наблюдала. Из-под слоев серебряной бумаги показалась хорошенькая инкрустированная шкатулочка танбриджской работы*. Гарриет открыла ее: изнутри она была заботливо выложена мягчайшею ваткой, но, кроме

* Танбриджские изделия (от названия местечка Танбридж в графстве Кент) — шкатулки, подносы и т. п. с изображением замков и ландшафта, украшенные инкрустацией из кусочков разной древесины, вымоченных в местной минеральной воде для придания им разнообразных оттенков.

ваты, Эмма не увидела ничего, только маленький лоскуток липкого пластыря.

— Ну теперь-то вы вспомнили? — сказала Гарриет.

— Нет, все еще теряюсь в догадках.

— Странно! Никогда бы не подумала, что вы забудете случай с пластырем — когда мы сошлись втроем вот в этой комнате, едва ли не в последний раз!.. Всего за несколько дней до того, как у меня разболелось горло... прямо накануне приезда мистера Джона Найтли и миссис Найтли — по-моему, как раз в тот самый вечер... Помните, он порезал палец вашим новым перочинным ножиком и вы посоветовали залепить его липким пластырем? А так как у вас при себе пластыря не было, то вы сказали, чтобы я дала свой, — я вынула, отрезала кусочек, но оказалось, что чересчур большой, и он разрезал его пополам, потом покрутил в руках вторую половинку и отдал мне. А для меня, в моем тогдашнем помраченье, он стал сокровищем, и я, вместо того чтобы пустить его в дело, спрятала его и берегла и только изредка им любовалась.

— Ох, Гарриет, дружочек вы мой! — вскричала Эмма, вскакивая с места и закрывая лицо ладонью. — Знали бы вы, как мне совестно это слышать! Помню ли я? Да, теперь я все вспомнила. Все, кроме того что вы сберегли эту реликвию, — об этом я до сих пор не знала — но как он порезал палец, как я посоветовала заклеить порез пластырем, как сказала, что у меня его при себе нет!.. Ох, грехи мои, грехи!.. А у самой в кармане было сколько угодно!.. Одна из моих дурацких штучек... Видно, краснеть мне от стыда до конца моих дней — и поделом... Ну, продолжай-те. — Садясь обратно. — Что еще?

— Значит, в самом-то деле, он был у вас под рукой? А я не подозревала. Это выглядело так правдиво...

— И все это время вы берегли ради него, словно драгоценность, обрезок пластыря? — сказала Эмма, чувствуя, как приступ стыда сменяется у нее насмешливым изумленьем. И мысленно прибавила: «Господи помилуй! Чтобы мне когда-нибудь пришло в голову хранить в вате кусочек пластыря, который теребил в руках Фрэнк Черчилл!.. Нет, меня на такое не хватит».

— А вот, — заговорила Гарриет опять, роясь в шкатулочке, — еще одно сокровище, и ему подавно нет цены — то есть, я хочу сказать, не было... потому что, в отличие от липкого пластыря, эта вещь однажды принадлежала ему.

Эмма с любопытством оглядела заветную драгоценность. То был огрызок карандаша — самый кончик, где уже нет графита.

— Эта вещь — уже настоящая его собственность, — говорила Гарриет. — Помните, как-то утром... Хотя вы, вероятно, не помните. Одним словом, как-то утром, еще до того вечера — забыла, который это был день недели, то ли вторник, то ли среда — он хотел сделать запись в своей карманной книжке, насчет хвойного пива. Мистер Найтли что-то рассказывал о том, как варить хвойное пиво, и он хотел записать. Достал карандаш, но там оставалось так мало графита, что, когда его очинили раз-другой, он больше не писал, — тогда вы дали ему другой, а огрызочек остался на столе, ни к чему не пригодный. Но я не спускала с него глаз, и при первой возможности — хвать его незаметно, и с той минуты не расставалась с ним.

— Нет, я помню! — воскликнула Эмма. — Помню как сейчас... Зашел разговор о хвойном пиве... ну да, мы с мистером Найтли сказали, что любим хвойное пиво, и мистер Элтон решил, что тогда стоит его распробовать...

Прекрасно помню... Погодите-ка, мистер Найтли стоял вот здесь, верно? У меня осталось такое впечатление.

— Да? Не знаю. Не припомню что-то... Как ни странно, это мне не запомнилось... Мистер Элтон, помню, сидел вот тут, почти на том же месте, где я сейчас...

— Ну хорошо, продолжайте.

— Нет, это всё. Мне больше нечего ни показать вам, ни сказать. Прибавлю лишь, что сейчас я намерена бросить то и другое в камин, и хочу, чтобы вы это видели.

— Бедная, милая моя Гарриет! Неужели вы правда находили отраду в том, что берегли, как сокровище, эти вещицы?

— Да, дурочка я этакая!.. Мне так стыдно теперь — вот бы сжечь их и сразу забыть. Очень дурно было хранить эту память о нем после того, как он женился. Я знала, что дурно, — но мне недоставало духу с ними расстаться.

— Но, Гарриет, есть ли надобность сжигать пластырь?.. Огрызок старого карандаша — не спорю, но липкий пластырь может пригодиться.

— По мне, лучше сжечь, — возразила Гарриет. — Мне неприятно его видеть. Я должна избавиться от всего, что... Вот так! И с мистером Элтоном, слава богу, покончено!

«А когда же, — подумала Эмма, — начнется с мистером Черчиллом?..»

В скором времени у ней появились основания думать, что начало уже положено, и надеяться, что хоть цыганка и не предсказывала Гарриет ее судьбу, но, может статься, устроила ее... Недели через две после той истории между ними произошло знаменательное объяснение, и совершенно непреднамеренно. Эмма в тот момент ни о чем таком не помышляла — что придавало полученным ею сведениям сугубую ценность. Она лишь заметила вскользь в незначащем разговоре: «Что ж, Гарриет, когда вы выйдете замуж, я бы вам рекомендовала поступать так-то и так-то» — это сказано было между прочим, но в ответ, после минутного молчания, послышалось: «Я никогда не выйду замуж», — сказанное очень важным тоном.

Эмма бросила на нее быстрый взгляд, тотчас увидела, как обстоит дело, и, после короткого колебанья пропустить эту реплику мимо или нет, возразила:

— Не выйдете замуж? Это новость.

— Таково, однако, мое решение, и оно останется неизменным.

И после короткой заминки:

— Надеюсь, ему причиной не... Оно, надеюсь, не дань воспоминаньям об мистере Элтоне?

— Об мистере Элтоне? Вот еще! — пренебрежительно вскричала Гарриет. — Ах, нет... — И Эмма уловила еле слышное: — Сравниться ли мистеру Элтону...

Теперь Эмма задумалась серьезнее. Может быть, дальше не заходить? Остановиться на этом и сделать вид, будто она ничего не заподозрила?.. Пожалуй, Гарриет может принять это за признак холодности или недовольства — или, пожалуй, сочтет ее молчанье призывом излиться перед нею полнее, чем следует, меж тем как она решительно против прежней безудержной откровенности, этих непрестанных бесед начистоту о заветных видах и чаяниях... То, что надобно высказать и узнать, вероятно, разумнее высказать и узнать сразу. Всегда лучше действовать напрямик. Она уже наметила для себя границу, за которую нельзя выходить в ответ на подобного рода обращенья, так не надежней ли будет для них обеих, если она без отлагательств огласит предостерегающий приговор своего рассудка?.. Да, решено — и она заговорила:

— Гарриет, я не хочу притворяться, будто не понимаю вас. Ваше решение, а вернее, предположение, что вы никогда не выйдете замуж, внушено мыслью, что человек, коему вы, может быть, отдали бы предпочтенье, стоит слишком высоко, чтобы обратить на вас свои взоры. Разве не так?

— Ах, мисс Вудхаус, поверьте, я не дерзну рассчитывать... Я не совсем сошла с ума. Мне просто доставляет радость восхищаться им издалека, и изумляться... и с благодарностью, с благоговеньем, которых он заслуживает, в особенности от меня, думать, сколь он неизмеримо выше всех на свете.

— Меня это ничуть не удивляет, Гарриет. Он оказал вам такую услугу, что ваше сердце не могло этим не тронуться.

— Услугу? Ах, больше — неописуемое благодеянье! Стоит лишь вспомнить все это... и мои чувства, когда я увидела, что он подходит ко мне — с таким благородным видом... и то, что я вынесла перед тем... Эта внезапная перемена! В одну минуту все переменилось! От полного отчаянья — к полному счастью!

— Это очень естественно. Естественно — и достойно. Да, по-моему, сделать такой хороший выбор, с такими благодарными чувствами — достойно... Только, увы, не в моих силах обещать, что этот выбор окажется для вас удачным. Я вам советую, Гарриет, не поддаваться вашим чувствам. Никоим образом не поручусь, что вам на них ответят. Подумайте хорошенько. Может быть, вам разумнее подавить свои чувства, пока не поздно, — во всяком случае, не отдавайтесь им безраздельно, ежели в вас нет уверенности, что вы ему нравитесь. Понаблюдайте за ним. Руководствуйтесь в ваших чувствах его поведением. Я предостерегаю вас теперь, потому что впредь никогда более не заговорю с вами об этом предмете. Я приняла решение не вмешиваться. Пусть уста наши ни разу не вымолвят ничьего имени. Мы раньше поступали неправильно — будем же теперь осмотрительней... Он выше вас по положению, это правда, вас разделяют преграды и препоны весьма серьезного свойства, и все же, Гарриет, случались и не такие чудеса — бывали еще более неравные браки. Но будьте осторожны. Я не хочу, чтоб вы лелеяли слишком радужные надежды, хотя, чем бы это ни кончилось, знайте, что, устремив свои помыслы к нему, вы выказали отменный вкус, и я умею оценить это по достоинству. Гарриет с немою и покорной благодарностью поцеловала ей руку. А Эмма думала, что такого сорта привязанность определенно не повредит ее другу. Она будет возвышать и облагораживать ей душу и должна оградить ее от опасности уронить себя.

Глава 5

В этом смешенье замыслов, надежд и молчаливого потворства застиг хозяйку Хартфилда июнь месяц. Вообще же в Хайбери его наступление не произвело существенных перемен. У Элтонов по-прежнему велись разговоры о приезде Саклингов и видах на их ландо; Джейн Фэрфакс по-прежнему жила у бабушки, где — так как возвращение Кемпбеллов из Ирландии опять откладывалось, теперь уже до августа — ей предстояло, по-видимому, прожить еще целых два месяца, при том условии, конечно, если бы удалось укротить благотворительную ретивость миссис Элтон и избежать досрочного и принудительного водворенья на восхитительное место.

Мистер Найтли, который по неведомым причинам с самого начала определенно невзлюбил Фрэнка Черчилла, день ото дня не любил его все больше. Он стал подозревать, что Фрэнк Черчилл ведет нечестную игру, ухаживая за Эммой. То, что он избрал ее своим предметом, представлялось неоспоримым. Об этом свидетельствовало все: внимание, которое он ей оказывал, намеки его отца, тонкие умолчанья его мачехи — все сходилось на одном, говорило о том же — слова и недомолвки, сдержанность и несдержанность. И покамест его с таким единодушием прочили Эмме, а сама Эмма прочила его Гарриет, у мистера Найтли зародилось подозрение, что он не прочь приволокнуться за Джейн Фэрфакс. Он ничего не понимал, но были признаки, что между ними существует некая связь, по крайней мере, так ему казалось — признаки того, что он восхищается ею, и мистер Найтли, обнаружив их, уже не мог убедить себя, что они ничего не значат, хоть меньше всего желал бы сделаться, уподобясь Эмме, жертвою собственного воображенья. Первые подозрения появились у него в отсутствие Эммы. Вместе с Уэстонами, их сыном и Джейн он в тот день обедал у Элтонов и заметил — притом не раз, — что молодой человек посылает мисс Фэрфакс взгляды, не совсем уместные со стороны поклонника мисс Вудхаус. Когда он снова оказался в их обществе, то уже не мог не вспомнить увиденное и удержаться от наблюдений, которые — если только с ним не происходило то, о чем Уильям Купер, глядя в сумерках на огонь в камине, сказал: «То, что я вижу, мной сотворено»*, — еще более подтверждали его подозренья, что Фрэнка Черчилла и Джейн связывает тайная склонность... даже, может быть, тайное согласие.

Однажды после обеда он, как это частенько бывало, отправился провести вечер в Хартфилде. Эмма и Гарриет собирались на прогулку; он пошел с ними, а на обратном пути их нагнала большая компания, которая, как и они, предпочла совершить моцион пораньше, так как собирался дождь: то были мистер и миссис Уэстон с сыном и мисс Бейтс со своею племянницей, которые случайно встретились им по дороге. Дальше все пошли вместе, и, когда поравнялись с воротами Хартфилда, Эмма, зная, как обрадует ее батюшку приход таких гостей, стала усердно зазывать их зайти и откушать с ними чаю. Семейство из Рэндалса тотчас согласилось, и мисс Бейтс, после пространной речи, которую мало кто слушал, тоже сочла возможным принять любезнейшее приглашение дорогой мисс Вудхаус.

Они входили в ворота, когда мимо проехал верхом мистер Перри. Мужчины заговорили об его коне.

— Кстати, — сказал через минуту Фрэнк Черчилл, оборотясь к миссис Уэстон, — а как планы мистера Перри обзавестись коляской?

Миссис Уэстон сделала удивленное лицо.

— Я не знала, что у него есть такие планы.

— Как же, ведь я узнал это от вас. Вы мне писали об этом три месяца тому назад.

— Я? Быть не может!

---

* Строка из поэмы английского поэта Уильяма Купера (Каупера) (1731–1800) «Задача».

— Уверяю вас. Я прекрасно помню. Писали как о событии, которое должно произойти очень скоро. Так сообщила кому-то миссис Перри с большим торжеством. Это она настояла, считая, что ему чрезвычайно вредно постоянно бывать под открытым небом в ненастную погоду. Ну, вспомнили теперь?

— Даю вам слово — первый раз слышу.

— Первый раз? В самом деле? Вот так штука!.. Откуда же я взял... Приснилось тогда, должно быть, — а я совершенно был убежден... Мисс Смит, вы едва бредете. Устали? Бодритесь, сейчас будете дома.

— Что-что? — встрепенулся мистер Уэстон. — Что там насчет Перри, Фрэнк! Говоришь, собирается завести коляску? Рад, что он может себе это позволить. От него самого об этом слышал, да?

— Нет, сэр, — смеясь, отозвался его сын. — Получается, что ни от кого не слышал... Странная вещь!.. Убежден был, что миссис Уэстон излагала это со всеми подробностями в одном из писем в Энскум — правда, много недель миновало, — но раз она утверждает, что ни звука об этом не слыхала, то, стало быть, конечно, приснилось. Я, знаете ли, горазд видеть сны. Как уеду отсюда, все те, которые остались в Хайбери, являются ко мне в снах, а когда весь запас близких друзей исчерпан, мне начинают сниться мистер и миссис Перри.

— Но удивительно, — заметил его отец, — что ты видел такой связный, отчетливый сон про людей, о которых тебе, казалось бы, нет особых причин вспоминать, когда ты в Энскуме. Что Перри заводит себе экипаж, и что на этом настояла его жена, тревожась за его здоровье, — то есть, именно то, что и сбудется рано или поздно, без сомненья. Только ты это видел раньше.

До чего подчас правдивы бывают сны! А подчас — сплошные нагроможденья невероятного! Во всяком случае, Фрэнк, твой сон показывает, что Хайбери присутствует в твоих мыслях, когда тебя здесь нет... Эмма, вы, ежели я не ошибся, тоже большая мастерица видеть сны?

Но Эмма не слышала его. Она ушла далеко вперед, торопясь подготовить отца к появлению гостей, и многозначительный призыв мистера Уэстона не достиг ее.

— Признаться откровенно, — подала голос мисс Бейтс, которая вот уже две минуты безуспешно пыталась вставить слово, — ежели на то пошло, мистер Фрэнк Черчилл, возможно... нет, я не отрицаю, что он мог это видеть во сне, мне и самой такое порой приснится, что... но если вы спросите мое мнение — не скрою, этой весной такая мысль была. Миссис Перри сама поделилась ею с матушкой, и Коулы тоже знали, но кроме нас — никто, так как это был секрет, и просуществовала она дня три, не больше. Миссис Перри ужасно волновалась, что у него нет коляски, а он в то утро как будто начал ей уступать и она на радостях прибежала сказать матушке. Помнишь, Джейн, бабушка нам рассказывала, когда мы пришли домой? Куда бишь мы в тот раз ходили, я забыла — не в Рэндалс ли? Да, по-моему, в Рэндалс... Миссис Перри с давних пор любит матушку — да и кто ее не любит — и поделилась с нею по секрету. Не возражала, понятно, чтобы матушка рассказала нам, но с условием, что это не пойдет дальше, и, сколько помню, я с тех пор и по сей день не помянула об этом ни единой живой душе. Но в то же время не исключаю, что у меня разок-другой мог вырваться намек... я знаю, со мною так бывает — не успею спохватиться, как уже выпалю то, что не следует. Я, знаете ли, болтушка, страшная болтушка, и мне случалось иной раз сболтнуть лишнее. Я не Джейн, к большому сожалению. За нее я поручусь вполне — никогда ничегошеньки не выдаст. Джейн, ты где? А, отстала немножко... Ясно помню, как к матушке приходила миссис Перри... Да, необыкновенный сон!

Они входили в прихожую. Когда мисс Бейтс оглянулась на Джейн, ее опередил взгляд мистера Найтли. Он перевел его невольно на ее лицо с лица Фрэнка Черчилла, на котором заметил — или ему почудилось? — смущение, мгновенно прикрытое смехом; но Джейн и точно отстала и деловито поправляла на себе шаль. Мистер Уэстон вошел в дом. Двое оставшихся мужчин расступились у дверей, пропуская ее вперед. Мистер Найтли подозревал, что Фрэнк Черчилл пытается поймать ее взгляд — он смотрел на нее не отрываясь, — но ежели так, то напрасно: Джейн прошла мимо них в прихожую, не взглянув ни направо, ни налево.

Для дальнейших реплик и объяснений не оставалось времени. Пришлось удовольствоваться предположеньем насчет сна — пришлось мистеру Найтли расположиться вместе со всеми за новым круглым большим столом, который своею властью завела в Хартфилде Эмма — никому, кроме Эммы, не удалось бы поставить его на это место и уговорить отца пользоваться им, а не маленьким пембруком*, за которым мистер Вудхаус дважды в день трапезничал в тесноте и неудобстве сорок лет подряд. Чай прошел очень мило, и никто не торопился выходить из-за стола.

---

* Пембрук — небольшой стол на четырех ножках, квадратной формы, с откидными досками.

— Мисс Вудхаус, — сказал Фрэнк Черчилл, обследовав столик у себя за спиной, до которого мог дотянуться, не вставая, — что, ваши племянники забрали с собою свой алфавит — коробку с буквами? Она прежде стояла здесь. Куда она подевалась? Нынче как-то пасмурно, в такой вечер тянет к зимним забавам, а не летним. Помните, как мы славно скоротали однажды утро, угадывая слова? Не угодно ли вам поломать голову еще раз? Эмма с удовольствием ухватилась за эту мысль; в одну минуту извлечена была коробка, рассыпаны буквы по всему столу, и оба приступили к игре с азартом, который, казалось, не слишком разделяли остальные. Они проворно составляли слова друг для друга и для всякого, который изъявлял желание их угадывать. Больше всего это тихое занятие соответствовало вкусу мистера Вудхауса, который не однажды приходил в расстройство от более оживленных забав, затеваемых время от времени мистером Уэстоном, а теперь мог в полное свое удовольствие предаваться с нежною грустью сожалениям об отъезде «бедных бутузиков» либо, подцепив поблизости от себя заблудшую букву, любовно указывать, как красиво вывела ее Эмма.

Фрэнк Черчилл положил стопочку букв перед мисс Фэрфакс. Она окинула быстрым взглядом стол и принялась за дело. Фрэнк сидел рядом с Эммой. Джейн — напротив них, а мистеру Найтли видны были с того места, где он сидел, все трое сразу, и он старался как можно менее заметно увидеть как можно больше. Слово было угадано и с легкою улыбкой отодвинуто прочь. Ежели предполагалось, что оно тут же смешается с ворохом букв и скроется от глаз, то ей бы следовало смотреть на стол, а не напротив — ибо оно не смешалось, и Гарриет, которая набрасывалась на каждое новое слово и ни одного не могла угадать, немедленно его подхватила и начала трудиться над ним. Она сидела возле мистера Найтли и скоро воззвала к нему о помощи. Оказалось, что это «оплошность», и, когда Гарриет с ликованьем огласила разгадку, у Джейн зарделись щеки, отчего это слово обрело примечательность, которой, когда бы так не случилось, было бы лишено. Мистер Найтли связывал его с пресловутым сном, но как это все могло быть — он понимать отказывался. Что сталось с деликатностью, скромностью его любимицы? Он боялся, что ее определенно опутали. На каждом шагу вставали пред ним изворотливость и двуличие. Эти буквы были не что иное, как орудие обольщенья и обмана. Детская игра, избранная служить прикрытием двойной игры, которую вел Фрэнк Черчилл.

С возмущением продолжал он наблюдать за ним, наблюдать с возрастающей тревогой, не веря своим глазам, и за обеими своими ослепленными приятельницами. Он видел, как для Эммы подобрали короткое слово, как с затаенной и коварной усмешкой подали его ей. Видел, что Эмма без труда его разгадала и нашла в высшей степени забавным, хотя, должно быть, и содержащим в себе нечто предосудительное, ибо она произнесла: «Глупости! Как вам не стыдно!» И вслед за тем услышал, как Фрэнк Черчилл, показав глазами на Джейн, сказал: «Дам-ка его ей — дать?» — и как Эмма, давясь от смеха, запротиворечила: «Нет-нет, не надо, я вам решительно не позволяю».

Но это не возымело действия. Галантный молодой человек, который, кажется, умел любить без сердца и располагать к себе без особых церемоний, немедленно подал буквы Джейн и с преувеличенно смиренной учтивостью предложил их ее вниманию. Мистер Найтли, снедаемый любопытством узнать, какое это слово, поминутно косился на них и быстро смекнул, что это «Диксон». Джейн, судя по всему, не отстала от него в сообразительности, но, разумеется, лучше уловила дополнительное значение, скрытый смысл, который заключали в себе шесть букв, расположенные в таком порядке. Она явно осталась им недовольна; подняла глаза, увидела, что за нею пристально следят, густо, как никогда на его памяти, покраснела и, бросив: «Я полагала, имена собственные не разрешаются», порывисто, даже с сердцем, отодвинула от себя буквы, показывая своим видом, что более не даст вовлечь себя в это занятие. Она с решимостью отвернулась от своих нападчиков и обратилась лицом к тетке.

— Да, милая, ты совершенно права, — вскричала та, хотя Джейн не проронила ни слова, — я как раз собиралась это сказать. Нам в самом деле пора идти. Время позднее, и бабушка, я думаю, нас заждалась... Сударь, вы необычайно любезны... Так что мы вынуждены пожелать вам покойной ночи.

Джейн откликнулась на этот призыв с готовностью, свидетельствующей, что тетушка поняла ее верно. Она очутилась на ногах в мгновение ока, порываясь выбраться из-за стола, но многие тоже задвигали стульями, и это ей не удавалось; мистер Найтли мельком видел, как к ней озабоченно пододвинули еще одну стопочку букв и она, не взглянувши на них, решительно смела их прочь... Потом она искала свою шаль — искал ее и Фрэнк Черчилл, — уже смеркалось, в комнате царила неразбериха, и мистер Найтли не узнал, как они расстались.

Он задержался в Хартфилде после того, как все ушли, переполненный тем, что видел, в такой мере, что, когда на помощь его наблюдательности явились свечи, почувствовал, что должен, — да, непременно должен, как друг, заботливый друг — сделать Эмме один намек, задать один вопрос. Он не имел права, видя ее в столь опасном положении, не попытаться уберечь ее. Это была его обязанность.

— Скажите, Эмма, — начал он, — могу я знать, чем вас так позабавило последнее слово, предложенное вам и мисс Фэрфакс? В чем его соль? Я видел, что это за слово, и мне любопытно, каким образом оно могло так распотешить одну из вас и так глубоко задеть другую.

Эмма смешалась — и очень. У ней язык не поворачивался объяснить ему, как обстоит дело, ибо, хоть подозрения ее никоим образом не исчезли, ей, честно говоря, стыдно было, что она проговорилась о них кому-то.

— Ах, это! — воскликнула она в очевидном замешательстве. — Это мы просто так... Шутили между собою.

— Шутили, мне кажется, только вы с мистером Черчиллом, — серьезно возразил мистер Найтли.

Он надеялся, что она скажет что-нибудь на это, но она молчала. Она находила себе то одно, то другое занятие, лишь бы не разговаривать. Мистера Найтли одолевали сомненья. Зловещие мысли, сменяя друг друга, проносились у него в голове. Вмешаться? Но что пользы? Смущение Эммы, ее молчаливое признанье коротких отношений с молодым человеком показывали, что сердце ее несвободно. И все же надобно было ей сказать. Что бы ни рисковал он услышать в ответ на непрошеное вмешательство — все лучше, чем рисковать ее благополучием; лучше навлечь на себя что угодно, нежели корить себя после за то, что он в такую минуту пренебрег своим долгом.

— Милая Эмма, — произнес он наконец с большою сердечностью, — вы совершенно уверены, что вам понятен характер знакомства между тем господином и тою девицей, о которых у нас шла речь?

— Между мистером Фрэнком Черчиллом и мисс Джейн Фэрфакс? О да, совершенно!.. Отчего вы в этом усомнились?

— И у вас никогда, ни разу не было оснований думать, что она нравится ему, а он — ей?

— Ни разу, никогда! — искренне и горячо воскликнула Эмма. — Никогда ни на секунду мне такое не приходило в голову. Не понимаю, откуда у вас взялась эта мысль?

— Я вообразил себе в последнее время, что наблюдаю меж ними приметы взаимной склонности — многозначительные взгляды, не предназначенные для посторонних глаз...

— Вот насмешили! Очень рада, что вы соблаговолили дать волю своему воображению, но оно завлекло вас в дебри. Сколь мне ни жаль с первого же раза прерывать его полет, но только ничего этого нет. Могу уверить вас, между ними нет никакой взаимной склонности, а видимость, которая ввела вас в заблужденье, проистекает из неких особливых обстоятельств — вернее, чувств — совершенно иного рода... Все это трудно поддается объяснению, тут примешана доля всяческого вздора... но одно можно сказать прямо и определенно — ничего похожего на влечение или склонность друг к другу меж ними нет и в помине. То есть, говоря о ней, я предполагаю это — говоря о нем, могу в этом поручиться. Ручаюсь, что он к ней равнодушен.

Это сказано было с апломбом, который ошеломил мистера Найтли, — с самодовольством, от которого он онемел. Эмма пришла в оживленье, ей хотелось продолжить разговор, выведать подробности о его подозрениях, услышать описание каждого взгляда, узнать досконально, где и как зародилось это невероятно занимательное предположенье, — но он не разделял ее веселость. Он убедился, что не может быть ей полезен, и пребывал в слишком раздраженных чувствах, чтобы заниматься болтовнею. И дабы упомянутые чувства не воспламенились окончательно подле камина, который пылал здесь по вечерам круглый год, как того требовали изнеженные привычки мистера Вудхауса, он вскоре поспешил откланяться и зашагал навстречу прохладе и уединенью Донуэллского аббатства.

Глава 6

Долго потчевали обитателей Хайбери надеждами на скорый приезд мистера и миссис Саклинг, и тем обидней им было узнать, что он не может состояться ранее осени.

До тех пор такое событие не обогатит их духовные запасы новизною впечатлений. В повседневном обмене новостями им приходилось вновь ограничивать себя другими предметами, к которым прибавился было на время визит Саклингов, а именно: последними сведениями о здоровье миссис Черчилл, каковые имели тенденцию меняться со дня на день, — и положением миссис Уэстон, которая ждала ребенка, чье появленье на свет должно было осчастливить ее в будущем, а весть о нем уже осчастливила ее соседей в настоящем.

Миссис Элтон была разочарована до крайности. Откладывалось столько удовольствий — и столько случаев ими почваниться! Знакомства, рекомендации — со всем этим приходилось подождать; все предполагаемые увеселенья оставались до времени лишь разговорами... Так думала она вначале — однако по некотором размышлении сделала вывод, что откладывать все незачем. Что мешает им, даже если Саклинги не приедут, предпринять прогулку на Бокс-хилл? А осенью побывать там еще раз, вместе с ними? Прогулка на Бокс-хилл была задумана давно. Все вокруг давно знали, что она должна состояться — кое-кто даже перенял эту мысль. Эмма никогда не бывала в тех местах, и ей хотелось посмотреть, что там достопримечательного, чем все ездят любоваться. И они с мистером Уэстоном условились, что выберут как-нибудь погожее утро и съездят туда. Решено было взять с собою только двух-трех избранных и обставить все тихо, скромно, просто, что в тысячу раз изысканнее, чем суматошливые приготовленья, трапезы и возлиянья по всей форме и показная шумиха, которыми сопровождаются пикники у таких господ, как Элтоны и Саклинги.

Обо всем этом они договорились между собою столь ясно, что для Эммы было неожиданностью — и довольно неприятной — услышать от мистера Уэстона, что он предложил миссис Элтон, раз ее братец и сестра подвели ее, объединиться двумя компаниями и ехать сообща, на что миссис Элтон немедленно отвечала согласием; а потому, ежели у нее нет возражений, то так тому и быть. А как все возраженья Эммы сводились бы к тому, что она терпеть не может миссис Элтон, о чем мистер Уэстон должен был уже и без того прекрасно знать, то приводить их заново не имело смысла, тем более что сделать это — значило бы укорить его и тем самым причинить огорченье его жене. Таким образом, Эмма вынуждена оказалась принять условия, которые стремилась бы всеми способами избежать, — унизительные условия, когда, пожалуй, могли сказать, что это миссис Элтон соблаговолила взять ее с собою! Она была возмущена до глубины души и хотя внешне, покорясь обстоятельствам, ничем себя не выдала, но втайне долго еще сурово осуждала мистера Уэстона за неразборчивое и безудержное дружелюбие.

— Значит, вы меня одобряете — вот и славно, — безмятежно заключил между тем сей последний.

— Я так и думал. В таких делах главное — большая компания. Чем больше, тем лучше. Где много народу, там и весело. Да и она, в конце концов, добродушная бабенка. Негоже было бы ее обойти.

Эмма вслух ничего не оспаривала, но про себя ни с чем не согласилась.

Близилась середина июня, погода стояла прекрасная, и миссис Элтон не терпелось поскорее назначить день, разрешить с мистером Уэстоном все вопросы о пирожках с голубятиной и холодной баранине — как вдруг захромала одна из выездных лошадей, и вся затея повисла в воздухе. Недели пройдут или всего лишь несколько дней, покуда лошадь можно будет запрягать, — никто не знал, но заниматься приготовленьями не отваживались; во всем наступил тоскливый застой. Миссис Элтон, при всех своих ресурсах, дрогнула под нежданным ударом судьбы.

— Ну не досада ли, Найтли? — восклицала она. — И погода как на заказ!.. Эти отсрочки и неурядицы просто несносны. Как нам быть?.. Эдак, пожалуй, и год кончится, а мы ничего не успеем. В прошлом году, верьте слову, мы к этому времени уже совершили восхитительную прогулку из Кленовой Рощи в Кингсуэстон...

— А вы бы совершили прогулку в Донуэлл, — отозвался мистер Найтли. — И лошадей не понадобится. Приходите отведать моей клубники. Она, того и гляди, поспеет.

Может быть, мистер Найтли затеял разговор об этом в шутку, но продолжать его пришлось серьезно, так как предложение было с восторгом подхвачено и недвусмысленное: «О, с величайшим наслажденьем!» — подкреплялось столь же недвусмысленным тоном и выражением лица. Донуэлл славился своею клубникой, так что подобное приглашение было оправданным, но оправданья даже не требовалось: его собеседница прельстилась бы и капустным полем, ей важен был лишь предлог куда-нибудь пойти. Она вновь и вновь давала ему завереньья, что придет, — хоть он и так едва ли в этом сомневался — и не скрывала своего довольства таким подтверждением дружеской близости, таким, как она предпочитала думать, почетным комплиментом своей особе.

— Можете на меня рассчитывать, — говорила она. — Буду непременно. Назовите мне день, и я приду. Вы разрешите мне привести с собою Джейн Фэрфакс?

— День, — отвечал он, — я не могу назвать, покуда не поговорю еще кое с кем, кого буду просить составить вам компанию.

— Ах, это вы предоставьте мне. Дайте мне только карт-бланш... Я буду дама-патронесса! Ведь это мой праздник. Я сама приведу друзей.

— Вы, надеюсь, приведете Элтона, — сказал он, — но больше никого приглашать не трудитесь, это моя забота.

— У, с каким хитрым видом это сказано!.. Нет, правда, меня вы можете без страха облечь властью. Я — не моленькая девица, непривычная к высокой должности. На замужнюю женщину, знаете ли, можно положиться спокойно. Это мой праздник. Я беру на себя его устройство. Я приглашу к вам гостей по своему усмотрению.

— Нет, — возразил он невозмутимо. — На свете есть только одна замужняя женщина, которой я мог бы доверить приглашать в Донуэлл гостей по своему усмотрению, и это...

— Миссис Уэстон, надобно полагать, — с обидой в голосе перебила его миссис Элтон.

— Нет — миссис Найтли. И покамест таковая не появится, я буду в подобных случаях распоряжаться сам.

— Ах, какой вы чудак! — воскликнула она, довольная, что он никого ей не предпочел. — Вы — оригинал и вольны говорить все, что вам вздумается. Большой оригинал... Ладно, я приведу с собою Джейн — Джейн и ее тетку, а остальных предоставляю вам. Пусть и Вудхаусы будут, я ничего не имею против. Можете не стесняться. Я знаю, вы с ними дружны.

— Всенепременно будут, ежели мне посчастливится их уговорить. А к мисс Бейтс я заверну нынче же, по дороге домой.

— В этом вовсе нет надобности — я вижусь с Джейн каждый день... а впрочем, как вам угодно. Соберемся спозаранку, Найтли, и попросту. На мне будет шляпа с большими полями... на руку повешу корзиночку... Вот эту, пожалуй — с розовою лентой. Видите, совсем-совсем простенько. И у Джейн будет такая же. Без этих церемоний, без парада — полное приволье. Разбредемся по саду, будем своими руками рвать клубнику, сидеть под деревьями, и если вам вздумается нас угощать еще чем-нибудь, то чтобы на открытом воздухе — пусть стол накроют где-нибудь в тени... Чтобы как можно проще, естественнее. Вы себе так это представляете, верно?

— Не совсем. По-моему, самое простое и естественное — накрыть стол в столовой. Так как у дам и господ естественность и простота сопряжены с мебелью и прислугой, то ее легче соблюсти, я думаю, угощаясь под крышей. Когда вам наскучит есть клубнику в саду, вас будет ждать холодная закуска в доме.

— Что ж, воля ваша... только не затевайте ничего грандиозного. И кстати, может быть, нужно, чтобы я или моя экономка помогли вам советом? Вы не стесняйтесь, Найтли. Хотите, я поучу миссис Ходжес или послежу, как...

— Весьма признателен, но не имею ни малейшего желанья.

— Как знаете, но если вдруг возникнут трудности... моя экономка — профессор в своем деле.

— Ручаюсь вам, что моя тоже почитает себя профессором и не потерпит, чтобы кто-нибудь ее поучал.

— Какая жалость, что у нас нет ослика... Это было бы самое идеальное — мы с Джейн и мисс Бейтс верхом на осликах, а мой caro sposo шагал бы рядом. Нужно будет серьезно с ним обсудить, не завести ли нам ослика. Я чувствую, при сельской жизни это своего рода необходимость. Ведь невозможно женщине все время сидеть дома, каковы бы ни были ее внутренние ресурсы... А далеко ходить пешком — вы сами понимаете... Летом пыльно, зимою — грязь.

— От Хайбери до Донуэлла вам не встретится ни то ни другое. Пыли на донуэллской дороге вообще не бывает, а в эту сушь и грязи нет. Впрочем, езжайте на ослике, ежели вам так угодно. Я бы желал, чтобы все было как можно более вам по вкусу.

— В этом-то я уверена. Не беспокойтесь, я оценила вас по достоинству, мой добрый друг. Я знаю, за этою суховатой, резкой манерой скрывается золотое сердце. Вы просто большой оригинал, я и мистеру Э. так говорю...

Да, можете мне поверить, Найтли, я очень чувствую, что вся эта затея — свидетельство вашего внимания ко мне. И как вы верно угадали, чем меня побаловать!..

У мистера Найтли имелся свой резон не накрывать стол под деревом. Он собирался склонить не только Эмму, но и мистера Вудхауса принять участие в увеселенье и предвидел, что угощать гостей снаружи — значило бы обречь мистера Вудхауса на муки. Неблаговидно было бы соблазнить мистера Вудхауса прокатиться поутру на часок-другой в Донуэлл и под этим предлогом заманить его на пытку.

Приглашение сделано было с чистой совестью. Мистера Вудхауса не подстерегала зловещая опасность поплатиться за свою доверчивость. И он дал согласие. Он не был в Донуэлле уже два года. Вот установится хорошая погода, и как-нибудь утром прекрасно можно будет прокатиться с Эммою и Гарриет — он посидит покойно с миссис Уэстон, а они, душеньки, могут тем временем погулять в саду. В июньский полдень, вероятно, там не будет сыро. Он с наслажденьем снова навестит старинный дом и очень будет рад повидать мистера и миссис Элтон и остальных соседей... Да, отчего бы ему, в самом деле, не прокатиться туда с Эммой и Гарриет утречком, по хорошей погоде? Он находит, что это чрезвычайно удачная мысль — очень разумное и любезное приглашенье — и молодец мистер Найтли, что не устроил званый обед. Ну их совсем, эти званые обеды...

Мистеру Найтли повезло: никто не отклонил его приглашения. Его принимали повсюду с такой готовностью, как если б каждый, подобно миссис Элтон, полагал, что прием затевается единственно ради него. Эмма и Гарриет объявили, что ждут от него бессчетных удовольствий; мистер же Уэстон, в знак одобрения и благодарности, обещался, если удастся, вызвать ради такого случая Фрэнка, хотя его о том не просили... Мистеру Найтли не оставалось ничего другого, как сказать, что он будет очень рад, и мистер Уэстон успокоил его, что напишет, не теряя времени, и не поскупится на доводы, чтобы уговорить его приехать.

Хромая лошадь между тем столь быстро оправилась, что уже снова радостно обсуждалась прогулка на Бокс-хилл, и кончилось тем, что Донуэлл назначили на один день, а Бокс-хилл — на следующий; погода тому благоприятствовала.

Под ярким полуденным солнцем, в самый, можно сказать, разгар лета, мистер Вудхаус благополучно прибыл в своей карете — спустив одно окошко! — для участия в увеселении на лоне природы, проследовал в одну из лучших комнат, где в ожидании его приезда с утра топили камин и, удобно расположась, весьма собою довольный, изготовился с приятностью рассказывать о своих свершениях и советовать всем и каждому посидеть в доме и не перегреваться на солнце... А когда всех прочих звали или уводили в сад, то его сочувственной и терпеливой слушательницей оставалась миссис Уэстон, которая, казалось, пришла сюда пешком с единою целью утомиться и неотлучно сидеть при нем.

Эмма так давно не была в аббатстве, что, как только удостоверилась, что ее батюшка устроен с удобством, радостно поспешила наружу оглядеть все вокруг, освежить и пополнить свои воспоминания об этом доме, этом поместье, представляющем для нее и всего ее семейства такой интерес теперь и в будущем, — внимательнее ко всему присмотреться, лучше узнать. С гордостью и самодовольством, законными при тех родственных узах, которые связывали ее с нынешним и с будущим владельцем имения, обозревала она внушительные размеры и стиль дома, его удачное, своеобразное и выгодное местоположенье в низинке, закрытой со всех сторон; роскошный сад, за которым простирались луга, омываемые речкой, почти не видной из дома, построенного, как строили в старину, с пренебрежением к видам, открывающимся из окон; густые ряды деревьев в рощах и вдоль аллей, не поредевшие в угоду моде или расточительности... Дом был больше чем Хартфилд, и в совершенно ином духе — неправильной формы, со множеством удобных, а в редких случаях и красивых комнат, он беспорядочно раскинулся на довольно обширном пространстве — такой, каким ему и надлежало быть; такой, без обмана, каким он выглядел, — Эмма все глубже проникалась уважением к этому родовому гнезду чистокровного, истинного, доблестного дворянства. Пускай у мистера Джона Найтли нрав был небезупречен, но Изабелла не ошиблась в выборе. За достоинства, за имя и именья тех, с которыми она породнила свое семейство, можно было не краснеть... То были приятные размышленья, и, предаваясь им, она гуляла, покуда не настало время идти, как другие, рвать клубнику прямо с грядок. Все общество было в сборе, за исключением Фрэнка Черчилла, которого ждали из Ричмонда с минуты на минуту, и миссис Элтон, при полном снаряжении, необходимом ей для счастья: в широкополой шляпе и с корзиночкой, сразу обнаружила готовность показать, кто здесь первая фигура; собирала ли она ягоды, принимала ли подношенья или разговаривала — о клубнике, и только о клубнике, больше ни о чем никому сказать, или хотя бы подумать, не дозволялось.

«Нет в Англии ягоды вкуснее — всеми любима — каждому полезна. Образцовые грядки — отборные сорта. Восхитительно рвать своими руками — тогда лишь вы получаете подлинное удовольствие. Утренние часы определенно наилучшее время — она никогда не устает — каждый сорт по-своему хорош — мускусная гораздо вкуснее — никакого сравненья — другие сорта почти несъедобны — мускусная попадается реже всего — она больше любит чилийскую землянику — которой далеко до лесной, — цены на клубнику в Лондоне — под Бристолем целые плантации — в Кленовой Роще — как взрыхлять землю — когда пересаживать — каждый садовник говорит свое — единого правила не существует — садовника переучить очень трудно — отличная ягода — но чересчур сочна и быстро приедается — вишня вкуснее — смородина больше освежает — если бы только не нагибаться — солнце палит нещадно — смертельно устала — нет никаких сил — должна пойти и сесть в тени».

К этому сводился на протяжении получаса весь разговор, прерванный лишь однажды, когда из дома, движимая беспокойством за пасынка, вышла миссис Уэстон осведомиться, не приехал ли он, — ей уже становилось не по себе. Его лошадь не внушала ей большого доверия.

Все, кто как умел, разместились в тени, и теперь Эмме пришлось, самой того не желая, слушать, о чем миссис Элтон ведет разговоры с Джейн. Обсуждалось предлагаемое место — не место, а мечта! Миссис Элтон уведомили о нем нынче утром, и она была в упоенье. Оно объявилось не у миссис Саклинг и не у миссис Брэгг, но разве что им одним уступало в заманчивости и великолепии; объявилось оно у кузины миссис Брэгг и приятельницы миссис Саклинг — дамы, вхожей в Кленовую

Рощу. Восхитительное, дивное, превосходное — избранный круг, высшее общество, положение, сферы и все прочее, — миссис Элтон выходила из себя, доказывая, что необходимо немедля соглашаться. Она торжествовала, она горячилась, она наступала; она не желала слушать никаких возражений, хотя ее приятельница по-прежнему пыталась ей втолковать, что до поры до времени никуда поступать не намерена, приводя те же мотивы, которые Эмма уже однажды слышала. Миссис Элтон продолжала добиваться, чтобы ее уполномочили завтра же отправить с первой почтой положительный ответ... Эмма только дивилась, откуда у Джейн берется терпение все это выносить. Раз или два на лице у нее промелькнула досада, раз или два она отвечала резко — и наконец, с решимостью, обыкновенно ей несвойственной, предложила встать и пройтись. Не пойти ли им прогуляться! Может быть, мистер Найтли покажет им весь сад — и парк? Ей бы хотелось осмотреть весь донуэллский парк. Как видно, приятельница все-таки доняла ее своею навязчивостью.

Было жарко; походив вразброд по саду — кто поодиночке, кто по двое, — все незаметно потянулись друг за другом под благодатную сень короткой и широкой липовой аллеи, которая выходила из парка и кончалась на полпути к реке, как бы замыкая пределы усадьбы. Она никуда не вела — никуда, если не считать кругозора, который открывался за низкой каменной оградой с высокими столбами, воздвигнутыми, по всей видимости, с целью обозначить подъезд к дому, хотя дом стоял вовсе не там. Уместность подобного завершения могла представляться спорной, но сама аллея была прелестным местом для прогулок, и вид в конце ее открывался обворожительный. Покатый склон, почти у подножия которого раскинулось аббатство, спускаясь, становился круче и в полумиле от границ усадьбы заканчивался величественным обрывом, сплошь одетым лесом, — а под обрывом, в укромном и живописном уголке, красиво обрамленном речною излучиной, высилась, глядя на заливные луга, ферма Эбби-Милл.

Вид был чудесный — ласкающий глаз и душу. Английская зелень, английский уют; английский ландшафт, залитый лучами яркого, но милосердного солнца.

На этой аллее Эмма и мистер Уэстон застали все общество, и она тотчас заметила, что шествие к виду над обрывом, потихоньку отделясь от остальных, возглавляют мистер Найтли и Гарриет. Мистер Найтли — и Гарриет!.. Неожиданный тет-а-тет — впрочем, Эмму он порадовал. Было время, когда мистер Найтли отверг бы такую собеседницу, отвернулся бы от нее без особых церемоний. Теперь он был, судя по всему, увлечен приятным разговором. Было также время, когда Эмма насторожилась бы, увидев Гарриет в таком месте, откуда ферма Эбби-Милл являлась взорам в столь выигрышном свете; теперь ей было не страшно. Зрелище фермы во всей ее красе и благоденствии — с тучными пастбищами, ленивыми стадами, садом в цвету и легким дымком, курящимся над крышей, — уже не представляло опасности... Подойдя к ограде, Эмма стала рядом с ними и убедилась, что они более поглощены беседой, нежели созерцанием окрестности. Он делился с Гарриет сведениями по части сельского хозяйства, и Эмме досталась улыбка, которая, казалось, говорила: «Все это занимает меня самого. Я вправе толковать о подобного рода предметах, не навлекая на себя подозрений в умысле напомнить кому-то о Роберте Мартине». У нее и не было таких подозрений. Эта история давно канула в прошлое. Роберт Мартин, наверное, и думать забыл о Гарриет... Они несколько раз прогулялись втроем туда и обратно по аллее. В тени дышалось легко, и для Эммы это были самые отрадные минуты за весь день.

Отсюда все направились в дом — их приглашали закусить; общество расселось за столом, занялось едою, а Фрэнк Черчилл все не ехал. Миссис Уэстон глаза проглядела, высматривая его, но тщетно. Его отец не видел причин волноваться и смеялся над ее страхами, но она не могла от них избавиться и продолжала сокрушаться, зачем он не расстался со своею вороной кобылой. Он в этот раз с полной определенностью дал понять, что приедет! Его тетеньке несравненно лучше, и у него не было сомнений, что он к ним попадет... Однако здоровье его тетеньки, дружно напомнили ей в ответ, подвержено столь прихотливым колебаниям, что самые основательные предположения ее племянника могут расстроиться в одну минуту, и в конце концов миссис Уэстон убедили — так, по крайней мере, она сказала — что ему, должно быть, и вправду помешал приехать какой-нибудь внезапный недуг миссис Черчилл. Пока происходили дебаты, Эмма поглядывала на Гарриет; та держалась прекрасно и ничем не выдавала своих чувств.

С холодною закуской покончили; теперь обществу предстояло снова выйти наружу и осмотреть то, что оставалось осмотреть: старинные пруды, в которых разводили рыбу; может быть, дойти и до клеверного поля, которое завтра начинали косить — во всяком случае, еще раз испытать удовольствие побыть на жаре и воротиться в прохладу... Мистер Вудхаус, который успел совершить легкий моцион по самой возвышенной части парка, где даже он не мог учуять малейшей сырости от реки, уже не тронулся с места, и его дочь решила остаться при нем, чтобы миссис Уэстон, которой полезно было отвлечься от своих тревог, могла пройтись вместе с мужем.

Мистер Найтли заранее позаботился сделать все, чтобы мистер Вудхаус не скучал. Его старого друга поджидали альбомы с гравюрами, витринки с медалями, камеями, кораллами, раковинами и так далее, выдвинутые из шкафов, в которых сохранялись фамильные собрания — и заботы доброго хозяина не пропали даром. Мистер Вудхаус не скучал ни минуты. Все утро миссис Уэстон показывала ему коллекции, и он, с детскою неразборчивой любознательностью ко всяческим диковинкам и со старческой медлительностью, скрупулезностью и кропотливостью, жаждал теперь показать их Эмме... Перед началом этой вторичной демонстрации Эмма на несколько минут вышла в прихожую, чтобы посмотреть без помех на вход в общий план дома, и не успела она ступить за дверь, как из сада — впопыхах и с таким видом, словно за нею гонятся, — показалась Джейн Фэрфакс. Не ожидая, по-видимому, столкнуться прямо на пороге с мисс Вудхаус, она вздрогнула; впрочем, как выяснилось, именно мисс Вудхаус и была ей нужна.

— Не будете ли вы добры сказать, когда меня хватятся, — начала она, — что я пошла домой? Я сию минуту ухожу. Тетушка не замечает, как поздно и как нас давно нет дома, а я уверена, что нас уже там ждут, и потому решилась идти сейчас же... Я никому не сказалась — это лишнее беспокойство и огорченье. Одни направились теперь к прудам, другие — на липовую аллею. Пока все не вернутся назад, меня не хватятся, а когда хватятся, не будете ли вы любезны сказать, что я ушла?

— Разумеется, извольте — но не одна же вы пойдете в Хайбери?

— Одна, а что тут страшного? Я хожу быстро. Двадцать минут, и я дома.

— Но вам нельзя, никак нельзя идти совсем одной в такую даль. Позвольте, вас проводит слуга моего батюшки... Или позвольте, я прикажу подать карету. Она здесь будет через пять минут.

— Спасибо, спасибо — ни в коем случае. Я предпочитаю идти пешком. А что одна, то мне ли этого бояться! Мне ли, которой так скоро, может быть, придется охранять других!..

Она говорила очень возбужденно, и Эмма с большим чувством возразила:

— И все-таки это не причина подвергать себя опасности теперь. Я непременно прикажу подать карету. Идти опасно хотя бы из-за жары. Вы уже и так устали.

— Я... да, устала, — отвечала она, — только это не та усталость... прогулка быстрым шагом подбодрит меня... Мисс Вудхаус, каждый из нас когда-нибудь испытал, что значит утомиться душою. Моя, признаюсь вам, в изнеможенье. Вы очень добры, но сейчас лучшее, что для меня можно сделать, — это позволить мне поступить по-своему и сказать только, когда понадобится, что я ушла домой.

Эмма не возражала более ни единым словом. Она все поняла и, угадывая ее состояние, помогла ей быстро собраться и с дружеской участливостью проводила до дверей. Прощальный взгляд Джейн Фэрфакс полон был благодарности, прощальные слова ее: «Ох, мисс Вудхаус, какое счастье иногда побыть одной!» — казалось, вырвались из самой глубины измученной души, нечаянно выдав, чего ей стоит эта постоянная сдержанность даже с теми, кто так ее любит.

«И правда — что за дом! Что за тетушка! — говорила себе Эмма, опять возвращаясь в прихожую. — Да, вас нельзя не пожалеть. И чем чаще вы будете показывать, сколь они — и справедливо! — для вас ужасны, тем вы мне будете милей».

Не минуло и четверти часа после ее ухода — Эмма с мистером Вудхаусом едва пролистали несколько видов на площадь Св. Марка в Венеции, — как в комнату вошел Фрэнк Черчилл. Эмма о нем не думала — он как-то выпал у ней из памяти, — но очень обрадовалась при виде его. Теперь у миссис Уэстон отляжет от сердца. Черная кобылка ничем не провинилась; правы оказались те, которые называли причиною его опозданья миссис Черчилл. Он задержался, потому что ей сделалось худо, — с ней приключился нервический припадок, который не проходил несколько часов, он уже было совсем отказался от мысли приехать — и, верно, не поехал бы, когда бы знал, как жарко будет в дороге и как он поздно попадет сюда, хоть и скакал во весь опор. Убийственная жара — он подобной не помнит — почти раскаивается, что не остался дома, — погибает от жары — готов терпеть любой холод, мороз, но жара для него невыносима... И, сделав плачущее лицо, он уселся как можно дальше от камина, в котором дотлевали любезные сердцу мистера Вудхауса угольки.

— Посидите тихо, и вы скоро остынете, — сказала Эмма.

— Как остыну, сразу еду назад. Мне вообще не следовало отлучаться, но на моем приезде так настаивали! Вы все, вероятно, скоро разойдетесь, отправитесь по домам. Кой-кого я уже встретил по дороге сюда... В такую погоду! Безумие — чистое безумие!

Эмма посмотрела, послушала и догадалась, что Фрэнк Черчилл пребывает в состоянии, которое лучше всего определяется метким выражением «не в духе». Есть люди, которые бесятся, когда им жарко. Возможно, он был тоже так устроен — и, зная, что при пустячных тягостях вроде этой, порой невредно перекусить, она посоветовала ему подкрепиться с дороги — в столовой найдется чем — и сочувственно показала нужную дверь.

Нет, он не будет есть. Ему и не хочется, и от этого станет только жарче. Впрочем, уже через две минуты он сменил гнев на милость и, буркнув что-то насчет хвойного пива, удалился. Эмма повернулась опять к своему батюшке, втайне говоря себе: «Какое благо, что прошла моя влюбленность! Невелика радость иметь дело с мужчиной, которого способно вывести из себя жаркое утро. С этим легко мириться такому кроткому, покладистому существу, как Гарриет».

Отсутствовал он довольно долго — за такое время можно покушать в свое удовольствие — и вышел к ним другим человеком; он остыл, сделался вновь похож на себя, к нему вернулись хорошие манеры: он мог уже придвинуть к ним свой стул, полюбопытствовать, чем они занимаются, и изъявить резонное сожаленье, что вынужден был так опоздать. Он был не в самом лучшем настроении, но старался его исправить и в конце концов принялся болтать милый вздор о том о сем. Они рассматривали в это время гравюры с видами Швейцарии.

— Как только тетушка поправится, поеду за границу, — сказал он. — Не успокоюсь, покуда не повидаю эти места. Предъявлю вам когда-нибудь на посмотренье свои рисунки — либо путевые записки на прочтенье — либо поэму. Так или иначе изыщу способ обречь себя вашему суду.

— Возможно, но это будут не швейцарские пейзажи. Вы не поедете в Швейцарию. Дядюшка с теткой никогда не отпустят вас из Англии.

— Им, может быть, самим придется ехать за границу. Врачи ей могут предписать теплый климат. У меня сильное предчувствие, что мы отправимся туда втроем. Я вас уверяю. У меня нынче определенно такое чувство, что быть мне в скором времени за границей. Меня зовут путешествия. Мне скучно ничего не делать. Я не шучу, мисс Вудхаус, что бы там ни рисовалось вашему проницательному оку, — мне надоела Англия, я ею сыт по горло — я завтра бы уехал, когда бы мог.

— Вы пресыщены богатством и негой. Не лучше ль вам изобрести для себя два-три лишенья и претерпевать их, оставаясь в Англии?

— Я пресыщен богатством и негой? Вы глубоко ошибаетесь. Не изнеженным богачом вижу я себя — отнюдь. Всем, что есть в жизни существенного, судьба меня обделила. Я вовсе не почитаю себя ее баловнем.

— И все-таки вы теперь не столь несчастны, как в первые минуты, когда приехали. Ступайте съешьте и выпейте еще что-нибудь, и вам совсем полегчает. Еще один ломтик холодного мяса, еще глоток мадеры с водою — и вы уравняетесь во благости со всеми нами.

— Нет, я не тронусь с места. Я посижу подле вас. Вы лучшая панацея для меня.

— Мы едем завтра на Бокс-хилл — и вы с нами? Это не Швейцария, но это тоже кое-что для молодого человека, который так ищет перемен. Вы остаетесь, и мы едем вместе?

— Нет, конечно! Я тронусь по вечерней прохладе домой.

— Но завтра вы можете снова тронуться сюда по утренней прохладе.

— Нет... Не стоит труда. Я буду злиться, ежели приеду.

— Тогда сделайте одолженье, оставайтесь в Ричмонде.

— А если останусь, то буду злиться еще пуще. Мне будет нестерпимо сознавать, что вы все там, а меня нет.

— Ну, это трудности, которые никому не разрешить, кроме вас. Решайте сами, которая мера злости вам предпочтительней. Я более слова не скажу.

Гуляющие начали понемногу возвращаться, и скоро все собрались в доме. Одни при виде Фрэнка Черчилла бурно радовались, другие приняли его появленье сдержанно — зато весть об исчезновении мисс Фэрфакс встревожила и огорчила всех. Все единодушно признали, что пора и честь знать, и, оговоря напоследок вкратце план действий на завтра, разошлись. Несклонность Фрэнка Черчилла оставаться в стороне столь возросла к этому времени, что прощальные слова его к Эмме были:

— Что же — ежели вы желаете, чтоб я остался и ехал тоже, то я подчиняюсь.

Она улыбнулась в знак одобренья, и они поладили на том, что до завтрашнего вечера ничто, кроме экстренного вызова из Ричмонда, его туда не воротит.

Глава 7

День для прогулки на Бокс-хилл выдался великолепный, и прочие внешние обстоятельства, как то: распорядок, устройство, сроки, тоже складывались благоприятно. Надзирал за сборами мистер Уэстон, деловито снуя между Хартфилдом и домом викария, и все снарядились к условленному часу. Эмма ехала вместе с Гарриет, миссис Бейтс и ее племянница с Элтонами, мужчины — верхом. Миссис Уэстон вызвалась побыть с мистером Вудхаусом. Оставалось лишь ехать и наслаждаться. Семь миль дороги промелькнули в приятном предвкушении, и, прибыв на место, все ахнули от восторга — но вообще чувствовалось, что в этот день чего-то недостает. Ощущалась какая-то вялость, отсутствие одушевленья, отсутствие единения, которое не удавалось преодолеть. Общество дробилось на части. Элтоны гуляли вдвоем; мистер Найтли взял под свое покровительство мисс Бейтс и Джейн; Эмма и Гарриет достались Фрэнку Черчиллу. Напрасно хлопотал мистер Уэстон, добиваясь большего сплоченья. Вначале такое разделение представлялось случайным, однако оно в более или менее неизменном виде сохранялось до конца. Мистер и миссис Элтон, правда, не выказывали нежеланья сообщаться с остальными и по возможности стремились к сближению, однако у других все два часа, проведенные на холме, столь велико было тяготенье к расколу, что ни красоты природы, ни холодная трапеза, ни неунывающий мистер Уэстон не могли его устранить.

Эмма вначале откровенно скучала. Она никогда не думала, что Фрэнк Черчилл способен быть таким тупым и молчаливым. Он говорил неинтересно — он смотрел и не видел — восхищался плоско — отвечал невпопад.

Он был попросту скучен — неудивительно, что Гарриет, глядя на него, поскучнела тоже, и они оба наводили на Эмму тоску.

Когда все сели закусить, положение исправилось — существенно исправилось, по ее мнению, ибо Фрэнк Черчилл ожил, разговорился и принялся вовсю за ней ухаживать. Он осыпал ее знаками внимания. Казалось, у него не было другой заботы, как только забавлять ее и угождать ей; и Эмма, радуясь случаю развлечься, не гнушаясь лестью, держалась тоже свободно, весело и, совсем как в раннюю, самую увлекательную пору их знакомства, щедро оказывала ему дружеское поощренье и не возбраняла любезничать, с тою, однако, разницей, что теперь, как она убедилась, это для нее ничего не значило, хотя в глазах сторонних наблюдателей должно было выглядеть самым откровенным флиртом — точнее нет слова в английском языке. «Мисс Вудхаус и мистер Фрэнк Черчилл флиртовали напропалую». Они открыто рисковали навлечь на себя подобный отзыв — который от одной из дам пойдет по почте в Кленовую Рощу, а от другой в Ирландию. Нельзя сказать, что Эмма предавалась беспечной веселости от избытка чувств — напротив, скорее оттого, что ожидала большего. Она смеялась потому, что испытывала разочарованье, и хотя его внимание нравилось ей и представлялось как нельзя более уместным, чем бы оно ни объяснялось — дружественной ли приязнью, поклоненьем или природною игривостью, — оно более не покоряло ее сердца. Она по-прежнему предназначала ему роль друга.

— Сколь много я вам обязан, что вы велели мне поехать нынче сюда! — говорил он. — Какого удовольствия лишился бы, когда бы не вы! Я уже было и впрямь собрался уезжать назад.

— Да, вы были ужасно сердиты, а почему — не знаю. Ну, опоздали, не вам досталась лучшая клубника... Вы не заслуживали моего доброго участия. Но вы смирили свой нрав. Вы прямо-таки взывали о том, чтобы вам приказали сюда ехать.

— Не говорите, что я сердился. Я был утомлен. Меня одолела жара.

— Сегодня жарче.

— А я не чувствую. Сегодня мне очень хорошо.

— Потому хорошо, что вы сохраняете власть над собою.

— Вашу власть? Да, согласен.

— Положим, я рассчитывала на такой ответ, но я имела в виду самообладанье. Вчера вы, по той или иной причине, не сдержались и вышли у себя из повиновенья, но нынче вы опять владеете собой — а так как я не могу постоянно быть с вами, то, надо думать, вы все-таки подчиняетесь собственной власти, а не моей.

— Это одно и то же. Не мог же я снова обрести над собою власть ни с того ни с сего. Молча или вслух, вы все равно повелеваете мною. И потом, вы можете постоянно быть со мной. Вы со мной всегда.

— Начиная со вчерашнего дня, с трех часов пополудни. На более раннее время мое непреходящее влияние не распространяется, иначе вы бы раньше не вышли из себя.

— Со вчерашнего дня? Это вы так считаете. Помоему, я вас впервые увидел в феврале.

— Ваша галантность поистине не знает границ. Однако, — понижая голос, — смотрите, кроме нас, никто не разговаривает. Семь человек сидят и молчат, и занимать их, болтая подобный вздор, — это немного слишком.

— Отчего же! Я не стыжусь ни единого слова, — возразил он с нарочитым вызовом. — Да, я вас увидел первый раз в феврале. Пусть это слышит каждый на Боксхилле. Пусть голос мой разнесется окрест, от Миклема до Доркинга — я вас увидел первый раз в феврале! — И — шепотом: — На наших спутников напало оцепененье. Чем бы нам их расшевелить? Любой пустяк сослужит эту службу. Они у меня заговорят!.. Дамы и господа, по приказанью мисс Вудхаус, которая главенствует повсюду, где бы ни присутствовала, объявляю вам: она желает знать, о чем каждый из вас сейчас думает.

Кто-то рассмеялся и отвечал добродушно. Мисс Бейтс разразилась многословной тирадой, миссис Элтон надулась при утверждении, что главенствует мисс Вудхаус, — и с наибольшей определенностью отозвался мистер Найтли:

— Мисс Вудхаус в этом уверена? Ей в самом деле хочется знать, что все мы думаем?

— Ох, нет, нет! — с преувеличенно беззаботным смехом воскликнула Эмма. — Ни за что на свете! Меньше всего я хотела бы подставить себя под такой удар. Готова выслушать что угодно, только не о чем все думают. Впрочем, я бы сказала, не все. Есть кое-кто, — взглянув на миссис Уэстон и Гарриет, — чьи мысли я бы, возможно, узнать не побоялась.

— А я, — с негодованием вскричала миссис Элтон, — никогда бы не позволила себе вторгаться в подобную область. Хоть, вероятно, как устроительница и патронесса — в тех кругах, где я привыкла... обозревая достопримечательности — молодые девицы — замужние дамы...

Ее бурчанье предназначалось преимущественно супругу, и он бормотал ей в ответ:

— Вы правы, дорогая, очень правы. Верно, именно так — просто неслыханно — иные особы сами не знают, что говорят. Лучше не придавать значенья и пропустить мимо ушей. Каждому понятно, чего заслуживаете вы.

— Нет, так не годится, — шепнул Эмме Фрэнк Черчилл, — большинство принимает это как афронт. Надобно подойти деликатней... Дамы и господа, объявляю вам по приказанью мисс Вудхаус, что она отказывается от права знать, что у вас на уме, и только требует, чтобы каждый просто сказал что-нибудь крайне занимательное. Вас здесь семеро, не считая меня, о котором она уже соблаговолила отозваться как о крайне занимательной личности, — и каждому вменяется всего лишь сказать либо одну очень остроумную вещь, либо две не очень, либо три отъявленные глупости — как собственного сочиненья, так и в пересказе, можно в прозе, можно в стихах, — а она обещает в любом из вышеперечисленных случаев от души посмеяться.

— О, прекрасно! — воскликнула мисс Бейтс. — Тогда я могу не волноваться. Три отъявленные глупости — это как раз по моей части. Мне только стоит рот открыть, и я тотчас брякну три глупости, не так ли? — Озираясь кругом в благодушнейшей убежденности, что ее все поддержат. — Ну признайтесь, разве не так?

Эмма не устояла.

— Видите ли, сударыня, тут может встретиться одно затрудненье. Простите, но вы будете ограничены числом — разрешается сказать всего лишь три за один раз.

Мисс Бейтс, обманутая притворною почтительностью ее обращенья, не вдруг уловила смысл сказанного, но и когда до нее дошло, не рассердилась, хотя, судя по легкой краске на лице, была чувствительно задета.

— А, вот что!.. Понимаю. Да, мне ясно, что она подразумевает, и я постараюсь впредь придерживать язык. Видно, — обращаясь к мистеру Найтли, — от меня стало совсем невмоготу, иначе она бы не сказала такое старому другу.

— Хорошая мысль, Фрэнк! — вскричал мистер Уэстон. — Одобрено и принято! Дай-ка я попробую. Предлагаю вам загадку. Как у вас оцениваются загадки?

— Невысоко, сэр, — отвечал его сын, — боюсь, что весьма невысоко. Но мы будем снисходительны — в особенности к тому, который начинает первым.

— Нет-нет, — сказала Эмма, — неправда, что невысоко. Загадкою собственного сочиненья мистер Уэстон откупится и за себя, и за соседа. Смелее, сэр, — я вас слушаю.

— Да мне и самому сомнительно, чтобы она была очень остроумной, — сказал мистер Уэстон. — Обыкновенная, ничего в ней такого нет, а впрочем, судите сами. Какие две буквы алфавита обозначают совершенство?

— Две буквы? Совершенство?.. Нет, право, не знаю.

— Ага! Ни за что не угадаете. Вам, — адресуясь к Эмме, — уж наверное нипочем не угадать... Ну так и быть, скажу. «М» и «А». Эм-ма. Понятно?

Слово «понятно» в этом случае одновременно означало и «приятно». Возможно, загадка не отличалась остроумием, но что-то, очевидно, в ней было, если Эмма смеялась и радовалась, а вместе с нею — Фрэнк и Гарриет. На остальное общество она как будто не произвела впечатления — кое-кто вообще принял ее с деревянным лицом, а мистер Найтли без улыбки заметил:

— Теперь мы видим, какого сорта требуется остроумие, и мистер Уэстон в нем преуспел, но только для других он, вероятно, истощил эту ниву. Не следовало так спешить с «совершенством».

— Что до меня, по крайней мере, то прошу уволить, — заявила миссис Элтон. — Решительно не расположена... не имею ни малейшей наклонности. Я как-то получила акростих на имя Августа и вовсе не испытала удовольствия. Я знаю, кто его прислал. Неисправимый вертопрах! Вам известно, о ком я говорю. — Кивая головою мужу: — Такие занятия хороши на Рождество, когда вы сидите вокруг камина, но летом, когда знакомитесь с красотами природы, они, на мой взгляд, совсем не к месту. Пусть мисс Вудхаус меня извинит. Я не из тех, чьи остроты к услугам каждого, и не посягаю на званье записного острослова. Я не обижена живостью ума, но пусть уж мне предоставят самой решать, когда сказать что-нибудь, а когда промолчать. Как вам угодно, мистер Черчилл, но увольте нас. Мы пас — мистер Э., Найтли, Джейн и я. Ничего остроумного сказать не имеем ни я, ни они.

— Да-да, — с насмешливым высокомерием подхватил ее супруг, — меня, сделайте милость, увольте. Мне нечем позабавить ни мисс Вудхаус, ни других молодых особ. Степенный женатый человек — какой с меня спрос. Пойдемте, может быть, прогуляемся, Августа?

— С величайшею охотой. Мне, признаться, наскучило так долго обследовать окрестности на одном месте. Идемте, Джейн, вот вам другая моя рука.

Джейн, однако, отказалась, и муж с женою пошли вдвоем.

— Счастливая чета! — молвил Фрэнк Черчилл, подождав, пока они удалятся на порядочное расстояние. — Как подходят друг к другу! Повезло им — жениться, зная друг друга лишь по встречам в общественных местах!

Знакомство, когда не ошибаюсь, продолжалось считаные недели, там же, где началось, — в Бате! Редкая удача! Что можно, в сущности, узнать о человеке, о том, каков он, в Бате или ином общественном месте? Ровно ничего. Только тогда можно составить верное сужденье о женщине, когда вы видите ее в домашней обстановке, в ее привычном окружении такою, какова она всегда. Без этого все лишь одно гаданье да воля случая, и большею частью — злая воля. Сколько мужчин на основании поверхностного знакомства связали себя и каялись после всю жизнь!

Мисс Фэрфакс, которая до сих пор почти не разговаривала, кроме как со своими союзниками, неожиданно заговорила:

— Верно, такие случаи бывают. — Она закашлялась и умолкла. Фрэнк Черчилл выжидательно повернул к ней голову.

— Вы что-то собирались сказать, — произнес он очень серьезно.

К ней опять воротился голос.

— Я только хотела заметить, что хотя подобного рода прискорбные случаи и бывают, как с мужчинами, так и с женщинами, но это едва ли происходит часто. Поспешная и опрометчивая привязанность возникнуть может, но обыкновенно потом бывает время одуматься. То есть, иначе говоря, одни только слабые и нерешительные натуры — судьбою коих так или иначе распоряжается случай — допустят, чтобы неудачное знакомство осталось помехой и обузой навеки.

Он ничего не отвечал; лишь посмотрел на нее и поклонился в знак согласия. Немного погодя он сказал беспечным тоном:

— А вот я столь мало доверяю собственному сужденью, что надеюсь, когда мне приспеет пора жениться, то жену для меня выберет кто-нибудь другой. Может быть, вы? — Поворотясь к Эмме. — Не угодно ли вам выбрать мне жену?.. Уверен, что ваш выбор придется мне по вкусу. Вам не внове оказывать эту услугу нашему семейству. — С улыбкой покосясь на своего отца. — Подыщите мне кого-нибудь. Я вас не тороплю. Возьмите ее к себе под крыло, воспитайте ее.

— По образу и подобию самой себя.

— Непременно, ежели вам удастся.

— Хорошо. Я берусь за это порученье. Вы получите прелестную жену.

— Главное, пусть у ней будет живой нрав и карие глаза. Остальное для меня неважно. Укачу года на два за границу, а как вернусь — так к вам за женою. Запомните.

Он мог не опасаться, что Эмма забудет. В самую жилку попало это порученье! Не портрет ли Гарриет он изобразил? Отбросить карие глаза — и что мешает Гарриет сделаться за два года тою, которая ему нужна! Возможно даже, ее-то он и имел в виду, говоря все это, — как знать? Ведь не зря он упомянул про воспитанье...

— А что, сударыня, — обратилась к своей тетке Джейн Фэрфакс, — не последовать ли нам примеру миссис Элтон?

— Как скажешь, родная моя. Я — с дорогой душой. Давно готова. Готова была сразу пойти с нею, но и так будет ничуть не хуже. Мы ее быстро догоним. Вон она... нет, это кто-то другой. Это дама из той ирландской компании, которая приехала в наемной карете, — и нисколько на нее не похожа. Ну и ну...

Они ушли, и через полминуты за ними следом направился мистер Найтли. Остались только мистер Уэстон с сыном, Эмма и Гарриет, и теперь одушевленье молодого человека достигло таких пределов, что становилось уже неприятно. Даже Эмма пресытилась наконец зубоскальством и лестью и предпочла бы мирно побродить с другими или посидеть — пускай не в полном одиночестве, но не будучи предметом внимания — и тихо полюбоваться прекрасными видами, открывавшимися с высоты. Она воспрянула духом при появлении слуг, которые искали их, чтобы доложить, что кареты готовы, и безропотно терпела суматоху сборов, настоянья миссис Элтон, чтобы ее экипаж подали первым — утешаясь мыслями о спокойной поездке домой, которою завершатся весьма сомнительные удовольствия этого празднества на лоне природы. Больше, надеялась она, уже ничье вероломство не вовлечет ее в затеи для столь неудачно подобранной компании.

Дожидаясь кареты, она в какую-то минуту обнаружила, что рядом стоит мистер Найтли. Он оглянулся по сторонам, словно проверяя, нет ли кого поблизости, и сказал:

— Эмма, я снова вынужден, как повелось издавна, сделать вам выговор — возможно, эту привилегию не даруют мне, а скорее терпят, и все-таки я обязан воспользоваться ею. Как вы могли так бессердечно обойтись с мисс Бейтс? Как могли позволить себе столь дерзкую выходку по отношению к женщине ее возраста, ее склада и в ее положении?.. Эмма, я никогда бы не поверил, что вы на это способны.

Эмма вспомнила, вспыхнула и устыдилась, но попыталась обратить все в шутку.

— Да, но как было удержаться? Никто бы не смог. Ничего страшного. Она, я думаю, даже не поняла.

— Все поняла, можете мне поверить. Вполне. Об этом уже шел разговор. И вы бы слышали, как она говорила откровенно, великодушно. Слышали бы, как искренне хвалила вас за долготерпенье — что вы к ней столь внимательны, что она постоянно видит от вас и вашего отца столько добра, хотя должна невероятно раздражать вас своим присутствием.

— Ох, я знаю! — вырвалось у Эммы. — Знаю, это святая душа, но согласитесь — хорошее, к несчастью, так тесно переплетается в ней с курьезным!

— Переплетается, — сказал он. — Согласен. И будь она богата, я мягче подходил бы к тем, которые не видят подчас хорошего за курьезным. Будь она женщина состоятельная, я не спешил бы вступаться за нее при каждой безобидной нелепости — не ссорился бы с вами из-за маленьких вольностей в обращении. Будь она вам равна по положению... Но, Эмма, задумайтесь — ведь это далеко не так. Она бедна — она, рожденная жить в довольстве, пришла в упадок и, вероятно, обречена еще более прийти в упадок, если доживет до старости. Ее участь должна была бы внушать вам сострадание. Некрасивый поступок, Эмма!.. Вы, которую она знает с колыбели... вы росли у ней на глазах с той еще поры, когда за честь почитали заслужить ее внимание, и вот теперь, из легкомыслия, из минутной заносчивости вы насмехаетесь над нею, унижаете ее — и это в присутствии ее племянницы, при всех, не подумав о том, что многие — некоторые наверняка — возьмут себе за образец ваше обращенье с нею... Вам это неприятно слышать — мне очень неприятно говорить, но я должен, я буду говорить вам правду, пока могу, и жить со спокойной совестью — знать, что я вам был истинным другом, давая добрые советы, и верить, что когда-нибудь вы поймете меня лучше, чем теперь.

За разговором они подошли к карете; она стояла наготове, и Эмма рот не успела открыть, как он уже подсадил ее туда. Он неверно истолковал чувства, которые не давали ей повернуться к нему лицом, сковывали язык. На себя, одну себя она сердилась, глубокая жалость и стыд владели ею. Это они помешали ей говорить, и, сев в карету, она на миг бессильно откинулась назад, но тотчас — браня себя, что не простилась, не отозвалась, что уезжает с недовольным видом, — высунулась наружу, чтобы окликнуть его, помахать рукою, показать, что все это не так, — однако как раз на этот миг опоздала. Он уже отошел; лошади тронули. Она продолжала смотреть ему в спину, но он не оглянулся, и скоро — казалось, они не ехали, а летели — карета уже была на полпути к подножию, и все осталось позади. Эмму душила невыразимая и почти нескрываемая досада. Как никогда в жизни, изнемогала она от волненья, сожаленья, стыда. Его слова потрясли ее. Он сказал правду, отрицать было бесполезно. Она в душе сама это знала. Как могла она так жестоко, так грубо поступить с мисс Бейтс!.. Уронить себя в глазах того, чьим мнением так дорожила! Как допустила, чтобы они расстались без слова благодарности, без слова согласия с ее стороны — вообще без единого доброго слова!

Минуты шли, но они не приносили облегченья. Чем она дольше размышляла, тем глубже чувствовала свою вину. Ей было тяжело, как никогда. К счастью, поддерживать разговор не было надобности. Рядом сидела только Гарриет, и тоже, кажется, не в лучшем настроении — молчаливая, подавленная, — и всю дорогу домой по щекам у Эммы — неслыханное дело! — текли и текли слезы, и она не трудилась их сдерживать.

Глава 8

Весь вечер Эмму не покидало сожаление о злополучной прогулке на Бокс-хилл. Какое впечатление осталось у других участников, она не знала. Возможно, каждый из них сейчас в своем доме и на свой манер с удовольствием перебирал в памяти ее подробности, но она сама не назвала бы второго такого утра — убитого совершенно напрасно, — которое не дало ничего ни уму, ни сердцу и о котором после так тошно вспоминать. Играть целый вечер со своим батюшкой в триктрак было, по сравнению с этим, блаженством. Тут, по крайней мере, она могла черпать удовлетворенье в сознании, что отдает ему любимейшее время суток; что хотя, вероятно, не вполне по заслугам пользуется его обожанием, его безоговорочным доверием, но не заслуживает и суровой укоризны. Могла надеяться, что хотя бы как дочь не окончательно очерствела душой. Что ей не скажут: «Как могли вы столь бессердечно обходиться с отцом?.. Я должен, я буду говорить вам правду, пока могу». Чтобы она еще когда-нибудь позволила себе с мисс Бейтс... Никогда! Если вниманием в будущем можно стереть прошлую вину, то у нее, пожалуй, есть надежда снискать себе прощенье. А вина за нею была — правда, более в помыслах, чем на деле, — об этом ей твердила совесть; слишком часто она бывала пренебрежительна, суха. Но это больше не повторится. В порыве искреннего раскаяния она решила, что на другое же утро пойдет ее навестить и тем положит начало добрым, ровным и равным отношениям.

Наутро эта решимость не ослабла, и Эмма пораньше вышла из дому, чтобы ничто не помешало ей. Она не исключала, что может встретить по пути мистера Найтли или что он может заглянуть к мисс Бейтс в то время, когда она будет там. И пусть. Ее это не смущало. Пускай он станет свидетелем справедливого, чистосердечного покаянья... Она поглядывала в сторону Донуэлла, покуда шла, но он не показался.

«Хозяюшки дома». Первый раз она радовалась этим словам, первый раз вступала в эту прихожую, поднималась по этой лестнице с желанием сделать приятное, а не сделать одолженье; получить удовольствие, а не возможность высмеять за спиною.

Ее приближенье вызвало переполох — за дверьми возникло движение, раздались голоса. Слышно было, как мисс Бейтс кого-то торопит; прислуга с испуганным, растерянным лицом попросила ее минутку подождать, а потом впустила слишком рано. Тетушка с племянницей в это мгновенье исчезали за дверью в другую комнату. Она отчетливо разглядела, что у Джейн ужасный вид, и перед тем, как дверь за ними затворилась, уловила слова мисс Бейтс: «Ладно, милая, скажу, что ты в постели, ведь ты и впрямь совсем больна».

Бедная старенькая миссис Бейтс, учтивая и тихая, как всегда, как будто не очень понимала, что происходит.

— Боюсь, что Джейн нездоровится, — сказала она, хотя не знаю — мне говорят, что она здорова. Дочь, вероятно, сейчас выйдет, мисс Вудхаус. Вы не поищете себе стульчик? И Патти куда-то запропастилась, как на грех. Я сама мало чем могу... Нашли стул, сударыня? Вам удобно? Она сию минуту будет здесь, я уверена.

Эмма искренне на это надеялась. У нее мелькнуло опасенье, что мисс Бейтс избегает ее. Но мисс Бейтс вскоре появилась. «Как это мило, они так рады», — однако совесть подсказывала Эмме, что это уже не прежнее жизнерадостное многословье — что облику и манерам недостает былой непринужденности. Она сердечно осведомилась о здоровье мисс Фэрфакс, не без умысла понемногу возродить в мисс Бейтс прежние чувства. Это мгновенно возымело действие.

— Ах, мисс Вудхаус, как вы добры! Вы, вероятно, уже слышали и пришли разделить нашу радость. Наверно, глядя на меня, трудно поверить, что это большая радость, но... украдкой смахивая слезинку, — нам тяжело с нею расставаться после того, как она жила у нас так долго — у нее теперь страшно разболелась голова — легко ли, целое утро писала письма, одно длинней другого — и полковнику Кемпбеллу, знаете, и миссис Диксон. «Родная моя, — говорю ей, — так и ослепнуть недолго», — пишет, а у самой то и дело слезы на глазах. Неудивительно, неудивительно... Такая перемена в жизни — и хотя ей необыкновенно повезло — я полагаю, никому прямо смолоду, с первого раза не доставалось такое место — вы не подумайте, мисс Вудхаус, мы ценим, это невероятная удача, но... — снова смаргивая слезы, — знали бы вы, как у нее, моей бедняжечки, раскалывается голова! Когда вам очень больно, это мешает оценить благо по достоинству. Это ужасно удручает. По ее виду никто бы не догадался, как она рада и счастлива, что получила это место. Вы извините, что она к вам не вышла, — она не в состоянии — пошла к себе, я просила ее лечь в постель. «Скажу, милая, что ты легла», — только она не лежит, а ходит из угла в угол. Хотя, по ее словам, теперь, когда письма написаны, ей скоро должно стать легче... Так что, мисс Вудхаус, она, к величайшему сожалению, не может с вами увидеться, но, зная вашу доброту, я надеюсь, что вы ее простите. Вам пришлось ждать у дверей — мне так совестно, — но вышел маленький конфуз — дело в том, что мы не слышали стука в дверь и не знали, что кто-то к нам идет, покуда вы не стали подниматься по лестнице. «Это только миссис Коул, — говорю я, — можешь мне поверить. Больше никто не придет так рано». «Что ж, — говорит она, — все равно через это придется когда-нибудь пройти, так отчего бы и не теперь». Но тут входит Патти и докладывает, что это вы. «А, это мисс Вудхаус, — говорю я, — ты, разумеется, захочешь ее повидать». А она: «Я ни с кем видеться не могу», — и встает, и хочет уйти — вот отчего мы вас заставили ждать, хотя это стыд и позор. «Ладно, милая, — говорю я ей, — нет так нет, иди — я скажу, что ты в постели».

Эмма слушала с живейшим интересом. Она давно начала смягчаться сердцем к Джейн, и эта картина ее теперешних страданий вытеснила прочь все прежние недостойные подозренья, оставив место одной только жалости, а память о том, как мало справедливости и доброты она выказывала раньше, вынуждала ее признать естественным, что Джейн, допуская до себя таких надежных друзей, как миссис Коул, с нею встречаться не в состоянии. С неподдельным сочувствием и теплотою она изъявила пожелание, чтобы шаг, на который, как явствует из слов мисс Бейтс, теперь определенно решилась ее племянница, оказался возможно более правильным и успешным. Она понимает, какое это, должно быть, для них испытание. До сих пор, кажется, подразумевалось, что все откладывается до возвращения полковника Кемпбелла.

— Вы так добры! — отозвалась мисс Бейтс. — Впрочем, вы всегда добры...

Слышать это «всегда» было свыше сил, и Эмма прервала эту пытку благодарностью прямым вопросом:

— А куда, могу ли я узнать, направляется мисс Фэрфакс?

— К некой миссис Смолридж — очаровательная особа, самых высоких достоинств, — где ей будут отданы на попеченье три прелестные крошки, ее дочери. Нельзя вообразить себе большее довольство и изобилие, разве что у самой миссис Саклинг или миссис Брэгг, — но миссис Смолридж близко знакома с тою и другой и живет по соседству, в четырех милях от Кленовой Рощи. Джейн будет всего в четырех милях от Кленовой Рощи!

— Вероятно, не кому иному, как миссис Элтон, обязана мисс Фэрфакс...

— Да, нашей славной миссис Элтон. Ее неустанным заботам и верной дружбе. Это она настояла. Если бы не она, Джейн могла потерять это место, потому что вначале, когда миссис Элтон ей только сказала — а было это позавчера, в то самое утро, когда мы ходили в Донуэлл, — вначале Джейн, по причинам, которые вы упомянули, была категорически против — она, как вы справедливо заметили, решила не предпринимать ничего определенного до возвращения полковника Кемпбелла, и ничто не могло склонить ее к немедленному согласию, о чем она много раз повторила миссис Элтон, — мне бы в голову не пришло, что она может передумать, — спасибо, что славная миссис Элтон, которую чутье никогда не подводит, оказалась дальновиднее меня. Не всякой достанет доброты выстоять, как она, не слушая возражений, но она твердо заявила «нет», когда Джейн просила ее ответить отказом на другой же день, то есть вчера, — и видите, уже ко вчерашнему вечеру все решилось наоборот — что Джейн едет. А я и понятия не имела! Полнейшая неожиданность!.. Джейн отвела миссис Элтон в сторону и сказала без обиняков, что, взвесив еще раз предложение миссис Смолридж и все его преимущества, она пришла к заключению, что его следует принять... Мне это сообщили, только когда все уже было слажено.

— Так вы провели вечер у миссис Элтон?

— Да, миссис Элтон хотела этого во что бы то ни стало. Мы уговорились еще на холме, когда гуляли с мистером Найтли. «Вечером непременно жду всех вас к себе, — сказала она. — Положительно требую всех к себе».

— А, значит, мистер Найтли тоже был!

— Нет, мистер Найтли сразу отказался — я, признаться, думала, мы его все-таки увидим, так как миссис Элтон объявила, что знать ничего не желает, но он не пришел, а мы все были — матушка, Джейн и я — и чудесно провели вечер. С такими добрыми друзьями, мисс Вудхаус, не может не быть чудесно — только чувствовалось, что после утренней поездки все несколько утомлены. От удовольствий, знаете ли, тоже устают, хоть и нельзя сказать, чтобы она кому-нибудь из них доставила большое удовольствие. Но я сохраню о ней приятные воспоминания и признательность добрым друзьям, которые взяли меня с собою.

— По-видимому, хотя вы о том не догадывались, мисс Фэрфакс целый день обдумывала свое решение.

— Да, вероятно.

— Ей и всем ее близким предстоит пережить горестные минуты. Но я надеюсь, что они с лихвою окупятся на новом месте, что нравы и обычаи семейства ее за них вознаградят.

— Спасибо, дорогая мисс Вудхаус. Да, там она найдет все на свете, что только может украсить существованье. Ни у кого из знакомых миссис Элтон, за исключением

Саклингов и Брэггов, вы не увидите в детской подобной изысканности и комфорта. Миссис Смолридж — само очарованье!.. Стиль жизни почти не уступает Кленовой Роще, а дети — таких прелестных, благонравных малюток, кроме как у Саклингов и Брэггов, не сыскать нигде. Джейн ждет самое уважительное и ласковое обхожденье! Это будет не жизнь, а удовольствие, сплошное удовольствие... А жалованье! Страшно выговорить, мисс Вудхаус. Даже вы, которой не в диковинку крупные суммы, не поверите, что ей, такой молоденькой, могли положить такое огромное жалованье.

— Ох, сударыня! — воскликнула Эмма. — Ежели другие дети таковы, какой я помню себя, то это жалованье — будь оно даже в пять раз больше, чем принято платить в подобных случаях, — достанется дорогою ценой.

— Какой у вас благородный взгляд на вещи!..

— И когда же мисс Фэрфакс покидает вас?

— Скоро, очень скоро — то-то и беда. Крайний срок — две недели. Миссис Смолридж не может ждать. Не представляю себе, как это все перенесет моя бедная матушка. Уж я стараюсь как могу, чтобы она над этим меньше задумывалась. «Полно, сударыня, — говорю ей, — не будем больше об этом думать».

— Друзьям, наверное, грустно будет ее лишиться должно быть, полковник Кемпбелл и жена его огорчатся, когда узнают, что она предприняла этот шаг, не дожидаясь их возвращенья?

— Да, Джейн в этом уверена, но она чувствует себя не вправе отказаться от такого места. Меня она просто ошеломила в первый момент, когда сказала, о чем у них с миссис Элтон был разговор, — и в это время сама миссис Элтон подошла меня поздравить! Как раз перед тем, как пить чай, — нет, погодите, не может быть, ведь мы тогда садились за карты... нет, все-таки перед тем, как пить чай, потому что я, помнится, подумала... Ах нет, совершенно верно — теперь я вспомнила, — перед чаем, и точно, произошло кое-что, но не это. Перед чаем с мистером Элтоном пришел поговорить сын старого Джона Эбди и вызвал его из комнаты. Бедный Джон... я чрезвычайно к нему привязана, он был двадцать семь лет причетником у покойного батюшки, а теперь, на старости лет, прикован к постели жестокою подагрой — надо будет сегодня же пойти его проведать, — Джейн, я уверена, пойдет, если у ней хватит сил выйти нынче из дому... Да, так его сын пришел поговорить с мистером Элтоном относительно вспомоществованья от прихода — сам он, вы знаете, живет в полном достатке, состоя старшим конюхом в «Короне» и так далее, но все же нуждается в пособии, чтобы содержать отца, — ну вот, а потом мистер Элтон воротился и рассказал нам о том, что узнал от конюха Джона, тогда-то и выяснилось, что в Рэндалс послали фаэтон, на котором поедет в Ричмонд мистер Фрэнк Черчилл. Вот что произошло перед чаем. А Джейн говорила с миссис Элтон после чая.

Мисс Бейтс не давала Эмме вставить двух слов и объяснить, что это последнее обстоятельство для нее совершенная новость; но так как, не допуская мысли, что Эмма может не знать во всех подробностях об отъезде мистера Фрэнка Черчилла, она принялась тем не менее излагать эти подробности, то Эмма ничего не потеряла.

Суть того, что узнал на этот счет от старшего конюха мистер Элтон, слагалась из личных наблюдений поименованного конюха и сведений, полученных от рэндалской прислуги, и состояла в том, что вскоре по возвращении всех с прогулки на Бокс-хилл из Ричмонда прибыл посыльный — что было, впрочем, более или менее в порядке вещей — с запискою от мистера Черчилла, содержащей отчет о состоянии миссис Черчилл — в целом сносном — и еще всего лишь пожелание, чтобы племянник не задерживался слишком долго и завтра утром возвращался назад, но мистер Фрэнк Черчилл решил не ждать до утра и ехать домой немедленно, а так как лошадь его, судя по всему, простудилась, то в «Корону» срочно отрядили Тома за фаэтоном, и конюх, стоя на улице, видел потом своими глазами, как он проехал мимо, — жеребец шел отлично, размашистым и ровным шагом.

Сообщение это не содержало ничего удивительного и интересного и привлекло внимание Эммы только в соотнесении с предметом, который уже занимал собою ее мысли. Ее поразил контраст между положением в этом мире миссис Черчилл и Джейн Фэрфакс — одна была все, другая — ничто; за размышлениями о несходстве женских судеб она не замечала, на чем покоится ее взгляд, покуда ее не вывел из задумчивости голос мисс Бейтс:

— Да, вижу, о чем вы думаете — о пианино. Что с ним станется... Вы правы. Джейн, бедная, как раз только что вела об этом речь... «С тобою, — сказала она, — нам придется расстаться. Нас ждет разлука. Тебе здесь нечего будет делать...», «Пусть еще постоит некоторое время, — сказала она мне. — Потерпите его у себя до возвращения полковника Кемпбелла. Я с ним поговорю, он распорядится инструментом, поможет мне справиться со всеми трудностями...» А ведь ей, как я подозреваю, и по сей день неизвестно, кто его подарил — полковник или его дочь...

Невольно мысли Эммы перешли на пианино, ей вспомнилось, какими несправедливыми, вздорными измышленьями встретила она его появление, и на душе у нее сделалось так скверно, что она сочла возможным не затягивать долее свой визит и вскоре, повторив от чистого сердца еще раз все свои добрые пожелания, простилась с мисс Бейтс.

Глава 9

Ничто не прерывало меланхолического раздумья Эммы, покамест она шла домой, и лишь при входе в гостиную, когда она увидела, кто там сидит, оно оборвалось. Там с ее батюшкой сидели мистер Найтли и Гарриет, пришедшие в ее отсутствие. Мистер Найтли тотчас поднялся и сухо, с необычно серьезным видом произнес:

— Я не хотел уезжать, не повидавши вас, но мне пора, мое время на исходе. Я еду на несколько дней в Лондон, к Джону с Изабеллой. Не нужно ли отвезти или передать им что-нибудь, помимо непременных поклонов, которые не стоят упоминанья?

— Нет, ровно ничего. Это, кажется, несколько неожиданное решение?

— Да, отчасти... Я об этом подумывал в последнее время.

Эмма была уверена, что он ее не простил, — он был не похож на себя. Однако, думала она, время ему покажет, что им надлежит сделаться снова друзьями. Он стоял, словно бы собираясь уходить, но не уходил — между тем ее батюшка, по обыкновению, приступил к расспросам:

— Ну, душенька, благополучно ли добралась? И как ты нашла мою почтенную старую приятельницу и ее дочь? Воображаю, сколь одолжила ты их своим визитом. Эмма, как я вам уже сказывал, мистер Найтли, ходила навестить миссис и мисс Бейтс. Она всегда к ним так внимательна!

Эмма покраснела при этой незаслуженной похвале и с улыбкой, которая говорила о многом, отрицательно покачав головою, взглянула на мистера Найтли. Ей показалось, что он прочел по ее глазам всю правду — угадал и оценил все то хорошее, что в ней совершилось, — и моментально смягчился. У Эммы потеплело на душе, а через минуту потеплело еще больше, от маленького, но необычного для него знака приязни. Он взял ее за руку — может быть, она первая сделала легкое движенье — может статься, сама его вызвала на это, сказать трудно, — как бы то ни было, он взял ее руку, пожал и явно собирался поднести к губам, но внезапно, из неведомой прихоти, отпустил. Что его вдруг остановило, отчего он в последний миг передумал — непонятно. На ее взгляд, разумней было не останавливаться. Намерение, однако, присутствовало неоспоримо, и — то ли потому, что вообще ему была мало свойственна галантность, то ли по какой другой причине — оказалось ему как нельзя более к лицу. У него в этом жесте было столько простоты и достоинства! Это незавершенное поползновенье оставило по себе столь отрадную память! Оно столь очевидно свидетельствовало о благорасположении... Сразу после этого он ушел — во мгновенье ока. Он был всегда быстр в движениях, не склонный по природе своей мямлить, но на сей раз скрылся с быстротою молнии.

Эмма никоим образом не жалела, что отлучалась к мисс Бейтс, только корила себя, что не ушла от нее на десять минут раньше и упустила увлекательную возможность обсудить с мистером Найтли положение Джейн Фэрфакс. Не вправе полагала она себя сожалеть и о том, что он уезжает, так как знала, с какою радостью его встретят на Бранзуик-сквер, — но он выбрал для отъезда не лучшее время, и обидно было, что не предупредил заранее. Но главное — они расстались добрыми друзьями, она не могла обмануться: об этом говорило и выражение его лица, и, пусть не завершенный, галантный жест, — все убеждало ее, что она снова поднялась в его мнении... Оказалось, он просидел у них полчаса. Да, жаль, что она не пришла домой чуть раньше!

В надежде отвлечь своего батюшку от огорчительных мыслей об отъезде мистера Найтли в Лондон — к тому же внезапном — к тому же, молвить жутко, верхом — Эмма изложила новости о Джейн Фэрфакс, и не зря понадеялась на их действие — он заинтересовался, но не огорчился. Он давно свыкся с мыслью, что Джейн Фэрфакс предстоит поступить в гувернантки, и способен был говорить об этом спокойно, меж тем как отъезд мистера Найтли в Лондон был непредвиденным ударом.

— Весьма рад слышать, душа моя, что у нее все устроилось так благополучно. Миссис Элтон — добропорядочная, любезная особа, и я уверен, что ее знакомые — достойные люди. Надеюсь, их дом стоит на сухом месте и они будут хорошенько заботиться об ее здоровье. Это — первейшая их забота, как моею, конечно, всегда было здоровье бедной мисс Тейлор. Подумай, душенька, ведь она станет для этой новой дамы тем, чем для нас была мисс Тейлор... Только надеюсь, в одном отношении ее судьба сложится удачнее — что ей не придется покидать гнездо, в котором она прожила столько лет.

Следующий день принес с собой новость, которая оттеснила все прочее на задний план. В Рэндалс прибыл нарочный из Ричмонда с сообщением, что миссис Черчилл скончалась! Хотя у ее племянника не было позавчера особых оснований торопиться из-за нее назад, но случилось так, что по его возвращении она прожила «еще лишь тридцать шесть часов. Ее, после недолгого сопротивленья, унес внезапный приступ — иной природы, нежели ее обычные недуги, и оттого непредугаданный. Всемогущей миссис Черчилл не стало».

На известие об этом отозвались так, как и принято отзываться на подобные известия. Все притихли, присмирели, взгрустнули об усопшей, посочувствовали ее близким и во благовременье, приободрясь, полюбопытствовали, где ее похоронят. Голдсмит учит, что, коль красавица запятнала себя грехопаденьем, ей ничего не остается, как умереть, — это средство обелить себя столь же действенно, когда красавица запятнана самодурством. Двадцать пять лет миссис Черчилл терпеть не могли — теперь, задним числом, ей многое простилось. По одному пункту она была оправдана полностью. Смерть доказала, что обвинения в капризах и самодурстве, якобы вызванных недомоганьем, — чистый поклеп.

«Бедная миссис Черчилл! Настрадалась, должно быть — никто и не предполагал, — конечно, от постоянной боли портится характер... Печальная история — такое потрясение, — и каково-то будет без нее мистеру Черчиллу? При всех ее недостатках, для мистера Черчилла это ужасная потеря. Нет, мистеру Черчиллу не оправиться от такого удара». Мистер Уэстон и тот крутил головой, хмурил брови, приговаривал: «Да — бедная женщина! Кто бы мог подумать...» — и положил себе носить траур по всей форме, а жена его, подрубая широким швом что-то крошечное, вздыхала и с неизменною трезвой рассудительностью делала выводы себе в назиданье. Обоих в первую голову волновало, как скажется это событие на положении Фрэнка. То же очень занимало и Эмму. Нрав миссис Черчилл, горе ее супруга — этих предметов мысль ее касалась с состраданием и трепетом лишь мимоходом — и облегченно устремлялась к Фрэнку: как отразится на нем перемена, что даст ему, насколько освободит. Возможные преимущества обрисовались для нее мгновенно. Теперь на пути его склонности к Гарриет Смит не будет преград. Мистер Черчилл, в отдельности от жены, был никому не страшен — легкий, покладистый человек, которого племянник уговорит на что угодно. Дело было за малым — чтобы племянник имел таковую склонность, в чем Эмма, при всем своем желании и доброй воле, пока что не ощущала уверенности.

Гарриет в сих чрезвычайных обстоятельствах держалась отлично, обнаруживая большое самообладание. Ярче ли разгорелись в ней надежды — она того не выдавала. Эмма, с удовольствием наблюдая такое доказательство благоприобретенной твердости духа, избегала всякого намека, который мог бы поколебать ее, и их разговоры о кончине миссис Черчилл отличались взаимной сдержанностью.

В Рэндалс приходили короткие письма от Фрэнка, в которых сообщалось самое важное об их текущих делах и планах. Мистер Черчилл перенес свою утрату лучше, чем можно было ожидать, и сразу после похорон — а они должны были состояться в Йоркшире — намечалось поехать вдвоем в Виндзор, к старинному другу, которого миссис Черчилл обещала навестить лет десять. Благие попечения о Гарриет до поры до времени откладывались; в настоящем Эмма не могла ей предложить ничего, кроме благих пожеланий.

Ее пока что больше тревожило, как выказать внимание Джейн Фэрфакс, для которой тучи на горизонте сомкнулись столь же стремительно, как для Гарриет — расступились, и всякому в Хайбери, который хотел сделать ей что-нибудь хорошее, не оставалось времени для промедлений — а Эмма хотела этого превыше всего. Ни в чем она так не раскаивалась, как в своей былой холодности, и рада была бы осыпать всеми мыслимыми знаками сочувствия и симпатии ту, которую столько месяцев не желала замечать. Она жаждала быть ей полезной, жаждала показать, что ищет ее общества, подтвердить ей свое уважение и приязнь. Она решилась убедить ее провести день в Хартфилде. Послана была записка с настоятельным приглашением. Его отклонили — устно. «Мисс Фэрфакс не совсем здорова и затрудняется писать», — а спустя немного, когда в Хартфилд зашел мистер Перри, выяснилось, что она расхворалась так серьезно, что к ней, без ее согласия, сочли нужным позвать его; что ее терзают головные боли и нервическая лихорадка; он не уверен даже, будет ли она способна прибыть в назначенное время к миссис Смолридж. На сегодняшний день, во всяком случае, здоровье у нее никуда не годится — совершенно пропал аппетит, — и хотя грозных симптомов не наблюдается и нет оснований предполагать, что затронуты легкие, чего пуще всего опасаются в семействе, но мистер Перри за нее не спокоен. По его мнению, она взяла на себя непосильную ношу и сама это чувствует, хоть и не хочет сознаться. Ее душевные силы, кажется ему, подорваны.

Нельзя не отметить, что условия, в которых она содержится дома, не способствуют исцелению от нервического расстройства — прискорбно, что она вынуждена все время ютиться в одной и той же комнатке, а ее славная тетушка, старая его приятельница — чего греха таить, не лучшее общество для болящей. Заботливость и внимание ее неоспоримы, но, откровенно говоря, чрезмерны. Он боится, что они приносят мисс Фэрфакс не столько пользу, сколько вред. Эмма слушала с живейшим участием, все больше сочувствовала ей и мысленно прикидывала, чем бы помочь. Забрать бы ее хоть на час-другой от тетки, вывезти на воздух — ей, вероятно, даже на час-другой хорошо было бы сменить обстановку, побыть с разумным, спокойным собеседником; и наутро она снова, в самых прочувствованных выражениях, написала Джейн, что заедет за нею в карете, пусть ей лишь укажут час, прибавив, что мистер Перри определенно высказался при ней в пользу подобного моциона.

В ответ пришла коротенькая записка: «Мисс Фэрфакс кланяется, благодарит, но решительно не в силах совершить моцион», — и только.

Эмме подумалось, что ее предложение заслуживает более теплого отклика, но невозможно было сердиться, глядя на эти неровные, прыгающие буквы, явно выведенные немощною рукой, и она только силилась придумать, как бы сломить это упорное нежеланье видеться и принимать помощь. Кончилось тем, что, несмотря на таковой ответ, она велела закладывать карету и поехала к дому миссис Бейтс, надеясь, что все-таки склонит Джейн к совместной прогулке, — но ничего не получилось: к карете вышла мисс Бейтс и, рассыпаясь в благодарностях, горячо согласилась, что для больной ничего не может быть лучше, как проехаться по свежему воздуху — обещалась передать это ей со всею убедительностью, — и все оказалось тщетным. Мисс Бейтс пришлось воротиться назад ни с чем; Джейн не поддавалась ни на какие уговоры — ей как будто хуже сделалось от одного предложения выехать на воздух... Эмме хотелось самой увидеться с нею и попытать свои силы, но не успела она заикнуться об этом, как мисс Бейтс тут же дала понять, что племянница взяла с нее обещание ни под каким видом не допускать к ней мисс Вудхаус. «Джейн, бедная, правду сказать, никого не хочет видеть — совершенно никого — миссис Элтон, разумеется, нельзя было отказать — и миссис Коул так настаивала — и миссис Перри так просила — но больше никого Джейн, право, видеть не в состоянии».

Эмма не жаждала становиться на одну доску с такими дамами, как миссис Элтон, миссис Перри, миссис Коул и им подобные, которые войдут куда угодно даже незваными, — а претендовать на предпочтение чувствовала себя не вправе; поэтому она покорилась и только подробней расспросила мисс Бейтс о том, какая диета предписана ее племяннице и на что у нее аппетит, — не может ли Хартфилд предложить свои услуги. При упоминании об этом бедная мисс Бейтс очень расстроилась и разговорилась: Джейн почти ничего не ест; мистер Перри сказал, что ей нужна питательная еда, но все, чем они располагают — а ни у кого на свете нет более заботливых соседей, — ей невкусно.

Приехав домой, Эмма призвала экономку немедля обследовать наличные съестные припасы, и к мисс Бейтс была в спешном порядке отправлена толика наипервейшего качества маниоки, сопровождаемая дружественной запиской. Через полчаса маниоку вернули назад; мисс Бейтс тысячу раз благодарила, но «милая Джейн сказала, что не может принять такое приношенье и не успокоится, покуда его не отошлют обратно, — а сверх того просила передать, что решительно ни в чем не нуждается».

После Эмме рассказывали, что в тот самый день, когда Джейн, под тем предлогом, что она не в силах совершить моцион, категорически отказалась прогуляться с нею в карете, кто-то, ближе к вечеру, видел, как она бродила по лугам на порядочном расстоянии от Хайбери, — и все это вместе взятое не оставляло сомнений, что ее доброту Джейн намеренно отвергает. Это было грустно; очень грустно. Сердце буквально сжималось от жалости — кровью обливалось — при виде такой раздражительности духа, непоследовательности поведения, нехватки прочности; было обидно, что ее сочли неспособной на добрые чувства, недостойной дружбы, но утешало сознание, что она действовала из благих побуждений и может сказать себе, что в этом случае мистеру Найтли — когда б он ведал об ее попытках прийти на помощь Джейн Фэрфакс, когда бы просто мог заглянуть к ней в душу, — не за что было бы ее бранить.

Глава 10

Однажды утром, дней через десять после кончины миссис Черчилл, Эмму просили сойти вниз к мистеру Уэстону, который «имеет до нее неотложное дело и не более пяти минут времени». Он встретил ее у дверей гостиной и, поздоровавшись с нею обычным голосом, тотчас его понизил, дабы не слышно было ее батюшке:

— Вы не могли бы нынче в первой половине дня зайти в Рэндалс? Постарайтесь, если можно. Вас хочет видеть миссис Уэстон. Ей необходимо вас видеть.

— Она нездорова?

— Нет-нет, вовсе нет — немного взволнованна, и только. Она бы села в карету и приехала сама, но ей нужно вас повидать наедине, а здесь это, знаете... — Кивая в сторону ее отца. — М-да!.. Так вы приедете?

— Разумеется. Хоть сейчас, если угодно. В такой просьбе отказать нельзя. Но в чем дело? Она правда не заболела?

— Можете мне поверить — только не задавайте больше вопросов. Потерпите, скоро все узнаете. Непостижимая история! Но — тсс, тихо!..

Догадаться, что все это должно означать, было, даже для Эммы, невозможно. Судя по его виду, речь шла о чем-то важном, но, удостоверясь, что здоровье ее друга в порядке, Эмма постаралась унять тревогу и, сказавшись батюшке, что совершит прогулку с утра, вскоре вышла с мистером Уэстоном из дому и быстрым шагом двинулась по направлению к Рэндалсу.

— Ну, — сказала она, когда хартфилдские ворота остались позади, — теперь-то, мистер Уэстон, скажите мне, что случилось.

— Нет-нет, — отозвался он строго. — И не просите. Я обещал жене, что все это предоставлю ей. Она вас сумеет подготовить лучше меня. Терпенье, Эмма, всему свое время.

— Подготовить?! — вскричала Эмма, в ужасе застывая на месте. — Боже мой!.. Мистер Уэстон, говорите сию минуту! Что-то случилось на Бранзуик-сквер.

Я знаю. Говорите же, я требую — немедленно скажите, что стряслось.

— Да нет же, вы ошибаетесь...

— Мистер Уэстон, такими вещами не шутят. Подумайте — речь идет о моих близких. С кем на Бранзуик-сквер стряслась беда?.. Заклинаю вас всем, что вам свято, не пытайтесь скрыть от меня правду.

— Даю вам слово, Эмма...

— Слово? Отчего не честное слово?.. Отчего вы не ручаетесь честным словом, что они здесь ни при чем? Господи! Почему меня нужно подготавливать, ежели это не касается моей родной семьи?

— Не касается, — торжественно сказал он, — Даю вам честное слово. Ни в коей мере не связано ни с кем из смертных, носящих имя Найтли.

У Эммы отлегло от сердца, и она тронулась дальше.

— Напрасно я употребил слово «подготовить», — продолжал он. — Нужно было сказать как-то иначе. В сущности, к вам это не имеет прямого отношения — будем надеяться, — а имеет ко мне одному... М-да!.. Короче, дорогая Эмма, пугаться здесь особенно нет причин. История неприятная, отрицать не стану, но могло быть гораздо хуже... Не прибавить ли нам ходу? Быстрей дойдем...

Эмма поняла, что придется подождать, но теперь это не стоило ей усилий. Она уже не задавала вопросов — лишь напрягла свое воображение, и оно услужливо подсказало ей, что, возможно, речь идет о каких-нибудь денежных осложненьях — что выплыли наружу какие-то семейные обстоятельства досадного свойства — выявились в связи с недавним событием в Ричмонде. Воображение ее разыгрывалось... Чего доброго, обнаружилось полдюжины побочных отпрысков и бедный Фрэнк остался без гроша!.. Хорошего мало, но ее это не сразит. Разве что подстегнет любопытство.

— Кто это проехал верхом? — заговорила она, больше из желания помочь мистеру Уэстону сохранить свою тайну.

— Не знаю... Кто-то из Отуэев, как будто... Не Фрэнк — в этом могу вас уверить. Фрэнка вы не увидите. Он уж теперь на полпути к Виндзору.

— Так ваш сын приезжал сюда?

— Что? Да-а, вы не знали?.. Хм, кхм — что-то в горле... — Он на минуту умолк, потом невинным, осторожным тоном прибавил: — Да, Фрэнк приезжал сегодня утром — просто взглянуть, как мы поживаем.

Они пошли дальше, не сбавляя шага, и очень быстро добрались до Рэндалса.

— Ну вот, дорогая, — сказал он, когда они вошли, — вот я вам и привел ее — теперь, надеюсь, вы скоро почувствуете себя лучше. Оставляю вас вдвоем. Тянуть нет смысла. Я буду неподалеку на случай, если понадоблюсь. — И, перед тем как уйти, прибавил тихо, но Эмма явственно слышала: — Я сдержал обещание. Она ничего не знает.

Миссис Уэстон встретила ее с таким страдальческим, смятенным видом, что в Эмме с новой силой всколыхнулась тревога, и, как только они остались одни, она озабоченно спросила:

— Что с вами, милый друг? Сколько я понимаю, произошла какая-то большая неприятность... скажите мне прямо — какая? Всю дорогу сюда меня томила неизвестность. Мы с вами обе ненавидим это мучительное состояние. Не продлевайте же его для меня. Поделитесь со мной, и вам самой станет легче.

— Вы и правда ничего не знаете? — дрожащим голосом спросила миссис Уэстон. — И... и не догадываетесь, милая Эмма, что вам предстоит услышать?

— Если это касается мистера Фрэнка Черчилла, то кое о чем догадываюсь.

— Вы не ошиблись. Это касается его, и я прямо сейчас вам все скажу. — Принимаясь снова за шитье и пряча таким образом глаза. — Он только нынче утром приезжал сюда, с совершенно невероятным сообщением. Не могу передать вам, как оно нас удивило. Он приехал поговорить с отцом об одном предмете... объявить о своих чувствах...

Она остановилась перевести дух. Эмма в первую секунду подумала о себе, потом — о Гарриет.

— И не просто о чувствах, а больше... — продолжала миссис Уэстон, — о помолвке — самой настоящей помолвке... Что вы скажете, Эмма, — что скажут люди, — когда станет известно, что Фрэнк Черчилл помолвлен с мисс Фэрфакс — и помолвлен давно!

Эмма буквально подпрыгнула от неожиданности.

— Джейн Фэрфакс?.. — вскричала она, пораженная ужасом. — Господи помилуй! Не может быть! Вы шутите!

— Ваше изумление понятно, — отозвалась миссис Уэстон, по-прежнему не поднимая глаз и торопясь заполнить паузу, чтобы дать Эмме время прийти в себя. — Очень понятно. И однако, это так. Они помолвлены с октября месяца, помолвились в Уэймуте и от всех хранили это в тайне. Ни одна живая душа не знала, кроме них, — ни Кемпбеллы, ни ее родные, ни его... Вот такие чудеса — доподлинно известно, что это факт, и все равно невероятно. Никак не верится... Я-то думала, что знаю его...

До Эммы почти не доходили ее слова. Две мысли владели сейчас ее сознанием, и оно металось от одной к другой: мысль о своих разговорах с ним насчет мисс Фэрфакс и мысль о Гарриет; какое-то время она способна была лишь издавать бессвязные восклицания и требовать снова и снова подтверждений, что это так.

— Да, — сказала она, силясь овладеть собою, — полдня, не меньше, понадобится мне, чтобы хоть как-то охватить это умом. Как! Значит, всю зиму, когда ни он, ни она еще не показывались в Хайбери, он уже с нею был помолвлен? — С октября месяца — тайно от всех. Мне больно было узнать об этом, Эмма, очень больно. И его отцу не меньше. Кое в чем его поведение представляется нам непростительным.

Эмма лишь на миг замешкалась с ответом:

— Не хочу делать вид, будто не понимаю вас, но у меня есть средство снять этот камень с души вашей — знайте, его внимание ко мне не произвело того действия, коего вы опасаетесь.

Миссис Уэстон, боясь поверить, подняла на нее глаза, но взгляд Эммы был так же спокоен и тверд, как ее речи.

— А чтобы вам легче было уверовать в то, что я теперь к нему совершенно равнодушна, — продолжала она, — скажу вам больше. Было время в раннюю пору нашего знакомства, когда он мне, точно, нравился и я готова была в него влюбиться — да что там «готова» — влюбилась, и как это потом прошло, сама диву даюсь. Но, к счастью, это прошло. Он в самом деле последнее время, месяца три по крайней мере, ничего для меня не значит. Можете мне поверить, миссис Уэстон. Это чистая правда.

Миссис Уэстон со слезами радости поцеловала ее и, когда к ней воротилась способность разговаривать, поклялась, что слаще этого заверенья ничего для ее слуха быть не может.

— Для мистера Уэстона тоже будет громадным облегчением это услышать, — сказала она. — Мы так терзались за вас! Нашей заветной мечтою было, чтобы вы понравились друг другу, мы думали, что так оно и есть... Вообразите же себе, что мы должны были испытать при этом известии.

— Я избежала несчастья каким-то чудом, за что мы с вами можем благодарить судьбу. Но его это не оправдывает, миссис Уэстон, и в моих глазах, должна сказать, он очень виноват. Какое право имел он приехать к нам связанным клятвой любви и верности и вести себя так вольно? Какое право имел добиваться расположенья одной, настойчиво за нею ухаживать — а он, бесспорно, делал это, — меж тем как принадлежал другой? Как мог он знать, что не наделает бед? Что я не отвечу на его авансы любовью?.. Дурно — очень, очень дурно.

— Из того, что он говорил, Эмма, милая, я вынесла впечатленье...

— И как могла она терпеть такое поведение? Чудовищное самообладанье! Видеть, как он при ней увивается за другою женщиной, и не возмутиться? Такую меру хладнокровия я не способна ни понять, ни уважать.

— Меж ними происходили размолвки, Эмма, он прямо об этом сказал. Ему некогда было особенно вдаваться в объяснения. Он был у нас всего четверть часа, и в столь возбужденном состоянии, что даже это время не мог употребить с большою пользой, но что у них были недоразумения — это он сказал с полной определенностью. Они-то, сколько я могу судить, и приблизили развязку и, очень может статься, вызваны были как раз его неправильным поведением.

— Неправильным? Ох, миссис Уэстон, это чересчур мягко сказано. Не просто неправильным, а гораздо, гораздо хуже. Не могу передать вам, как он проиграл, как уронил себя в моем мнении. Таков ли должен быть мужчина?.. Где прямота и цельность, неукоснительная приверженность принципам и правде, где презренье к мелкому надувательству, которые надлежит всегда и во всем выказывать настоящему мужчине?

— Позвольте, Эмма, дружок, я должна за него заступиться — пусть в настоящем случае он вел себя дурно, но я все-таки не первый день его знаю и ручаюсь вам, у него есть много хороших, прекрасных качеств и...

— Господи! — не слушая ее, вскричала Эмма. — А миссис Смолридж! Еще чуть-чуть — и Джейн нанялась бы в гувернантки! О чем он думал? Какая ужасающая черствость! Допустить, чтобы она решилась на этот шаг — чтобы такая мысль пришла ей в голову...

— Он ничего об этом не знал, Эмма. Тут его никак нельзя винить. Она приняла это решение самостоятельно, не сообщив ему или сообщив так, что он не придал этому значения. До вчерашнего дня он, по его словам, находился в полном неведении относительно ее планов. Они точно громом его поразили — не знаю, письмо ли пришло, записка ли, — но именно известие о том, что она замышляет, к чему готовится, побудило его немедленно пойти к дяде, во всем открыться, уповая на его доброту, и покончить с этим мучительным, затянувшимся так надолго положением, когда надобно было таиться и скрывать.

Эмма навострила уши.

— Он скоро мне напишет, — продолжала миссис Уэстон. — Прощаясь, он говорил, что скоро пришлет письмо, и мне послышалось в этих словах обещание изложить ряд подробностей, о которых пока что рассказывать рано. Давайте же сперва дождемся этого письма. Может быть, оно поведает нам о смягчающих обстоятельствах. Может быть, разъяснит и оправдает многое, что теперь недоступно нашему пониманию. Не будем же суровы, не будем торопиться осуждать его. Выкажем терпенье. Мне нельзя его не любить, и теперь, когда известное, весьма существенное соображение более меня не тревожит, я искренне желаю, чтобы все завершилось счастливо, и горячо на это надеюсь. Вероятно, они оба вынесли немало страданий из-за необходимости молчать и прятаться.

— Ему, — сухо отозвалась Эмма, — эти страдания, сколько можно судить, не причинили особого ущерба... Ну хорошо — и как же принял эту новость мистер Черчилл?

— Весьма благосклонно — почти не сопротивлялся и дал свое согласие. Подумайте, как все перевернули в этом семействе события одной недели! При жизни бедной миссис Черчилл не было бы, я полагаю, ни проблеска надежды, ни малейшей вероятности, ни единого шанса — но едва останки ее упокоились в фамильном склепе, как муж согласен идти наперекор ее воле... как все же славно, когда непомерное влияние уносят с собою в могилу!.. Его не понадобилось долго уговаривать.

«Да, — пронеслось в голове у Эммы, — и не понадобилось бы, когда бы речь шла о Гарриет...»

— Это произошло вчера вечером, а на рассвете Фрэнк поскакал сюда. Сначала на какое-то время остановился в Хайбери, побывал у Бейтсов, а оттуда — к нам, но, как я уже сказала, всего на четверть часа — так он спешил назад к дядюшке, которому теперь необходим вдвойне. Он был чрезвычайно возбужден — неимоверно — совсем другой человек, я таким его не видела. Ко всему прочему прибавилось потрясение, когда он обнаружил, как ей худо, о чем дотоле не подозревал — весь вид его выдавал, что он глубоко взволнован.

— И вы в самом деле верите, что их роман окружала непроницаемая тайна? Ну, а Кемпбеллы, а Диксоны — неужели никто из них так-таки ничего не знал о помолвке?

Произнося слово «Диксоны», Эмма невольно покраснела.

— Да, никто. Он ясно сказал, что об этом не знал никто на свете, помимо них двоих.

— Что ж, — сказала Эмма, — наверное, мы постепенно свыкнемся с этою мыслью — и желаю им всяческого счастья. Но мне всегда будет отвратителен подобный образ действий. Что это, как не нагроможденье лицемерия и обмана — шпионства и предательства? Явиться к нам, изображая прямодушие и откровенность, — и, в тайном союзе друг с другом, обсуждать каждого из нас!.. Мы, как последние простофили, всю зиму и весну мнили, будто сообщаемся на равной ноге, честно и благородно, меж тем как двое среди нас, быть может, копили и сравнивали впечатления, рядили о чувствах и высказываниях, отнюдь не предназначенных для слуха их обоих... Пускай же пеняют на себя, ежели при этом выяснилось, что о ком-то из них говорят не слишком приятные вещи!

— Я на этот счет могу быть покойна, — возразила миссис Уэстон. — Уверена, что никогда не говорила одному из них про другого ничего такого, что нельзя было бы сказать в присутствии обоих.

— Вам повезло... Когда вы впали единственный раз в заблуждение, вообразив, что в нее влюблен один наш общий знакомый, вы поверили это лишь моим ушам.

— Верно. Но как я всегда была самого высокого мнения о мисс Фэрфакс, то, даже впав в заблуждение, не могла отозваться об ней дурно — а о нем и подавно. В эту минуту за окном показался мистер Уэстон, который явно дожидался, когда его позовут. Жена подала ему взглядом знак войти, и, когда он скрылся, прибавила:

— А теперь, милочка Эмма, умоляю вас, держитесь и говорите так, чтобы у него стало легче на душе и он мог благосклонно отнестись к этому браку. Постараемся замечать лишь хорошее — ведь, и правда, почти все говорит в ее пользу. Она — не самая завидная партия, но ежели мистера Черчилла это не смущает, то отчего должно смущать нас? И может быть, для него — для Фрэнка, я хочу сказать — большая удача, что выбор его пал на девицу с таким твердым характером и ясным умом, каковою я всегда ее считала, да и теперь склонна считать, несмотря на это единственное, но серьезное отступление от строгих правил. Хотя в ее положении даже эту ошибку многое оправдывает.

— Очень многое! — воскликнула с чувством Эмма. — Ежели есть положение, когда женщине простительно думать только о себе, — это положение Джейн Фэрфакс. То, о котором по справедливости можно сказать: «Не друг тебе весь мир, не друг — его закон»*.

---

* «Не друг тебе весь мир, не друг — его закон». Шекспир, «Ромео и Джульетта», акт V, сц. 1 (пер. Т. Л. Щепкиной-Куперник).

Входящего мистера Уэстона она встретила веселой улыбкой и словами:

— Хорошенькую вы шутку со мной сыграли, нечего сказать! Это что, новый способ подразнить мое любопытство и проверить, хорошо ли я умею угадывать? Ну и напугали же вы меня! Я уж подумала, что вы по крайней мере лишились половины состояния. А вам, оказывается, не соболезнования надобно приносить, а поздравления!.. От всего сердца поздравляю вас, мистер Уэстон, что вам достанется в дочери одна из самых прелестных и достойных девиц на английской земле.

Мистер Уэстон переглянулся раз-другой с женою, понял, что это говорится без притворства, что все в порядке, — и немедленно воспрянул духом. Лицо его преобразилось, в голосе зазвучала обычная бодрость; он крепко, благодарно пожал ей руку и пустился рассуждать на эту тему в духе, свидетельствующем, что еще немного, еще легкий нажим со стороны, и он начнет думать об этой помолвке без неудовольствия. Его собеседницы старались упирать на то, что могло умалить в его глазах неразумие и сгладить возраженья, и к тому времени, как они обсудили все втроем — а потом, на обратном пути в Хартфилд, обсудили еще раз вдвоем с Эммой, — он совершенно примирился с таким поворотом событий и был недалек от мысли, что ничего лучшего Фрэнк не мог и придумать.

Глава 11

«Гарриет, бедная Гарриет!» — твердила себе Эмма; эта мысль неотступно мучила ее, в этом была суть несчастья. Фрэнк Черчилл обошелся с нею самой очень дурно — дурно во многих отношениях, — но гневалась она на него не за его проступки, а за свои. Из-за него, но по ее вине пострадала Гарриет, и это задевало всего глубже. Во второй раз сделалась бедняжка жертвою ее оплошностей и обольщений. С изрядной прозорливостью сказал когда-то мистер Найтли: «Эмма, вы были плохим другом Гарриет Смит». И впрямь, как это ни ужасно, она приносила один лишь вред своей подопечной. Правда, нынче, в отличие от прежнего, вина лежала не только на ней — недолжные помыслы уже и без нее смущали Гарриет, она еще до первого намека со стороны призналась, что отличает Фрэнка Черчилла и восхищается им, — но все же Эмма поощряла чувства, которые должна была сдерживать. Она могла предупредить их, не попустить — на это у ней бы хватило влияния. А что предупредить их было необходимо, она теперь уверилась вполне... Она убедилась, что играла счастьем своей подружки, не имея к тому и малых оснований. Здравый смысл обязывал ее сказать сразу, что о Фрэнке и помыслить недозволительно, ибо слишком ничтожна вероятность, что он ее полюбит. «Да только, видно, — думала она, — со здравым смыслом я не в ладу...»

Она досадовала на себя так сильно, что это было бы невмоготу, не имей она повода досадовать и на Фрэнка Черчилла... К большому ее облегченью, Джейн Фэрфакс уже в опеке не нуждалась. Достанет треволнений с Гарриет, о Джейн долее печалиться незачем — ее болезни и невзгоды, имея одну причину, несомненно, пройдут и от одного лекарства. Времена прозябания и бедствий для нее миновали. Скоро придут к ней и здоровье, и благоденствие, и радость... Эмма догадывалась теперь, отчего Джейн отвергала ее заботы. Открытие это объясняло много мелких загадок. Ею владела ревность. Джейн видела в ней соперницу — как же могла она принять от нее дружбу или помощь? Прогулка в хартфилдской карете была в ее глазах страшнее пытки, маниока из хартфилдских кладовых — горше отравы. Все это Эмма поняла — и, по мере сил изгнав из сердца пристрастность и своекорыстие обиды, честно себе призналась, что Джейн обрела положение и счастье лишь по заслугам. Зато бедняжке Гарриет помощь требовалась неотложно — вся ее помощь без остатка, все ее сочувствие! Эмма со страхом и печалью предвидела, что этот вторичный удар окажется тяжелее первого. Иначе и быть не может — и не должно: нынешний предмет ее неизмеримо выше, его влияние на Гарриет неизмеримо сильней, иначе она бы не сумела так владеть собою... И все-таки — чем раньше, тем лучше — ей надобно поведать горькую правду. Мистер Уэстон напоследок запретил делиться с другими этой новостью. «Покамест все должно оставаться в тайне. Мистер Черчилл настаивает на этом из уважения к памяти жены, да и приличия требуют того же»: Эмма обещалась молчать, но высший долг повелевал ей открыться Гарриет.

Как ни досадовала она, но едва ли не забавным казалось, что ей предстояло выполнить в отношении Гарриет ту же нелегкую и деликатную обязанность, которую только что исполнила миссис Уэстон по отношению к ней. Со страхом несла она кому-то весть, которую с таким же страхом сообщили только что ей самой. Сердце ее забилось чаще при звуке знакомых шагов и знакомого голоса — так же, подумалось ей, стучало сердце у бедной миссис Уэстон, когда она входила в Рэндалс. Ох, если б все и разрешилось с тою же легкостью!.. К несчастью, на это надежды не было.

— Ну, что вы скажете, мисс Вудхаус! — возбужденно воскликнула Гарриет, появляясь в дверях. — Не поразительная ли новость?

— Какая новость? — отозвалась Эмма, стараясь определить по голосу и виду, знает ли уже Гарриет обо всем.

— Насчет Джейн Фэрфакс. Слыхали вы что-нибудь подобное? Нет, вы не пугайтесь, мне мистер Уэстон сам сказал. Я только что с ним повстречалась. Он говорит, это большая тайна. Мне бы и в голову не пришло никому ее открыть, кроме вас, — но он говорит, вы уже знаете...

— И что же он вам сказал? — спросила Эмма, еще ничего не понимая.

— Ну, всё, всё! Что Джейн Фэрфакс и мистер Фрэнк Черчилл хотят пожениться и давно уже тайно помолвлены. Как странно!

Это и впрямь было странно — Гарриет невероятно странно вела себя, Эмма просто не знала, что и думать. Откуда взялась эта сила духа? Держится так, словно и не встревожена открытием, не разочарована — словно оно и не касается до нее. Эмма глядела на нее в молчаливом недоумении.

— Кто бы мог догадаться, что он в нее влюблен? — восклицала Гарриет. — Разве что вы одна, с вашим даром читать в сердцах... — краснея, — но больше никто...

— Правду сказать, — заговорила Эмма, — я готова уже усомниться, что обладаю этим даром. И вы можете спрашивать, догадывалась ли я, что он влюблен в кого-то, когда я — пусть неявно, пусть лишь намеком — поддерживала и поощряла ваши чувства?.. Да я и не подозревала до сегодняшнего дня, что Фрэнк Черчилл помышляет о Джейн Фэрфакс. Иначе, уж поверьте мне, не пощадила бы усилий, дабы вас остеречь должным образом.

— Меня? — вскричала Гарриет изумленно, заливаясь краской. — С какой же стати остерегать меня? Не думаете ли вы, что я неравнодушна к мистеру Фрэнку Черчиллу?

— Рада слышать, что вы с таким хладнокровием это говорите, — улыбаясь, возразила Эмма. — Но вы не станете отрицать, что было время — и не столь давно, когда вы дали мне понять, что он вам не вовсе безразличен?

— Кто — он? Да нет же, никогда, дорогая мисс Вудхаус! И вы могли так неверно понять меня?

— Гарриет! — онемев на мгновенье, вскричала Эмма. — О чем это вы? Боже милосердный! Неверно понять вас? Не хотите ли вы сказать?..

Голос ее прервался, и, не в силах более выговорить ни слова, она села, с ужасом ожидая ответа. Гарриет, стоя поодаль, отвернулась и отвечала не сразу, а когда собралась, то голос ее звенел едва ли меньшим смятением.

— Никогда бы не подумала, что вы меня не так поймете! — начала она. — Да, верно, мы сговорились не называть его по имени, но он столь бесконечно всех выше, что, мне казалось, понятно — о нем одном и может идти речь. Какой там мистер Фрэнк Черчилл! Не знаю, кто даже взглянет в его сторону, когда рядом он. Не такой у меня дурной вкус, чтобы мечтать об мистере Фрэнке Черчилле, который ничто перед ним! Поразительно, что вы могли так обмануться!.. Конечно, когда бы я не верила, что вы одобряете мой выбор, что поощряете меня, я бы вначале не дерзнула и мечтать о нем. Не скажи вы, что случались и не такие чудеса, что бывали еще более неравные браки — я повторяю это слово в слово, — я не дозволила бы себе поддаться чувству, не посмела бы допустить возможность этого... Но когда вы, зная его всю жизнь...

— Гарриет! — вскричала Эмма, с решимостью беря себя в руки. — Объяснимся начистоту, довольно с нас ошибок! Вы говорите о... о мистере Найтли?

— О нем, разумеется. У меня и мысли не было ни о ком другом — я думала, вы это знаете. Это с определенностью явствовало из нашего разговора о нем.

— По-видимому, не совсем так, — с усилием сдерживаясь, возразила Эмма, — ежели я отнесла ваши слова к другому лицу. Почти готова поручиться, что вы называли имя мистера Фрэнка Черчилла. И уверена, что вы упоминали о том, как мистер Фрэнк Черчилл вызволил вас от цыган.

— Ох, мисс Вудхаус, вы все забыли!

— Гарриет, милая, я даже прекрасно помню, что сказала вам на это. Я говорила, что не удивляюсь вашим чувствам, что сердце ваше не могло не тронуться, когда он оказал вам такую услугу, — и вы согласились со мною, называя эту услугу благодеянием, говорили о чувствах, с коими увидали, что он идет к вам на выручку... Слова эти врезались мне в память.

— Боже мой! — воскликнула Гарриет. — Теперь и я вспоминаю, но я не то имела в виду. Не цыган и не мистера Фрэнка Черчилла. О нет! — Одушевляясь: — Я думала о другой — и бесценной — услуге, когда мистер Найтли подошел и позвал меня танцевать, увидев, что мистер Элтон не желает, а больше мне танцевать не с кем. Вот что я называла благодеяньем — вот в чем видела благородство и великодушие — вот какая услуга показала мне, что он лучше и выше всех на свете.

— Боже правый! — вскричала Эмма. — Это прискорбная, злосчастная ошибка!.. Что теперь делать?

— Значит, если бы вы поняли верно, — сказала Гарриет, — то не поощряли бы меня... И все ж могло быть хуже, когда бы речь шла о другом, потому что теперь... теперь все это стало возможным...

Она остановилась. Эмма не могла вымолвить ни слова.

— Я понимаю, мисс Вудхаус, — заговорила снова Гарриет. — Разница между нами огромна — обо мне ли речь или о ком-нибудь еще. Один должен вам представляться в миллион раз недоступней для меня, чем другой. Но предположим, что если б... как это ни удивительно... Вы ведь сами сказали — случались и не такие чудеса, бывали и еще более неравные браки — сказали это про меня и мистера Фрэнка Черчилла, а значит, коли такое чудо могло случиться... и коль судьба подарит мне столь несказанное счастье и мистер Найтли... ежели он пренебрежет нашим неравенством, то вы, надеюсь, дорогая мисс Вудхаус, не воспротивитесь и не станете чинить препятствий. А впрочем, что это я, — для этого вы слишком добры!

Гарриет стояла теперь у окна. Эмма, цепенея от ужаса, оглянулась на нее и торопливо проговорила:

— Вы полагаете, что мистер Найтли разделяет ваши чувства?

— Да, — скромно, но без робости отвечала Гарриет. — Откровенно говоря, полагаю.

Эмма тотчас отвела взгляд и, застыв в неподвижности, молча собралась с мыслями. Этих мгновений ей достало, чтобы прочесть в своем сердце правду. Разум подобного склада, озарясь подозреньем, немедленно устремляется к разгадке. Она коснулась истины — вгляделась в нее — и удостоверилась. Почему Гарриет можно любить Фрэнка Черчилла и никак нельзя любить мистера Найтли? Почему в жилах стынет кровь при мысли, что

Гарриет может надеяться на взаимность? Ответ пронзил ее точно молния: потому что мистер Найтли должен жениться только на ней самой!

За те же считаные мгновенья открылась ей истина не только о своем сердце, но и о своем поведении. С небывалою ясностью предстала она пред ее мысленным взором. Как скверно вела она себя в отношении Гарриет? Сколько опрометчивого, бесцеремонного, необдуманного — сколько бездушного было в ее действиях! Какое ослепление, какое безумие двигало ею! Мысль эта поразила ее с невероятной силой, она названия не могла найти своим поступкам. И все же, из доли самоуважения, вопреки этим тяжким изъянам, из нежелания терять лицо, а более всего из чувства справедливости к Гарриет — в сострадании девушка, которая верила, что ее любит мистер Найтли, не нуждалась, но обижать ее холодностью справедливость не дозволяла — Эмма нашла в себе решимость спокойно и даже с видимостью дружелюбия сидеть и терпеть дальше. Ей и самой полезно было узнать, далеко ли простираются упованья ее подопечной — к тому же Гарриет ничем не провинилась, не за что было лишать ее участия и доброты, которые ей добровольно уделяли до сих пор, — и уж тем паче не заслужила она пренебрежения от той, которая давала ей одни лишь пагубные советы... И Эмма, очнувшись от раздумья, стараясь унять душевную бурю, вновь оглянулась на Гарриет и более приветливым тоном возобновила прерванную беседу, а то, что ей послужило началом — чудесная новость о Джейн Фэрфакс, — исчезло, рассеялось как дым. Обе думали теперь только о себе — о себе и о мистере Найтли.

Гарриет, для которой эти секунды прошли в мечтаниях, не лишенных, впрочем, приятности, рада была, когда ее вернул к действительности ободряющий голос мисс Вудхаус, доброго друга и мудрого судьи, и, не заставляя просить себя дважды, с охотою, хотя и не без трепета, стала рассказывать о причинах своих надежд; Эмма, внимая ей и задавая вопросы, трепетала не меньше, хотя и лучше скрывала волненье. Голос ее звучал ровно, но душа пребывала в смятенье, потрясенная внезапным откровением и столь же внезапною угрозой, борением ошеломляющих чувств. Глубже пряча страдания и являя одно лишь терпенье, слушала она подробности, которые излагала ей Гарриет. Особой связности, последовательности или красноречия она и не ждала, но ежели отрешиться от несообразностей и повторений, рассказ содержал в себе нечто такое, от чего у Эммы упало сердце, в особенности когда память ей подтвердила, что мнение мистера Найтли об Гарриет и вправду много переменилось к лучшему.

Перемену в его поведении с нею Гарриет ощутила после двух достопамятных танцев... Эмма сама знала, что ее подружка тогда приятно поразила его. С того вечера — или, во всяком случае, с того часа, когда мисс Вудхаус не воспретила ей думать о нем, — Гарриет стала замечать, что он склонен чаще вступать с нею в беседу и совсем иначе ведет себя, что в его обращении с нею появились мягкость и доброта... В последнее время это чувствовалось все сильней. Все чаще во время совместных прогулок он подходил к ней, шел рядом, занимал ее приятнейшим разговором!.. Ей кажется, что он желает ближе познакомиться с нею. Эмма знала, что и это недалеко от истины. Она сама замечала в нем такую перемену. Гарриет приводила слова похвалы и одобренья, сказанные им, и Эмма вспоминала, как он почти в тех же выражениях отзывался о Гарриет в разговоре с нею. Как ему нравилось отсутствие в Гарриет жеманства и притворства, как нравилась безыскусность, простота, искренность ее чувств. Да, Эмма знала, что он видит в Гарриет эти достоинства, — он не раз упоминал ей о них. Однако многое, что столь живо присутствовало в памяти Гарриет, — частые маленькие знаки внимания, взгляд, два-три слова, придвинутый ближе стул, лестный намек, скрытый комплимент, — Эмма, ничего не подозревая, пропустила мимо. События, которых хватило бы на добрых полчаса в пересказе, свидетельствовали о многом для той, которая видела их, но укрылись от внимания той, которая об них слушала теперь, — однако два из них, самых недавних и, на взгляд Гарриет, многообещающих, Эмма отчасти тоже отметила. Во-первых, когда все гуляли по липовой аллее, он до того, как появилась Эмма, шел вдвоем с Гарриет поодаль от прочих, причем, по убежденью Гарриет, увел ее вперед нарочно и вначале разговаривал с нею многозначительно — совсем не так, как обычно. При воспоминании об этом Гарриет зарделась. Казалось, он клонил к вопросу о том, свободно ли ее сердце... Но едва к ним приблизилась мисс Вудхаус, как он тотчас перешел на другое и заговорил о сельском хозяйстве... Во-вторых, перед отъездом в Лондон он просидел с нею почти полчаса в Хартфилде, покуда не воротилась Эмма, хотя, когда явился, сразу предупредил, что не пробудет и пять минут, а за разговором признался, что уезжает с большой неохотой и предпочел бы остаться, — о чем, отметила Эмма, он ей самой не сказал ни слова. Одно уже это показывало, насколько он откровенней с Гарриет, и стало для Эммы причиною новых терзаний.

О первом из этих двух свидетельств Эмма после минутного раздумья решилась спросить:

— Но может быть... вы не допускаете, что, осведомляясь о ваших чувствах, он думал о мистере Мартине — что он действовал в интересах мистера Мартина, когда спрашивал вас об этом?

Но Гарриет безоговорочно отвергла таковое предположенье.

— Мистера Мартина? Вот уж нет! Об нем не было сделано и намека. Я теперь даже не взгляну в сторону мистера Мартина и думаю, это всякому понятно.

Итак, перечень свидетельств был завершен, и Гарриет просила дорогую мисс Вудхаус сказать, есть ли у нее основания надеяться.

— Если бы не вы, — сказала она, — я бы сначала и думать об нем не посмела. Это вы мне советовали понаблюдать за ним — руководствоваться в моих чувствах его поведением, — так я и сделала. И вот теперь мне кажется, что я, быть может, его достойна — что, если он выберет меня, в этом не будет ничего невероятного.

Столько горьких, горчайших чувств всколыхнули в сердце Эммы эти речи, что ей стоило великого усилия вымолвить в ответ:

— Гарриет, могу сказать лишь одно — никогда такой человек, как мистер Найтли, не введет женщину умышленно в заблужденье относительно своих чувств.

Услышав столь благоприятный приговор, Гарриет едва не кинулась ей на шею — от этих изъявлений восторга и любви, которые были бы в ту минуту страшнее всякого наказанья, Эмму спасли звуки отцовских шагов. Из прихожей к ним приближался мистер Вудхаус. Гарриет, в сильном волненье, предпочла избежать встречи с ним. Она не в силах справиться с собою... Мистер Вудхаус может встревожиться — ей лучше теперь уйти...

Ее приятельница с готовностью поддержала ее в этом; Гарриет выскользнула в другую дверь, и не успела она скрыться, как у Эммы вырвалось: «Боже! Зачем она мне только встретилась в жизни!»

Остаток дня и наступившая ночь прошли в мучительных думах. То, что обрушилось на нее в эти последние часы, ошеломило ее и повергло в смятенье. Каждый миг приносил нежданную новость, и каждая новость — унижение. Как все это понять, как разобраться? Отчего она обманывала себя и жила этим обманом? Откуда эти заблужденья, эта слепота рассудка и души? Она сидела, вставала, ходила — то по комнатам, то по саду — и везде, в креслах и на аллее, видела одно: что поступала недостойно, малодушно — горько было сознавать, что ею воспользовались, поставили ее в унизительное положение; еще горше — что она сама поставила себя в унизительное положение, что она несчастна и что несчастья ее, быть может, только начинаются сегодня. Прежде всего она пыталась понять, уяснить себе толком свои чувства. На это тратила каждый миг, не отданный отцу, каждый миг невольной рассеянности.

С каких же пор сделался мистер Найтли дорог ей, как неожиданно подсказало ей сердце? Когда повеяло на нее этим флюидом, этим током? Когда вселился он в сердце, изгнав оттуда случайного гостя — Фрэнка Черчилла? Эмма оглядывалась назад, сравнивала их — сравнивала свое к ним отношенье с той поры, как появился второй из них — а должна была бы сравнить давным-давно, ежели б это по счастливой случайности пришло ей в голову!.. Она видела теперь, что всегда, во всякое время ставила мистера Найтли несравненно выше и несравненно больше дорожила его отношеньем к себе. Видела, что, уверяя себя в обратном, думая и действуя наоборот, она бесконечно обманывалась, не ведала, что творит, что, одним словом, она никогда не любила Фрэнка Черчилла!

Вот к чему ее привели первоначальные размышленья. Вот что узнала она о себе, отвечая на первоначальный вопрос, — и времени на это потребовалось не так уж много. Гнев на себя и раскаянье владели ею, всякое чувство ее и побужденье рождало в ней стыд, кроме одного, которое только что ей открылось, — чувства к мистеру Найтли... Все прочее в собственной душе было ей отвратительно.

В неизъяснимом тщеславии она возомнила, будто умеет читать в чужих сердцах, в непростительной гордыне покушалась распоряжаться чужою судьбой и, оказывается, кругом ошибалась — и добро бы сидела сложа руки, а то ведь натворила бед. Навлекла столько зол — на Гарриет, на себя самое, а может статься, как это ни страшно, и на мистера Найтли. Если этот неравнейший из союзов состоится, она одна будет повинна, это с ее легкой руки все пошло — он, вероятнее всего, не обратил бы на Гарриет внимания, когда бы не заподозрил о ее чувствах к нему, а ежели и нет, то все равно — он бы вообще не знался с Гарриет, когда бы не прихоть мисс Вудхаус.

Мистер Найтли и Гарриет Смит!.. Кто бы додумался поставить рядом эти имена? Что такое в сравненье с этим роман Фрэнка Черчилла и Джейн Фэрфакс? Обычная вещь, чепуха, повседневность — ровным счетом ничего удивительного, поражающего воображенье. И говорить-то не о чем... Мистер Найтли и Гарриет Смит! Как непостижимо она возвысится! Как низко уронит себя он! Подумать ужасно, как унизит его этот союз в общем мнении, — ужасно предвидеть насмешливые, глумливые, пренебрежительные улыбки по его адресу, презрение и обиду его родного брата, тысячи неловкостей, затруднений. Да разве мыслимо такое? Нет, никогда! А между тем ничего невозможного тут нет. Ново ли, когда благороднейший, умнейший становится жертвою посредственности? Ново ли, когда мужчина, которому недосуг заниматься поисками, становится добычею той, которая сама его находит? И разве новы в этом мире неравенство, нелепость, несообразность — и впервые ли распоряжаются, пусть невзначай, людскою судьбой обстоятельства и слепая случайность?

Ох, зачем она только приблизила к себе Гарриет! Для чего не оставила ее там, где ей место! Не он ли сам предостерегал ее когда-то!.. Для чего с неслыханным безрассудством помешала ей стать женою превосходного молодого человека, с которым она была бы счастлива в назначенном ей кругу, и все сейчас обстояло бы благополучно, обошлось бы без этих жутких последствий...

И как смела Гарриет подумать о мистере Найтли? Как дерзнула вообразить, не зная наверное, что ее сделал своею избранницей такой человек? Но Гарриет стала уже не та, утратила былую скромность и щепетильность. Уже не чувствовала, что стоит ниже других по уму и по рожденью. Прежде ее тревожило, снизойдет ли до женитьбы на ней мистер Элтон — теперь, кажется, не слишком тревожит, снизойдет ли до этого мистер Найтли... Увы — не ее ли рук дело и это? Кто, как не она, старательно внушал Гарриет, чтобы выше ценила себя? Кто, как не она, учил, что она вправе притязать на иное положение в обществе и должна стремиться по возможности возвыситься?.. Ежели смиренница Гарриет сделалась тщеславной, то это — опять-таки ее работа.

Глава 12

Эмма и не догадывалась, в какой мере счастье ее зависит от того, первая ли она для мистера Найтли в его помыслах, в его сердце — не догадывалась, покамест над ее первенством не нависла угроза... Зная, что обладает им, веря, что это в порядке вещей, она жила в свое удовольствие и не вдавалась в раздумья; лишь страх уступить свое место другой открыл ей, сколь невыразимо оно для нее важно... Долго, слишком долго чувствовала она себя первой — за неименьем близких родственниц, одна лишь Изабелла могла бы оспаривать право на его внимание, а Эмма прекрасно знала, кого из них двоих он чтит и любит больше. Все эти годы главной для него была она. И не по заслугам — слишком часто случалось ей бывать небрежной, строптивой, пренебрегать его советами и даже, назло ему, поступать наперекор, не замечать и половины его достоинств, вздорить с ним, когда он оспаривал ее неверные, полные самомнения сужденья — и вопреки всему, по-родственному, по привычке, по душевному благородству, он любил ее, как никого другого, следил за нею с детских лет, наставлял, исправлял, не давал свернуть с пути. Она знала, что, несмотря на все недостатки, дорога ему, быть может — очень... Это должно было, казалось бы, вселять в нее надежды, но Эмма не посмела им предаваться. Это Гарриет Смит могла считать, что достойна, пожалуй, его особливой, единственной — страстной его любви. Она — не могла. Не могла тешиться мыслью, что он любит ее в ослепленье. Не она ли недавно убедилась, сколь беспристрастно его отношение к ней... Как возмутился он ее поведением с мисс Бейтс! Как прямо, как сурово говорил об этом с нею! Заслуженная суровость — но разве он выказал бы ее, когда бы в груди его теплилась не только неуклонная справедливость и зоркая доброжелательность?.. Надежды не было — никакой надежды на то, что он питает к ней нежные чувства особливого рода; но оставалась — то угасая, то вспыхивая вновь — надежда, что Гарриет могла обмануться, могла преувеличить его чувства к ней... Хорошо бы так — ради его блага, даже если ей самой это ничего не принесет и он только останется на всю жизнь холостяком. Да, будь она уверена, что он ни на ком не женится, она, наверное, вполне удовлетворилась бы этим. Пусть он останется прежним мистером Найтли — для нее, для ее батюшки — для целого света; пускай не прервется бесценная дружеская связь меж Донуэллом и Хартфилдом, не ослабеют узы взаимного доверия и дружбы, и на сердце у нее будет покойно... Тем более что замужество для нее исключается. Оно несовместно с ее дочерним долгом и дочернею любовью. Ничто не разлучит ее с ее батюшкой. Она бы и за мистера Найтли не пошла, если б он попросил ее руки...

Всей душою желала она неудачи Гарриет, уповая, что когда снова увидит их вдвоем, то сможет хотя бы определить, есть ли у нее в самом деле причины надеяться. Она с них глаз не будет спускать, и, пусть до сих пор ей не сопутствовала удача в искусстве наблюдать, — отныне она уже не ошибется... Его ждали назад со дня на день. Возможность для наблюдений представится скоро, слишком скоро, если страхам ее суждено подтвердиться. А до той поры, решила она, лучше не видеться с Гарриет. Ни им обеим, ни делу не будет пользы от новых разговоров. Она знала, что все равно не поверит, покуда есть основания сомневаться, а поколебать уверенность Гарриет была покамест не властна. Разговоры ничего не дадут, кроме лишних волнений... И она в добрых, но твердых выражениях написала ей, что пока не приглашает ее в Хартфилд, изъявив убежденье, что от доверительных бесед об известном предмете им лучше впредь воздерживаться, и надежду, что ежели они в ближайшие дни будут встречаться не иначе как на людях, избегая свиданий наедине, то смогут потом вести себя так, словно вчерашнего разговора не существовало... Гарриет согласилась с нею, подчинилась и поблагодарила. Едва этот вопрос уладился, как Эмму ненадолго отвлекли от предмета, который вот уже сутки во сне и наяву занимал собою ее мысли: приехала миссис Уэстон — она только что побывала у будущей невестки и по дороге домой завернула в Хартфилд, дабы, отчасти из чувства долга по отношению к Эмме, а более ради собственного удовольствия, поведать во всех подробностях об этом многозначащем визите.

К миссис Бейтс ее сопровождал мистер Уэстон и весьма достойно справился со своею ролью, но после она пригласила мисс Фэрфакс прокатиться с нею вдвоем и узнала за время этой прогулки гораздо больше, чем за четверть часа в гостиной миссис Бейтс, когда всех их сковывала неловкость.

В Эмме пробудилась толика любопытства, и она, стараясь поддерживать его в себе, расположилась слушать. Миссис Уэстон решилась ехать к миссис Бейтс не без внутренней борьбы — поначалу вовсе не хотела, предпочитая написать мисс Фэрфакс, а с нормальным визитом повременить до тех пор, покуда мистеру Черчиллу не станет легче смириться с тем, что тайна получит огласку, ибо, все взвесив, она поняла, что о посещении этом неизбежно пойдут толки; однако мистер Уэстон думал иначе, прежде всего желая показать мисс Фэрфакс и ее родным, что смотрит на случившееся благосклонно, — он считал, что никаких подозрений визит не вызовет, а если и вызовет, то не беда — ибо, заметил он, «такое все равно не скроешь». Эмма улыбнулась, подумав, что у мистера Уэстона есть основания для подобного вывода. Короче, решено было ехать. Джейн при виде их пришла в неописуемое смущенье и растерянность. Ей явно стоило труда поддерживать разговор; всякий взгляд ее, всякое движенье свидетельствовали о муках совести. Отрадно и трогательно было видеть тихую радость старушки, сияющее лицо ее дочери, которая даже примолкла слегка от восторга. Обе столь очевидно заслуживали уваженья, столь бескорыстно торжествовали, столь искренне думали только о Джейн — о всех других — и забывали о себе, что становилось тепло на душе. Недавняя болезнь мисс Фэрфакс послужила миссис Уэстон отличным предлогом пригласить ее прогуляться, она вначале дичилась и отнекивалась, но уступила настояньям, а во время прогулки миссис Уэстон, незаметно ободряя ее, помогла ей справиться с застенчивостью и понемногу разговориться о главном. Началось, разумеется, с извинений за то, что, когда миссис Уэстон впервые их посетила, то Джейн, рискуя показаться невежливой, большею частью отмалчивалась — затем последовали изъявленья горячей благодарности, которую она всегда питала к ней и мистеру Уэстону; когда же эти излияния иссякли, началась обстоятельная беседа о делах и планах в настоящем и будущем. Миссис Уэстон полагала, что она принесла облегченье ее собеседнице, у которой за столько времени многое накопилось на душе, и сама осталась очень довольна тем, что от нее услышала. — С особенным волненьем говорила она о том, чего ей стоило таиться все эти месяцы, — продолжала миссис Уэстон. — Вот ее слова: «Не стану говорить, будто со времени нашей помолвки у меня не было счастливой минуты, но могу смело сказать, что не знала после нее ни одного спокойного часа», — губы у ней дрожали, Эмма, и я пожалела ее всем сердцем.

— Бедная! — сказала Эмма. — Так, значит, она корит себя за то, что согласилась на тайную помолвку?

— Корит? Мне кажется, никто не осуждает ее столь сурово, как она сама. «Этот поступок, — говорила она, — стал для меня причиною непрестанных страданий, и это справедливо. Зло влечет за собой наказанье, но продолжает оставаться злом. Страдания не искупают вины. Им никогда меня не обелить. Я действовала против собственных правил — все кончилось счастливо, все добры ко мне, но совесть мне подсказывает, что это не заслужено. Не думайте, сударыня, — прибавила она, — что меня дурно воспитывали. Не судите по моей ошибке о друзьях, которые учили меня и пеклись обо мне. Виновата я одна, и, хотя, казалось бы, нынешние обстоятельства могут мне служить оправданьем, поверьте, я со страхом думаю о той минуте, когда должна буду все рассказать полковнику Кемпбеллу».

— Бедная! — повторила Эмма. — Видно, она любит без памяти. Видно, одна любовь толкнула ее на этот шаг. Любовь пересилила разум.

— Да, сила ее чувства не вызывает у меня сомнений.
Эмма вздохнула.

— Боюсь, что и я изрядно приумножила ее страданья...

— Вы, дружок, это делали, сами того не зная. Впрочем, сколько я поняла, отсюда, быть может, и проистекали размолвки, на которые он нам намекал. Зло, совершенное ею, говорила она, имело естественным следствием то, что она начала вести себя неразумно. Сознавая, что поступила неверно, она сделалась жертвою бессчетных тревог и страхов, сделалась вздорной, раздражительной, и, должно быть — даже наверное, — ему было трудно это выносить. «Я перестала считаться с его складом натуры и нравом, — говорила она, — с его прелестною живостью, с веселым, легким характером, который в обычных обстоятельствах составлял для меня одно из главных его очарований». Затем она стала говорить о вас — сколько доброты вы к ней выказали, когда она хворала, и, красноречиво краснея, просила меня при первой возможности передать вам ее благодарность — величайшую благодарность — за эти добрые побужденья и старанья оказать ей помощь. Ей совестно, что она их без должной признательности отвергла.

— Когда бы не уверенность, что сейчас она счастлива, — серьезно отвечала Эмма, — а она, конечно, счастлива, как бы ее ни мучили угрызенья совести — эта признательность была бы для меня нестерпима, потому что, миссис Уэстон, ежели подсчитать, сколько зла я сделала мисс Фэрфакс, то все эти добрые побужденья... Ну, да что там... — останавливая себя и стараясь глядеть веселей, — пора это все забыть. Спасибо, что вы посвятили меня во все эти любопытные подробности. Они показывают ее в самом выгодном свете. Я убедилась, что она достойна счастья, — я надеюсь, что оно не изменит ей. Это справедливо, что он богат, ибо духовное богатство целиком принадлежит ей.

С таким заключеньем миссис Уэстон согласиться не могла. Она во Фрэнке не видела изъянов, а главное — любила его и потому истово защищала. Она говорила и умно, и с чувством, но Эмма вскоре потеряла нить ее рассуждений, ее внимание устремилось на Бранзуик-сквер — в Донуэлл; она больше не вслушивалась, и, когда миссис Уэстон завершила словами: «Письма, которого мы так ждем, еще нет, но надеюсь, оно скоро придет», — ответила не сразу и наугад, так и не вспомнив, о каком письме идет речь.

— Эмма, девочка моя, здоровы ли вы? — спросила ее напоследок миссис Уэстон.

— Совершенно! — отвечала Эмма. — Вы же знаете, я не болею. Так не забудьте известить меня, когда придет письмо.

Рассказ миссис Уэстон дал Эмме новую пищу для невеселых размышлений, заставив ее проникнуться еще большим уважением и сочувствием к мисс Фэрфакс, острее ощутить, как она к ней была несправедлива. Горько сетовала она, что не стремилась ближе сойтись с нею, и краснела при мысли, что причиной тому была в известной мере, конечно же, зависть. Послушайся она мистера Найтли — яви она к Джейн внимание, которого она с такою несомненностью заслуживала, — попытайся узнать ее лучше, сделать шаг ей навстречу, найти друга в ней, а не Гарриет Смит, — и как знать, быть может, не пришлось бы ей теперь так мучиться... Одна — ровня ей по уму, рождению, воспитанью, а что такое другая? Предположим даже, что они бы не подружились, что мисс Фэрфакс не посвятила бы ее в столь важную тайну — а вероятней всего, так бы и случилось, — все-таки, узнав ее как следует, как ей следовало узнать Джейн Фэрфакс, она бы не питала этих гнусных подозрений насчет непристойного романа с мистером Диксоном, которые не только выдумала и взлелеяла по глупости сама, но и, что вовсе непростительно, разболтала другому, который, опасалась она, мог по легкомыслию и беспечности сообщить о них Джейн и глубоко оскорбить ее в самых деликатных чувствах. Она понимала теперь, что со времени приезда Джейн в Хайбери была для нее, вероятно, худшим из многочисленных зол, осаждавших ее. Была всегда и во всем врагом ей. Всякий раз, как они оказывались втроем, она угрожала спокойствию мисс Фэрфакс на тысячи ладов, а Боксхилл явился, по всей видимости, последней каплей, переполнившей чашу душевных страданий.

Долог и невесел был этот вечер в Хартфилде. Погода тоже наводила уныние. Заладил холодный дождь, и о том, что на дворе июль, напоминали разве что деревья и кусты, терзаемые ветром, да поздний закат, который все медлил скрыть от глаз эту безотрадную картину.

Непогода дурно действовала на мистера Вудхауса, и приободрить его могли одни лишь непрестанные заботы дочери, которые ныне стоили ей небывалых дотоле усилий. Ей припомнился другой тоскливый вечер, когда она впервые осталась вдвоем с отцом после свадьбы миссис Уэстон — но тогда вскоре после чая пришел мистер Найтли и мигом разогнал их грусть. Увы, скоро этим дружеским посещеньям, этим чудесным свидетельствам притягательной силы Хартфилда, настанет конец. Тогда она опасалась, что с наступлением зимы лишится многого, — и ошиблась; ни один друг их не покинул, ни одно увеселенье не прошло мимо... Но сердце говорило ей, что на этот раз дурные предчувствия ее уж не обманут. На этот раз будущее закрыли тучи, которые не разогнать, даже не раздвинуть немного. Если в кругу ее друзей совершатся ожидаемые перемены, то Хартфилд опустеет — она останется наедине со своим батюшкой и сожаленьями о загубленном счастье.

В Рэндалсе родится дитя и свяжет мать, займет ее сердце и время, станет дороже прежней питомицы. Они лишатся миссис Уэстон и, вероятно, в значительной степени — ее мужа. Фрэнк Черчилл больше приезжать не станет, и мисс Фэрфакс, надобно полагать, вскоре окончательно оторвется от Хайбери. Они поженятся и осядут либо в Энскуме, либо где-нибудь неподалеку от него. Все, что ей дорого, отнимется, а ежели, ко всему прочему, они утратят и Донуэлл, то что им останется — с кем можно будет отвести душу за интересным разговором, с кем поделиться заботой? Уж не заглянет к ним больше скоротать вечерок мистер Найтли!.. Не нагрянет в любом часу, словно к себе домой!.. Как это вынести? И ежели он оставит их ради Гарриет, ежели подтвердится, что общество Гарриет для него предел желаний, что его избранница, сердечный друг, супруга, средоточие его земного блаженства — Гарриет, то разве утешит Эмму в ее несчастной доле неотступная мысль о том, что все это сделано ее руками?..

Тут ее боль достигала высшей точки — Эмма с невольным содроганьем тяжело вздыхала, вставала, расхаживала по комнате; единственным утешеньем и поддержкой служила ей решимость вести себя отныне безупречно и надежда, что как ни безотрадна будет в сравненье с прошлым эта зима — да и все другие зимы, которые ей суждено прожить, — но сама она станет разумней, мудрее и, может быть, встретит весну уже без столь горьких сожалений.

Глава 13

Ненастье затянулось; назавтра в Хартфилде все утро царило то же уныние и уединенье — но после полудня распогодилось; ветер переменил направленье, прогнал тучи и улегся; выглянуло солнце — и снова вернулось лето. Встрепенулась и Эмма; ее сразу потянуло из дому. Природа, освежась и успокоясь после бури, нежилась на солнце, сверкала, благоухала, лаская взор и обонянье, и Эмма надеялась, что постепенно тоже обретет в ней успокоенье, а потому после обеда, когда к ее батюшке зашел на часок мистер Перри, она поспешила в сад... Прошлась разок-другой по аллее, чувствуя, как мало-помалу проясняются мысли и оживает душа, — и вдруг увидела, что в калитку входит мистер Найтли и направляется к ней... Она и не знала, что он вернулся из Лондона. Еще минуту назад она не сомневалась, что их разделяют шестнадцать миль, и едва успела кое-как собраться с духом. Нельзя было показать ему свое волненье. Через полминуты он был подле нее. Они поздоровались сдержанно, чуть натянуто. Она спросила, как поживают их родные, — он отвечал, что хорошо. Когда он от них уехал? Только нынче утром. Должно быть, попал под дождь по дороге? Да. Оказалось, что он хочет с нею прогуляться. «Только что заглянул в гостиную, убедился, что он там лишний, и предпочитает побыть на воздухе...» Эмма видела, что он подавлен чем-то, и ее страхи с готовностью подсказали ей возможную причину: сообщил о своих намерениях брату и расстроен теперь из-за того, как тот их принял.

Они пошли рядом. Мистер Найтли молчал. Ей казалось, что он то и дело поглядывает на нее, надеясь, вероятно, лучше увидеть ее лицо, но она отворачивалась. Тотчас страхи ее удвоились. А вдруг он ждет удобной минуты, чтобы заговорить с нею о своих чувствах к Гарриет... Она не хочет, не может облегчить ему эту задачу! Пускай справляется сам... Но и молчанье казалось ей нестерпимо. Она не привыкла к его молчанью. Она поколебалась, отважилась — и, силясь улыбнуться, начала:

— Ну что ж, раз вы воротились, то у меня для вас есть новость — и думаю, она вас удивит.

— Новость? — спокойно переспросил он, глядя на нее. — И какого же рода?

— Такого, что лучше и быть не может — скоро будет свадьба.

Он помолчал минуту и, удостоверясь, что это все, отозвался:

— Ежели вы имеете в виду мисс Фэрфакс и Фрэнка Черчилла, то эту новость я уже слышал.

— Когда же вы успели? — вскричала Эмма, оборотясь к нему и заливаясь краской, ибо, когда он это сказал, ей мгновенно пришло в голову, что по пути он, вероятно, завернул к миссис Годдард.

— Я утром получил записку от мистера Уэстона, в которой говорилось о приходских делах, а в конце он коротко извещал меня об этом событии.

У Эммы отлегло от сердца, и немного спустя она заговорила уже спокойнее:

— Вас это, должно быть, меньше удивило, чем всех нас, ведь вы кой о чем догадывались. Я не забыла, как вы однажды пробовали предостеречь меня. Жаль, что я не прислушалась, но видно... — упавшим голосом и с тяжким вздохом, — мне суждено жить в ослепленье.

Они помолчали; она не подозревала, что ее речи произвели на него особое впечатленье, но вдруг почувствовала, как он продевает ее руку под свою и прижимает к сердцу, — услышала вдруг, как он, понизив голос, произносит с глубоким чувством:

— Эмма, голубушка, верьте, что эта рана со временем заживет... С такою ясною головкой, как у вас, с таким высоким чувством дочернего долга вы, знаю, вы не допустите, чтобы... — Он крепче прижал к себе ее локоть и глухо, сквозь стиснутые зубы, прибавил: — Поверьте, что как преданный друг ваш... Невыразимо возмущен — какая низость, гнусность!.. — И громче, тверже, завершил: — Очень скоро его здесь не будет. Они скоро уедут в Йоркшир. Ее можно пожалеть. Она заслуживает лучшей участи.

Эмма все поняла и, подавляя радостный трепет, вызванный столь нежным участием, отвечала:

— Вы очень добры, благодарю, — но только вы ошибаетесь, и я обязана во все внести ясность. Для такого рода сочувствия нет оснований. Да, я была слепа, не видела, что происходит между ними, и вела себя так, что стыдно вспомнить, — позволяла себе, по неразумью, творить и делать многое, что могло подлежать ложному истолкованью, однако иных причин жалеть, что эта тайна не открылась мне раньше, у меня нет.

— Эмма! — вскричал он, глядя на нее во все глаза, — да неужели возможно, что... — Он осекся. — Нет-нет, я понимаю вас, простите... уже и то, что вы сказали, — большое благо. Во всяком случае, об нем нечего жалеть, и я хочу надеяться, что скоро вы это поймете не только головой... Какое счастье, что вы не увлеклись им серьезно! Признаться, по вашему поведенью трудно было судить наверняка, сколь глубоки ваши чувства, — я видел только, что вы ему выказываете предпочтенье, которого он не стоит. Такой, как он, недостоин называться мужчиной. И такому достанется это милое созданье?.. Ох, Джейн, Джейн, какая вас ждет несчастная судьба...

— Мистер Найтли, — сказала Эмма, пряча за напускною оживленностью смущенье, — я нахожусь в двусмысленном положении. С одной стороны, я не имею права оставлять вас в заблужденье, но с другой, раз причиною заблужденья была моя манера вести себя, то стыдно признаваться, что все это делалось не любя, — как стыдно было бы признаться в обратном. Но это делалось не любя...

Он выслушал ее без единого звука. Она ждала, что он заговорит, но он продолжал хранить молчанье. Вероятно, этих объяснений недоставало, чтобы он смягчился, и, значит, ей предстояло еще более уронить себя в его глазах. Это было нелегко, и все же она решилась.

— Мне почти нечем оправдать свое поведенье. Вероятно, его внимание льстило мне, и я не скрывала своего удовольствия... Очень старая история — обычная вещь, — случается с сотнями женщин, и все же непростительна, когда женщина, как я, претендует на пониманье всех и вся. Многое способствовало искушенью. Он приходится сыном мистеру Уэстону, он буквально дневал и ночевал у нас в доме, был неизменно любезен, короче, — со вздохом, — я могла бы изобрести еще тысячу причин, но все они сведутся к одной — он льстил моему тщеславию, и я принимала знаки его внимания. Правда, с некоторых пор — уже довольно давно — у меня создалось впечатленье, что они ничего не значат. Я стала считать их привычкой, манерой, чем-то не заслуживающим серьезного отношения. Он лукавил со мною, но я не пострадала. Я никогда не питала к нему склонности. А его поступки мне теперь понятны. Он вовсе не хотел добиться моего расположенья. Он увивался за мной для отвода глаз, скрывая свои отношения с другою... Он всех кругом стремился обмануть, и никто, конечно, не был более меня готов обмануться, да только я не обманулась — мне повезло, — короче, сама не знаю как, но я убереглась от него.

Она надеялась, что хоть теперь-то он ответит — хотя бы скажет, что ее поведение можно понять; но он молчал и, казалось, глубоко задумался. Наконец, и почти что обычным тоном, заговорил:

— Я никогда не был высокого мнения о Фрэнке Черчилле. Допускаю, впрочем, что я мог его недооценивать. В сущности, нас с ним связывало лишь шапочное знакомство... Но ежели даже я судил о нем верно, то он еще может исправиться... Когда рядом такая женщина, это не исключено... У меня нет причин желать ему зла, а ради нее, которой счастье будет зависеть от его поведения и нрава, я определенно желаю ему добра.

— Не сомневаюсь, что они будут счастливы, — сказала Эмма. — По-моему, они искренне и горячо любят друг друга.

— Воистину баловень судьбы! — с чувством подхватил мистер Найтли. — Совсем зеленый юнец — двадцать три года, — в такие лета ежели и выбирают себе жену, то чаще всего неудачно. Двадцать три года — и получить такое сокровище! Сколько блаженства сулит грядущее этому человеку! Снискать себе любовь такого созданья — и бескорыстную любовь, ибо такая, как Джейн Фэрфакс, не может любить своекорыстно... Все благоприятствует ему. Равенство положенья — я разумею положение в обществе, равенство в воспитанье, взглядах, привычках — во всем, что существенно и важно, за единственным исключеньем — однако раз ее бескорыстие вне подозрений, то даже это единственное неравенство должно лишь умножить его блаженство, когда он дарует ей то, в чем она ему уступает... Мужчине всегда хочется привести свою жену в дом, который лучше дома, покинутого ею, и когда он может сделать это, зная, что любим бескорыстно, то он и впрямь счастливейший из смертных. Да, Фрэнк Черчилл, бесспорно, любимец фортуны. Все оборачивается для него удачей... Встречает на водах девицу, пленяет ее, умудряется даже небрежным обращеньем не навлечь на себя ее немилость — и такую девицу, что лучшей в мире не сыскать ни ему, ни его родне... Мешает браку только тетка — тетка умирает... Ему остается лишь объявить о своих намереньях. Все кругом счастливы за него. Всех одурачил, обвел, вокруг пальца, и все ему с восторгом прощают... Счастливчик, иначе не назовешь!

— Вы словно завидуете ему.

— А я и завидую, Эмма. В одном отношении очень завидую. Эмма прикусила язык. Еще два-три слова, казалось ей, — и речь зайдет о Гарриет; она всеми силами жаждала избежать сего предмета. Надобно вот что — перевести разговор на другое. Бранзуик-сквер, дети — вот безопасная тема... Она набрала в грудь побольше воздуха, но мистер Найтли опередил ее:

— Вы не спрашиваете, чему я завидую... Предпочитаете воздержаться от изъявлений любопытства... Разумно... но я буду неразумен. Эмма, я должен сказать вам то, о чем вы не спрашиваете, хоть, может быть, через минуту о том пожалею.

— Тогда не говорите, не надо! — вырвалось у ней. — Не торопитесь — подумайте — воздержитесь!..

— Благодарю вас, — сказал он с горькой обидой и больше не проронил ни звука. Этого Эмма вынести не могла. Он хотел ей довериться, быть может, ждал совета... нет, чего бы ей это ни стоило, она его выслушает. Поддержит его, ежели он решился, поможет побороть сомненья — замолвит слово за Гарриет, воздаст ей должное или, напомнив ему, что он свободен, избавит его от нерешимости, которая тяжелей для человека его склада, нежели любое решенье... Они в это время подходили к дому.

— Вы, вероятно, пойдете в комнаты, — сказал он.

— Нет, — отвечала Эмма, заново укрепляясь в своем решенье при звуках его удрученного голоса. — Я с удовольствием пройдусь еще. Мистер Перри еще не ушел. — И, когда они отошли от дома на несколько шагов, прибавила: — Я сейчас оборвала вас, мистер Найтли, — вы, вероятно, обиделись... Словом, ежели вы желаете поговорить со мною открыто, как с другом, — может статься, спросить совета о том, что у вас на уме, — то располагайте мною. Я все выслушаю... — и откровенно, как друг ваш, скажу, что думаю.

— Друг! — повторил мистер Найтли. — Эмма, боюсь, что это слово... Но впрочем, нет — я не хочу... Нет, стойте — что толку мяться? Раз уже я начал, поздно отступать... Я принимаю ваше предложенье... Как ни странно это может показаться — принимаю и буду с вами говорить, как с другом... Скажите мне откровенно — есть у меня хотя бы доля надежды?

Он умолк, вопросительно глядя на нее, — от этого взгляда у Эммы подломились колени.

— Милая моя, дорогая, — сказал он. — Дорогая навеки, каков бы ни был исход этого разговора, — дорогая моя, любимая Эмма, скажите прямо. Нет так нет, прямо так и скажите... — Эмма была не в силах произнести ни слова. — Вы молчите! — воскликнул он, ожидая. — Вы не сказали «нет»! О большем я пока не прошу.

Эмма едва держалась на ногах от наплыва чувств. Больше всего, пожалуй, она боялась сейчас, как бы ее не разбудили, как бы не кончился этот счастливый сон.

— Я не умею говорить красиво, Эмма, — продолжал он вскоре, и такою откровенной, искренней, нескрываемой нежностью звенел его голос, что все сомненья ее исчезли. — Когда бы я любил вас меньше, то мог бы больше сказать. Но вы меня знаете. Я всегда говорю вам только правду. Я вас распекал, наставлял вас — и вы терпели, как не стерпела бы ни одна другая. Так потерпите же и теперь, дорогая моя, а я опять скажу вам правду — и снова не приукрашенную любезностью обхожденья. Да, видит бог, кавалер из меня неважный... Но вы поймете меня, вы всегда меня понимали, и ответите мне такою же откровенностью. Сейчас я хочу одного — скажите хоть что-нибудь, я должен слышать ваш голос.

Покуда он говорил, мысль Эммы работала с лихорадочной быстротой, и с этой чудодейственной быстротою она, не пропустив мимо ни единого его слова, — постигла и осознала правду: что все надежды Гарриет беспочвенны, что все это ошибка, заблужденье — такое же, какими были ее собственные заблужденья; что Гарриет — ничто, а она — все; что слова, относящиеся до Гарриет, он принимал за язык ее собственных чувств; ее смятенье, колебания, сомненья, попытки уйти от разговора толковал как нерасположенье к себе... За считаные мгновенья ее успело посетить не только это счастливое озаренье, но и радость, что она не выдала тайну Гарриет, и убеждение, что теперь выдавать ее нет ни нужды, ни смысла. Вот и все, чем она теперь могла помочь своей незадачливой подружке, ибо способности на героические поступки, вроде просьбы забыть о ней и отдать предпочтенье Гарриет, как несравненно более достойной, — или хотя бы вроде простого и благородного решенья отказать ему раз и навсегда, ничего не объясняя, коль уж ему нельзя жениться на двоих, — Эмма в себе не ощущала. Она жалела Гарриет и корила себя, но безумное великодушие вопреки всем возможностям и резонам ей не приходило в голову. Да, она сбила бедную с пути, и в этом ей вечно каяться, но чувство не помрачило в ней рассудка, а рассудок, как прежде, безоговорочно восставал против подобного союза, неравного и унизительного для него. Ей оставался один путь — верный, хотя и не самый легкий... Ее просили сказать что-нибудь, и она сказала. Что именно? Да то самое, естественно, что и следовало. Что и полагается говорить в подобных случаях истинной леди. Сказала ровно столько, чтобы показать, что ему нет причин отчаиваться, и побудить его к дальнейшим признаньям... Выяснилось, что была минута, когда он и впрямь готов был отчаяться — когда, призвав его к молчанью, к осторожности, она сокрушила в нем надежду; ведь сначала она даже выслушать его не хотела... Потом — внезапная перемена: неожиданное предложенье пройтись еще немного, возобновить беседу, которую она же сама только что прервала!.. Эмма понимала, сколь непоследовательным должно было выглядеть такое поведение, — спасибо, что мистер Найтли не настаивал на том, чтобы она объяснила его...

Редко, очень редко раскрывается полная правда при выяснении отношений — что-нибудь да останется скрытым, неверно истолкованным, — но когда, как в настоящем случае, неверно толкуют лишь поведение, а не чувства, то беда не столь уж велика. Мистер Найтли, даже зная всю правду, не мог бы внушить сердцу Эммы большего раскаяния, ни большей готовности ответить на зов его сердца.

Оказалось, что он и не подозревал о том, как много для нее значит. Он пошел с ней гулять, вовсе не предполагая объясниться. Он спешил в Хартфилд, чтобы узнать, как она приняла известие о помолвке Фрэнка Черчилла, не помышляя о себе — ни о чем не помышляя, кроме одного — как бы найти возможность утешить ее, ободрить советом. Все случилось под влияньем минуты, под внезапным действием восхитительных слов, сказанных ею. Когда он услышал, что она совершенно равнодушна к Фрэнку Черчиллу, что никогда не питала к нему склонности, в нам вспыхнула надежда со временем самому завоевать ее расположенье — далекая, смутная надежда, — и, когда над здравомыслием вдруг возобладало нетерпенье, жаждал услышать только, что ему не запрещают добиваться ее любви. Но вот она заговорила — и ему открылись высшие, лучшие надежды. Он лишь просил разрешения искать ее любви — а она уже любила!.. За полчаса он перешел от мрачного уныния к полному блаженству, ежели таковое существует на земле.

Не меньше переменилось все и для нее... Ей тоже эти полчаса подарили блаженную уверенность в том, что она любима, тоже рассеяли для нее безвестность, ревность, недоверие. Он начал ревновать давным-давно, с тех самых пор, как приехал Фрэнк Черчилл, — нет, даже раньше, когда стали ждать его приезда... Он полюбил Эмму и начал ревновать ее к Фрэнку Черчиллу примерно в одно время и, вероятно, понял, что любит ее, когда стал ревновать. Это ревность погнала его в город. Прогулка на Бокс-хилл решила его отъезд окончательно. Он не мог больше видеть, как она принимает и поощряет его ухаживанья. Он уехал, ища исцеленья, но ошибся в выборе места. В доме брата все слишком дышало семейным счастьем; Изабелла слишком походила на сестру, хотя и уступала ей во многом, и тем еще безжалостней воскрешала перед ним во всем блеске образ Эммы — словом, толку от пребывания в их доме было мало и продлевать его не имело большого смысла. И все же он крепился и терпел день за днем, покамест нынче утром не получил от мистера Уэстона известие о помолвке сына с Джейн Фэрфакс... Он обрадовался — не устыдился этого, ибо всегда считал, что Фрэнк Черчилл недостоин Эммы, — и вдруг так за нее всполошился, так забеспокоился, что не мог больше усидеть в Лондоне ни минуты. Под проливным дождем поскакал восвояси, а сразу после обеда поспешил сюда узнать, как перенесла удар судьбы самая милая, самая лучшая, самая совершенная, при всех своих несовершенствах... Он застал ее в смятенье и унынии. Этот негодяй Фрэнк Черчилл!.. Она объявила, что никогда не любила его. М-да, пожалуй, все же Фрэнк Черчилл — не отпетый мерзавец... Он воротился в дом со своей Эммой, любимой и любящей, и, когда бы в голове у него еще оставалось место для Фрэнка Черчилла; он бы признал его, вероятно, очень порядочным малым...

Глава 14

Как разнились чувства Эммы по возвращении в дом от тех, с которыми она вышла погулять! Тогда она смела мечтать лишь о краткой передышке среди страданий — теперь вся охвачена была сладким трепетом счастья и знала, что счастье это только умножится, когда трепет уймется.

Сели пить чай — то же общество за тем же круглым столом — как часто они здесь собирались! Как часто взор ее падал на те же кусты в саду, всякий раз по-новому прекрасные в лучах предвечернего солнца! Но никогда не испытывала она при этом ничего подобного, не ведала такого состоянья, не без труда удалось ей справиться с собою и вновь стать заботливой хозяйкой дома и даже заботливой дочерью.

Бедный мистер Вудхаус и не подозревал, какое коварство таит в груди гость, которого он с таким радушием принимает у себя, с тревогою осведомляется, не простудился ли он, когда скакал под дождем. Загляни мистер Вудхаус к нему в душу, то не стал бы беспокоиться об его легких — но он не чаял нависшей над ним беды, не видя ничего необычного в лице или поведении двух своих собеседников, спокойно пересказывал им новости, услышанные от мистера Перри, и благодушно толковал о том о сем, нимало не подозревая, сколь многое могли бы поведать ему они сами.

Покамест мистер Найтли сидел у них, Эмму не покидало лихорадочное волненье, но, когда он ушел, она начала понемногу остывать, успокаиваться и бессонною ночью, которой поплатилась за сказочный вечер, обнаружила, что существуют два серьезных обстоятельства, способных омрачить даже ее безоблачное счастье.

Ее отец — и Гарриет. Стоило Эмме остаться наедине с собою, как сразу на нее тяжким бременем легло сознание своего долга перед ним и перед нею. Как лучше оградить и уберечь их душевный покой?.. В отношении ее батюшки вопрос решился быстро. Она еще не знала наверное, как рассудит мистер Найтли, но, испросивши совета у собственного сердца, немедленно и неколебимо решила, что никогда не покинет отца... Она даже всплакнула, что позволила себе кощунственно задуматься над этим. Покуда он жив, они останутся лишь женихом и невестой, а она льстила себя мыслью, что помолвка дочери, не грозящая разлукой с нею, возможно, даже скрасит мистеру Вудхаусу старость... Труднее было решить, как ей поступить с Гарриет. Как избавить от лишних страданий, чем утешить, как не предстать перед нею злейшим врагом?.. Напрасно Эмма вновь и вновь ломала над этим голову, терзаясь жалостью и угрызениями совести. Единственное, к чему она пришла наконец, — это убеждение, что лучше и впредь не встречаться с нею по возможности, а все необходимое изложить в письме; что очень хорошо бы Гарриет уехать куда-нибудь на время — и, еще раз уступая слабости строить планы за других, решилась заручиться для нее приглашением на Бранзуик-сквер. Изабелле Гарриет понравилась, а поездка на две-три недели в Лондон будет для нее полезным развлеченьем. Зная Гарриет, она могла твердо рассчитывать, что новизна и разнообразие впечатлений — улицы, лавки, дети — скажутся на ней благотворно. Во всяком случае, это будет свидетельством дружеского внимания к ней, для которой она обязана сделать все, что в ее силах, а к тому же — разлукой до поры, отсрочкой черного дня, который неизбежно сведет их снова рано или поздно.

Она поднялась пораньше, села писать письмо и за этим занятием впала в такое уныние и тоску, что мистер Найтли, который явился в Хартфилд завтракать, подоспел очень вовремя, однако только после получасовой прогулки вдвоем вчерашними путями — в прямом и переносном смысле — к Эмме вполне вернулось давешнее счастливое расположение духа.

Вскоре после его ухода, когда она еще не успела очнуться и не имела ни малейшего желания думать ни о ком другом, из Рэндалса принесли пакет — очень толстый; что в нем находится, она догадалась без труда и поморщилась при мысли, что придется читать содержимое. Она не держала больше зла на Фрэнка Черчилла — ни к чему были ей теперь его объяснения; она бы предпочла остаться подольше наедине со своими мыслями и знала, что понять его все равно будет неспособна. Однако делать было нечего. Скрепя сердце она вскрыла пакет: так и есть — записка от миссис Уэстон, и к ней приложено письмо от Фрэнка Черчилла.

«С величайшим удовольствием, любезная Эмма, препровождаю к вам настоящее письмо. Знаю, с каким тщанием вы будете вчитываться в его строки, и не сомневаюсь, что оно произведет на вас благоприятное впечатленье. Думается, что впредь мы с вами не разойдемся более во мнениях об его авторе, однако не стану вас утомлять длинным предисловием. У нас все хорошо. Небольшое нервическое расстройство, которым я в последнее время страдала, как рукою сняло после этого письма... Мне во вторник не слишком понравился ваш вид, но, может быть, виною тому было пасмурное утро — вы хотя и уверяете, что нечувствительны к погоде, но, по-моему,

северо-восточный ветер сказывается на всех. Во время грозы во вторник и вчера поутру я с тревогою думала о вашем батюшке и рада была, когда мистер Перри вечером успокоил меня, что он не расхворался.

Ваша А. У.»

Эмма развернула письмо, адресованное миссис Уэстон.

«Виндзор, июля ... дня.

Сударыня!

Ежели речи мои вчера были не вовсе бессвязны, то письмо это не явится для вас неожиданностью — впрочем, я знаю, вы в любом случае прочтете его с доброжелательством и снисхожденьем. Вы — сама доброта, но, может быть, и вашей доброты недостанет, чтобы извинить кое-что в моем поведении. Однако та, которая еще более вправе негодовать, меня простила. Это придает мне духу. Трудно оставаться смиренным, когда вам сопутствует удача. Дважды уже я винился и дважды снискал полное прощенье, так что боюсь, как бы мне не исполниться излишней уверенности, что у вас и друзей ваших, которые имеют причины мне пенять, снищу такое же... Представьте же теперь, прошу вас, мое положение, когда я впервые приехал в Рэндалс, — подумайте о тайне, которую я обязан был во что бы то ни стало сохранить. Таковы были факты. Имел ли я право ставить себя в положение, обязывающее таиться, — вопрос другой. Не буду здесь в него вдаваться. Брюзгу, которому непостижимо искушенье полагать себя в таковом праве, я отсылаю к кирпичному домику в Хайбери, с подъемными окнами внизу и створчатыми — наверху... Я не дерзал приблизиться к ней открыто — трудности недавней обстановки в Энскуме слишком хорошо известны и не требуют объяснений, — но перед отъездом из Уэймута мне посчастливилось склонить самую честную и прямую из женщин к великодушному согласию на тайную помолвку. Откажи она мне — и я бы лишился рассудка... Вы спросите, на что же я надеялся? На что мог рассчитывать в будущем? Да на что угодно — на время, случай, обстоятельства, на постепенное прозрение или внезапное озаренье, на упорство — на каплю, которая камень точит, на здоровье и на недуги. Каких чудес не бывает в жизни — добился же я ее обещанья ждать, писать мне письма! Я верил, что как-нибудь все устроится. Если же этого объяснения мало, то прибавлю, сударыня, что имею честь быть сыном вашего супруга и, к счастью, унаследовал от него склонность всегда уповать на лучшее, каковую черту, а не дома и поместья, почитаю для себя драгоценнейшим фамильным достояньем... Таково было положение вещей, когда я впервые приехал в Рэндалс, хотя, спешу покаяться, мог бы это сделать раньше. Вы помните, что я удосужился посетить вас, только когда в Хайбери приехала мисс Фэрфакс, каковую непочтительность в отношении вас вы, ангел доброты, тотчас мне простите — что же до моего отца, то его сердце, надеюсь, тронется тем соображеньем, что, медля посетить дом его, я все это время лишал себя счастья познакомиться с вами. Поведение мое в те две блаженные недели, когда я был у вас, надеюсь, не заслуживает нареканий, кроме как в одном. И тут я подхожу к тому единственному, что мне, как сыну вашему, не дает покоя и требует досконального объяснения. С глубоким уважением и дружескою приязнью назову я здесь имя мисс

Вудхаус — отец, я предвижу, счел бы, вероятно, для меня уместным присовокупить: «со стыдом и униженьем...» По нескольким словам, оброненным им вчера, я понял, как он смотрит на вещи, и отчасти готов признать справедливость его укоризны. Мое обхождение с мисс Вудхаус, по-видимому, давало повод предполагать то, чего в действительности не было... Помышляя в первую голову о том, чтобы сохранить свою тайну, я непростительно злоупотреблял обстоятельствами, благоприятствовавшими с первых же минут нашим с нею коротким отношениям... Не отрицаю, что делал вид перед всеми, будто ищу расположенья мисс Вудхаус, но торжественно заявляю — и надеюсь, вы мне поверите, — не будь я убежден, что она ко мне равнодушна, никакие своекорыстные побужденья не толкнули бы меня на это. Мисс Вудхаус, при всей своей пленительной живости, не производит впечатление девицы, которая легко влюбляется, а что она меньше всего намерена влюбиться в меня, я твердо знал и приветствовал. Она добродушно принимала мое ухаживанье как веселую дружескую игру, что как нельзя более меня устраивало. По-моему, мы понимали друг друга. В соответствии с ее положением и моим, она вправе была рассчитывать на мое внимание и толковала его, казалось мне, должным образом. Начала ли она за эти две недели понимать, как со мною обстоят дела, — не скажу, но, помнится, когда я приходил попрощаться, то чуть было не открыл ей всю правду, ибо она как будто догадывалась кое о чем, ну а после — вне всяких сомнений, разгадала мой маневр, хоть, может быть, не до конца. Должна была разгадать, при ее-то сообразительности, — ежели не все, то главное. Безусловно. Вот увидите, когда новость эта сделается всеобщим достояньем, то ее она не удивит. Не однажды она сама мне намекала на это... Помню, как на бале меня укорили в неблагодарности к миссис Элтон, которая столь внимательна к мисс Фэрфакс... Надеюсь, что это объяснение моих поступков во многом умерит мою вину в ваших глазах и в глазах моего отца. Покуда вы полагали меня обидчиком Эммы Вудхаус, я не мог ждать от вас снисхожденья. Простите ж мне теперь и этот грех и во благовременье добейтесь для меня также прощенья и благожелательства оной Эммы Вудхаус, к которой я питаю истинно братскую привязанность и от души ей желаю столь же сильно и счастливо полюбить когда-нибудь, как я... Теперь все странности слов моих и поступков для вас разъяснились. В Хайбери оставил я свое сердце и лишь о том хлопотал, чтобы как можно чаще соединяться с ним, возбуждая как можно меньше подозрений. Ежели вам запомнились какие-то несообразности, вы знаете теперь, на какой счет их отнести... Про пианино, коего появление вызвало такое обилие толков, замечу лишь, что заказал его, не поставив о том в известность мисс Ф., ибо она бы мне этого никогда не позволила... Деликатность, утонченность, щепетильность, выказанные ею за то время, что мы помолвлены, не поддается описанию. Всем сердцем надеюсь, что скоро, сударыня, вы сами сможете оценить их, узнавши ее ближе. Слова бессильны дать об ней справедливое представленье. Она сама вам даст его — но только не разговорами, потому что нет в мире созданья более склонного нарочно преуменьшать свои достоинства. Покамест я писал эти строки — а их, я вижу, набежит поболе, чем я предполагал, — от нее пришло письмо. Пишет, что чувствует себя хорошо, но так как не в ее правилах жаловаться на здоровье, то я боюсь поверить. Хотелось бы услышать от вас, как вы находите ее вид. Я знаю, вы не замедлите навестить ее — она уже трепещет в ожидании этого визита. Возможно, он уже состоялся. Напишите же мне без отлагательства; мне любопытны тысячи подробностей. Вы помните, какие считаные минуты провел я в Рэндалсе последний раз, в каком смятенном, полубезумном находился состоянье — я и теперь еще не опомнился — и по сей час еще сам не свой, то ли от счастья, то ли от горя. Когда подумаю, сколько мне выпало доброты и благоволенья, подумаю об несравненных ее достоинствах, ее долготерпенье, о великодушии моего дяди — я вне себя от радости, но когда вспомню об огорчениях, которые ей причинил, о том, сколь мало заслуживаю прощения, — я вне себя от гнева. Если бы я только мог с ней увидеться!.. Но об этом сейчас речи быть не может. Дядюшка и без того превзошел себя добротою — надобно мне и честь знать... Должен сделать еще одно добавление к этому длинному письму. Вы еще не все знаете. Вчера я не в состоянии был изложить связно подробности, а между тем внезапность — даже, в известном смысле, несвоевременность, с какою раскрылась наша тайна, нуждается в разъяснении, ибо, хотя то, что случилось 24-го прошлого месяца, тотчас открыло предо мной, как вы понимаете, самые лучезарные виды на будущее, я никогда бы не позволил себе действовать столь поспешно, если бы не одно чрезвычайное обстоятельство, из-за которого нельзя было терять ни часу. Я бы посовестился выказать столь неприличную торопливость, а она, при ее деликатности и щепетильности, тем более. Но у меня не было выбора. Скоропалительное ее согласие поступить к той женщине... В этом месте, сударыня, я был вынужден прервать письмо, чтобы унять волненье и собраться с мыслями. Я выходил пройтись немного, и теперь мне, надеюсь, уже достанет самообладанья, чтоб дописать письмо вразумительно... Речь пойдет о вещах, в которых стыдно признаться. Я вел себя безобразно. В одном, я согласен, мое обхождение с мисс В. было в высшей степени предосудительным — оно ранило мисс Ф. Раз она его не одобряла, то, кажется, одного этого было уже достаточно... Я отговаривался необходимостью скрывать правду, но ее это не убеждало... Она изъявляла неудовольствие — необоснованное, на мой взгляд; тысячу раз я находил ее во многих отношеньях излишне строгой, осторожной, я даже укорял ее про себя в холодности. А ведь она во всем была права. Если бы я руководствовался ее суждениями, держался в тех границах, каковые она почитала приличными, то избегнул бы величайших терзаний, какие знал в своей жизни. Мы поссорились... Вы помните то утро в Донуэлле? Там-то все мелкие несогласия, которые накопились между нами, и завершились взрывом. Я опоздал — и по дороге встретил ее, когда она одна возвращалась пешком домой, — хотел проводить ее, но она воспротивилась. Она не позволила мне пойти с нею ни под каким видом, в чем я тогда усмотрел одно лишь упрямство и неуступчивость. Теперь я в этом вижу не что иное, как вполне естественную и уместную осмотрительность. Нынче я для отвода глаз, чтобы не догадались об нашей с нею помолвке, усердно делаю вид, будто увлечен другой, а завтра требую от нее согласия на поступок, который разом перечеркнет все наши предосторожности?.. Всякий, который встретил бы нас с нею по дороге из Донуэлла в Хайбери, должен был заподозрить правду... Но меня, в моем помраченье, это оскорбило. Я усомнился в ее чувствах. Назавтра, во время прогулки на Бокс-хилл, сомнения мои усугубились, когда в ответ на мое недопустимое поведение — мое вызывающее бессовестное пренебреженье — в ответ на мое подчеркнутое внимание к мисс В., которого не потерпела бы ни одна уважающая себя женщина, она ясно и недвусмысленно изъявила мне свое возмущенье... Короче говоря, сударыня, она была неповинна в нашей ссоре; я — чудовищно виноват; в тот же вечер я уехал в Ричмонд — хотя мог бы до утра остаться у вас — затем, что был невероятно зол на нее. Правда, я все-таки не окончательно лишился рассудка и предполагал со временем с нею помириться, но считал, что раз она меня обидела, оттолкнула меня своею холодностью, то я уеду, и пусть первый шаг к примирению сделает она... Всегда буду благодарить судьбу за то, что вы не поехали с нами на Бокс-хилл. Если б вы видели, как я себя вел там, я бы скорей всего навсегда лишился вашего расположенья. Она — видела, и следствием этого явилось мгновенное решение: обнаружив что я покинул Рэндалс, она сразу дала согласие поступить на место, добытое для нее этою не в меру ретивой миссис Элтон, которой с нею фамильярное обхожденье, замечу кстати, меня с первого дня приводило в негодованье и бешенство. Мне негоже восставать против терпимости, которой я сам столь многим обязан, иначе я бы не преминул заявить, что этой женщине ее выказывают напрасно. «Джейн»! Скажите на милость!.. От вас не укрылось, конечно, что сам я ни разу не позволил себе назвать ее по имени, хотя бы даже и в письме к вам. Вообразите же, каково мне было слышать, как перебрасываются этим именем Элтоны, трепля его к месту и не к месту, с наглым видом ничем не оправданного превосходства!.. Я, вероятно, уже истощил ваше терпенье, но потерпите еще немного, я скоро кончу... Итак, она согласилась поступить в гувернантки, решив окончательно порвать со мною, и на другой же день написала мне, что мы с нею больше не увидимся... Эта помолвка не принесла нам обоим ничего, кроме горя и сожалений, — она ее расторгает. Письмо это пришло в то самое утро, когда не стало бедной моей тетки. Я тотчас ответил на него, однако в голове у меня тогда творился сумбур, тысячи хлопот и дел свалились разом на мои плечи, и в суматохе, вместо того чтобы отправить этот ответ, с кипой других писем, я запер его в ящике письменного стола, и в уверенности, что в нем все сказано, хотя и вкратце, чтобы она поняла и успокоилась, сам больше ни о чем не тревожился. Правда, меня немного удивило, что от нее потом долго ничего не слышно, но я находил этому какие-то объяснения, а сам был так занят и — что греха таить! — так самоуверен, что не придавал значения такого рода мелочам... Мы отъехали в Виндзор, а через два дня от нее пришел пакет, и в нем — все мои письма к ней! С тою же почтой пришла и короткая записка: она крайне изумлена, что я никак не отозвался на ее письмо, и так как молчание в подобном случае может означать лишь одно, а стало быть, чем раньше со всем этим будет полностью покончено, тем лучше для нас обоих, то она возвращает по почте все мои письма и просит — либо до конца недели прислать ее ко мне письма в Хайбери, либо, ежели у меня их нет при себе, отправить их после по такому-то адресу...

Я не поверил своим глазам! — далее следовал подробный адрес миссис Смолридж. Я узнал это имя, это место под Бристолем — она мне рассказывала о предложении миссис Элтон — и сразу понял, на что она пошла. Такой поступок был вполне в ее характере, решительность которого мне хорошо известна, а то, что она не заикнулась о таковом намерении в первом своем письме, лишний раз свидетельствовало о ее сугубой щепетильности. Это могло бы выглядеть угрозой, чего она не допустила бы ни за что на свете... Представьте же себе мой ужас — мое негодование на нерадивость почты, — покуда я не сообразил, что сам допустил оплошность!.. Что мне было делать? Только одно: надобно было открыться дядюшке. Без его благословенья меня бы, я это понимал, и слушать не стали. И я все ему сказал — обстоятельства мне благоприятствовали; недавняя утрата умерила его гордость — я не рассчитывал, что он, бедный, уступит и даст полное свое согласие так легко, прибавив под конец с глубоким вздохом, что желает мне обрести в супружестве то счастье, которое выпало ему... Я, правда, склонен думать, что мое счастье будет несколько иного свойства... Вы, верно, готовы пожалеть меня, вообразив себе, что я должен был пережить, когда открылся ему и ждал решения, от которого зависела вся моя судьба? Тогда приберегите вашу жалость, покуда я не расскажу вам о том, как примчался в Хайбери и обнаружил, что она сделалась по моей вине так больна. Покуда не опишу вам свои чувства при виде ее изможденного, измученного лица. Я добрался до Хайбери в тот час, когда, зная, что у них в доме завтракают поздно, мог надеяться, что застану ее одну... Эта надежда меня не обманула — не обманула и та надежда, которая погнала меня в дорогу. Понятно, что мне стоило труда развеять более чем естественное и законное недовольство. Но это уже позади — мы помирились, мы теперь вдвойне дороже и милей друг другу, никогда более даже тень недоразумения не ляжет между нами. На сем, сударыня, позвольте мне, из состраданья к вам, закончить — простите мне, но сделать это раньше я не мог. Тысячу раз благодарю вас за неизменную доброту ко мне и десять тысяч раз за то внимание, которое вы, как вам подскажет сердце ваше, окажете ей. Ежели вам покажется теперь, что я, в известном отношении, счастлив не по заслугам, то я скажу, что совершенно с вами согласен... Мисс В. называет меня баловнем судьбы. Хочу надеяться, что это справедливо. В одном судьба меня, несомненно, обласкала, коль скоро я вправе с благодарностью подписаться под этим письмом как

любящий сын ваш,
Ф. Ч. Уэстон-Черчилл».

Глава 15

Письмо Фрэнка Черчилла не могло не тронуть сердце Эммы. Невольно, вопреки первоначальному нерасположенью, она, как и предсказывала миссис Уэстон, прочла его с пожирающим вниманием. Дойдя до первого упоминанья о себе, она потом была не в силах оторваться, всякая строка, в которой говорилось о ней, представляла интерес, и почти всякая — доставляла удовольствие, а те, которые не содержали этой лакомой приманки, все-таки удерживали ее внимание, незаметно возвращая ей прежнюю приязнь к их автору, да и могла ли теперь оставить Эмму равнодушной история чьей-либо любви? Она дошла до конца не отрываясь. Конечно, он был виноват, но меньше, нежели ей представлялось, — к тому же он столько страдал, столь искренне раскаивался, был так признателен миссис Уэстон, так влюблен в мисс Фэрфакс, а Эмма — так полна своим счастьем, что до суровости ли было ей; войди он сейчас в комнату, она бы, наверное, встретила его, как бывало, сердечным рукопожатьем.

Письмо произвело на нее такое впечатление, что, когда опять пришел мистер Найтли, она и ему дала его прочесть. Она не сомневалась, что миссис Уэстон желала бы познакомить с ним других, в особенности тех, которые, как мистер Найтли, склонны были видеть столько предосудительного в его поступках.

— Прогляжу, отчего же, — сказал мистер Найтли, — только длинновато оно что-то. Возьму домой и почитаю на ночь.

Но Эмма запротестовала. Вечером должен был зайти мистер Уэстон, и ей придется вернуть с ним письмо.

— Я предпочел бы употребить это время на беседу с вами, — возразил он, — но раз того требует справедливость, то ничего не поделаешь.

Он пробежал первые слова, но тут же оторвался:

— Если бы мне предложили прочесть письмо этого господина к мачехе месяца два назад, Эмма, я бы взял его в руки не с таким равнодушием.

Он стал читать дальше про себя — потом с улыбкой заметил:

— Хм-м! Что за россыпи комплиментов в первых строках! Вполне в его духе. Впрочем, у всякого своя манера. Не будем судить его строго... Мне свойственно, — прибавил он спустя немного, — читать и тут же высказывать свое мнение. По крайней мере, будет ощущение, что мы вместе. Не так жаль будет потерянного времени — но, впрочем, если вам неприятно...

— Ничуть. Наоборот.

Мистер Найтли вновь взялся за письмо, и дело теперь пошло веселей.

— Насчет искушенья — это он лукавит, — рассуждал он. — Знает, что оправдаться нечем, вот и крутит... Нехорошо... Не дело это — тайная помолвка... «Отцовская черта», изволите ли видеть, — поклеп возводит на родного отца. Мистеру Уэстону в его благих и честных начинаньях, и точно, служил поддержкой неунывающий нрав, но мистер Уэстон сам добился всего того, чем наслаждается ныне... А вот здесь он говорит правду — явился сюда впервые, только когда приехала мисс Фэрфакс.

— Помню, помню, — сказала Эмма, — вы были уверены, что он бы мог свободно посетить отца раньше, если бы захотел. Вы благородно обходите это молчаньем, но вы были совершенно правы.

— Я судил его не совсем беспристрастно, Эмма, — и все же, думается, даже если бы вы были ни при чем, он все равно не внушал бы мне доверия.

Когда он дошел до того места, где говорилось о мисс Вудхаус, то начал все подряд читать вслух — все, что касалось до нее, — тут усмехаясь, там качая головой; где-то довольствуясь красноречивым взглядом, где-то поддакивая или опровергая или же роняя ей два-три ласковых слова, смотря о каком предмете шла речь, а под конец крепко задумался и заключил серьезным тоном:

— Очень некрасивая история, хотя могло быть хуже... С огнем шутил. Спасибо, что помог счастливый случай, иначе не было бы ему оправданья... Не способен верно оценить свое обхожденье с вами... Все время принимает желаемое за действительное и мало чем руководствуется в сужденьях, кроме собственного удобства... Вообразить, что вы проникли в его тайну! Естественно! У самого на уме каверзы, вот и судит о других по себе... Секреты, плутни — как они извращают у людей все представленья! Эмма, голубка, разве это не подтверждает лишний раз, сколь прекрасно, что мы во всем честны и искренни друг с другом?

Эмма сказала «да» — и покраснела при мысли, что не может честно и искренне открыть ему секрет насчет Гарриет.

— Читайте дальше, — пробормотала она.

Он послушался, но очень скоро опять сделал остановку.

— Ага, пианино! Поступок мальчишки, не способного, по молодости лет, взвесить, чего будет больше от такого сюрприза — удовольствия или неловкости. Сущее мальчишество!.. Не понимаю, как можно навязывать женщине в знак благорасположенья подарки, без которых она заведомо предпочла бы обойтись, — а ведь он знал, что она бы не позволила ему прислать инструмент, будь это в ее власти.

После этого он какое-то время читал не отрываясь, ежели не считать односложных попутных замечаний, пока не дошел до того места, где Фрэнк Черчилл признавался, что безобразно вел себя, и не остановился для более пространных рассуждений.

— Совершенно с вами согласен, сударь, — проговорил он. — Вы и впрямь вели себя из рук вон скверно. Что правда, то правда. — И, пробежав глазами несколько следующих строк, где говорилось о причинах их размолвки и о том, как действовал наперекор разумным пожеланиям мисс Фэрфакс, высказался еще более обстоятельно: — А вот это уже вообще гнусность... Раз сам же ее уговорил поставить себя, ему в угоду, в крайне тяжелое и неприятное положение, значит, обязан был прежде всего ограждать ее от лишних страданий...

Ей было, разумеется, куда сложнее, чем ему, поддерживать тайную переписку. Ему бы приличествовало считаться с малейшим ее возраженьем, пусть даже неразумным — и уж подавно со столь разумными. Она совершила неверный шаг — согласилась на тайную помолвку и понимала, что за это необходимо расплачиваться.

Чем ближе он подходил к поездке на Бокс-хилл, тем больше Эмме становилось не по себе. Хороша же она там была!.. Замирая от стыда, она со страхом ждала минуты, когда он поднимет на нее глаза. Но он прочел это место внимательно, без остановок, без единого замечания, только мельком взглянул на нее один раз и тотчас опустил глаза, чтобы не напоминать о неприятном, — можно было подумать, что происшествие на Бокс-хилл забыто.

— М-да, наши славные Элтоны не страдают избытком деликатности, — было следующее его замечанье. — Тут его можно понять... Что такое? Решилась порвать с ним окончательно? Поняла, что эта помолвка не принесла им обоим ничего, кроме горя и сожалений?.. Расторгает ее?.. Что же в таком случае она должна была испытать, наблюдая его поведение!.. Нет, он поистине воплощенье...

— Нет, нет — сначала прочтите, что там сказано дальше. Он тоже страдал, вы увидите...

— Надеюсь, — холодно возразил мистер Найтли, вновь возвращаясь к письму, — Смолридж?.. Это еще что такое? О чем это он?

— Она согласилась пойти в гувернантки к детям миссис Смолридж — это близкая приятельница миссис Элтон — живет по соседству с Кленовой Рощей... любопытно, кстати, как-то миссис Элтон отнеслась к тому, что это предприятие расстроилось...

— Не заводите со мною разговоров, Эмма, милая, иначе мне вовек не дочитать до конца, — помолчим пока о миссис Элтон. Мне осталась всего одна страница. Ну и горазд же строчить письма этот господин!

— Жалко, что вы читаете с такою неприязнью к нему.

— Ну, кое-где у него и правда проглядывает чувство. Похоже, он искренне сокрушался, увидев, что она больна... Пожалуй, можно с определенностью сказать, что он к ней неравнодушен. «Вдвойне дороже и милей друг другу». Надеюсь, он не скоро забудет цену этому примиренью... Смотрите, как расщедрился на благодарности — то тысячу раз благодарит, то десять тысяч... «Счастлив не по заслугам». Что ж, ему лучше знать. «Мисс Вудхаус называет меня баловнем судьбы». Ах, вот, оказывается, как его называет мисс Вудхаус?.. Отменная концовка, и — одолели-таки письмо!.. Значит, «баловень судьбы»? Так вы его окрестили?

— Я вижу, это письмо вам меньше пришлось по вкусу, нежели мне, но все же надеюсь — хочу надеяться, — что оно несколько расположило вас в его пользу. Что оно все же и в вашем случае сослужило ему добрую службу.

— Определенно. Он страдает большими недостатками — такими недостатками, как легкомыслие, неумение считаться с другими, и ему правда посчастливилось не по заслугам — тут я вполне разделяю его мнение, но все же, так как он, видно, в самом деле любит мисс Фэрфакс и скоро, будем надеяться, получит ее в спутницы жизни, то допускаю, что подле нее он может постепенно исправиться, переняв у ней строгость правил и взыскательность к себе, коих ему недостает... Ну а теперь я хочу поговорить с вами о другом. Хватит с меня Фрэнка Черчилла, меня сейчас больше занимает совсем не он. Я, Эмма, с самого утра — с тех пор, как ушел от вас — не перестаю думать об ином предмете.

И он поведал ей о предмете своих размышлений — благородно, прямо, без обиняков, как ему было свойственно, — простым языком, коим мистер Найтли изъяснялся даже с тою, которую любил: как им устроить свою жизнь, не посягая на благоденствие и покой ее отца. У Эммы был тотчас готов ответ. Покуда жив ее милый батюшка, для нее перемены в жизни невозможны. Она никогда его не бросит. Мистера Найтли, однако, этот ответ устраивал лишь наполовину. Что ей нельзя бросить отца, он понимал не хуже ее; но не мог согласиться, что это исключает вообще какие-либо перемены. Он долго и основательно над этим думал — сначала ему казалось, что мистера Вудхауса можно уговорить переселиться вместе с дочерью в Донуэлл, но, как ни соблазнительна была эта идея, он слишком хорошо знал мистера Вудхауса, чтобы долго обманываться ею, и вынужден был признать, что такого рода перемещенье небезопасно не только для его душевного спокойствия, но даже, быть может, и для самой его жизни и идти на подобный риск невозможно.

Разлучить мистера Вудхауса с Хартфилдом?.. Нет, об этом и помышлять было нечего. И, отказавшись от этой мысли, он нашел выход, который, как он был уверен, не вызовет у его любезной Эммы возражений, а именно — что он сам переедет в Хартфилд. Ежели благополучие, а проще сказать, жизнь отца ее зависит от того, останется ли домом для его дочери Хартфилд — то пусть Хартфилд и ему станет домом.

Мысли о том, чтобы им вместе переехать в Донуэлл, уже посещали мимоходом и Эмму. Как и он, обдумав такую возможность, она отвергла ее — однако альтернатива, предлагаемая им, не приходила ей в голову. Она понимала, о какой глубине чувства свидетельствует подобное предложение. Понимала, что, оставляя Донуэлл, он в значительной мере поступается свободою распоряжаться собой, своим временем, своими действиями, что, переехав жить к ее отцу, в дом, где не он хозяин, он неизбежно должен будет со многим, очень многим мириться. Она обещала ему, что все обдумает, посоветовала и ему еще раз хорошенько подумать, но он изъявил полную уверенность, что, сколько бы ни размышлял на сей счет, его мнение и желание останутся неизменны. Он и так уже взвесил все самым тщательным образом, на целое утро сбежал от Уильяма Ларкинса, чтобы никто его не отрывал от размышлений.

— А, вот вам и непредвиденное затрудненье! — весело вскричала Эмма. — Убеждена, что Уильям Ларкинс будет против. Вам бы сначала надобно получить его согласие, а уж потом спрашивать меня.

Тем не менее она обещала подумать — и не просто подумать, а настроить себя при этом в пользу такового решенья.

Примечательно, что среди многих, очень многих соображений, связанных с Донуэллским аббатством, которые стали с недавних пор занимать собою Эмму, совершенно отсутствовало соображенье о том, какой урон понесет как предполагаемый наследник ее племянник Генри, интересы коего она еще недавно столь ревностно охраняла. Казалось, ей бы не мешало задуматься о том, чем угрожают бедному бутузику надвигающиеся перемены, — а она, плутовато фыркнув, лишь отмахнулась от этой мысли и с хитрой улыбкой призналась себе, что вовсе не преданная сестра и тетка говорили в ней, когда она яростно восставала против женитьбы мистера Найтли на Джейн Фэрфакс — на ком угодно, — что истинная причина была другая...

Чем дольше размышляла она о предложении мистера Найтли — об этой его идее обосноваться после свадьбы в Хартфилде, — тем больше оно ей нравилось. Недостатки такового решения для него час от часу уменьшались в ее глазах, преимущества для себя — возрастали; обоюдный выигрыш представлялся все более весомым и значительным. Иметь рядом такого друга, когда настанет пора тревоги и тоски! Такую опору в отправленье обязанностей и попечений, которым суждено с течением времени становиться все печальней!..

Она была бы совершенно счастлива, когда бы не одно: мысли о несчастной Гарриет, ибо все, что сулило радости ей, только приумножало горести ее подружки, которую, ко всему прочему, ожидало теперь отлученье от Хартфилда. Ее, бедную, хотя бы из милосердия и предосторожности лучше будет держать на расстоянии от чудесного домашнего кружка, который образуется у Эммы. Ей станет хуже во всех отношениях. Для Эммы ее отсутствие в будущем не составит ощутимой потери. Наоборот, она бы оказалась теперь лишней среди них, но с нею, бедной, судьба обошлась жестоко, обрекая на незаслуженное наказанье.

Понятно, что со временем мистер Найтли будет забыт, вернее — замещен кем-нибудь другим, но едва ли это случится скоро. Он, в отличие от мистера Элтона, ничем не будет способствовать исцеленью. Мистер Найтли, неизменно добрый, чуткий, по-настоящему внимательный к другим, будет всегда достоин обожания, и, право, трудно было рассчитывать, чтоб даже такая, как Гарриет, способна была влюбиться больше трех раз за один год.

Глава 16

С большим облегчением узнала Эмма, что Гарриет тоже не жаждет встречаться с нею. Их объяснение, даже на бумаге, получилось мучительным. Устное оказалось бы еще в тысячу раз хуже!

Гарриет, как и следовало ожидать, приняла случившееся без обиды и прямых упреков — и все же Эмме почудился в тоне ее письма холодок, затаенная отчужденность, и от этого убеждение, что им лучше покамест побыть врозь, усилилось. Правда, может быть, это впечатление было ложным, подсказанным нечистою совестью, но и разум говорил, что один только ангел мог бы принять подобный удар без холода и отчужденья.

Заручиться приглашением от Изабеллы не составило труда; по счастью, для этого не пришлось даже придумывать предлога: он существовал. У Гарриет побаливал зуб. Она в самом деле хотела — и давно уже — побывать у зубного врача. Супруга Джона Найтли обрадовалась случаю ей помочь — для нее любое недомоганье служило лучшей рекомендацией, и, хотя зубной врач не мог сравниться в ее глазах с мистером Уингфилдом, она с охотою согласилась принять Гарриет под свое крылышко... Уладив дело с сестрою, Эмма передала подруге ее приглашенье, и та с готовностью приняла его... Итак, Гарриет ехала в Лондон — по крайней мере на две недели — и в карете мистера Вудхауса. Сказано — сделано; очень скоро Гарриет благополучно перебралась на Бранзуик-сквер. Теперь, когда приходил мистер Найтли, ничто не портило Эмме удовольствия — теперь можно было говорить и слушать, без оглядки отдаваясь своему счастью, не омрачаясь ощущением несправедливости, щемящей жалости, вины, которое охватывало ее при воспоминании; что неподалеку томится одинокое сердце — что, может быть, в этот самый миг оно, тут, рядом, терзается чувствами, не без ее участия введенными в обман.

Возможно, разница между пребыванием Гарриет у миссис Годдард и в Лондоне ощущалась Эммой преувеличенно, но там она мысленно видела Гарриет в обстановке, полной интересных занятий и впечатлений, которые отвлекают ее от прошлого и возвращают к жизни.

До поры до времени она не разрешала никакой другой заботе занять в душе своей место, которое освободилось от Гарриет. Ей предстояло трудное дело — и такое, которое никто, кроме нее самой, исполнить не мог — сообщить о своей помолвке мистеру Вудхаусу; но она с ним не торопилась. Решила повременить с этим сообщением до той поры, покуда не разрешится благополучно миссис Уэстон. Ранее этого она не станет прибавлять своим близким волнений и сама не станет изводить себя мыслями о предстоящей грозе... Позволит себе по крайней мере две недели понежиться и отдохнуть душою после восхитительных, но куда более бурных потрясений.

Вскоре ей, как из чувства долга, так и из желания сделать себе приятное, пришло в голову употребить полчаса этого праздника души на посещение мисс Фэрфакс. Сделать это ей и полагалось, и очень хотелось, а от сходства в их нынешнем положении благое стремленье повидаться с нею возрастало еще больше. Она не разгласит своей тайны, но от сознания, что их виды на будущее так похожи, ей было особенно интересно послушать, что скажет Джейн.

И она отправилась — однажды она подъехала к этим дверям напрасно, — она не была в этом доме с того утра после прогулки на Бокс-хилл, когда застала бедную Джейн в таком ужасном виде и исполнилась к ней сочувствием, хотя и не подозревала об истинной причине ее страданий... Опасаясь, как бы не оказаться снова нежеланной гостьей, она, хоть и знала, что хозяйки дома, осталась в прихожей и велела доложить о себе. Слышно было, как Патти объявила о ее приходе, но того переполоха, как прежде — который столь удачно объяснила ей бедная мисс Бейтс, — не последовало. Нет — тотчас же донеслось: «Просите!» — и, как будто этого было мало, на площадку лестницы навстречу ей вышла сама Джейн. Никогда Эмма не видела ее такой прелестной, цветущей, очаровательной. Живость, одушевленье, теплота — все то, чего прежде недоставало, появилось теперь... Она приблизилась с протянутою рукой и сказала тихим, задушевным голосом:

— Мисс Вудхаус — как это мило! Сказать вам не могу... Поверьте, я... Нет, виновата — не нахожу слов.

Эмма, ободренная таким приемом, была готова доказать, что с нею самой обстоит иначе, когда бы ее не остановил голос миссис Элтон, долетевший из дверей гостиной; пришлось ограничиться очень крепким, искренним рукопожатием, в которое она постаралась вложить и свои дружеские чувства, и поздравленье.

В гостиной сидели миссис Бейтс и миссис Элтон. Мисс Бейтс отсутствовала, чем и объяснялось затишье несколько мгновений тому назад. Эмма предпочла бы обойтись без миссис Элтон, однако ее собственное размягченное душевное состояние и необычная любезность, с которой поздоровалась с нею миссис Элтон, вселяли надежду, что они как-нибудь переживут эту встречу.

Ей не составило большого труда уловить направление мыслей миссис Элтон и понять, отчего она, подобно ей самой, сегодня в таком счастливом расположенье духа, — мисс Фэрфакс посвятила ее в свою тайну, и она воображала себя единственной, которой все известно. Эмма немедленно угадала это по выражению ее лица и — пока осведомлялась о здоровье миссис Бейтс, делая вид, будто слушает ответы доброй старушки, — заметила краем глаза, как миссис Элтон с загадочным и важным видом поспешила сложить письмо, которое, очевидно, читала вслух до ее прихода, и убрала его в лиловый, шитый золотом ридикюль, многозначительно кивая и приговаривая:

— Дочитаем как-нибудь в другой раз. Нам с вами недолго придется искать удобного случая. И потом, главное вы уже слышали. Я только хотела вас успокоить, что миссис С. принимает наши извинения и не сердится. Видите, как она прелестно написала! Очаровательная женщина! Вы бы души в ней не чаяли, если бы к ней попали... Впрочем — ни слова более... Тсс!.. Будем скромнехоньки, благонравны — пай-девочки. Помните эти строки — забыла, кто их написал:

Коль в деле женщина, мой друг,
Все расступаются вокруг*.

В нашем деле, прибавлю я, женщина зовется... но об этом молчок! Что-то меня сегодня разбирает... Да, так насчет миссис С. вы не беспокойтесь. В моем изложении отказ не вызвал неудовольствия. — И стоило Эмме

---

* Строки из басни английского поэта и драматурга Джона Гея (1685–1732) «Заяц и его дружки».

отвернуться, чтобы рассмотреть получше вязание миссис Бейтс, как она громким шепотом заключила: — Заметьте — я не называю имен. У, я тонкий дипломат — впору хоть в министры. Так справилась, что никто и ничего!..

Сомнений не оставалось. Миссис Элтон слишком упорно вновь и вновь выставляла напоказ свою осведомленность. Когда все мирно потолковали о погоде, о здоровье миссис Уэстон, она вдруг ни с того ни с сего озадачила Эмму вопросом:

— Вы не находите, мисс Вудхаус, что наша маленькая проказница невероятно ожила? Не кажется ли вам, что мистер Перри прямо-таки чудеса творит? — Красноречивый взгляд искоса в сторону Джейн. — Право же, Перри поставил ее на ноги за небывало короткое время! Видели бы вы, как плоха она была совсем недавно, — я-то видела! — И, улучив минуту, когда Эмме что-то говорила миссис Бейтс, опять громко зашептала: — О том, что мистеру Перри, возможно, помогли, мы умолчим — ни слова не пророним о некоем молодом врачевателе из Виндзора...

Да-да, все почести достанутся одному Перри!

Вскоре она снова приступилась к Эмме:

— Давно не имела удовольствия видеть вас, мисс Вудхаус, — ни разу, кажется, после прогулки на Бокс-хилл. Чудесное было путешествие. И все же, по-моему, чего-то ему недоставало. Что-то не ладилось — кое-кто казался невесел... Может быть, я ошибаюсь, но таково мое впечатление. Впрочем, там все-таки так красиво, что не мешало бы посетить эти места еще разок. Не собраться ли нам опять тою же компанией, покуда держится хорошая погода, и не повторить ли прогулку на Бокс-хилл? Тою же компанией — без единого исключения?..

Тут воротилась домой мисс Бейтс, и Эмма невольно позабавилась, слушая, как растерянно она мнется в ответ на ее приветствие, из опасенья, по всей видимости, сказать лишнее и одновременно — неодолимой потребности выболтать все.

— Благодарю вас, дорогая мисс Вудхаус, вы сама доброта! Затрудняюсь вам сказать — да, понятно, однако, будущность Джейн теперь — то есть наоборот... Во всяком случае, она совсем поправилась, спасибо. А как себя чувствует мистер Вудхаус? Очень, очень рада. Передать не могу, как счастлива... В таком чудесном дружеском кругу, где все свои — м-да... Очаровательный молодой человек — вернее, я хочу сказать, такой добрый друг... Это я про нашего славного мистера Перри! Такое внимание к Джейн! — И, наблюдая, как она вслед за тем кинулась восторженно благодарить миссис Элтон за то, что она к ним пришла, Эмма сделала заключение, что Джейн, должно быть, сначала навлекла на себя немилость со стороны четы Элтонов, а теперь великодушно прощена. Несколько реплик громким шепотом полностью подтвердили эту догадку — и миссис Элтон, повысив голос, произнесла во всеуслышанье:

— Да, друг мой, пришла, как видите, — и сижу уже так долго, что в другом доме сочла бы необходимым принести извиненья — дело в том, что мне надобно у вас дождаться своего господина и повелителя. Он обещал зайти и засвидетельствовать вам свое почтение.

— Как? Мы будем иметь удовольствие видеть у себя и мистера Элтона? Необыкновенная любезность! Известно, что господа мужчины не любители делать визиты по утрам, а мистер Элтон к тому же — человек занятой!

— Да, мисс Бейтс, — что верно, то верно. Дела, дела, с утра до вечера. Люди идут без конца, и всяк со своим. То из муниципалитета придут, то церковный староста, то попечитель убогих — и все к нему за советом. Шагу без него не могут ступить. «Даю вам слово, мистер Э., — часто говорю я, — спасибо, что хоть меня не трогают. Не знаю, что сталось бы с моею живописью и музыкой, ежели ко мне бы тоже поминутно обращались... Я их и так, признаться, непростительно забросила. Вот уже две недели, по-моему, как не садилась за инструмент... Но как бы то ни было, он придет, верьте слову — не преминет к вам явиться. — И, прикрывая рот ладонью, чтобы не слышала Эмма: — С поздравительным визитом, как вы понимаете. Разумеется — можно ли иначе!..

Мисс Бейтс, просияв от счастья, обвела всех глазами.

— Он обещал, что зайдет за мною, как только освободится от Найтли — они с Найтли уединились и о чем-то совещаются. Мистер Э. у Найтли — правая рука.

Эмма не простила бы себе, когда бы не сумела подавить улыбку — но она справилась с нею и спросила только:

— Мистер Элтон пешком пошел в Донуэлл? Тяжело ему будет шагать по такой жаре.

— Нет-нет, у них назначена встреча в «Короне» — деловое совещание. Уэстон и Коул тоже должны быть, но как-то принято упоминать лишь тех, кто задает тон. Решающее слово, сколько я понимаю, принадлежит всегда и во всем мистеру Э. и Найтли...

— А вы не могли перепутать день? — спросила Эмма. — Я почти уверена, что собрание в «Короне» состоится только завтра. Мистер Найтли был вчера у нас в Хартфилде и как будто называл субботу.

— Да нет же, определенно сегодня, — последовал безапелляционный ответ, с миною, показывающей, что миссис Элтон ошибиться не может. — Верьте слову, — продолжала она, — такого хлопотного прихода больше нет нигде. В Кленовой Роще не бывало ничего похожего.

— Да, но там маленький приход, — сказала Джейн.

— Понятия не имею, милая, об этом никогда и разговоров не было.

— Но это и без того понятно, раз так мала школа, где, как вы мне рассказывали, попечительствуют ваша сестрица и миссис Брэгг — одна школа на весь приход, да и в той всего лишь двадцать пять учеников.

— Вот умница — так верно подметить! Экая сообразительность! Представьте, Джейн, какая идеальная бы получилась личность, если бы нас с вами сложить вместе! К моей бы живости да вашу основательность — и выйдет совершенство... Что не мешает, впрочем, кой-кому вас уже теперь находить совершенством. Но — тсс! Не говорите мне ни слова...

В этом предостережении не ощущалось особой надобности, ибо Джейн явно порывалась обменяться хотя бы несколькими словами не с миссис Элтон, а с мисс Вудхаус. Эмма ясно видела, что ей хотелось бы, не нарушая законов общей учтивости, отметить вниманием ее, хотя чаще ей приходилось ограничиваться при этом только приветливым взглядом.

Но вот появился мистер Элтон. Супруга встретила его со свойственным ей игривым задором.

— Очень мило, сударь, нечего сказать — посылаете меня сюда и вынуждаете так долго обременять своим присутствием моих друзей в ожидании, когда вы соблаговолите пожаловать за мною! Но что поделаешь, я — образец послушания, и это вам известно. Вы знали, что я не тронусь с места, покуда не явится мой господин и повелитель... Добрый час сижу тут, показывая милым девицам пример супружеского повиновенья, — как знать, может быть, очень скоро он им и пригодится...

Но мистер Элтон так устал и запарился, что этот фейерверк остроумия пропал втуне. Едва успев поздороваться с дамами и отдать тем самым дань учтивости, он тотчас принялся бранить жару и жаловаться, что впустую столько вышагал по солнцепеку.

— Прихожу в Донуэлл, а Найтли в помине нет. Поразительно! Невероятно! Только утром послал ему записку, и он ответил, что до часу в любом случае будет дома.

— В Донуэлл? — воскликнула его жена. — Мистер Э., друг мой, вы разве ходили в Донуэлл?.. В «Корону», вы хотели сказать, — ведь вы сейчас с совещания в «Короне»...

— Да нет, совещание завтра — в связи с этим мне и было важно повидаться с Найтли именно сегодня... Нещадно нынче печет. А я еще пошел полями, — с большою обидой в голосе, — где и вовсе можно изжариться. И после этого не застать его дома! Не скрою, мне это очень не нравится. Хоть бы распорядился, чтоб мне передали его извиненья, — но нет. Экономка заявила, что знать ничего не знает... Очень странно! И куда ушел — никто понятия не имеет. То ли в Хартфилд, то ли на Эбби-Милл, а может быть — осматривать свои леса... Непохоже это, мисс Вудхаус, на нашего друга Найтли! Вам не приходит в голову, чем это следует объяснить?

Эмма, втайне посмеиваясь, согласилась, что это ни на что не похоже, и прибавила, что ей нечего сказать в его оправдание.

— Не понимаю, — вознегодовала миссис Элтон, как и полагалось преданной супруге, — отказываюсь понимать! Поступить подобным образом — и не с кем-нибудь, а с вами! Забыть, что вы должны прийти — не верю! Мистер Э., мой друг, убеждена, что он оставил прислуге какое-то распоряженье относительно вас, иначе быть не может! На такую выходку не способен даже Найтли, хотя он и большой оригинал, а прислуга забыла передать. Верьте слову, так оно и есть, — от донуэллской прислуги вполне можно этого ожидать, я много раз замечала, сколь там распущенны и нерадивы слуги. У меня бы такой, как его Гарри, недолго состоял в буфетчиках. Что же до миссис Ходжес, то наша Райт о ней очень невысокого мнения. Обещала прислать Райт рецепт пирога, да так и не удосужилась.

— Мне встретился по дороге Уильям Ларкинс, — продолжал мистер Элтон, — он сказал, что хозяина нет дома, но я не поверил... Уильям был не в духе. Говорит, что с хозяином творится что-то в последнее время, — слова путного невозможно добиться. Уж не знаю, какие у Уильяма заботы, но мне было в высшей степени важно повидаться сегодня с Найтли, и для меня совсем не шутка, что мой поход по солнцепеку закончился ничем.

Эмма поняла, что ей, пожалуй, надо идти домой — и поскорее. По всей вероятности, ее там ждали; может быть, мистера Найтли удастся удержать от дальнейших выпадов — если не в отношении Уильяма Ларкинса, то хотя бы в отношении мистера Элтона.

Она простилась и была рада, когда мисс Фэрфакс вызвалась проводить ее — не только до лестницы, но даже вниз, до дверей; это был удобный случай, и она поспешила им воспользоваться.

— Пожалуй, к лучшему, что нам не удалось поговорить, — сказала она. — Если бы я застала вас одну, то, вероятно, вопреки хорошему тону, не удержалась бы от искушенья заговорить, расспросить, откровенно высказаться о предмете, который до меня не касается... Подозреваю, что наверняка бы позволила себе слишком многое.

— О нет! — воскликнула Джейн, краснея и смущаясь, что несравненно ей больше шло, по мненью Эммы, нежели прежняя изысканная сдержанность. — Такой опасности нс было. Была другая — что я сама бы вас замучила разговорами. Ваш интерес к моим делам доставил бы мне одно лишь удовольствие... Поверьте, мисс Вудхаус, — овладев собою, — когда вы сознаете, что поступили дурно, очень дурно, то для вас чрезвычайно утешительно, если друзья ваши, которых вы более всего страшитесь потерять, не отвернулись от вас с презреньем... Теперь нет времени сказать и половины того, что... Я страстно желала бы повиниться, объясниться — быть может, в какой-то мере оправдаться перед вами. Я просто обязана это сделать. Но, к сожалению — словом, мне остается надеяться только на ваше состраданье...

— Ох, вы уж очень взыскательны к себе, даю вам слово! — горячо воскликнула Эмма, беря ее за руку. — Передо мною вам не в чем виниться, а все те, которые, может быть, вправе были этого ждать от вас, так довольны, даже счастливы за вас, что...

— Вы очень великодушны, но я-то знаю, как держалась с вами!.. Холодно, натянуто... Все время надобно было играть роль... Жизнь, построенная на обмане!.. Я знаю, что должна была внушать вам отвращенье.

— Полноте! Прошу вас. Это мне пристало приносить вам извиненья. Давайте сразу все простим друг другу.

Не будем напрасно тратить время, а покончим с этим, как велит нам чувство... Надеюсь, из Виндзора приходят добрые вести?

— Очень.

— А нас, надо полагать, скоро ждет известие, что мы вас теряем — и как раз, когда сделан первый шаг к нашему сближенью!..

— Ну, об этом, конечно, рано помышлять. Я еще здесь побуду, пока меня не заберут к себе Кемпбеллы.

— Рано, может быть, решать во всех подробностях, — с улыбкою возразила Эмма, — но помышлять, простите, самое время.

Теперь ее собеседнице настала очередь улыбнуться.

— Вы правы, разумеется — да, это было уже предметом размышлений. И могу вам признаться, зная, что это дальше не пойдет, — уже решено, что жить мы будем в Энскуме, у мистера Черчилла. Глубокий траур, по крайней мере три месяца, — и, вероятно, откладывать долее не будет причин.

— Благодарю вас, благодарю! Это я и хотела услышать. Знали бы вы, как я люблю во всем определенность и ясность!.. Прощайте — нет, до свиданья!

Глава 17

Счастливы были друзья миссис Уэстон, узнав, что она разрешилась благополучно, а Эмма, радуясь, что она жива и здорова, ликовала еще и потому, что родилась девочка.

Исполнилось ее заветное желанье — появилась на свет мисс Уэстон. Она бы даже себе не созналась, что оно подсказано видами на будущую партию для одного из сыновей Изабеллы, но всякому доказала бы, что для отца и матери лучше, если будет дочка. Для мистера Уэстона, когда он состарится — а даже мистер Уэстон лет через десять, вероятно, состарится, — будут большим утешеньем проказы и болтовня, капризы и прихоти маленькой шалуньи, которую никуда не понадобится отправлять из родного дома; что же до миссис Уэстон — кто бы усомнился, что для такой, как она, желаннее дочка, да и жалко было бы, если б ей, прирожденной воспитательнице, не представился такой случай еще раз применить свои таланты.

— Один раз она уже попытала силы на мне, — рассуждала Эмма, — как баронесса д'Альман — на графине д'Осталис из «Аделаиды и Теодоры» мадам де Жанлис*, и теперь, имея опыт, сумеет воспитать свою маленькую Аделаиду не в пример лучше.

— Иными словами, — отозвался мистер Найтли, — будет еще отчаяннее баловать, но верить при этом, что не балует вовсе. Вот и вся разница.

— Несчастное дитя! — воскликнула Эмма. — Что же ждет ее, когда так?

— Ничего страшного. Та же участь, что и очень многих. Будет невыносима в детстве и исправится, когда подрастет. Я с некоторых пор смотрю совсем другими глазами на избалованных детей, голубка Эмма. Со стороны человека, который обязан своим счастьем вам, было бы черной неблагодарностью судить их чересчур сурово.

---

* Мадам де Жанлис Мадлен Фелисите (1746–1830) — автор легко и увлекательно написанных романов с отчетливой нравоучительной тенденцией.

Эмма прыснула.

— Да, но в моем случае всеобщему баловству противостояла ваша строгость. Сомневаюсь, чтобы мне достало разуменья исправиться самой, без вашей помощи.

— Вот как? А я не сомневаюсь. Природа наделила вас умом, мисс Тейлор внушила вам правила. Вы бы и сами справились. Мое вмешательство могло бы с равным успехом только напортить. Разве вам не естественно было бы спросить: «А по какому праву он меня поучает?» И разве не естественно заметить, что это делается в довольно обидной форме? Нет, не думаю, что вы очень выиграли от моих назиданий. Выиграл я, потому что благодаря этим назиданьям и привязался к вам всей душою. Думая об вас постоянно, я не мог не полюбить вас без памяти, со всеми вашими недостатками, и, придираясь к вам по малейшему поводу, обожал вас лет, по крайней мере, с тринадцати.

— Нет, ваши наставления не пропали даром! — воскликнула Эмма. — Они очень часто возвращали меня на верный путь — гораздо чаще, чем я в том сознавалась. Уверяю вас, они мне дали много хорошего. И ежели малютке Анне Уэстон тоже не избегнуть баловства, то ваш человеческий долг — сделать для нее то же, что вы делали для меня, только, чур, за вычетом обожанья с тринадцати лет...

— Сколько раз вы, помню, когда были маленькой, подойдете ко мне и объявите с плутовскою улыбочкой: «Знаете, мистер Найтли, что я сейчас сделаю? Папаша — или мисс Тейлор — говорит, что можно», — заранее зная, что я скажу: «Нельзя», И в этих случаях, если я вмешивался, то навлекал на себя удвоенную ярость.

— Да, славным я была ребеночком! Неудивительно, что вам надолго запомнилось то, что я молола...

— «Мистер Найтли»... Всегда вы называли меня «мистер Найтли» — я так привык, что это обращенье уже не кажется мне слишком официальным... И все-таки оно звучит официально. Мне хочется, чтобы вы называли меня иначе, но только вот не знаю как.

— Помнится, я однажды, как раз в припадке ярости — лет эдак десять назад, — назвала вас «Джордж». Рассчитывала позлить вас таким образом, но, увидев, что на вас это не действует, больше никогда не повторяла.

— А вы не можете теперь называть меня «Джордж»?

— Ни за что!.. Я вас могу называть «мистер Найтли», и никак иначе. Не обещаю даже, что, уподобясь в элегантном лаконизме миссис Элтон, начну именовать вас «мистер Н.»... Могу лишь обещать, — прибавила она, смеясь и краснея, — что один раз я назову вас по имени непременно. Не скажу когда, а где — вы сами догадаетесь. В тех стенах, где Н. навсегда соединит свою судьбу с судьбою Э.

Жалко, что, воздавая ему должное, она не могла открыто назвать одну важную услугу, которую ей оказало бы его здравомыслие, если б она в свое время послушалась его совета и удержалась от самой опасной и глупой из своих женских прихотей — коротких отношений с Гарриет Смит, — но этот предмет был чересчур деликатен. Эмма не решалась его затронуть. Имя Гарриет редко мелькало в их разговорах. С его стороны это, может быть, объяснялось тем, что он просто об ней не думал, но Эмма склонна была скорее приписать его молчание чуткости: он, видно, догадывался по некоторым признакам, что дружба между ними идет на убыль. Она и сама понимала, что, когда бы их с Гарриет разлучили иные обстоятельства, они вели бы оживленную переписку, меж тем как ныне сведения, которыми она располагала, почти целиком основывались на письмах Изабеллы. Возможно, от него это не укрылось. Эта необходимость что-то скрывать от него мучила ее, пожалуй, не меньше, чем сознание, что Гарриет несчастлива по ее вине.

Изабелла, как и следовало ожидать, слала о своей гостье, в общем, неплохие вести: поначалу она казалась несколько подавленной — что очень понятно, когда вам предстоит визит к зубному врачу, — но, совершив его, сделалась снова такою же, какой они ее знали раньше... На проницательность Изабеллы особенно полагаться не приходилось, но все же, если бы Гарриет не настроена была, к примеру, играть с детьми, это бы не укрылось от нее. Очень утешило и воодушевило Эмму известие, что Гарриет пробудет в Лондоне дольше, чем предполагалось, — похоже было, что две недели, о которых шла речь, обернутся по крайней мере месяцем. В августе мистер Джон Найтли с женою собирались наведаться в Хайбери и предложили Гарриет ехать вместе, а до тех пор пожить у них.

— А Джон о вашей приятельнице не пишет ни слова, — сказал Эмме мистер Найтли. — Вот его ответ — хотите взглянуть?

То был ответ на его сообщение брату, что он хочет жениться. Эмма протянула за ним руку с готовностью — с живым нетерпеньем узнать, что там говорится, которое ни на йоту не уменьшилось из-за того, что об ее приятельнице там не сказано ни слова.

— Джон по-братски рад моему счастью, — продолжал мистер Найтли, — но он не мастер расточать комплименты, и, хотя вас, я знаю, тоже любит, ему столь чуждо пышное суесловье, что всякая другая на вашем месте, пожалуй, сочла бы, что он слишком скуп на похвалу. Но вам я могу показать его письмо без опасений.

— Что ж, он пишет разумные вещи, — заметила Эмма, кончив читать. — Уважаю его за искренность. Он ясно дает понять, что в выигрыше от этой помолвки, по его мнению, бесспорно, одна я, но не исключает, что я со временем могу стать лучше и ваша уверенность, что я достойна любви вашей, подтвердится. Ежели бы он пытался выразиться в каком-нибудь ином смысле, я бы ему не поверила.

— Милая, он хочет сказать совсем не это. Он только пишет, что...

— А мы с ним очень мало расходимся в оценке двух действующих лиц, — перебила его с серьезною улыбкой Эмма, — гораздо меньше, может быть, чем ему кажется, — и он бы понял это, если б у нас был случай объясниться на этот счет без обиняков и церемоний.

— Эмма, дорогая моя...

— И кстати, — прибавила она, улыбаясь уже веселей, — если вы боитесь, что ваш брат ко мне не слишком справедлив, то погодите, покуда мы откроем нашу тайну батюшке, и послушайте, что скажет он. Будьте покойны, вам от него достанется куда меньше справедливости. Он будет считать, что это вам одному привалило счастье, улыбнулась удача, а всеми достоинствами обладаю одна я. Хорошо еще, если я с первой минуты не превращусь для него в «бедняжечку Эмму»! Это у него последняя степень состраданья к обиженной судьбою добродетели.

— Ох, — вырвалось у него. — Если бы вашего батюшку было так же легко, как Джона, убедить, что мы стоим друг друга и по всем законам и приметам должны быть счастливы вдвоем!.. Но меня позабавило одно место в письме Джона, — вы не обратили вниманья? — где он пишет, что моя новость его не ошеломила, что этого, по его предположениям, более или менее следовало ожидать.

— Сколько я поняла, он лишь догадывался, что вы задумали жениться. Но что на мне, не подозревал. Это для него как раз явилось неожиданностью.

— Ну да, но занятно все-таки, каким образом он ухитрился хотя бы в этой мере проникнуть ко мне в душу. По каким признакам он судил? Какие перемены в настроении моем или разговоре подвели его не когда-нибудь, а именно теперь, к мысли, что я хочу жениться? Сам я таковых перемен в себе не замечал, но, значит, что-то было... Наверно, когда я приезжал к ним недавно, то перемена была. Я, кажется, меньше, чем всегда, играл с детьми. Помню, мальчики жаловались как-то вечером: «Дядя теперь все время говорит, что устал».

Наступило время поделиться своею новостью с другими и посмотреть, как ее примут. Как только миссис Уэстон окрепла и в состоянии была принять мистера Вудхауса, Эмма, с расчетом в будущем на мягкие увещанья своего друга, решила объявить ее сперва дома и тотчас вслед за тем — в Рэндалсе. Но как все-таки было признаться батюшке?.. Она назначила себе определенный час — иначе могла бы дрогнуть в последний момент и снова отложить до другого раза, — когда мистера Найтли не будет, но с тем, чтобы он потом появился и по горячим следам довел дело до конца... Не сказать было нельзя — и сказать надобно было весело. Не убивать его окончательно, сообщив об этой катастрофе минорным тоном. Преподнести ее как радость, а не беду... Собравшись с духом, она предупредила отца, что он услышит сейчас кое-что неожиданное, и затем в нескольких словах объявила, что, ежели получит его согласие и благословенье — каковые, она надеется, он даст с легким сердцем, способствуя тем всеобщему счастью, — то хотела бы выйти замуж за мистера Найтли, вследствие чего Хартфилд пополнится постоянным присутствием человека, которого он, как известно, любит, после своих дочерей и миссис Уэстон, больше всех на свете.

Бедный мистер Вудхаус! Это был тяжелый удар, и сначала он всеми силами старался отговорить ее. Вновь и вновь напоминал ей ее же слова о том, что она никогда не выйдет замуж, убеждал, что холостая жизнь гораздо лучше, — приводил в пример печальную судьбу бедняжек Изабеллы и мисс Тейлор... Ничто не помогало. Эмма не отходила от него, ласково улыбалась и повторяла, что так надо, что Изабелла и миссис Уэстон — совсем другое дело, что их обеих замужество разлучило с Хартфилдом, действительно произведя в нем печальное опустошенье, — меж тем как она из Хартфилда не уедет, а наоборот, останется тут навсегда, а перемены в числе его обитателей и составе их общества — только к лучшему; что для него же самого, когда он вдумается и привыкнет к этой мысли, в сто раз удобнее и приятней будет иметь мистера Найтли все время рядом. Разве не любит он мистера Найтли всем сердцем? Не станет же он это отрицать? К кому, как не к мистеру Найтли, неизменно обращается он за деловым советом? Кто для него самый полезный человек, кто так охотно пишет за него письма, так готов всегда и во всем прийти к нему на выручку? Кто еще так умеет ободрить, кто так внимателен к нему, так предан? Разве не славно было бы всегда иметь его под боком?.. Да. Все это так. Мистер Найтли у них желанный гость во всякое время, он рад бы видеться с ним хоть каждый день, но ведь они и так видят его каждый день... Отчего же им нельзя жить, как жили до сих пор?..

Мистер Вудхаус смирился не вдруг — но худшее осталось позади; мысль была заронена — остальное должны были доделать время и повторенье... Просьбы и уверения Эммы сменялись увещаниями мистера Найтли, нежные хвалы коего по ее адресу придавали предмету разговора даже известную приятность, и скоро мистер Вудхаус привык к тому, что они при каждом удобном случае заводят с ним об этом речь. Вносила посильную лепту Изабелла, присылая письма, в которых высказывала самое горячее одобренье этой идее, но самую верную тактику избрала с первой же встречи миссис Уэстон, говоря о замужестве Эммы, во-первых, как о деле решенном, а во-вторых — как о деле благом, ибо прекрасно знала, что для мистера Вудхауса первое, пожалуй, не менее важный довод, чем второе... Он видел, что все вокруг сходятся на одном, — все, которых он привык в жизни слушать, твердили, что для него же так будет лучше, — он к этому и сам склонялся в глубине души и постепенно начал думать, что когда-нибудь — годика через два, пожалуй, — им, может быть, и в самом деле недурно бы пожениться.

Миссис Уэстон не кривила душой, не притворялась, выступая перед ним в защиту этого союза... Она в первую минуту, когда Эмма ей все рассказала, остолбенела от изумленья, но с той же первой минуты поняла, что это — счастливое для всех событие, и уговаривала мистера Вудхауса с жаром — и с чистою совестью... Она столь высоко ставила мистера Найтли, что признавала его достойным даже своей ненаглядной Эммы — и вообще это была во всех отношениях столь удачная, подходящая, бесподобная партия — а в одном, крайне важном отношении, просто идеальная, единственная — что другого выбора, представлялось ей теперь, Эмма сделать не могла, — непонятно только, какое затмение ей помешало сообразить это давным-давно и именно этого брака желать для Эммы... Какой другой жених, равный Эмме по положенью в обществе, согласился бы оставить родовое имение и поселиться в Хартфилде? Кто, кроме мистера Найтли, так знал мистера Вудхауса и умел мириться с его особенностями, чтобы подобное решенье стало приемлемым?.. Всякий раз, как они с мужем, бывало, строили планы, проча Эмме в мужья Фрэнка Черчилла, участь бедного мистера Вудхауса неизменно оказывалась камнем преткновенья. Как примирить интересы Энскума и Хартфилда — вот трудность, в которую все упиралось, и хотя мистера Уэстона она смущала меньше, нежели ее, но и он никогда не мог придумать ничего лучшего, как отмахнуться со словами: «Уладится как-нибудь — молодежь найдет выход...» Теперь же ни от чего отмахиваться, слепо полагаясь на будущее, не было нужды. Все делалось с открытыми глазами, разумно и справедливо. Никому ничем существенным жертвовать не приходилось. Такой союз, по всему, обещал стать счастливым, и ни одной серьезной причины противиться ему или хотя бы медлить с ним она не видела.

Баюкая свою малютку и предаваясь подобного рода размышленьям, миссис Уэстон ощущала себя счастливейшей из женщин. Особенно когда с восторгом заметила, что первые чепчики уже становятся девочке тесноваты...

Новость распространялась, повергая всякого в изумленье, — повергла на первые пять минут и мистера Уэстона, но он за эти пять минут, со свойственной его натуре гибкостью, успел вполне освоиться с нею...

Преимущества этого брака он видел и одобрял с тем же постоянством, что и его жена, но от изумленья очень скоро ничего не осталось — уже через час он был готов поверить, что всегда ждал такого исхода.

— Это, сколько я понимаю — тайна, — говорил он. Такие вещи — всегда страшная тайна, покуда не выясняется, что о них давно все знают. Ладно, только предупредите меня, когда можно будет говорить. Интересно, Джейн догадывается или нет...

Назавтра же он с утра отправился в Хайбери и удовлетворил свое любопытство на сей счет. То есть, иначе говоря, сообщил ей эту новость. А как же? Разве она теперь не все равно что дочь ему — старшая его дочь? А так как говорилось это в присутствии мисс Бейтс, то новость, естественно, мигом достигла также миссис Коул, миссис Перри и миссис Элтон. Герои дня это предвидели — прикинув, за сколько времени известие разнесется из Рэндалса по всему Хайбери, они с завидною проницательностью заключили, что уже к вечеру сделаются притчей во языцех во многих домах.

Вообще говоря, известие приняли с одобрением. Одни считали, что больше повезло ему, другие — что ей. Кто-то полагал, что им бы следовало обосноваться в Донуэлле, а Хартфилд уступить семейству Джона Найтли; еще кто-то предсказывал, что у них перессорится вся прислуга, но в общем серьезных возражений не возникало нигде — кроме как в доме викария... Здесь неожиданность известия не смягчалась удовлетвореньем. Мистер Элтон, в сравненье с женою, принял его спокойно и только изъявил надежду, что «непомерная гордыня означенной девицы наконец-то удовлетворена», а также — предположенье, что «она, видимо, давно уже задалась целью подцепить Найтли» — по поводу же намерения зажить одним домом в Хартфилде позволил себе нескромность воскликнуть: «Вот счастье, что не я на его месте!» Но что до миссис Элтон, то она приняла эту весть гораздо ближе к сердцу. Бедный Найтли! Несчастный человек! Судьба его не пощадила... Она потрясена, верьте слову, — помилуйте, пусть он большой оригинал, но у него же тьма достоинств... И как это он оплошал?.. Да нет, ничуть не влюблен, ни капли — уж она-то знает... Бедный! Кончилось их задушевное общенье. А как он радовался, когда они звали его отобедать! Отныне этому всему конец... Ах, бедняга!.. Не устраивать ему больше для нее в Донуэлле увеселений на свежем воздухе. Куда там — новоиспеченная миссис Найтли испортит все удовольствие... Ужасная неприятность!.. И хорошо, что она при ней ругала экономку, — и пусть... Негодная затея — жить всем вместе. К добру не приведет. Одна знакомая пара по соседству с Кленовой Рощей тоже попробовала, месяца три так пожили — и разошлись.

Глава 18

Время шло. Все меньше дней оставалось до приезда гостей из Лондона и их гостьи. Эмма ждала его с тревогой и однажды утром не на шутку задумалась о том, сколько он должен ей принести волнений и горестей, — но тут показался мистер Найтли, и тягостные мысли отступили. Первые минуты пролетели за приятною болтовней; потом он помолчал немного и заговорил серьезным тоном:

— Я кое-что хочу сказать вам, Эмма, — у меня для вас есть новость.

— Хорошая или плохая? — быстро спросила она, испытующе поднимая на него глаза.

— Не знаю — трудно сказать.

— А я знаю — хорошая! Видно по вашему лицу. Вы стараетесь подавить улыбку.

— Боюсь, — произнес он, придавая внушительность своим чертам, — очень боюсь, Эмма, милая, что у вас она не вызовет улыбки.

— Вот как. Отчего же? Возможно ли, чтобы то, что радует и забавляет вас, не позабавило и не обрадовало меня?

— Существует вопрос — единственный, надеюсь, — возразил он, — на который мы смотрим по-разному. — Он опять улыбнулся и помолчал, внимательно глядя на нее. — Вам ничто не приходит в голову? Память вам ничего не подсказывает? Он связан с Гарриет Смит...

Эмма вспыхнула при этом имени и, сама не ведая почему, испугалась.

— А, так она вам написала! — вскричал он. — Вы нынче получили письмо и все знаете!

— Нет, ничего не знаю — говорите, прошу вас.

— Я вижу, вы приготовились услышать самое страшное — что ж, это и правда страшно вымолвить. Гарриет Смит выходит замуж за Роберта Мартина.

Эмма вздрогнула всем телом — как видно, приготовленья не помогли, — горящие глаза ее сказали: «Быть не может!» — но губы даже не шевельнулись.

— Да, это так, — продолжал мистер Найтли. — Мне Роберт Мартин сам сказал. Он всего полчаса как ушел от меня.

Она по-прежнему глядела на него в красноречивом изумленье.

— Не зря я боялся, голубушка моя, что вас это неприятно поразит... Жаль, что наши взгляды не совпадают. Впрочем, со временем совпадут. Будьте покойны, время заставит меня или вас переменить мнение, а до тех пор нам нет особой надобности обсуждать этот предмет.

— Вы ошибаетесь, вы меня неверно поняли, — проговорила она с усилием. — Я не оттого поразилась, что для меня это неприятность, — я просто не могу поверить. Этого не может быть! Не хотите же вы сказать, что Гарриет Смит так-таки дала согласие Роберту Мартину? Или даже что он ей снова сделал предложение — уже? Вы говорите лишь об его намереньи...

— Я говорю, что он его сделал, — с улыбчивой, но твердой решимостью отвечал мистер Найтли, — и получил ее согласие.

— Великий Боже! — воскликнула она. — Ну и ну! — И, наклонясь к спасительной корзинке с шитьем, чтобы скрыть насмешливый и упоительный восторг, который, как она понимала, должен был в эти мгновенья изобразиться на ее лице, прибавила: — Так расскажите мне все — растолкуйте. Как, где, когда? Не пропускайте ни единой подробности... Ну и сюрприз вы преподнесли мне — но, уверяю вас, он меня не огорчает! Да как же, каким образом это могло произойти?

— Очень просто. Три дня тому назад он ехал в город, и я доверил ему бумаги, которые надобно было передать Джону. Он их принес ему в контору, и Джон предложил ему вечером поехать с ними к Эстли*. Они решили повести двух старших мальчиков в цирк. Собирались туда

---

* Эстли — известный цирк, который содержал в Лондоне Филип Эстли в конце XVIII — начале XIX в.

впятером — брат с вашей сестрицей, Генри, Джон — и мисс Смит. Мой друг Роберт не устоял. За ним заехали по дороге — на представленье все веселились до упаду, а назавтра брат позвал его обедать — он пришел — и, сколько я понял, тогда-то, улучив минутку, переговорил с Гарриет — переговорил определенно не попусту. Она дала ему согласие и осчастливила его — как он того и заслуживает... Он воротился вчера, на дилижансе, а нынче, сразу после завтрака, уже был у меня с докладом — сперва о моих делах, а после — о своих. Вот и все, что я могу вам поведать насчет того, как, где и когда. Ваша приятельница Гарриет при встрече с вами будет рассказывать об этом гораздо пространней. Не упустит ни одной малости, какие умеет интересно преподнести только женщина. Мы, мужчины, сообщаем о крупном... Впрочем, должен сказать, даже я отметил, что Роберт Мартин был от избытка чувств необычно для себя речист и счел нужным совсем некстати упомянуть о том, как, выйдя из ложи в цирке, брат с женою и Джоном-младшим пошел вперед, а мисс Смит и Генри оставил на него и в какой-то момент они попали в такую толчею, что мисс Смит несколько оробела.

Он остановился. Эмма, не доверяя себе, предпочла промолчать. Заговорив, она бы неизбежно выдала ему свое, необъяснимое для него, ликованье. Надобно было обождать, иначе он мог решить, что она сошла с ума. Ее молчание беспокоило его, и, понаблюдав за нею, он прибавил:

— Милая, вы сказали, что эта новость не огорчает вас, но, боюсь, она все-таки вас расстроила больше, чем вы предполагали. Да, его положение в обществе оставляет желать лучшего — но смотрите на это глазами вашей подруги, которую оно устраивает. Что же до него самого — ручаюсь, чем ближе вы будете с ним знакомиться, тем лучшего будете о нем мнения. Вас будет восхищать его ясный разум, его добропорядочность. Ежели говорить о личных качествах, то лучшего мужа вашей подруге и пожелать нельзя. Будь это в моей власти, я дал бы ему другое положение — а этим сказано очень многое, Эмма, верьте мне... Вы вот подтруниваете надо мною из-за Уильяма Ларкинса, но мне будет ничуть не легче обходиться без Роберта Мартина.

На это естественно было поднять голову и улыбнуться — что она и сделала, изо всех сил заставляя себя не улыбаться чересчур широко.

— Да не старайтесь вы так примирить меня с мыслью об этом браке, — отвечала она бодро, — в этом нет никакой надобности. По-моему, за Гарриет можно лишь порадоваться. Как знать, возможно, ее родня даже уступает ему по положению — что касается добропорядочности, то в этом нет сомнений. Я онемела от удивления, и только — от полной неожиданности. Вы не представляете себе, как это для меня неожиданно, как мало я была готова к такому повороту событий! Ибо имела основания думать, что она в последнее время более — гораздо более, чем раньше, настроена против него.

— Вам лучше знать вашу подружку, — возразил мистер Найтли, — но я сказал бы, что такой добренькой, сговорчивой девице трудно противиться очень долго молодому человеку, который признается ей в любви.

Эмма невольно фыркнула.

— Даю вам слово, мистер Найтли, — отвечала она сквозь смех, — по-моему, вы ее знаете ничуть не хуже, чем я... Но скажите, вы совершенно уверены, что она твердо и определенно дала ему согласие? Что могла бы со временем — это я допускаю, но чтоб уже?.. Вы, может быть, не так его поняли? Быть может, за разговором о множестве других предметов — о хозяйстве, о новой сеялке, о выставке скота — вы сбились и перепутали? И не о согласье Гарриет отдать ему руку толковал он уверенно, а о статях знаменитого быка?

Эмму в эту минуту с такою новой остротой поразила разница между Робертом Мартином и мистером Найтли в чертах, во всей повадке, — столь живо было для нее воспоминанье о совсем недавних перипетиях Гарриет, столь явственно звучали в ушах слова, произнесенные с такою горячностью: «Я даже не взгляну теперь в сторону Роберта Мартина!» — что она искренне рассчитывала получить в ответ подтверждение, что эта новость в известной мере преждевременна. Иначе и быть не могло!

— И вы смеете так говорить? — вскричал мистер Найтли. — Смеете принимать меня за полного болвана, неспособного уразуметь, о чем с ним разговаривают?.. Чего же вы заслуживаете после этого?

— Я? Я всегда заслуживаю самого лучшего обращенья, так как другого обращенья с собою не терплю, — а потому извольте дать мне прямой и четкий ответ. Вы совершенно уверены, что правильно поняли, в каких отношениях состоят теперь мистер Мартин и Гарриет?

— Я уверен, — отвечал он очень внятно, — что он сообщил мне о ее согласии, ясно и недвусмысленно, и, кажется, располагаю доказательством, которое вас в этом убедит. Он спрашивал у меня совета, что делать дальше. Сколько ему известно, единственный человек, который может располагать какими-то сведениями о ее родных и близких, — это миссис Годдард. Прилично ли ему, на мой взгляд, обратиться к ней? Я уверил его, что вполне. Тогда, сказал он, он постарается в течение дня побывать у миссис Годдард.

— Вот теперь я удовлетворена, — уже не пряча сияющей улыбки, отозвалась Эмма, — и от души желаю им счастья.

— В вас совершилась существенная перемена с тех пор, как мы последний раз беседовали об этом предмете.

— Надеюсь — потому что тогда я рассуждала, как дурочка.

— Я, впрочем, тоже переменился, потому что теперь охотно соглашусь, что Гарриет обладает всеми достоинствами, которые вы называли. Я, ради вас и ради Роберта Мартина — имея все причины полагать, что он влюблен в нее не меньше прежнего, — предпринял койкакие шаги, чтобы лучше ее узнать. Часто и подолгу с ней разговаривал — вы сами, должно быть, замечали. Подчас, признаться, мне казалось, что вы подозреваете меня в поползновеньях замолвить словечко за несчастного Мартина, — чего, надо сказать, никогда не бывало... Так или иначе все мои наблюдения убедили меня, что это простодушная, славная девица, самых серьезных правил и очень здравых понятий, которая будет искать счастья для себя в привязанностях и полезных трудах семейной жизни... Во многом она всем этим, несомненно, обязана вам.

— Мне?! — качая головой, вскричала Эмма. — Ох!.. Бедная Гарриет... — Но вовремя спохватилась, покорясь необходимости принимать не совсем заслуженную похвалу.

Скоро их беседе положило конец появление ее батюшки. Эмма не жалела об этом. Ей хотелось побыть одной. В душе у ней царили сумбур и недоуменье, это мешало ей собраться с мыслями. Ее так и подмывало крикнуть, запеть, пуститься в пляс — надобно было походить по комнате, поразмыслить, разобраться, посмеяться — без этого она сейчас ни на что путное не годилась.

Мистер Вудхаус пришел объявить, что Джеймс пошел закладывать карету для ежедневной с недавних пор поездки в Рэндалс, дав Эмме повод немедленно выскочить за дверь.

Можно себе представить, какая радость ее переполняла, какая благодарность судьбе, какое восхитительное чувство облегченья! Единственное облачко, темное пятно — забота о будущности Гарриет — благополучно устранилось; все складывалось так счастливо, что становилось даже страшновато... Чего ей оставалось желать? Ничего — лишь сделаться более достойной его, который во всех движениях души и сужденьях обнаруживал неизмеримое превосходство над нею. Лишь извлечь урок из ошибок, совершенных в прошлом, и впредь вести себя скромнее и осмотрительней.

Серьезны, очень серьезны были и эти благодаренья, и зароки, однако в отдельные минуты она, без всякого перехода, покатывалась со смеху. Нельзя было не покатиться со смеху при мысли о подобной развязке! При мысли о том, чем завершилась сердечная драма пятинедельной давности. Ну и сердечко — ну и Гарриет!

Теперь можно было ждать ее приезда с удовольствием. Теперь все будет удовольствием. Большим удовольствием будет познакомиться с Робертом Мартином...

Отрадней всего средь этих глубоких и серьезных размышлений было сознание, что скоро отпадет всякая надобность скрывать что бы то ни было от мистера Найтли. Кончатся скоро секреты, недомолвки, иносказанья, к которым ей так противно было прибегать. Близилось время, когда она сможет дарить его полной и безграничной откровенностью, что по натуре склонна была приветствовать, почитая своим долгом.

В самом радужном и лучезарном расположенье духа катила она с родителем по знакомой дороге, не все подряд слушая, но со всем соглашаясь, готовая и молча, и на словах поддерживать в нем благое убежденье, что он обязан навещать Рэндалс каждый день, иначе бедная миссис Уэстон может обидеться.

Приехали. Миссис Уэстон сидела в гостиной одна, но едва им сообщили о последних достижениях малютки и изъявили мистеру Вудхаусу благодарность за приезд — на что он явно рассчитывал, — как за окном, неплотно прикрытым шторами, промелькнули две фигуры.

— Это Фрэнк и мисс Фэрфакс, — объяснила миссис Уэстон. — Я как раз собиралась сказать вам, какой приятный сюрприз он преподнес нам сегодня утром. Он пробудет до завтра, и нам удалось зазвать к себе мисс Фэрфакс на целый день... Кажется, они идут сюда.

Через полминуты они вошли. Эмма обрадовалась встрече с ним, но к радости примешивалось смущенье — над обоими тяготел ряд воспоминаний щекотливого свойства. В едином порыве они с улыбкой протянули друг другу руку, но в первые минуты чувствовали себя скованно, когда все уселись по местам, разговор никак не клеился, и, хотя Эмме давно хотелось увидеть снова Фрэнка Черчилла, и увидеть его с Джейн, она уже начала сомневаться, что исполнение этого желанья доставит ей большое удовольствие. Но вот к ним присоединился мистер Уэстон, принесли малютку, и после этого в предметах для оживленной беседы уже не ощущалось недостатка — достало и Фрэнку Черчиллу духу подсесть к ней ближе и заговорить под шумок:

— Я должен сказать вам спасибо, мисс Вудхаус, — миссис Уэстон в одном из писем передала мне ваши добрые слова о том, что вы меня прощаете. Надеюсь, время, истекшее с тех пор, не убавило в вас милосердия. Надеюсь, что вам не хочется взять свои слова назад.

— Ничуть! — тотчас с готовностью подхватила Эмма. — Вовсе нет. Мне чрезвычайно приятно вас видеть, пожать вам руку и лично вас поздравить.

Он искренне поблагодарил ее и какое-то время серьезно, с глубоким чувством говорил о том, как он счастлив и сколь обласкан судьбою.

— Взгляните, разве она не прелесть? — сказал он, указывая глазами на Джейн. — Очаровательна, как никогда. Видите, отец и миссис Уэстон не надышатся на нее.

Впрочем, природная шаловливость покинула его ненадолго и, сообщая ей, что скоро должны воротиться Кемпбеллы, он с хитрым огоньком в глазах помянул имя Диксон... Эмма залилась краской и отвечала, что запрещает произносить это имя в своем присутствии.

— Слышать его не могу! — воскликнула она. — Мне так стыдно...

— Ежели кому и должно быть стыдно, — возразил он, — то это мне... Но неужели вы правда ни о чем не догадывались? Под конец, я имею в виду. Сначала — нет, это я знаю.

— Поверьте — даже не подозревала.

— Удивительно... А ведь я однажды был очень близок к тому, чтобы... и жалею, что удержался, — было бы лучше. Мне хоть и не впервой было дурно поступать, но тут я поступал отвратительно — не хотелось показывать себя в столь непривлекательном свете... А куда правильней было бы нарушить тайну и все вам рассказать.

— Ну, теперь об этом нечего жалеть, — сказала Эмма.

— У меня есть надежда, — продолжал он, — уговорить дядюшку побывать в Рэндалсе — он хочет познакомиться с нею. Когда вернутся Кемпбеллы, мы поедем в Лондон повидаться с ними и, вероятно, пробудем там до тех пор, покуда не настанет время увозить ее в Энскум... Но пока — я в такой дали от нее! Не тяжело ли это, мисс Вудхаус? Подумайте — мы сегодня видимся первый раз с того дня, как помирились. Вам не жаль меня?

Эмма нашла столь сердечные слова для изъявленья своей жалости, что он, под внезапным наитием озорства, вскричал:

— Да, кстати!.. — И, напустив на себя невинный вид, понизил голос: — А как поживает мистер Найтли? — Он сделал паузу. Эмма покраснела и засмеялась. — Я знаю, вы читали мое письмо — помните, какое я передал вам пожеланье?.. Позвольте же и мне, в свою очередь, вас поздравить. Поверьте, я узнал эту новость с живейшим интересом и удовлетвореньем. Хвалить такого человека было бы дерзостью — он выше похвал.

Эмма с восторгом слушала, желая лишь, чтоб он и дальше продолжал в том же духе, но его уже через минуту вновь занимали только свои дела и своя Джейн:

— Видели вы когда-нибудь такую кожу? Атласная! Бархатная! И при всем том — не молочной белизны.

Ее нельзя назвать белокожей. Редкостный цвет лица — при темных волосах и ресницах... Бездна благородства! Порода! Тончайший румянец — примета совершенной красоты.

— Мне-то всегда очень нравился ее цвет лица, — не без лукавства возразила Эмма, — Но кто-то, помнится, утверждал, будто она чересчур бледна? Когда мы говорили об ней первый раз... Или вы забыли?

— Ох, помню! Ну и негодяй же я был! Какова наглость... — И он расхохотался с таким удовольствием, что Эмма заметила невольно:

— Подозреваю, что при всех сложностях ваших обстоятельств, вы тогда от души потешались, мороча нам всем голову. Уверена. Уверена, что это служило вам утешеньем.

— Нет-нет, как можно! Как вы могли подумать? Я мучился, я страдал...

— Но не настолько, чтобы лишиться чувства юмора. Сознание, что вы всех нас дурачите, конечно, доставляло вам немало веселых минут... Возможно, я потому утверждаю это с такой уверенностью, что, сказать вам правду, меня бы, окажись я в подобном положении, это, пожалуй, тоже забавляло. По-моему, мы с вами кое в чем похожи.

Он поклонился.

— Похожи, может быть, не столько характером, — подумав, прибавила она проникновенно, — сколько судьбою, ибо вас и меня судьба почла за благо связать с людьми, которые неизмеримо лучше нас.

— Верно, верно, — горячо поддержал он. — То есть нет, в вашем случае — неверно. Лучше вас быть нельзя, но в моем случае — совершенно верно. Она — сущий ангел. Взгляните на нее. Правда ангел — в каждом движенье? Обратите внимание, какая линия шеи. А глаза, обратите внимание, — этот взгляд, устремленный на моего отца... Вам приятно будет узнать, — наклоняясь к ней ближе и переходя на значительный шепот, — что дядя собирается отдать ей все теткины драгоценности. Их заново оправят. Я непременно хочу, чтобы часть камней пошла на диадему. Разве не красиво будет выглядеть диадема на ее темноволосой головке?

— Очень красиво, правда, — отозвалась Эмма, и это прозвучало так душевно, что у него, от полноты чувств, вырвалось:

— Как чудесно видеть вас снова! И видеть такой цветущей, довольной!.. Я бы ни за что не уехал отсюда без этой встречи. Во что бы то ни стало побывал в Хартфилде, когда б не встретился с вами здесь...

У других тем временем разговор шел о девочке — миссис Уэстон рассказывала о маленьком происшествии вчера вечером, когда ей почудилось, что ребенку нездоровится. Вероятно, она вела себя глупо, но она так всполошилась, что еще немного — и послала бы за мистером Перри. Стыдно признаться — а впрочем, мистер Уэстон встревожился не меньше ее. Но через десять минут девочка уже вела себя как ни в чем не бывало... Вот и вся история — и сугубый интерес она вызвала у мистера Вудхауса, который очень одобрил рассказчицу за намеренье позвать к малютке мистера Перри, но пожурил за то, что она его не исполнила. Когда бы ей, хоть на мгновенье, ни показалось, что с девочкой неладно, пусть даже в ничтожной степени, — всегда следует посылать за Перри. Лучше ошибиться лишний раз, чем недоглядеть. Чуть что — звать Перри.

Пожалуй, напрасно вчера этого не сделали. Девочка, правда, выглядит недурно — совсем недурно, принимая во внимание то, что было, — но, верно, выглядела бы еще лучше, если бы ее посмотрел Перри.

Фрэнк Черчилл навострил уши, уловив это имя.

— Перри? — сказал он, обращаясь к Эмме, но стараясь перехватить взгляд мисс Фэрфакс. — Мой старый приятель мистер Перри? Что это там про него толкуют? Он что, сегодня был здесь?.. И каким же способом он ныне передвигается? Обзавелся-таки коляской?

Эмма живо вспомнила, поняла и рассмеялась вместе с ним; по лицу Джейн было видно, что она тоже слышит, но пытается это скрыть.

— Вот необыкновенный был сон! — воскликнул Фрэнк Черчилл. — Как вспомню, так всякий раз смех берет!.. Она нас слышит, мисс Вудхаус, все слышит. Вижу это по ямочке на щеке, по улыбке, по тщетным усилиям нахмуриться. Посмотрите. Разве не ясно, что в этот миг у нее стоит перед глазами то место из ее письма ко мне, где говорилось о коляске, — что перед нею проходит вновь вся сценка с моею оплошностью — что только это занимает ее сейчас, хотя она и делает вид, будто участвует в общем разговоре?

Джейн на короткий миг не выдержала и откровенно улыбнулась — улыбка еще не сошла у ней с лица, когда она оглянулась на него и смущенным, тихим, но твердым голосом проговорила:

— Поразительно — как можете вы носиться с подобными воспоминаньями?.. Они порою навязываются сами — но как их можно смаковать?

Он нашелся, что сказать в ответ, велеречиво и занимательно, но симпатии Эммы в этом споре были по преимуществу на стороне Джейн — и, хоть приятно ей было повидаться с Фрэнком Черчиллом, хоть и внушал он ей неподдельную дружескую приязнь, однако, невольно сравнивая обоих мужчин по дороге домой, она как никогда явственно ощущала неоспоримое превосходство личности мистера Найтли. С новою силой оживали при этом сравненье его достоинства — так, счастливо для нее, завершился этот счастливейший день.

Глава 19

Ежели и посещали Эмму подчас опасения за Гарриет — мимолетные сомненья в том, что она и вправду избавилась от своей страсти к мистеру Найтли и согласилась стать женою другого по сердечной склонности, без всяких задних мыслей, — то ей недолго предстояло томиться неизвестностью. Буквально через несколько дней прикатила компания из Лондона, и при первой возможности провести часок с глазу на глаз с Гарриет она вполне уверилась, что на месте мистера Найтли в ее сердце прочно утвердился Роберт Мартин и с ним одним связаны для нее все виды на счастливую будущность.

Сначала Гарриет жалась, мялась — имела довольно глупый вид, но стоило ей признаться, что все это был вздор, самообман, плод непомерного самомненья, как тотчас, вместе с этими словами, мучительная неловкость покинула ее, и прошлое уже не имело над нею ни малейшей власти, а настоящее и будущее наполняли торжеством, ибо все ее страхи, как бы подруга не отнеслась к случившемуся неодобрительно, рассеялись во мгновение ока, когда Эмма встретила его горячими и непритворными поздравлениями... С восторгом рассказывала ей Гарриет и про вечер у Эстли, и по обед на следующий день, любовно припоминая всякую подробность. Да только многое ли эти подробности объясняли?.. Эмме было ясно одно: что Роберт Мартин всегда нравился Гарриет и его постоянство в любви покорило ее. Все прочее оставалось недоступным пониманию...

Тем не менее это было радостное событие, и каждый день приносил новые основания так полагать. Выяснилось, кто такая Гарриет по рождению. Оказалось, что отец ее — торговец, достаточно состоятельный, чтобы положить ей порядочное содержанье, и достаточно порядочный, чтобы предпочесть оставаться в тени. Вот к чему сводилось благородство происхожденья, за которое Эмма когда-то готова была поручиться!.. Вероятно, кровь в ее жилах по-своему не уступала чистотою той, которая могла бы достаться ей от иного дворянина, — но что за родство сулила такая партия мистеру Найтли — или Черчиллю — или даже мистеру Элтону!.. Для них пятно незаконного рожденья, не забеленное ни знатностью, ни богатством, было бы, позорным пятном.

Со стороны отца не последовало никаких возражений — молодому человеку было обещано щедрое приданое — все шло как полагается, и, познакомясь с Робертом Мартином, который сделался отныне вхож в Хартфилд, Эмма должна была согласиться, что он, судя по всему, и в самом деле обладает умом и сердцем, которые обещают ее подружке благоденствие. Она не сомневалась, что Гарриет ужилась бы со всяким мало-мальски приличным человеком, но с таким, как он, — в такой семье, как его, — она могла рассчитывать на большее — солидность, основательность, преуспеянье. Она попадет к людям, любящим ее; к разумным людям — разумней, чем она сама, — в надежно замкнутый, но деятельный круг, где ей некогда будет скучать. В нем никогда не будет места искушенью, и он же оградит ее от соблазнов извне. Она займет почетное положение и заживет припеваючи; Эмме лишь оставалось признать, что ей повезло, как никому на свете, если она сумела внушить столь сильное в прочное чувство такому человеку, — точнее, как никому на свете, кроме нее самой.

Гарриет, которую, по понятным причинам, то одно, то другое дело призывало к Мартинам, проводила все меньше времени в Хартфилде, и это не вызывало сожалений. Задушевной близости между ними неизбежно наступал конец. Дружбе предстояло смениться ровными, добрыми отношениями — и хорошо, что то, чему так или иначе надлежало совершиться, уже потихоньку совершалось, безболезненно и незаметно.

В конце сентября Эмма проводила Гарриет в церковь и с удовольствием, не омраченным никакими воспоминаниями — хотя бы и связанными с мистером Элтоном, стоявшим перед молодою парой, — наблюдала, как ее обвенчали с Робертом Мартином... В мистере Элтоне она, пожалуй, видела к этому времени только священника, к которому следующей, быть может, идти за благословеньем пред алтарем ей самой... Роберт Мартин и Гарриет Смит, которые помолвились последними из трех пар, свадьбу сыграли первыми.

Джейн Фэрфакс уже покинула Хайбери, обретя вновь приют и негу под любезным ей кровом Кемпбеллов. Мистер Черчилл с племянником тоже были в Лондоне; ждали только наступленья ноября...

Промежуточный месяц избрали для себя — не смея, впрочем, особенно на то полагаться — Эмма и мистер Найтли. Они решили пожениться, покамест в Хартфилде гостят Джон и Изабелла, чтобы иметь возможность отлучиться на две недели в свадебное путешествие к морю, — таков был их план. Джон, Изабелла, все друзья его единодушно поддерживали. Но мистер Вудхаус — как было добиться согласия мистера Вудхауса, который если и заговаривал об их женитьбе, то не иначе как о событии в далеком будущем?

Первая пробная попытка завести с ним речь на эту тему повергла его в такую скорбь, что у них прямо опустились руки... Вторая, правда, сошла легче. Он начинал думать, что так надо, что ему этого не предотвратить, — многообещающий поворот ума на пути к смиренью. Но он не повеселел. Наоборот, он был столь явно удручен, что его дочь пала духом. Ей нестерпимо было видеть, как он тоскует, знать, что он воображает себя заброшенным, — и, хоть в душе она, скорее, разделяла уверенность братьев Найтли, что когда событие совершится, он быстро перестанет горевать, она все же колебалась — не могла отважиться на этот шаг.

Вывело их из томительной неопределенности не внезапное озаренье, посетившее мистера Вудхауса, — и не какое-нибудь волшебное преображенье его нервной системы, а как раз очередное коленце, выкинутое упомянутой системой... В одно прекрасное утро на птичьем дворе миссис Уэстон обнаружилась пропажа; кто-то — человек, по всей видимости — ухитрился ночью стащить всех индюшек. Пострадали и другие птичники по соседству. У страха глаза велики — для мистера Вудхауса мелкое воровство выглядело кражею со взломом.

Он потерял покой — потерял бы и сон от мучительной тревоги, когда бы не сознание, что дом находится под защитою зятя. Силе, решимости, присутствию духа братьев Найтли он доверялся вполне. Покуда его и его присных охраняет тот или другой мистер Найтли, Хартфилд в безопасности. Но к концу первой недели ноября мистеру Джону Найтли необходимо было воротиться в Лондон...

Следствием означенных треволнений явилось согласие на свадьбу дочери — добровольное, охотное, о каком она в ту пору и мечтать не осмеливалась; назначили число и, не прошло месяца с того дня, когда поженились Роберт Мартин и Гарриет Смит, как мистер Элтон призван был соединить навеки сердца и руки мистера Найтли и мисс Вудхаус.

Свадьба была как свадьба — какие бывают, когда ни жених, ни невеста не имеют пристрастия к пышности и блеску; миссис Элтон из подробных рассказов супруга вывела заключенье, что свадьба была самая убогая и не шла ни в какое сравненье с ее собственной... «И белого атласа в обрез, и кружева на фату — жалкое зрелище!.. Селина сделает большие глаза, когда узнает...» Но, несмотря на означенные изъяны, надежда и вера горсточки преданных друзей, собравшихся на церемонию, их пожелания и предсказанья сбылись — союзу сопутствовало полное счастье.

УДК 821.111-31(410)
ББК 84(4Вел)-44
О-76

Original title:
Emma
by Jane Austen

Остен, Джейн

О-76 Эмма / Джейн Остен ; пер. с англ. М. Кан. — Москва : МИФ, 2024. — 576 с. — (Вечные истории).

ISBN 978-5-00214-505-8

Четвертый роман Джейн Остен, впервые опубликованный в конце 1815 года. В процессе работы автор была уверена, что описывает персонажа, «который никому, кроме меня, особо не понравится». Как оказалось, богатая, независимая и мечтательная Эмма стала одной из любимых героинь для читательниц по всему миру. И единственной, кто не испытывает общественного давления поскорее выйти замуж по любви или необходимости. Ведь у Эммы уже все есть, и она куда более озабочена налаживанием чужой личной жизни.

Роман издан в классическом переводе Марии Кан.

УДК 821.111-31(410)
ББК 84(4Вел)-44

Литературно-художественное издание
Вечные истории

Остен Джейн

Эмма

Руководитель редакционной группы *Анна Неплюева*
Шеф-редактор *Павла Стрепет*
Ответственный редактор *Анна Золотухина*
Креативный директор *Яна Паламарчук*
Дизайнер *Валерия Шило*
Иллюстрации на обложке, форзаце и нахзаце *Selcha Uni*
Леттеринг *Антон Героев*
Верстка *Владимир Снеговский*
Техническая корректура *Анна Быкова*

В оформлении макета использованы изображения по лицензии Shutterstock.com.

Подписано в печать 26.07.2024.
Формат 84×108 1/32. Гарнитура Newton.
Усл. печ. л. 30,24.
Тираж 7000 экз. Заказ 4358/24.

ООО «Манн, Иванов и Фербер».
123104, Россия, г. Москва,
Б. Козихинский пер., д. 7, стр. 2

mann-ivanov-ferber.ru
vk.com/mifproza

Печатается по изданию: Остин Дж. Эмма / Джейн Остин ; пер. с англ. М. И. Кан. М. : Азбука-классика, 2007. 541 с. (Азбука-классика).

Отпечатано в ООО «ИПК Парето-Принт»
170546, Россия, Тверская область,
промышленная зона Боровлево-1,
комплекс № 3А
pareto-print.ru

ISBN 978-5-00214-505-8

16+